本书受國家社科基金項目（項目編號：14CYY055）與湖南省特色應用學科項目中國語言文學學科建設經費資助

《新修玉篇》
疑難字考釋

熊加全 著

The Examination of Difficult Characters in
XinXiu Yupian

中國社會科學出版社

圖書在版編目（CIP）數據

《新修玉篇》疑難字考釋／熊加全著．—北京：中國社會科學出版社，2019.10

ISBN 978 - 7 - 5203 - 5081 - 5

Ⅰ.①新… Ⅱ.①熊… Ⅲ.①古漢語—音韵學—研究 Ⅳ.①H11

中國版本圖書館 CIP 數據核字（2019）第 203994 號

出 版 人	趙劍英
責任編輯	宋燕鵬
責任校對	石建國
責任印製	李寡寡

出　　版	中國社會科學出版社
社　　址	北京鼓樓西大街甲 158 號
郵　　編	100720
網　　址	http://www.csspw.cn
發 行 部	010 - 84083685
門 市 部	010 - 84029450
經　　銷	新華書店及其他書店
印　　刷	北京君昇印刷有限公司
裝　　訂	廊坊市廣陽區廣增裝訂廠
版　　次	2019 年 10 月第 1 版
印　　次	2019 年 10 月第 1 次印刷
開　　本	710×1000　1/16
印　　張	22
插　　頁	2
字　　數	371 千字
定　　價	98.00 元

凡購買中國社會科學出版社圖書，如有質量問題請與本社營銷中心聯繫調換
電話：010 - 84083683
版權所有　侵權必究

前　　言

　　自漢字產生以來，一方面由於社會的不斷發展，需要創造更多的文字來準確地表達語言；一方面由於社會用字的不斷普及，產生了大量的俗字、訛體，因此，漢字的數量，無論是就其絕對量來說還是就其通用量來說都在不斷增長。漢字數量不斷增長，雖然滿足了社會用字不斷增長的需求，但也產生了大量的俗字、訛體，給人們的辨識與使用帶來諸多不便。我國歷代大型字書都是以收字多為其顯著特徵，它們不但收錄了當時社會的規範字形，同時也收錄了歷代社會流傳的俗字、訛體以及當時社會新產生的俗字、訛體，但卻往往對這些俗字、訛體未作考辨，這就勢必造成了歷代許多大型字書的一個共有缺陷，即盲目求全求大卻缺乏必要的系統整理工作。收字求全求大，必然會貯存大量的疑難字，如果不對這些疑難字進行系統的考釋與研究，勢必會影響它們的編纂質量與利用價值。

　　隨著《漢語大字典》（以下簡稱《大字典》）和《中華字海》（以下簡稱《字海》）的出版，引起了學界對其所收疑難字進行考釋的熱潮，取得了豐碩成果。張涌泉《漢語俗字叢考》、楊寶忠《疑難字考釋與研究》和《疑難字續考》、鄭賢章《〈龍龕手鏡〉研究》、《〈新集藏經音義隨函錄〉研究》和《漢文佛典疑難俗字彙釋與研究》、鄧福祿、韓小荊《字典考正》、韓小荊《〈可洪音義〉研究》、柳建鈺《〈類篇〉新收字形考辨與研究》、張磊《〈新撰字鏡〉研究》、張青松《〈正字通〉異體字研究》等利用各種材料與方法，考釋了大量的疑難字，這些疑難字考釋成果為以後大型字書的修訂與完善、漢字字形的整理與研究以及整個漢字史的構建都提供了大量可資借鑒的材料。

　　金代是我國字書編纂史上一個特別重要的時期，然而相較於南方的宋代來說，研究字書史的學者對金代字書編纂史的關注卻明顯不足。目前所知金代最早的一部大型字書是王太的《類玉篇海》，但此書今已亡佚。據《新修纍音引證群籍玉篇》（以下簡稱《新修玉篇》）卷端所保存的《重修增廣類玉篇海》序，可知《類玉篇海》是王太等人在《玉篇》（即宋本《玉篇》）的基礎上，廣采《省篇韻》《塌本篇韻》《陰祐餘文》《古龍龕》《龕玉字海》《會玉川篇》《奚韻》《類篇》等八家篇韻編纂而成的，是我國古代收字較多的一部字書。邢准的《新修玉篇》和韓道昭的《改併五音類聚四聲篇》（簡稱《篇海》）都是在《類玉篇海》的基礎上各自獨立成書的，它們收錄了《類玉篇海》所收的大量字形。《新修玉篇》在繼承《類玉篇海》所收《玉篇》和《陰祐餘文》《古龍龕》《會玉川篇》《奚韻》《類篇》等五家篇韻之外，又根據《廣集韻》《省韻》《切韻》《廣韻》增收 1240 字；而《篇海》在繼承《類玉篇海》所收《玉篇》和《陰祐餘文》《古龍龕》《會玉川篇》《奚韻》《類篇》等五家篇韻之外，又根據《搜真玉鏡》、"俗字背篇"增收大量字形。相較而言，《新修玉篇》編纂與刊印都比較謹慎，加之流傳至今的又是與編者同時代的金刻本，後人無能篡改，因而錯訛較少；《篇海》的編纂和刊印都不及《新修玉篇》謹慎，加之通行的又是經過輾轉翻刻的明刻本（雖有金刻本流傳於世，但見者甚少），因而錯訛較多。由於傳世字書重貯存而輕考校，《篇海》在編纂及傳抄過程中產生的許多失誤往往被後世大型字書未加考辨地加以轉錄。

近年來，隨著學界对《大字典》和《字海》所收疑難字進行考釋工作的全面開展，《篇海》越來越被重視，學者對《篇海》所貯存的疑難字進行了大量的考釋，其在我國辭書史上的地位和價值也得到了客觀的評價。與《類玉篇海》命運相似，《新修玉篇》在其成書不久後即湮沒無聞，在元明清的公私書目中亦鮮有著錄，目前發現著錄該書的僅有清末潘祖蔭的《滂喜齋藏書記》。雖然學者們對貯存于《新修玉篇》的一些疑難字進行了考釋，然而由於《新修玉篇》在其成書不久後即湮沒無聞，直到近些年才得以重現並引起學界對其關注，因此，至目前為止，學界尚未有人對《新修玉篇》所收疑難字進行全面系統的考釋與研究，關於《新修玉篇》疑難字的考釋成果也尚不多。目前所見關於《新修玉篇》疑難字的考釋成果主要有：梁春勝《利用〈新修玉篇〉考辨疑難俗字舉例》[①]

[①] 《出土文獻與古文字研究》第二輯，复旦大学出版社 2008 年版。

利用《新修玉篇》考釋了16個疑難俗字，並補證前人疑難字考釋成果23個。楊清臣《利用〈新修玉篇〉考辨疑難俗字》[①] 通過舉例的方式利用《新修玉篇》考辨了10個疑難俗字。又其《〈新修玉篇〉與〈四聲篇海〉釋義對比研究》[②] 一文利用《新修玉篇》糾正前人有待商榷的4個疑難字考釋成果，並利用《新修玉篇》補證了前人27個疑難字考釋成果；最後，利用《新修玉篇》對現代大型字書如《大字典》《字海》收錄的23個疑難字作出了考釋，還考釋了現代大型字書如《大字典》《字海》未收的《新修玉篇》中的17個疑難字。拙文《〈新修玉篇〉釋義失誤辨正》[③] 通過舉例的方式對《新修玉篇》釋義失誤的15個例字進行了考辨；《〈新修玉篇〉俗字考》[④] 通過舉例的方式對《新修玉篇》所收的23個俗字進行了考釋；《〈新修玉篇〉疑難字例釋》[⑤] 通過舉例的方式對《新修玉篇》所收的18個疑難字進行了考釋；《〈新修玉篇〉疑難字考》[⑥] 通過舉例的方式對《新修玉篇》所收的20個疑難字進行了考釋；《利用〈新修玉篇〉考辨疑難字》[⑦] 利用《新修玉篇》提供的字形、字音、字義以及字際關係認同方面的材料，對《新修玉篇》中貯存的6個疑難字進行了考釋。此外，楊寶忠師《疑難字續考》[⑧]、拙文《〈玉篇〉疑難字研究》[⑨] 也利用《新修玉篇》考辨了現代大型字書如《大字典》和《字海》所貯存的部分疑難字。總體上來說，至目前為止，關於《新修玉篇》疑難字的研究成果尚且不多，《新修玉篇》在疑難字考釋方面的重要價值也尚未給予應有的關注。事實上，加強對《新修玉篇》所收疑難字進行全面系統的考釋與研究，具有重要的學術價值與應用價值。

本書主要內容即是對《新修玉篇》所收疑難字進行系統的考釋，本書選擇考釋的這些疑難字，大部分已見錄於現代大型字書如《大字典》和《字海》，也有很多是《大字典》和《字海》還未予收錄的。這樣處

---

① 《河北大學學報》（哲學社會科學版）2011年第3期。
② 碩士學位論文，河北大學，2011年。
③ 《中南大學學報》（社會科學版）2016年第6期。
④ 《中國文字研究》第二十四輯，上海書店出版社2016年版。
⑤ 《漢語史研究集刊》第二十二輯，四川大學出版社2017年版。
⑥ 《古籍研究》總第65卷，鳳凰出版社2017年版。
⑦ 《中國語文》2018年第1期。
⑧ 楊寶忠：《疑難字續考》，中華書局2011年版。
⑨ 博士學位論文，河北大學，2013年。

理的目的是：通過對《新修玉篇》所收的這些疑難字進行系統的考釋，不但可以為《新修玉篇》文本的校勘與整理提供參考，而且可以為現代大型字書如《大字典》和《字海》的修訂與完善提供可以借鑒的材料，還可以增補《大字典》和《字海》未予收錄的疑難字形。

　　本書即以《新修玉篇》所收疑難字為研究對象，以漢字構形理論為指導，綜合運用以形考字、以音考字、以義考字、以序考字、以用考字等考釋方法，並盡可能地提供具體的文獻用例，對《新修玉篇》所收疑難字進行全面系統的考釋。

凡　　例

一、《新修累音引證群籍玉篇》（簡稱《新修玉篇》）、《大廣益會玉篇》（簡稱《玉篇》）每頁皆分為上下兩欄，上下欄各自又分為左右兩欄，本書在徵引《新修玉篇》《玉篇》時以括號標明出處，標註方式如下："21下左"即指《新修玉篇》第21頁下欄之左欄。

二、《漢語大字典》（簡稱《大字典》）每頁分為左右兩欄，本書在徵引《大字典》時亦以括號標明出處，標註方式如下："《大字典》2039A"即指《大字典》第2039頁左欄。

三、《中華字海》（簡稱《字海》）分為左中右三欄，本書在徵引《字海》時亦以括號標明出處，標註方式如下："《字海》895B"即指《字海》第895頁中欄。

四、其他如《説文解字》（簡稱《説文》）、《篆隸萬象名義》（簡稱《名義》）、《改併五音類聚四聲篇》（簡稱《篇海》）、《直音篇》、《詳校篇海》、《字彙》、《正字通》等字書每頁分為上下兩欄，本書在徵引上述字書時亦以括號標明出處，標註方式如下："《名義》196上"即指《名義》第196頁上欄。

五、所引《玉篇》主要包括以下三種版本：《續修四庫全書》第228冊影印日本昭和八年（1934）京都東方文化學院編東方文化叢書本《玉篇（殘卷）》，簡稱"原本《玉篇》"；中華書局1987年影印張氏澤存堂本《大廣益會玉篇》，簡稱"《玉篇》"；《四部叢刊初編》影印建德周氏藏元刊本《大廣益會玉篇》，簡稱"元刊本《玉篇》"。

六、所引《集韻》主要包括以下三種版本：上海古籍出版社1985年影印上海圖書館藏述古堂影宋鈔本《集韻》，簡稱"《集韻》"或"述古堂影宋鈔本《集韻》"；中國書店1983年影印清揚州使院重刻本《集韻》，簡稱"揚州使院重刻本《集韻》"；中華書局2005年影印國家圖書館藏宋刻本《集韻》，簡稱"宋刻本《集韻》"。

七、為求簡潔，書中稱引前修時賢之說，皆直書其名，不贅"先生"字樣，敬請諒解。

八、下列論著徵引較多，為求行文簡潔，書中採用簡稱，對應關係如下：

1. 《新修玉篇》　　《新修累音引證群籍玉篇》
2. 《說文》　　　　《說文解字》
3. 《名義》　　　　《篆隸萬象名義》
4. 《玉篇》　　　　《大廣益會玉篇》
5. 玄應《音義》　　玄應《一切經音義》
6. 慧琳《音義》　　慧琳《一切經音義》
7. 希麟《音義》　　希麟《一切經音義》
8. 《龍龕》　　　　《龍龕手鏡》
9. 朝鮮本《龍龕》　朝鮮咸化八年（1472）刊刻《龍龕手鑑》
10. 《可洪音義》　　《新集藏經音義隨函錄》
11. 《篇海》　　　　《改併五音類聚四聲篇》
12. 敦煌本《王韻》　王仁昫《刊謬補缺切韻》（伯2011）
13. 故宮本《王韻》　北京故宮博物院藏王仁昫《刊謬補缺切韻》
14. 故宮本《裴韻》　北京故宮博物院藏裴務齊增字本《刊謬補缺切韻》
15. 《大字典》　　　《漢語大字典》（第二版）
16. 《字海》　　　　《中華字海》
17. 《校注》　　　　《新校互注宋本廣韻》（定稿本）
18. 《叢考》　　　　《漢語俗字叢考》
19. 《疑難字》　　　《疑難字考釋與研究》
20. 《續考》　　　　《疑難字續考》
21. 《考正》　　　　《字典考正》
22. 《龍研》　　　　《〈龍龕手鏡〉研究》

目　　錄

正　文 …………………………………………………… （1）

結　語 …………………………………………………… （323）

參考文獻 ………………………………………………… （325）

附　錄 …………………………………………………… （333）
　　部首表 ……………………………………………… （333）
　　檢字表 ……………………………………………… （334）

後　記 …………………………………………………… （341）

正　文

1. 國：《新修玉篇》卷一《一部》引《龍龕》："國，音鹵。"（7下左）

按：《篇海》同。《龍龕》卷四《一部》："國，音鹵。"（525）"國"音"鹵"，疑即"鹵"字之俗。韓小荊《〈可洪音義〉研究》（568）"鹵"俗作"國""鹵""國"等，《可洪音義》卷五："鹵，郎古反。正作鹵也。"（59，p719b11）又《可洪音義》卷一七《鼻奈耶律》第五卷："國，音魯。正作鹵。"（60，p73a7）又《可洪音義》卷二三《諸經要集》第九卷："鹹鹵，郎古反。"（60，p301a1）"國"與"國""鹵""國"諸字音同形近，亦當即"鹵"字之俗。此直音用字"鹵"當不僅用於注音，還兼於用來指明正字。

2. 旡：《新修玉篇》卷一《一部》引《龍龕》："旡旡，古文。丁禮、丁奚二切。並星名。"（7下左）

按："旡"當即"氐"之異體字。《龍龕》卷四《一部》："旡旡，二俗；氐玒，二或作；旡，古文。丁禮、丁奚二反。並星名。五。"（525）此即其證也。

3. 哥：《新修玉篇》卷一《一部》引《類篇》："哥，音局。"（8上右）

按：《篇海》卷十三《一部》引《類篇》："哥，音局。"（812上）"哥""哥"音同形近，當即一字之變。"哥""哥"音"局"，疑皆為"局"字之俗。韓小荊《〈可洪音義〉研究》（525）"局"俗作"哥""哥"等，"哥""哥"與"哥""哥"音同形近，亦當即"局"字之俗。此直音用字"局"字亦當不僅用於注音，還兼於用來指明正字。

4. 臸臸：《新修玉篇》卷一《一部》引《類篇》："臸，音既。"（8上右）

按：《篇海》卷十三《一部》引《類篇》："至，音既。"（812上）
"至""至"當即同字異寫。《龍龕》卷二《土部》："垤，音既。"（250）
《集韻》去聲未韻許既切："墍，[仰]塗也。古作至。"（488）"墍"，
《廣韻》又音"具冀切"。"垤""至"即同字異寫，當並即"墍"字異
體。"至""至"與"垤""至"音同形近，亦當為一字之變，"至""至"
亦當為"墍"之異體字。又《龍龕》卷一《旡部》："𣅀，音既。"（198）
"𣅀"與"至"音同形近，當即"至"之繁化俗字，亦當即"墍"字異
體。《康熙字典·旡部》："𣅀，《篇韻》音計，璧也。"（460下）"𣅀"
字，《康熙字典》訓"璧也"，於前代字書無徵，當為不識其為"至"字
之俗，又見其從"圭"而望文為說。《大字典》引《康熙字典》之說，
非是。《疑難字》（358）即謂"𣅀"蓋"至"字之繁化，是也。《篇海》
卷十三《一部》引《搜真玉鏡》："𡈼，音記。"（812上）"𡈼"與"至"
音同形近，亦當即"至"字俗寫之誤。從字形演變過程來看，以上諸字
的演變過程大致為：由"墍"俗省作"至"，再由"至"繁化增旁變作
"𣅀"，"至""至"又當即"至"字俗寫所致的俗訛字，而"𡈼"又當即
"至"字經過進一步俗寫訛變而形成的俗訛字。《大字典》（1229B）、《字
海》（736B）收錄了"𣅀"字，皆沿襲《康熙字典》之誤而訓"璧"，疑
皆非是。《字海》又收錄了"至"（1072A）"𡈼"（1514B）二字，"至"
"𡈼"當為"至"字之俗，《字海》亦可溝通它們之間的字際關係。

5. 厬：《新修玉篇》卷一《一部》引《類篇》："厬，音渾。"（8上
右）

按："厬"疑即"圂"字之俗。《說文·囗部》："圂，廁也。从囗，
象豕在囗中也。會意。"（125下）"圂"，《廣韻》音"胡困切"；"渾"，
《廣韻》音"戶昆切"。"厬"與"圂"音近，正如"瓦"俗作"𨊥"、
"段"俗作"𠭊"、"奠"俗作"䥑"、"顛"俗作"顝"等，"厬"疑即
"圂"之增旁俗字。

6. 䨝：《新修玉篇》卷一《一部》引《類篇》："䨝，音猛。"（8上
右）

按：《篇海》卷十三《一部》引《類篇》："䨝，音猛。"（812上）
"䨝""䨝"當即一字之變。"猛"《廣韻》音"莫杏切"，"黽"《集韻》
音"母耿切"，二字讀音相同。《說文·黽部》："黽，鼃黽也。"（286下）
"䨝""䨝"與"黽"音同形近，正如韓小荊《〈可洪音義〉研究》（586

"電"字俗作"黾","䨣""䨣"當即"電"字之俗。

7. 墅：《新修玉篇》卷一《王部》引《廣集韻》："墅，武方切。弦墅。又音妄。"（8上左）

按：《集韻》去聲漾韻無放切："墅，《説文》：'月滿與日相望，以朝君也。從月，從臣，從壬。'"（597）《説文·壬部》："望，月滿與日相望，以朝君也。從月，從日，從壬。壬，朝廷也。"（167上）"墅"當即"望"字之俗，而"墅"又當即"墅"字之俗。《漢書·律歷志上》："而朔晦月見，弦望滿虧，多非是。"故《新修玉篇》訓"弦墅"，當為誤截書證所致的訓釋失誤。

8. 舌：《新修玉篇》卷一《玉部》引《類篇》："舌，音金。"（8上左）

按：《篇海》同。"舌"音"金"，疑即"金"字俗訛。"金"字古文作"𨥄""𨤾""𨥈"等形，"舌"疑即"金"字古文俗省並經楷定而產生的俗訛字。此直音用字"金"字亦當不僅用於注音，還兼於用來指明正字。

9. 玪：《新修玉篇》卷一《玉部》引《玉篇》："玪，蒲經切。玉名。《韻》又毗名切，又必郢切。並玉名。"（8下左）

按：《玉篇·玉部》："玪，毗名切。玉也。"（6上左）《字彙·玉部》："玪，薄（蒲）經切，音瓶。玉名。又必郢切，音餅。義同。"（286下）《正字通·玉部》："玪，俗玭字。舊注：音瓶。玉名。又音餅，並非。"（674上）《説文·玉部》："玭，珠也。從玉，比聲。"（7下）"玭"，《廣韻》音"步真切"，又音"步田切"。"玪""玭"音義俱別，二字不可混同，《正字通》之説非是。《大字典》"玪"字下據《正字通》之説增加一個義項謂"玪"同"玭"，亦失考證。"玪"疑即"玶"之異體字。《玉篇·玉部》："玶，皮明切。玉名。"（6上左）"玪""玶"音義並同，正如《集韻》（242）"缾"同"鉼"，"玪""玶"疑即通過聲符換用而形成的異體字。

10. 玟蚕：《新修玉篇》卷一《玉部》引《龍龕》："玟蚕，二音記。"（8下右）

按：《篇海》卷三《玉部》引《龍龕》："玟蚕，二音記。"（621上）《龍龕》卷四《玉部》："玟蚕，音記。二。"（437）"玟"與"玟"、"蚕"與"蚕"皆為同字異寫。"蚕"疑為"至（墅）"字之俗。《集韻》去聲未韻許既切:"堅,[仰]塗也。古作㘴。"(488)"堅",《廣韻》又音"具冀切"。"㘴"與"㘴"音同形近,"㘴"當為"㘴"字經俗寫而產生的俗訛字,亦同"堅"。"玘"當即"㘴"之偏旁易位字,亦當同"㘴(堅)"。《字彙補·玉部》:"㘴,古器切,音記,玉名。亦作玘。"(130下)《字彙補》"㘴"字補訓為"玉名",當為望形生訓。《大字典》《字海》收錄"㘴"字,皆據《字彙補》之誤而訓"玉名",疑並非是。

11. 挈:《新修玉篇》卷一《玉部》引《龍龕》:"挈挈,二苦結切。"(9上右)

按:《篇海》同。《龍龕》卷四《玉部》:"挈挈,苦結反。二。"(439)"挈""挈"即同字異寫,當並即"挈"字俗訛。《説文·手部》:"挈,縣持也。从手,㓞聲。"(252上)"挈",《廣韻》音"苦結切"。"挈""挈"與"挈"音同,又韓小荊《〈可洪音義〉研究》(640)"挈"字俗作"挈","挈""挈"與"挈"形近,"挈""挈"疑並即"挈"字俗訛。

12. 琁:《新修玉篇》卷一《玉部》引《龍龕》:"琁,音琁。"(9上右)

按:《龍龕》卷四《玉部》:"琁琁,二俗。全、旋二音。～,石似玉也。"(435)《玉篇·玉部》:"璇,似宣切。美石次玉。亦作琁。琁,同上。徐宣切。"(4下左)"琁"當即"璇"字俗省,"琁""琁"又並即"琁"字之俗。

13. 釒釒:《新修玉篇》卷一《玉部》引《川篇》:"釒,音金。"(9上右)

按:《篇海》卷三《玉部》引《類篇》:"釒,音金。"(621下)"釒""釒"當即同字異寫,然《新修玉篇》與《篇海》引書不同,疑以《新修玉篇》為是。"金"字古文作"釒""釒""釒"等形,"釒""釒"與上述"金"字諸古文形近,疑並即"金"字之俗。

14. 聖:《新修玉篇》卷一《玉部》引《類篇》:"聖聖,二音聖。"(9上左)

按:《篇海》同。"聖""聖"當即一字之變。《字彙·玉部》:"聖,同聖。"(287下)"聖"即"聖"字之俗,則"聖"亦當即"聖"字之俗。

15. 壓:《新修玉篇》卷一《玉部》引《餘文》:"壓,郎的切。玉

名。"（10上右）

按：《篇海》同。此字《玉篇》《廣韻》皆不錄，《集韻》收之，當即丁度等人據俗書所增。《集韻》入聲錫韻狼狄切："壓，玉名。"（753）"壓"當即"璢"字之俗。《説文·玉部》："璢，玉也。"（4上）《玉篇·玉部》："璢，狼敵切。玉名。"（4下左）"壓""璢"音義並同，"壓"即"璢"通過改換聲符而形成的異體字。《詳校篇海》卷一《玉部》："壓，郎的切，音歷，玉名。亦作璢。"（77上）《字彙·玉部》："壓，同璢。"（290下）《正字通·玉部》："壓，俗璢字。"（682下）以上諸書所言皆是也。

16. 瑾：《新修玉篇》卷一《玉部》引《類篇》："瑾，音瓔。"（10上右）

按：《篇海》同。"瑾"音"瓔"，疑即"瓔"字之俗。"瑾"字上部所從之"覀"當即"西"字俗寫，如韓小荊《〈可洪音義〉》研究（635）"遷"俗作"迻"，而下部所從之"圭"當即"土"字繁化。此直音用字"瓔"字當不但用來注音，而且還兼於用來指明字際關係。

17. 瑓：《新修玉篇》卷一《玉部》引《川篇》："瑓，巨營切。玉名。"（10上左）

按：《篇海》同。"瑓"當即"瓊"字之俗。《説文·玉部》："瓊，赤玉也。从玉，夐聲。"（4下）《玉篇·玉部》："瓊，渠營切。《説文》云：'赤玉也。'"（4下左）"瑓"與"瓊"音義並同，"瑓"當即"瓊"字之俗。

18. 璬：《新修玉篇》卷一《玉部》引《省韻》："璬，奴皓切。碼璬，寳名。"（10上左）

按：此字《篇海》未收，當即"瑙"字之俗。《集韻》上聲晧韻乃老切："碯，《博雅》：'碼碯，石次玉也。'或作瑙、碯、瑙。"（403）"碼璬"同"碼碯""瑪瑙"，"璬"與"瑙""碯""碯""瑙"諸字音義並同，即為異體字。

19. 裞：《新修玉篇》卷一《示部》引《玉篇》："裞，始銳切。《博雅》：'祭也。'《韻》又一曰：'過制追服謂之裞。'《韻》又式瑞切：'小祭也。'又郎外切：'門祭謂之裞。通作餞。'"（11下右）

按：《玉篇·示部》："裞，始銳切。《博雅》云：'祭也。'"（4上右）"裞"即"祱"字異體。據《新修玉篇》所引《玉篇》之後轉錄自

《韻》的材料，可知"祱"音"郎外切"，訓"門祭"，亦同"餀"，"餀"又即"餯"字異體。原本《玉篇·食部》："餯，始銳、始垂二反。《說文》：'小餟也。'《倉頡篇》：'門祭名也。'《字書》：'或為祱字。在《示部》。'"（359）此即其證也。"餀"，《廣韻》又音"郎外切"。故"祱"音"郎外切"，訓"門祭"，與"餯"音義並同，亦為異體字。

20. 祶：《新修玉篇》卷一《示部》引《廣集韻》："祶，力竹切。見也。"（11下左）

按：此字《名義》《玉篇》未收，《集韻》亦不錄，《廣韻》收之，當即陳彭年等據俗書所增。《廣韻》入聲屋韻力竹切："祶，見也。"（370）"祶"從"示"而訓"見也"，形義不諧，"祶"疑即"穋"字俗訛。《說文·禾部》："穋，疾孰也。从禾，翏聲。《詩》曰：'黍稷種穋。'穆，穋或从蓼。"（140下）"穋"，《廣韻》音"力竹切"。"祶"與"穋"音同，又"礻"旁、"禾"旁形近，俗書常可訛混，故"祶"疑即"穋"字俗訛。韓小荊《〈可洪音義〉研究》（569）"穋"俗作"祶"，此即其證也。

21. 祊：《新修玉篇》卷一《示部》引《龍龕》："祊，音奉。"（11下左）

按：《篇海》卷十二《示部》引《龍龕》："祊，俗。音奉字（當衍）。"（776下）《龍龕》卷一《示部》："祊，俗。音奉。"（113）"祊"疑即"奉"字之俗。《說文·廾部》："奉，承也。从手，从廾，丰聲。"（53下）"奉"本義指承受、接受，引申義可指祭祀、供奉。《左傳·昭公三十二年》："社稷無常奉，君臣無常位。"《北史·穆崇傳》："道武異之，命崇立祀，子孫世奉焉。""祊"疑即因"奉"又引申為"祭祀、供奉"之義，故而在"奉"字的基礎上增加義符"示"旁所形成的俗字。

22. 䘸：《新修玉篇》卷一《示部》引《龍龕》："䘸，俗。知革切。"（11下左）

按：《篇海》同。《龍龕》卷一《礻部》："䘸，俗。知革反。"（113）"䘸"疑即"搩"字之俗。《可洪音義》卷一三《大樓炭經》第二卷："掉，知革反。掉張也；輾也。正作搩、㧖、磔三形。"（59，p1029c5）又《可洪音義》卷二五："掉，經意是㧖，或作搩，《說文》作磔，同。知革反。張也。"（60，p371b4）故"掉"當即"搩"字俗訛。"䘸"與"掉"音同形近，"䘸"疑亦即"搩"字俗訛。

23. 裯：《新修玉篇》卷一《示部》引《廣集韻》："裯，子公切。因裯，刻賊不通也。李頤説。"（12 上右）

按："裯"當即"㺨"字之訛。《集韻》平聲東韻祖叢切："㺨，困㺨，刻賊不通也。李頤説。"（9）《類篇·心部》："㺨，祖叢切。困㺨，刻賊不通也。李頤説。"（381 下）《新修玉篇》"裯"字下義訓"因裯"當為"困㺨"之訛，"裯"與"㺨"音義並同，"裯"當即"㺨"字之訛。《海篇》訓"裯"為"神祇"，於前代字書無征，疑為望形生訓。《大字典》（2574A）、《字海》（988A）沿襲《海篇》義訓之誤，疑亦非是。

24. 祝：《新修玉篇》卷一《示部》引《川篇》："祝，音倪。"（12 上右）

按：《篇海》卷十二《示部》引《川篇》："祝，音兒。齧禪也"（776 下）"祝"字，《新修玉篇》與《篇海》讀音不同，當以《新修玉篇》為是；又《新修玉篇》義闕，《篇海》卻訓"齧禪也"，疑不可據。"祝"疑即"袲"字俗訛。《爾雅·釋器》："衣梳謂之袲。"郭璞注："衣縷也。齊人謂之攣，或曰袿衣之飾。"《玉篇·衣部》："袲，牛迷、五細二切。衣梳也。"（128 下左）"倪""袲"二字，《廣韻》皆音"五稽切"。故"祝"與"袲"音同，又"礻"旁、"衤"旁形近，俗書常可訛混，故"祝"疑即"袲"字俗訛。

25. 褌：《新修玉篇》卷一《示部》引《川篇》："褌，音暉。祭也。"（12 上右）

按：《龍龕》卷一《衤部》："褌，許韋反。祭服也。"（110）《篇海》卷十二《示部》引《川篇》："褌，祭名。"（776 下）"褌"疑即"褌"字俗訛。《方言》卷四："褌，陳、楚、江、淮之間謂之秘。"《説文·巾部》："幃，囊也。从巾，軍聲。褌，幃或从衣。"（156 上）"褌"，《廣韻》音"古渾切"。"褌"與"褌"形近，"褌"疑即"褌"字俗訛。韓小荊《〈可洪音義〉研究》（544）"幃"俗作"褌"，此即其證也。"褌"字，《龍龕》音"許韋反"，當為望形生音；訓"祭服也"，當為望形生訓。《新修玉篇》《篇海》亦皆音"暉"，分別訓"祭也""祭名"，疑亦皆不可據。

26. 禰：《新修玉篇》卷一《示部》引《川篇》："禰，尺孕切。"（12

上右）

按：《篇海》同。此字即"稱"字之俗。"稱"，《廣韻》音"處陵切"，又音"昌孕切"。"禰""稱"音同，又"礻"旁、"禾"旁俗書常可訛混，正如"稔"俗作"棯"、"稷"俗作"櫻"、"穢"俗作"襪"等，"禰"疑即"稱"字俗訛。

27. 褕：《新修玉篇》卷一《示部》引《川篇》："褕，音瑜，又音遙。"（12 上右）

按：《篇海》卷十二《示部》引《川篇》："褕，音瑜，又音遙。在《詩》也。"（776 下）"褕"當即"褕"字俗訛。《說文·衣部》："褕，翟羽飾衣。从衣，俞聲。"（4 下）《詩·鄘風·君子偕老》："玼兮玼兮，其之翟也。"毛傳："褕翟，闕翟，羽飾衣。""褕"，《廣韻》音"羊朱切"，又音"餘昭切"。"褕"與"褕"音同，又"礻"旁、"衤"旁形近，俗書常可訛混，"褕"當即"褕"字俗訛。

28. 禣：《新修玉篇》卷一《示部》引《川篇》："禣，古文。仕佳切。祭天也。"（12 上右）

按：《篇海》同。《說文·示部》："柴，燒柴樊燎以祭天神。从示，此聲。《虞書》曰：'至于岱宗，柴。'禣，古文柴，从隋省。"（2 上）"禣（柴）"，《廣韻》音"士佳切"。"禣"與"禣"音義並同，"禣"即"禣"字俗訛。

29. 禭：《新修玉篇》卷一《示部》引《玉篇》："禭，徐醉切。贈禭。"（12 上左）

按：《玉篇》未見收錄此字形。"禭"當即"禭"字之訛。《說文新附·貝部》："賵，贈死者。从貝，从冒。冒者，衣衾覆冒之意。"（127 下）《集韻》去聲至韻徐醉切："襚，《說文》：'衣死人也。'引《春秋傳》：'楚使公親襚。'或作禭。"（475）"禭""禭"音義並同，又"礻"旁、"衤"旁形近，俗寫常可訛混，故"禭"即"禭"字俗訛。

30. 孽：《新修玉篇》卷一《示部》引《廣集韻》："孽，魚列切。袄孽。《說文》曰：'衣服謳謠草木之怪謂之袄，禽獸蟲蝗之怪謂之孽。'同作蠥、蠥。"（12 上左）

按：《說文·虫部》："蠥，衣服歌謠草木之怪謂之袄，禽獸蟲蝗之怪謂之蠥。从虫，辥聲。"（284 上）段玉裁注："禽獸蟲蝗之字皆得从虫，故蠥从虫。諸書多用孽，俗作孽。"《集韻》入聲薛韻魚列切："孽，《說文》：'衣服謌謠草木之怪謂之袄，禽獸蟲蝗之怪謂之孽。'或作𤣥、孼、𤯝。"（713）"𤣥"當即"蠥"字之俗，而"𤯝"當即"孼"字俗訛。

31. 禂：《新修玉篇》卷一《示部》引《龍龕》："禂，音道。"（12上左）

按：《篇海》同。《龍龕》卷三《示部》："禂，音道。"（362）"禂"疑即"稻"字俗訛。《說文·禾部》："稻，禾也。从禾，道聲。司馬相如曰：'稻一莖六穗。'"（142下）"稻"，《廣韻》音"徒到切"。"禂"與"稻"音同，又"示"旁、"禾"旁形近，俗書常可訛混，故"禂"疑即"稻"字俗訛。

32. 𥙡：《新修玉篇》卷一《示部》引《類篇》："𥙡，音宮。縣名。出《西江賦》。"（12上左）

按：《篇海》卷十二《示部》引《川篇》："𥙡，音宮。縣名。出《西江賦》。"（777上）"𥙡""𥙡"音義並同，且形體相近，當即同字異寫。《新修玉篇》與《篇海》引書不同，疑當以《新修玉篇》所言為是。《大字典》（2580A）、《字海》（1017B）"𥙡"字皆音guān，非是。又《篇海》卷七《糸部》引《搜真玉鏡》："縤，音宮。縣名。出《西江賦》也。"（689上）"縤"與"𥙡""𥙡"音義並同，部分構字部件亦相同，當為異體字，然《西京賦》今已亡佚，其正字俟考。

33. 禰：《新修玉篇》卷一《示部》引《龍龕》："禰，奴礼切。祖禰也。又姓。"（12上左~12下右）

按：《篇海》同。"禰"當即"禰"字之俗。《龍龕》卷一《示部》："祢，俗；禰，或作；禰，今。奴礼反。祖禰也。又姓。三。"（112）此是其證也。

34. 禤：《新修玉篇》卷一《示部》引《餘文》："禤，力丁切。神名也。"（12下右）

按：《篇海》同。《集韻》平聲青韻郎丁切："禤禤，神名。或从需。"（244）"禤"當本作"靈"（詳見下文"禮"字注）。

35. 禮：《新修玉篇》卷一《示部》引《餘文》："禮，力丁切。神名也。"（12下右）

按：《篇海》同。《集韻》平聲青韻郎丁切："禤禤，神名。或从需。"（244）"禮"當本作"靈"。《說文·玉部》："靈，靈巫，以玉事神。从玉，霝聲。"（7下）"靈"本義指古時楚人跳舞降神的巫，引申爲神靈。《玉篇·巫部》："靈，力丁切。神靈也。"（86上右）《廣韻》平聲青韻郎丁切："靈，神也。"（128）"禮"與"靈"音義並同，"禮"當即"靈"因涉義增加義符"礻"旁而形成的俗字。"禮"即"禮"字俗省，亦當本作"靈"。《正字通·示部》："禮，同靈。"（767下）此説是也。

36. 圳：《新修玉篇》卷二《土部》引《龍龕》："圳，音酬。"（12下左）

按：《篇海》同。《龍龕》卷二《土部》："圳，音酬。"（247）"圳"音"酬"，當即"捌（掬）"字俗訛。《可洪音義》卷一八《阿毗曇毗婆沙》第七卷："捕捌（掬），上蒲故反，下側九反。執也。正作抇（掬）、捌二形也。又《經音義》以狙、觑二字替之，千絮反，非也。又楚搜反，非用。"（60，p99c14）"捌"當即"捌（掬）"字俗訛。《集韻》上聲有韻側九切："掬捌，持也。或从州。"（434）此即其證也。"圳"與"捌"形音皆近，故"圳"亦當即"捌（掬）"字俗訛。

37. 圸：《新修玉篇》卷一《土部》引《川篇》："圸，職深切。圸鄩，古國名。"（13上右）

按：《篇海》卷四《土部》引《奚韻》："圸，職深切。圸鄩，古國名。"（634上）"圸""圸"並即"斟"字之俗。《玉篇·土部》："斟，之深切。斟鄩，古國名。"（8下左）《廣韻》平聲侵韻職深切："斟，斟鄩，古國名。"（144）"斟""斟"即異體字。"圸""圸"與"斟"音義並同，並即"斟"字之俗。

38. 坽：《新修玉篇》卷二《土部》引《餘文》："坽，力丁切。峻岸。"（13下右）

按：《篇海》同。此字《玉篇》《廣韻》皆未收，《集韻》收之，當即丁度等據俗書所增。《集韻》平聲青韻郎丁切："坽，峻岸。"（246）《字彙·土部》："坽，離呈切，音靈。峻岸。"（89上）《正字通·土部》："坽，俗字。舊注：音靈。峻岸。非。"（190上）"坽"疑即"岭"字之俗。《玉篇·山部》："岭，力丁切。岭嶙，山深小兒。"（103上右）《廣韻》平聲青韻郎丁切："岭，山深兒。"（129）《文選·揚雄〈甘泉賦〉》："岭嶙巆峋，洞亡厓兮。"李善注引《埤倉》曰："岭嶙，深無厓之兒。""峻岸"與"山深兒""深無厓之兒"當訓異義同，故"坽"與"岭"音義並同，"坽"當即"岭"字之俗。

39. 坤：《新修玉篇》卷二《土部》引《龍龕》："坤，音軸。"（13下右）

按：《篇海》同。《龍龕》卷二《土部》："坤，音軸。"（252）"坤"音"軸"，疑即"軸"字俗訛。韓小荊《〈可洪音義〉研究》"軸"俗作"抽"，並於"軸"字下注："今《大正藏》對應經文作'攢軸'，原文如下：'攢軸團輪。'校勘記稱宋、元、明、宮本'軸'作'抽'。據此，'柚'當是'軸'的換旁俗字，'抽'則是'柚'字俗寫。"（832）據此可知，"坤"疑即"抽"字俗訛，而"抽"即"柚"字俗訛，"柚"又即"軸"之換旁俗字，故"坤"亦當即"軸"字之俗。故此直音用字"軸"字，不但用來注音，而且還兼於用來指明正字。

40. 坍：《新修玉篇》卷二《土部》引《龍龕》："坍，他甘切。水打岸也。"（13下右）

按：《龍龕》卷二《土部》："坍，俗；坍，今。他甘反。水打岸坍也。"（247）《玉篇·土部》："坍，他藍切。水衝岸壞也。"（8下左）"坍"與"坍（坍）"音義並同，當即"坍（坍）"字之俗。

41. 圬：《新修玉篇》卷二《土部》引《川篇》："圬，音墺。古文。"（13下右）

按：《篇海》同。《說文·土部》："墺，四方土可居也。从土，奧聲。圬，古文墺。"（287下）"圬"與"圬"音同形近，"圬"即"墺"字《說文》古文"圬"字之俗。

42. 坉：《新修玉篇》卷二《土部》引《龍龕》："坉，音色。"（13下左）

按：《篇海》同。《龍龕》卷二《土部》："坉，音色。"（253）"坉"疑即"垝"字之俗。《說文·土部》："垝，毀垣也。从土，危聲。《詩》曰：'乘彼垝垣。'"（290上）正如《玉篇·肉部》（39上左）"脆"同"脆"、韓小荊《〈可洪音義〉研究》（720）"危"俗作"色"，"垝"俗書亦可寫作"坉"。"垝"，《廣韻》音"過委切"。"坉"音"色"，當為後人不識其為"垝"字之俗，又見其從"色"而妄補，此當即望形生音。

43. 坈：《新修玉篇》卷二《土部》引《龍龕》："坈，音坑。"（13下左）

按：《篇海》同。《龍龕》卷二《土部》："坈，音坑。"（248）"坈"即"坑"字之俗。"坈"音"坑"，當即"坑"字異體。韓小荊《〈可洪音義〉研究》(537—538)"坑"字異體作"垪"。《可洪音義》卷二二："垪，苦庚反。正作坑硎也。"(60，p234b2) 此即其證也。

44. 𨊥：《新修玉篇》卷二《土部》引《廣集韻》："𨊥，居求切、巨鳩切。盛土𤲑中。《韻》从捄不正。"(13下左)

按："𨊥"當即"捄"字俗訛。《說文·手部》："捄，盛土於梩中也。一曰櫌（擾）也。《詩》曰：'捄之陾陾。'从手，求聲。"(256下)《集韻》平聲尤韻居尤切："捄，盛土𤲑中。"(256)"𤲑""𤲑"即為異體字，故"𨊥"與"捄"音義並同，"𨊥"即"捄"字俗訛。

45. 垻：《新修玉篇》卷二《土部》引《餘文》："垻，其遇切。堤塘也。"(14上左)

按：《篇海》同。《龍龕》卷二《土部》："垻，音具。是（堤）塘也。"(250)《廣韻》去聲遇韻其遇切："垻，堤塘。"(262)《集韻》去聲遇韻衢遇切："垻，堤塘也。"(494)《正字通·土部》："垻，譌字。舊注音具，堤塘，與壩不同。按：堤塘無壩名。"(194上)《正字通》謂"垻"為譌字，所言是也。"垻"疑即"壩"字之訛。《六書故·土部》："壩，必駕切。《類篇》曰：'坡也，又平川謂之壩。'又必蓋切。別作壪、礵。埭也。"(87下)《正字通·土部》："壩，必架切，音霸。障水堰，今謂堰埭曰壩。俗作壪，別作灞、礵。"(192上)《廣韻》去聲禡韻必駕切："灞，水名。"(334)"壩"與"灞"音同義別，二字不可混同，《正字通》謂"壩"別作"灞"，非；然謂"壩""壪""礵"同，是也。"垻"與"壩"形近義同，"垻"當即"壩"字之訛。《大正藏》本元劉謐撰《三教平心論》："夫由余出于西戎，輔秦穆以開垻業。日磾生於北狄，侍漢武而除危害。何必取其同俗，而捨其異方乎？"(T52，p784b28) 從文義來看，"垻業"當為"壩業"，"壩"即"霸"之假借字。此"垻"即為"壩"字之訛，此是其證。"壩"訛作"垻"，後人不識，見其從"具"而改其讀為"其遇切"，此當即望形生音。

46. 堷：《新修玉篇》卷二《土部》引《省韻》："堷，莫干切。土覆也。俗。"(14下右)

按："堷"當即"璊（墁）"字之俗。《集韻》平聲桓韻謨官切："璊，土覆。或作墁。"(149)"堷"與"璊（墁）"音義並同，"堷"即"璊（墁）"之異體字。

47. 壪：《新修玉篇》卷二《土部》引《餘文》："壪，戶對切。[地]

形回屈。"（14下左）

按：《篇海》卷四《土部》引《餘文》："堲，音迴切（'切'字衍）。[地]形回屈。"（636上）《集韻》去聲隊韻胡對切："堲，地形回屈。"（533）"堲"即"迴"之增旁俗字，亦即"回"字。《廣韻》去聲隊韻胡對切："迴，曲也。又音回。"（290）《集韻》去聲隊韻胡對切："回，曲也。《漢書》：'多陂回遠。'顏師古讀：'或作迴。'"（533）《文選·張衡〈東京賦〉》："迴行道乎伊闕，邪徑捷乎轘轅。"李善注引薛綜曰："迴，曲也。"李周翰注："言大道伊闕之間，迂迴而行，轘轅之上雖邪亦捷也。""堲""迴"音義並同，"堲"即"迴"之增旁俗字，二字本作"回"。

48. 塀：《新修玉篇》卷二《土部》引《龍龕》："塀，必郢切。"（14下左）

按：《篇海》同。《龍龕》卷二《土部》："塀，必郢反。"（249）"塀"疑即"屏"字之俗。佛經有此字用例，舉例如下：宋陳田夫撰《南嶽總勝集》卷中《勝業禪市》："寢堂之西有庵，名禹柏。庭際雖廣，一柏盡蔽之。後有悅亭，面岳環匝如塀，題詠亦眾。"（T51，p1069c13）從上下文意來看，此"塀"當即屏障、屏風之義。"屏"，《廣韻》音"薄經切"，又音"必郢切"。"塀"當即"屏"之增旁俗字。"塀"又為"墀"字之俗。《名義·土部》："塀，除飢反。塗地也。"（7上）《說文·土部》："墀，涂地也。从土，犀聲。"（288下）《玉篇·土部》："墀，除飢切。《漢書》注曰：'丹墀，赤地也。'謂以丹漆地。《說文》云：'塗地也。'"（7上右）"墀"，《廣韻》音"直尼切"。"塀""墀"音義並同，且位置相當，此"塀"當即"墀"字俗訛。

49. 堋：《新修玉篇》卷二《土部》引《餘文》："堋，方鄧切。蜀郡謂塘曰堋。"（15上左）

按：《篇海》同。《集韻》去聲嶝韻逋鄧切："堋，蜀郡謂塘曰堋。"（610）"堋"當即"堋"之異體字。《玉篇·土部》："堋，逋鄧切。陂遏。"（8上左）《廣韻》去聲嶝韻方隥切："堋，壅江水灌溉曰堋。"（347）"堋"即指"分水堵水灌溉的堤壩"，而"堋"訓"塘"，"塘"本義亦指"堤壩""堤防"，故"堋"與"堋"音義並同，"堋"當即"堋"字之俗。

50. 塻：《新修玉篇》卷二《土部》引《餘文》："塻，慕各切。舍

墓，亦塵墓也。"（15上左）

按：《篇海》同。《龍龕》卷二《土部》："墓，音莫。舍莫，亦塵墓。又莫胡反。地名。"（252）《廣韻》入聲鐸韻暮各切："墓，舍墓，亦塵墓。"（409）《集韻》入聲鐸韻末各切："墓，塵也。"（727）"墓"訓"舍莫（墓）""塵墓"者，當即"坲"之異體。《廣雅·釋詁三》："坲，塵也。"（222）《名義·土部》："坲，靡墩反。塵也；壤也。"（8上）《新撰字鏡·土部》："坲，莫割反，入。塵也；壤土也；壤也。"（292）箋注本《切韻》（斯2071）莫割反："坲，壤土。"（143）敦煌本《王韻》、故宮本《王韻》、故宮本《裴韻》、蔣本《唐韻》及《廣韻》皆同。"墓""坲"音義並近，"墓"疑即"坲"通過改換聲符而形成的異體字。《正字通·土部》："墓，同坲。墓諧莫聲，與坲音別義通。"（202上）《正字通》所言是也。"墓"字，《龍龕》又訓"地名"，當本作"莫"。《卍新纂續藏》本北宋善卿編《祖庭事苑》卷第一《雪竇後錄》："墓窰，本作莫傜。地名。今潙山塔莊是矣。古語云：'不作潙山一頂笠，無由得到莫傜村。'"（X64，p0326b06）此即其證也。

51. 壂：《新修玉篇》卷二《土部》引《餘文》："壂，力協切。堅土也。"（15上左）

按：《篇海》同。此字《玉篇》《廣韻》皆未收，始見於《集韻》，當即丁度等人據俗書所增。《集韻》入聲帖韻力協切："壂，堅土。"（782）"壂"疑即"甋"字之訛。《説文·瓦部》："甋，蹈瓦聲。从瓦，巤聲。"（269下）"甋"，《廣韻》音"盧協切"。"甋"字，俗書又寫作"甋"，見《龍龕》（316）。"壂""甋（甋）"音同，又"大"旁、"火"旁、"土"旁俗寫形近，常可訛混，故"壂"疑即"甋（甋）"字俗訛。"壂"字，《集韻》訓為"堅土"，疑為後人不識其為"甋（甋）"字之訛，又見其從"土"而妄補。

52. 塂：《新修玉篇》卷二《土部》引《餘文》："塂，徐林切。地名。"（15下右）

按：《篇海》同。《集韻》平聲侵韻徐心切："塂，地名。"（275）"塂"疑即"鄩"字之俗。《説文·邑部》："鄩，周邑也。从邑，尋聲。"（129上）"鄩"，《廣韻》音"徐林切"。"塂"與"鄩"音義並同，"塂"疑即"鄩"字之俗。

53. 墋：《新修玉篇》卷二《土部》引《龍龕》："墋，初朕切。砂土

塲也。"（15下右）

按：《篇海》同。《龍龕》卷二《土部》："塲，初朕反。砂土塲也。"（249）"塲"與"磣"當為異體字。玄應《音義》卷七《大般泥洹經》第三卷："塲濁，初錦反。《通俗文》云：'沙土入食中曰塲。'"（56，p927b7）玄應《音義》卷二二《瑜伽師地論》第二十五卷："磣毒，又作塲同。初錦反。又塲惡也。《通俗文》：'沙土入食中曰塲。'"（57，p84a9）又慧琳《音義》卷八《大般若波羅蜜多經》第五百六十九卷："磣鞋，瘡瘆、霜稟二反。《考聲》：'砂土汙也。從石，參聲也。'或從土作塲，亦同。"（57，p537a11）又希麟《音義》卷一《大乘理趣六波羅密多經》卷第八："塲鞋，上楚錦反。砂塲不可服。《説文》從土，參聲……又從石作磣，俗字。"（59，p359b7）以上諸書皆其證也。故"塲"訓"砂土塲也""沙土入食中"訓異義同，與"磣"音義並同，即為異體字。《玉篇·土部》："塲，楚錦切。土也。陸璣《漢高祖功臣贊》曰：'茫茫宇宙，上塲下黷。'"（8上左）《玉篇》據陸璣《漢高祖功臣贊》這一例證訓"塲"為"土也"，非是。《文選·陸璣〈漢高祖功臣贊〉》："芒芒宇宙，上塲下黷。"李善注："塲，不清澄之貌也。"故此例之"塲"應訓"不清澄之貌""混濁"，而非訓"土也"。慧琳《音義》卷九七《音廣弘明集》卷第十一："塲黷，上楚錦反，下同禄反。陸機《漢祖功臣頌》云：'茫茫宇宙，上塲下黷也'李善注：'云言亂常也。塲謂不清澄之皃也。黷，媟也，媟猶慢也。'"（59，p290a2）可見原本《玉篇》亦當以陸璣《漢高祖功臣贊》作為例證並訓"不清澄之皃"，而非訓"土也"。此亦其證也。此"塲"亦同"磣"。慧琳《音義》卷八七《破邪論》卷上："磣黷，上初錦反，下音獨。陸機《漢祖功臣頌》：'茫茫宇宙，上磣下黷。波振四海，塵飛五岳。九服俳佪，三靈改卜。'《古今正字》從石參聲，或從土作塲也。"（59，p117b12）又慧琳《音義》卷七五《音道地經》一卷："病滲，初錦反。陸機《漢高祖功名頌》曰：'茫茫宇宙，上塲下黷。'《説文》從士參聲，經文從石亦通時用也。"（58，p967a1）此是其證也。然此誤由來已久，自《切韻》已然。箋注本《切韻》（斯2071）上聲寢韻初朕反："塲，土。"（139）敦煌本《王韻》、故宮本《王韻》、《廣韻》同。以上諸韻書亦訓"塲"為"土"，皆非。《大字典》《字海》"塲"字下承襲《玉篇》之誤而分別收錄"土""沙土"這一義項，疑並非是。

54. 𰀀：《新修玉篇》卷二《土部》引《川篇》："𰀀，良又切。瓦飯器也。"（15下右）

按：《篇海》同。"𰀀"即"䰜"字之俗。《廣韻》去聲宥韻力救切："䰜，瓦飯器也。"（350）"𰀀""䰜"音義並同，"𰀀"即"䰜"字之俗。

55. 蕃：《新修玉篇》卷二《土部》引《玉篇》："墦蕃，附袁、普安二切。冢也。劉盟曰：'璧之方大也。'"（15下左）

按："蕃"字，《玉篇》《篇海》皆未收。"蕃"與"墦"音義並同，"蕃"當即"墦"之偏旁易位俗字。

56. 墜：《新修玉篇》卷二《土部》引《川篇》："墜，陟記切。踰也。"（16上右）

按：《篇海》同。此字當即"胝"字之俗。《說文·氏部》："胝，臥也。从氏，巠聲。"（266下）《玉篇·氏部》："胝，於進切，又竹四切。仆也。"（102上左）"胝"本義指"臥；仆"，引申義指"趨赴"。敦煌本《王韻》去聲至韻陟利反："胝，臥。又於進反。"（403）故宮本《王韻》同。《集韻》去聲至韻陟利切："胝，臥也。或作墜。"（476）《說文·足部》："趴，趣越皃。从足，卜聲。"（40上）"趴"義指"疾走""行急"，"踰"義指"越過"。故"墜"與"胝（胝）"音同義通，且字形相近，"墜"當即"胝（胝）"字俗訛。

57. 墜：《新修玉篇》卷二《土部》引《廣集韻》："墜，醉綏切。高皃。《韻》注。"（16上右~16上左）

按："墜"當即"陮"之增旁俗字，並同"崔"。《集韻》平聲脂韻遵綏切："崔，崔崔，高大也。或作嶉、峟、峷、陮。"（43）"墜"與"陮"音義並同，故"墜"當即"陮"之增旁俗字。

58. 塲：《新修玉篇》卷二《土部》引《龍龕》："塲，音眉。"（16上左）

按：《龍龕》卷二《土部》："塲，正；塄，今。音眉。土塳要也。二。"（248）"塲"即"塲"之異寫字，亦即"塄"之異體字。

59. 煋：《新修玉篇》卷二《里部》引《餘文》："煋，莫皆切。少也。"（17上右）

按：《篇海》未收。此字《玉篇》《廣韻》皆未收，《集韻》始收之，當即丁度等人據俗書所增。《集韻》平聲皆韻謨皆切："煋，少也。"（105）《字彙·里部》："煋，謨皆切，音埋。少也。"（502上）《正字通·里部》:"㘸,舊注:音埋。少也。按:凡物之少者有'寡''鮮'二文,經史未見有作'㘸'者,音訓並非,宜刪。"(1189)《正字通》謂"㘸"為俗字,宜刪,是也。"㘸"疑即"埋"字之俗。《玉篇·土部》:"埋,莫階切。塵也;藏也;瘞也。與薶同。"(8下右)"㘸""埋"音同,"㘸"字左旁所從之"少"當即"土"字訛變,"㘸"當即"埋"字之俗。"埋"俗寫作"㘸",後人不識,見其從"少",遂改其訓為"少",此當即望形生訓。

60. 蟗:《新修玉篇》卷二《里部》引《類篇》:"蟗,音盛。"(17上右)

按:《篇海》同。"蟗"音"盛",疑即"盛"字俗訛。韓小荊《〈可洪音義〉研究》"盛"俗作"戚",《可洪音義》卷一六《四分律》第五十六卷:"戚,音成。受也。正作盛。"(60,p42b4)"蟗"與"戚"音同形近,"蟗"疑即"盛"字之俗。故此直音用字"盛"字,當不但用來注音,還兼於用來指明正字。

61. 邘:《新修玉篇》卷二《邑部》引《川篇》:"邘,音穹。地也。"(17上左)

按:《篇海》卷十三《邑部》引《川篇》:"𨙸,音穹。地名。"(808下)"邘""𨙸"音義並同,且位置相同,當即同字異體。"𨙸"即"邛"字俗寫。《說文·邑部》:"邛,邛地在濟陰縣。从邑,工聲。"(131上)"邛",《廣韻》音"渠容切"。"𨙸""邛"音義並同,"𨙸"即"邛"字俗省。《龍龕》卷四《邑部》:"𨙸,俗;邛,正。渠容反。勞也;病也。"(452~453)此即其證也。"邘"當即"邛"通過改換聲符而形成的異體字。

62. 邒:《新修玉篇》卷二《邑部》引《類篇》:"邒,音郵。"(17上左)

按:《篇海》卷十三《邑部》引《搜真玉鏡》:"邒,音郵。"(808下)"邒"字,《新修玉篇》與《篇海》引書不同,疑以《新修玉篇》為是。"邒"音"郵",疑即"郵"字之俗。《說文·邑部》:"郵,境上行書舍。从邑、垂。垂,邊也。"(128上)"邒"疑即因"郵"左旁"垂"受右旁"阝"類化影響而改換成"阝"所形成的一個類化俗字。

63. 邟:《新修玉篇》卷二《邑部》引《川篇》:"邟,音昊。邑也。"(17下右)

按：《篇海》同。此字《廣韻》《集韻》皆未收，疑即"鄗"字之俗。《説文·邑部》："鄗，常山縣。世祖所即位，今為高邑。从邑，高聲。"（129下）《廣韻》上聲晧韻胡老切："鄗，光武立處，邑名。䧝，上同。"（204）《集韻》上聲晧韻下老切："䧝鄗，邑名，在南陽。或从阜[作䧝]。"（399）"䧝""鄗"並即"鄗"之異體字。"邟"與"鄗""䧝"音義並同，"邟"疑即"䧝"字俗省，亦即"鄗"字。

64. 䢵：《新修玉篇》卷二《邑部》引《餘文》："䢵，有軍切。國名。"（17下左）

按：《篇海》同。《集韻》平聲文韻于分切："鄖，《説文》：'漢南之國。'漢中有鄖關。"（130）"鄖"即"䢵"字異體。《龍龕》卷四《邑部》："鄖，正；䢵，今。音云。國名。"（454）此即其證也。"䢵"與"鄖"音義並同，"䢵"即"鄖"字俗訛。

65. 䣂：《新修玉篇》卷二《邑部》引《奚韻》："䣂，具義切。山名。"（17下左）

按：《篇海》同，此字《廣韻》《集韻》皆未收。"䣂"音"具義切"，形音不諧，"義"疑為"委"字之誤。"䣂"疑即"䣀"字之訛。《玉篇·邑部》："䣀，渠詭切。《山海經》云：'綸山東陸䣀山。'又居委切。"（11下右）《廣韻》上聲紙韻過委切："䣀，陸䣀，山名。出《山海經》。"（162～163）又上聲旨韻暨軌切："䣀，山名。"（168）《山海經·中山經》："有東北二百里，曰陸䣀之山其上多琈㻬之玉，其下多堊，其木多杻、橿。"（142）"䣂""䣀"音義並同，又"危"俗書或可寫作"色"（見韓小荊《〈可洪音義〉研究》720頁"危"字條）、"脆"俗作"脃"（見《玉篇·肉部》39上左），故"䣂"當即"䣀"字之俗。

66. 鄭：《新修玉篇》卷二《邑部》引《玉篇》："鄭，胡經切。鄉名，在高密。《左傳》曰：'戰於升鄭。'《韻》又古丁切。同義。"（18上右）

按：《篇海》同。《玉篇·邑部》："鄭，胡經切。鄉名，在高密。《左傳》曰：'戰於井鄭。'"（11下右）《字彙·邑部》："鄭，古靈切，音經。鄉名，在高密。《左傳》：'戰於升鄭。'又戶經切，音邢。鄉名。"（494上）《正字通·邑部》："鄭，舊注：音經。鄉名，在高密。《左傳》：'戰於升鄭。'又音形。鄉名。按：《傳》有'井陘'無'升鄭'。"（1169上）《正字通》所言當是。查今本《左傳·僖公二十二年》作："秋八月丁未，及邾人戰于升陘。"杜預注："升陘，魯地。"陸德明《經典釋文》："陘，音刑。"（3936 上）下文又曰："八月丁未，公及邾戰于升陘，我師敗績，邾人獲公胄，縣諸魚門。"陸德明《經典釋文》："升陘，本亦作登陘。"（3937 上）《太平御覽》卷三百五十六作："《左傳》曰：'公及邾戰于井陘，我師敗績，邾人獲公胄，縣諸魚門。'"（1636 下）故今本《左傳》"升陘"當即"井陘"之誤。"鄸"字《新修玉篇》《篇海》所引《玉篇》訓"升鄸"，當誤；《玉篇》訓"井鄸"，是也。"鄸""陘"音義並同，又從"阜"、從"邑"義通，"鄸"當即"陘"義通義符換用而形成的異體字。《玉篇校釋》"鄸"字下注："《切韻》：'鄸，鄉名，在密。'引《左氏》為僖廿二年經文，今作升陘。杜注：'升陘，魯地。'陘、鄸字通，升即井偽。《阜部》'陘'下引《左氏傳》：'有陘庭之田，常山有井陘縣也。'《地理志》：'常山郡井陘。'應劭曰：'井陘山在南，音刑。'《史記·始皇本紀》：'王翦將上地下井陘。'服虔曰：'井陘，山名，在常山，今為縣，案：山勢險，陘名井陘，地因山名，後為縣名改從邑。"（369）胡氏所言是也。

67. 鄸：《新修玉篇》卷二《邑部》引《川篇》："鄸，音栗。地名。"（18 下左）

按：《篇海》同。"鄸"疑即"栗"字之俗。《史記·項羽本紀》："章邯軍至栗。"裴駰《史記集解》引徐廣曰："縣名，在沛。"《漢書·地理志上》："沛郡，縣三十七：……栗，扶陽，高，高柴……""鄸""栗"音義並同，"鄸"當即"栗"因涉義增加義符"邑"旁而形成的後起分化字。

68. 鄸：《新修玉篇》卷二《邑部》引《川篇》："鄸，音堂。"（18 下左）

按："鄸"疑即"鄧"字之俗。《說文·邑部》："鄧，地名。从邑，堂聲。"（132 下）"鄧"即"鄧"之異體字。"鄧"，《廣韻》音"徒郎切"。"鄸""鄧"音同，又"堂"字古文作"𡉴""𡉵""坣"等形，"鄸"字左旁所從疑即"堂"字古文誤為楷定所致，"鄸"當即"鄧"之俗訛字。

69. 鄸：《新修玉篇》卷二《邑部》引《餘文》："鄸，音了。地名。"（19 上右）

按：《篇海》卷十三《邑部》引《川篇》："鄸，音了。地名。"（810

下）"鄴"字，《新修玉篇》與《篇海》引書不同，《篇海》所言是也。因為按照《新修玉篇》引書順序依次為《玉篇》《餘文》《龍龕》《川篇》《類篇》等，《新修玉篇》此字位於所引《龍龕》之下的一部字書，《龍龕》之前已引《餘文》，此處卻仍謂引《餘文》，此空心圓當為左半實心圓之誤刻。《說文·邑部》："鄴，地名。从邑，翏聲。"（132 下）"鄴"，《廣韻》音"盧鳥切"。"鄴""鄴"音義並同，"鄴"即"鄴"字之俗。

70. 鄑：《新修玉篇》卷二《邑部》引《餘文》（當為《川篇》之誤）："鄑，音貲。谷也。"（19 上右）

按：《篇海》卷十三《邑部》引《川篇》："鄑，音貲。地名。"（810 下）"鄑"當即"鄑"字之俗。《玉篇·邑部》："鄑，子思切。谷名。"（12 上右）"鄑"與"鄑"音義並同，"鄑"即"鄑"字之俗。

71. 鄈：《新修玉篇》卷二《邑部》引《奚韻》："鄈，渠追切。地名。"（19 上右）

按：《說文·邑部》："鄈，河東臨汾地，即漢之所祭後土處。从邑，癸聲。"（129 下）"鄈"，《廣韻》音"渠追切"。"鄈""鄈"音義並同，"鄈"即"鄈"之異寫字。

72. 鄐：《新修玉篇》卷二《邑部》引《玉篇》："鄐，古太切。地名。"（19 上左）

按：《篇海》卷十三《邑部》引《玉篇》："鄐，古大切。地名。"（810 上）《說文·邑部》："鄐，地名。从邑，盍聲。"（132 下）胡吉宣《玉篇校釋》注："《說文》：'鄐，地名。'《切韻》同。又：'蓋，姓也，漢有蓋寬饒，《字書》作鄐。'（《唐韻》引同）《廣韻》：'鄐，或作鄐。'本書原本當依'鄐'為'鄐'之重文，云：《字書》亦鄐字也。《地理志》：'泰山郡蓋。'《郡國志》同。"（368）"鄐"即"鄐"字。胡吉宣謂"本書原本當依'鄐'為'鄐'之重文，云：《字書》亦鄐字也"，疑可商榷。《名義·邑部》："鄐，庚大反。"（14 下）"鄐"與《說文》"鄐"字位置相當，皆在"鄶""鄶"與"鄿""鄽"之間，當即同字。依《名義》"鄐"字字形并參考字音，其左旁所從即為"盖"字，"盖"即"蓋"字之俗，故此字即"鄐"字之俗。可見顧野王所見《說文》本作"鄐"，而非作"鄐"。胡吉宣謂"本書原本當依'鄐'為'鄐'之重文，云：《字書》亦鄐字也"，疑非是。《新撰字鏡·邑部》："鄐，庚大反。"（513）《新撰字鏡》只收"鄐"字，"鄐"亦即"鄐"字之俗，而未見收錄"鄐"字，此亦其證也。《正字通·邑部》："鄐，鄐本字。有蓋、閤二音，皆地名。一説本作蓋。"（1177上）《正字通》謂"鄐"即"鄐"本字，是也；然謂"鄐有蓋、閤二音，皆地名"，亦不確。箋注本《切韻》（斯2071）入聲盍韻古盍反："盖，姓。漢有盖寬饒，《字書》作鄐。"（147）故宫本《王韻》、故宫本《裴韻》、《唐韻》略同。"鄐"即"鄐"字之俗。箋注本《切韻》（伯2129）去聲泰韻[苦盖反]："鄐，地名。"（317）此字儘管比較模糊，但仍可看出其左旁所從乃"蓋"之異體"盖"字。敦煌本《王韻》去聲泰韻[苦蓋反]："鄐，地名。"（406）故宫本《王韻》去聲泰韻苦盖反："鄐，地名。"（494）"鄐""鄐"並為"鄐"字之俗。由上述《切韻》系韻書亦可看出，今本《説文》"鄐"字本當作"鄐"，俗體則作"鄐"。據此可知，"鄐"應有"古盍反"、"苦蓋反"二讀："鄐"音"古盍反"，訓"姓"，本作"蓋"；"鄐"音"苦蓋反"，訓"地名"。其實，地名之"鄐"亦當本作"蓋"，後因涉義而在"蓋"字的基礎上增加義符"邑"旁，故而形成"鄐"字。段注曰："二《志》泰山郡皆有蓋縣，《孟子》有蓋大夫。《廣韻》：'蓋，姓。《字書》作鄐。'"（300上）朱駿聲《定聲》曰："按：《孟子》有蓋大夫，漢有蓋孫。《廣韻》：'蓋，亦作鄐。'疑齊地，在今山東沂州府沂水縣西北。"（150下）段、朱二氏謂"鄐"本作"蓋"，疑是；然由於材料所限，未能指出"鄐"即"鄐"字之俗訛，亦非確考。敦煌本《王韻》入聲盍韻古盍反："蓋，姓。漢有蓋寬饒，《字書》古作鄐。"（432）據《切韻》系其它韻書，可知此"鄐"即"鄐"字之誤，因"盍"字俗書亦有寫作"盖"者，如"閤"作"閤"等（見韓小荊《〈可洪音義〉研究》475"閤"字），據"鄐"誤為回改即可寫作"鄐"。《廣韻》入聲盍韻古盍切："蓋，姓也。漢有蓋寬饒，《字書》作鄐。"（434）此亦因沿襲敦煌本《王韻》而謬也。又去聲泰韻苦蓋切："鄐，地名。或作鄐。"（283）《廣韻》溝通"鄐""鄐"二字異體關係當是，然不知"鄐"即"鄐"字俗訛，亦失考證。故今本《説文》作"鄐"，當即據"鄐"字俗體"鄐"字誤為回改所致。"鄐"字《廣韻》音"胡蠟切"，即因後人不識其為"鄐"字之俗而又見其從"盍"所改，此即望形生音。《玉篇·邑部》："鄐，胡蠟切。地名。"下字又曰："鄐，居大切。地名。"（11下右）"鄐"即"鄐"字之俗，陳彭年等沿襲誤本《説文》之謬而誤分"鄐""鄐"為二字，疑亦非是。

73. 畁：《新修玉篇》卷二《田部》引《龍龕》："毘畁，音鬼。"（20下右）

按：《篇海》《龍龕》同。"毘""畁"並即"鬼"字之俗。《字彙補·田部》："畁，與鬼同。亦作毘。"（134下）此即其證也。

74. 畎：《新修玉篇》卷二《田部》引《川篇》："畎，土亘切。田也。"（20下右）

按：《篇海》卷四《田部》引《川篇》："畋，徒年切。取禽獸。"（639下）此"田"義指打獵。《易·恆》："田無禽。"孔穎達疏："田者，田獵也。"《詩·鄭風·叔于田》："叔于田，巷無居人。"毛傳："田，取禽也。""畎""畋"形近義同，且《新修玉篇》之"畎"與《篇海》之"畋"位置相同，故"畎"當即"畋"字之俗。《新修玉篇》"畎"音"土亘切"，"亘"當即"田"字之誤。

75. 畇畇畇：《新修玉篇》卷二《田部》引《川篇》："畇，荀、旬二音。"（20下右）

按：《篇海》卷四《田部》引《川篇》："畇，詢、旬二音。墾田。"（639上）《爾雅·釋訓》："畇畇，田也。"郭璞注："言墾辟也。"《名義·田部》："畇，徐均反。均也，合龍也。"（11上）《龍龕》卷一《田部》："畇，詢、旬二音。墾田也。"（153）故"畇"與"畇"音同形近，正如韓小荊《〈可洪音義〉研究》"均"俗作"圴"（532）、"鈞"俗作"釣"（532）、"筠"俗作"荺"（803）等，"畇"當即"畇"字之俗。又《字彙補·田部》："畇，思文切，音荀。令也。"（134下）下文又曰："畇，思文切，音荀。勻也。"（134下）"畇"與"畇"音同形近，當即同字異寫。"畇"當即"畇"字之俗，則"畇"亦當即"畇"字之俗。《字彙補》訓"畇"為"令也"，當因從"申令"為說而妄補。又"畇"與"畇"音同形近，當即同字異寫"畇"亦當即"畇"字之俗。《字彙補》訓"畇"為"勻也"，當因從"勻"為說而妄補。

76. 畔：《新修玉篇》卷二《田部》引《奚韻》："畔，呼到切。姓也。出《纂文》。"（20下右）

按：《篇海》卷四《田部》引《奚韻》："畔，以諸切。姓也。出《纂文》。"（639下）"畔""畔"形近義同，當為一字之變，然二者讀音不同，當以《新修玉篇》為是。《廣韻》入聲号韻呼到切："玭，姓也。或作畔。"（328）"畔"與"玭"音義並同，"畔"當即"玭"字之俗。

"畤"即"畤"之異寫字,亦當即"畤"字之俗。"畤"字,《篇海》音"以諸切",當因韓道昭誤認為"畤"字當為"畤"字之俗而妄改。《玉篇·田部》:"畬,與居切。田三歲曰畬。亦作畭。畤,古文。"(9上左)此"畤"當即"畤"字之俗,此"畤"與上文《篇海》之"畤"當為同形字。

77. 嬰:《新修玉篇》卷二《田部》引《類篇》:"嬰,音遷。"(20下右)

按:《篇海》同。"嬰"當即"䙴"字之俗。《說文·廾部》:"䙴,升高也。从舁,囟聲。䙴,或从卩。"(54)"遷""䙴(䙴)"即為異體字,故"嬰"與"䙴"音同形近,"嬰"當即"䙴"字之俗。

78. 㝅:《新修玉篇》卷二《士部》引《廣集韻》:"㝅,乃后切。乳也。"(20下右)

按:《集韻》上聲厚韻乃后切:"㝅,乳子也。或作㝅、穀、㝅、㝅、乳、吼。"(440)"穀"即"㝅"字之訛。"㝅"與"㝅""㝅""㝅""乳""吼"諸字並為異體字。《新修玉篇》訓"㝅"為"乳也",即為"乳子也"之脫誤。

79. 黇:《新修玉篇》卷二《黃部》引《餘文》:"黇,他前切。黃白色。"(21上右)

按:《篇海》同。此字《廣韻》未收,《集韻》收之,當即丁度等據俗書所增。《集韻》平聲先韻他年切:"黇,黃白色。"(160)"黇"疑即"黇"字之譌。《說文·黃部》:"黇,白黃色也。从黃,占聲。"(291下)《玉篇·黃部》:"黇,他兼切。黃色。"(9下左)段玉裁注:"黇,白色之黇而黃也。"朱駿聲《說文通訓定聲》:"黇,淺黃色。"《廣雅·釋器》:"黇,黃也。"王念孫疏證:"黇,謂黃色之薄也。""黇"與"黇"音義並同,又因"占""舌"俗寫形近而可譌混,故"黇"譌作"黇"。《大字典》收錄"黇",並以清阮葵生《茶餘客話》作為例證。清阮葵生《茶餘客話》卷二十:"狐之族七。蒙古產者二:毛黃而長,曰草狐;短而黇,曰沙狐。"(624)從文意來看,此"黇"亦當為"黇"字之誤。《正字通·黃部》:"黇,黇字之譌。舊注音義同黇,改从舌,分為二,因舌、占形近而譌。"(1395上)此說是也。

80. 佑:《新修玉篇》卷三《人部》引《類篇》:"佑,音有。"(22上左)

按：《篇海》卷十五《人部》引《類篇》："佁，音尤。"（827下）"佁"疑即"佑"字之俗。《廣韻》去聲宥韻于救切："佑，佐也；助也。"（348）"有"，《集韻》亦音"尤救切"。故"佁"與"佑"音同形近，"佁"當即"佑"字之俗。

81. 伲：《新修玉篇》卷三《人部》引《餘文》："伲，烏懈切。困也。"（22下左）

按：《篇海》同。此字《說文》《玉篇》皆未收，《廣韻》亦不錄，始見於《龍龕》。當即唐人據俗書所增。《龍龕》卷一《人部》："伲，俗。音厄。災～。"（39）《集韻》去聲卦韻烏懈切："伲，困也。"（524）《正字通·人部》："伲，烏懈切，音隘。困也。當从㔿。"（31下）《正字通》所言當是。《玉篇·戶部》："㔿，倚革切。困也；災也。亦作厄。"（55下左）《穀梁傳·僖公二十二年》："君子不推人危，不攻人厄。"司馬遷《報任安書》："仲尼厄而作《春秋》。""伲"，《龍龕》音"厄"。"伲"與"厄"音義並同，"伲"當即"厄"之增旁俗字。"伲"，《集韻》音"烏懈切"，當為丁度等不識其為"厄"字異體，又見其從"厄"而望形生音，因為從"厄"之字亦可音"烏懈切"，如"伲"、"詍"、"砨"等，《集韻》皆音"烏懈切"。《新修玉篇》"伲"字承襲《集韻》讀音之誤，亦非。《大字典》《字海》"伲"字皆據《集韻》而音 aì，俱失考證。

82. 㐼：《新修玉篇》卷三《人部》引《龍龕》："㐼，丘弭、去智二切。望也；止也。"（22下左～23上右）

按：《篇海》同。"㐼"即"企"字之俗。《龍龕》卷一《人部》："伦㐼，二俗；企，正。丘弭、去智二反。望也；止也。三。"（29）此即其證也。

83. 伹：《新修玉篇》卷三《人部》引《龍龕》："伹，則古切。"（23下右）

按：《篇海》同。《龍龕》卷一《人部》："伹，則古反。"（32）"伹"疑即"伹"字之俗。《說文·人部》："伹，拙也。从人，且聲。"（163上）《廣韻》上聲姥韻徂古切："伹，淺也。"（179）"伹""伹"音近，正如"俗"俗作"俗"、"偱"俗作"幅"、"侁"俗作"侁"等（見下文57"侁"字注），"伹"亦當即"伹"之繁化俗字。

84. 侀：《新修玉篇》卷三《人部》引《龍龕》："侀，音刑。成也。"

(23下右)

　　按："俐"即"例"之異體字。《龍龕》卷一《人部》："形，或作；俐，正；例，今。音刑。成也。三。"（25）此即其證也。

85. 俏：《新修玉篇》卷三《人部》引《龍龕》："俏，音隕。"（23下右）

　　按："俏"即"隕"字之俗。《龍龕》卷一《人部》："俏，俗。於敏反。正作隕。"（32）此即其證也。

86. 伒：《新修玉篇》卷三《人部》引《川篇》："伒，音銀。犬相咋也。"（23下右）

　　按：朝鮮本《龍龕》卷一《人部》："伒，音銀。犬相咋也。"（22）此字疑即"狀"字之俗。《說文·狀部》："狀，兩犬相齧也。从二犬。"（205上）"狀"，《廣韻》音"語斤切"。"犬相咋也"之"咋"義亦當指"齧"。《漢書·東方朔傳》："譬猶鶄鶵之襲狗，孤豚之咋虎，至則靡耳。"顏師古注："咋，齧也。""齧""嚙"同字異體。《詳校篇海》卷一《口部》："嚙，延結切，音齧。噬也。與齧同。"（46上）故"伒"與"狀"音義並同，又"狀"字《說文》篆文作"𤝐"，"伒"疑即"狀"字篆文"𤝐"楷定之訛。

87. 㑴：《新修玉篇》卷三《人部》引《類篇》："㑴，音失。"（23下右）

　　按：《篇海》未見收錄此字形。"㑴"音"失"，當即"失"字之俗。《古文四聲韻》入聲質韻："失，𠫔，並古《孝經》；𠰴𠰸，並古《老子》。"（134上）"㑴"與"𠰴""𠰸"二字音同形近，"㑴"當為"失"字古文楷定之俗。

88. 奟：《新修玉篇》卷三《人部》引《餘文》："奟，於希切。《說文》曰：'歸也。从[反]身。"（23下左）

　　按：《篇海》未收。《廣韻》平聲微韻於希切："𠂢，《說文》曰：'歸也。从反身。'"（33）《集韻》平聲微韻於希切："𠂢，《說文》曰：'歸也。从反身。'徐鍇曰：'古人所謂反身修道曰歸。'"（61）《說文·𠂢部》："𠂢，歸也。从反身。"（167下）"𠂢"，《廣韻》音"於謹切"，又音"於希切"。"奟""𠂢""𠂢"並即"𠂢"字之俗。

89. 佞：《新修玉篇》卷三《人部》引《餘文》："佞，吐猥切。弱也。"（24上右）

按：《篇海》同。此字《玉篇》《廣韻》皆未收，始見於《集韻》，當即丁度等人據俗書所增。《集韻》上聲賄韻吐猥切："俀，弱也。"（348）"俀"當同"痿""㾕"。《廣韻》上聲賄韻吐猥切："痿，猥痿。"下字曰："㾕，尵㾕，行病。"（184）《集韻》上聲賄韻吐猥切："痿，猥痿，弱也。"下字曰："㾕，尵㾕，行病。"（348）故此處《集韻》"痿"字訓"猥痿"，"猥痿"之"猥"當為"猥"字之訛。《集韻》上聲賄韻弩罪切亦曰："痿，猥痿，弱也。"（349）此亦其證也。"尵㾕"訓"行病"，"行病"即"體弱"，故"猥痿"與"尵㾕"音義並同，"猥痿"同"尵㾕"。"俀"與"痿""㾕"音義並同，即為異體字。

90. 偀：《新修玉篇》卷三《人部》引《廣集韻》："偀，營隻切。役同。"（24 上右）

按："役"字，《説文》古文作"㣽"，"偀"當即"役"字古文"㣽"字楷定之俗。

91. 侁：《新修玉篇》卷三《人部》引《類篇》："侁，音佷。"（24 上左）

按：《篇海》卷十五《人部》引《類篇》："侁，音先。"（828 下）《新修玉篇》與《篇海》直音用字不同，當以《新修玉篇》所言當是。"侁"音"佷"，當即"佷"字之俗。正如"俗"俗作"俗"、"徧"俗作"徧"等，"侁"當即"佷"之繁化俗字。

92. 㑳：《新修玉篇》卷三《人部》引《類篇》："㑳，音字。"（24 上左）

按：《篇海》同。"㑳"音"字"，疑即"字"之俗。"字"字，《説文》篆文作"𡨃"，"㑳"疑即"字"之篆文"𡨃"字楷定之俗。

93. 侖：《新修玉篇》卷三《人部》引《類篇》："侖，音侖。"（24 上左）

按：《篇海》同。"侖"音"侖"，當即"侖"字之俗。正如"侖"俗書或作"侖"，"侖""侖"形近，"侖"亦當即"侖"字之俗。

94. 儼：《新修玉篇》卷三《人部》引《餘文》："儼，五敢切。仰首皃。一曰好皃。"（24 下左）

按：《篇海》同。此字《説文》《玉篇》皆未收，《廣韻》亦不錄，始見於《集韻》，當即丁度等人據俗書所增。《集韻》上聲敢韻五敢切："儼，仰首皃。一曰好皃。"（449）"儼"疑即"儼"字之俗。《説文·人部》："儼，昂頭也。从人，嚴聲。一曰好皃。"（160下）"儼"，《廣韻》音"魚埯切"。"傿""儼"音義並同，"傿"當即"儼"字俗省。

95. 伹：《新修玉篇》卷三《人部》引《龍龕》："伹，徒旱切。"（24下左）

按：《篇海》卷十五《人部》引《龍龕》："伹，徒旱切。大也。"（829上）《龍龕》卷一《人部》："伹，徒旱反。大也。"（31）"伹"當即"誕"之異體字。《爾雅·釋詁上》："誕，大也。"《書·湯誥》："王歸自克夏，至于亳，誕告萬方。"孔傳："誕，大也。"《漢書·敘傳下》："國之誕章，博載其路。"顏師古注："誕，大也。""誕"，《廣韻》音"徒旱切"。"伹""誕"音義並同，"伹"當即"誕"通過改換義符而形成的異體字。

96. 佽：《新修玉篇》卷三《人部》引《類篇》："佽，音代。出《三國志》，人名。"（24下左）

按：《篇海》卷十五《人部》引《川篇》："佽，音岱。人名，出《三國志》。"（829下）《新修玉篇》與《篇海》引書不同，當以《新修玉篇》所言為是。因為《篇海》每個部首所屬筆畫之下一般都是先引《川篇》，後引《類篇》，此處卻先引《類篇》，後引《川篇》，當誤。又《新修玉篇》與《篇海》直音用字不同，則當以《篇海》所言為是。"佽"當即"岱"字之俗。《三國志》中有馬岱，正如魏《元緒墓誌》"岱"俗寫作"佽"，"佽""佽"形近，"佽"亦當即"岱"字之俗。"佽"字，《篇海》音"岱"，此"岱"不但用於注音，還兼於用來指明正字，故當以《篇海》直音用字為是。《字彙補·人部》："佽，微補切，音武。三國人名。"（5下）《字彙補》改"佽"字讀音為"微補切，音武"，當為不識其為"岱"字之俗，又見其從"武"而妄補，此當即望形生音。《大字典》（206A）收"佽"字，據《字彙補》"微補切"而音wǔ，且謂《篇海》引《奚韻》，並誤。《字海》（77B）"佽"字音wǔ，亦非。

97. 御：《新修玉篇》卷十五《人部》引《龍龕》："御，魚據切。亦作御。"（24下左）

按：《篇海》同，通行本《龍龕》未見收錄此字。正如《龍龕》（33）"御"俗作"御""御"等，"御"當即"御"字之俗。

98. 偌：《新修玉篇》卷三《人部》引《川篇》："偌，人夜切。人

姓。"（24下左）

按：《篇海》卷十五《人部》引《類篇》："偌，人夜切。姓也。"（829下）《新修玉篇》與《篇海》引書不同，《新修玉篇》所言當是。《篇海》每個部首所屬筆畫之下一般是先引《川篇》，後引《類篇》，此處卻先引《類篇》，後引《川篇》，當誤。《玉篇·人部》："偌，人夜切。姓也。"（15下右）"偌"即"偌"字之俗。

99. 偮：《新修玉篇》卷三《人部》引《餘文》："偮，阻立切。人眾皃。"（25上左）

按：《篇海》同。此字《玉篇》《廣韻》未錄，《集韻》收之，當即丁度等人據俗書所增。《集韻》入聲緝韻側立切："偮，人眾皃。"（766）《字彙·人部》："偮，側入切，音戢。人眾貌。"（42下）《正字通·人部》："偮，祭昔切，音眷。人眾貌。亦作偮。"（52下）《正字通》所言非是。《玉篇·彳部》："偮，七入切。行皃。"（48上右）《集韻》入聲緝韻七入切："偮，偮偮，行皃。"（764）"偮"與"偮"儘管形音皆近，然意義區別甚明，二字不可混同，故《正字通》之説非是。"偮"疑即"偮"字之訛。《玉篇·人部》："偮，而勇切。衆也。"（15上左）《集韻》上聲腫韻乳勇切："偮，衆也。"（304）"偮""偮"義同，正如"鞲"俗作"緧"（見韓小荆《〈可洪音義〉研究654"鞲"字條），"緧"字左旁所從之"糹"即"革"之義通義符換用，其右旁所從之"耳"當即"茸"字之訛，故"偮"疑即"偮"字俗訛。"偮"訛作"偮"，後人不識其為"偮"字俗訛，見其從"耳"，遂改其讀為"側立切"，此當即望形生音。

100. 偦：《新修玉篇》卷三《人部》引《餘文》："偦，寫與切。什長也，有才智者。本作胥。又相居切。跿也。"（25上左）

按：《篇海》同。《集韻》上聲語韻寫與切："胥，什長也，有才知者。或从人。"（329）"偦"訓"什長也，有才知者"，與"胥"即為異體字。又《集韻》上文平聲魚韻新於切："偦，跿也。通作揟。"（65）"跿""疏"字同，此"偦""揟"二字本亦作"胥"。《莊子·山木》："雖飢渴隱約，猶旦胥疏於江湖之上而求食焉，定也。"陸德明釋文："'胥疏'如字。"郭慶藩集釋："案：胥、疏二字，古通用，胥即疏也。宣十四年《左傳》'車及於蒲胥之市'，《呂氏春秋·行論篇》作'蒲疏'；《史記·蘇秦傳》'東有淮、穎、煮棗、無胥'，《魏策》作'無疏'。是其證。"（670~671）"胥"字因其在文獻中可與"疏"相互通用，因而具有"疏"義，此當即"胥"之假借義。"胥"，《集韻》音"相居切"。"偦""揟"與"胥"音義並同，本作"胥"。《大字典》（256A~B）"偦"字第二義項據《集韻》訓"疏"，亦應溝通其與"胥"字的字際關係。

101. 俭：《新修玉篇》卷三《人部》引《餘文》："俭，苦減切。俭俭，意不安也。或从忄。"（25上左）

按：《篇海》卷十五《人部》引《餘文》："俭，苦減切。俭俭，意不安也。本从忄。"（830上）《廣韻》上聲豏韻苦減切："慊，慊慊，意不安也。"（229）《集韻》上聲豏韻口減切："慊，[慊慊，]意不安也。或从人。"（455）"俭"與"慊"音義並同，"俭"當即"慊"通過改換義符而形成的異體字。

102. 偏：《新修玉篇》卷三《人部》引《龍龕》："偏，音緾。"（25上左）

按：《篇海》卷十五《人部》引《龍龕》："偏，音厘（緾）。"（830上）"偏"當即"纏"字之俗。《龍龕》卷一《人部》："偏偏，二俗。音緾。正作纏。"（24）"緾"即"纏"的俗字，故"偏""偏"亦並即"纏"字之俗。

103. 偩：《新修玉篇》卷三《人部》引《龍龕》："偩，方久切。《禮》云：'偩天地之情也。'又依也。"（25下右）

按：《篇海》同。《龍龕》卷一《人部》："偩，房九反。《禮》云：'~天地之情也。'又依也。"（32）《玉篇》《集韻》及《禮記》皆作"偩"，"偩"即"偩"字俗訛。

104. 偰：《新修玉篇》卷三《人部》引《川篇》："偰，音屑。動聲。"（25下右）

按：《篇海》同。《龍龕》卷一《人部》："偰，俗；偰（偰），正；偰，或作。先結反。動草聲也；又鷲鳥之聲。~~，呻吟也。三。"（38）"偰"與"偰（偰）"音義並同，"偰"即"偰（偰）"字之俗。

105. 倞：《新修玉篇》卷三《人部》引《川篇》："倞，力尚切。信也。"（25下右）

按：《篇海》同。"倞"可楷定作"倞"，此"倞"當即"諒"字之俗。《說文·言部》："諒，信也。从言，京聲。"（45下）"諒"，《廣韻》

音"力讓切"。故"倞（倞）"與"諒"音義並同，此"倞（倞）"當即"諒"之異體字。

106. 傸：《新修玉篇》卷三《人部》引《餘文》："傸，弋讓切。立動兒。"（25下左）

按：《篇海》同。此字《玉篇》《廣韻》皆未收，《集韻》收之，當即丁度等人據俗書所增。《集韻》去聲漾韻弋亮切："傸，立動兒。"（597）《字彙·人部》："傸，餘亮切，音樣。立動貌。"（43上）《正字通·水部》："傸，俗字。"（60上）《正字通》謂"傸"為俗字，是也。"傸"疑即"漾"字之俗。《說文·水部》："漾，水。出隴西相（氐）道，東至武都為漢。从水，羕聲。瀁，古文从養。"（224下）"漾"本義指"古水名"，引申義可指"滉漾"。《集韻》上聲養韻以兩切："瀁，滉漾，水兒。或从羕。"（412）"漾"，又《廣韻》音"餘亮切"。"傸""漾"音同，又"立動兒"與"滉漾"義可相通，故"傸"與"漾"音同義通，"傸"當即"漾"通過改换義符而形成的異體字。

107. 㲲：《新修玉篇》卷三《人部》引《省韻》："㲲，去羊切。"（25下左）

按：《説文》："羌，西戎牧羊人也。从人，从羊，羊亦聲……羌，古文羌字。"（73上）"羌"字《説文》古文作"羊"，"㲲"即"羌"字《説文》古文"羊"楷定之俗。

108. 傒：《新修玉篇》卷三《人部》引《川篇》："傒，音侁。"（26上右）

按：《篇海》卷十五《人部》引《川篇》："傒，音條。紃也。"（830下）"傒""傒"字形相近，當即同字異寫，然二書讀音不同，《新修玉篇》所言是也。《新修玉篇·人部》引《川篇》"傒"字之下收錄"傝"字，注曰："傝，音條。紃也。"（26上左）然《篇海·人部》引《川篇》"傒"字之下卻未見收錄"傝"字，當即《篇海》脱誤，故又誤植"傝"字之義於"傒"字之下，遂致此誤。"傒"疑即"嫊"之異體字。《玉篇·女部》："嫊嫊，二同。色臻切。有嫊國。"（18上右）《集韻》平聲臻韻疏臻切："嫊，有嫊，國名。或作嫊。"（127）"傒""嫊"音同，又從人、從女義通，故"傒"疑即"嫊"之異體字。

109. 傝：《新修玉篇》卷三《人部》引《川篇》："傝，音條。紃也。"（26上右）

按：此字《篇海》未收，"絛"當即"絛"字之俗。《說文·糸部》："絛，扁（編）緒也。从糸，攸聲。"（276上）《廣韻》平聲豪韻土刀切："縚，編絲繩也。"（99）"縚"與"絛"古相通用，故"絛"可音"土刀切"。《周禮·春官·巾車》："絛纓五就。"鄭玄注："絛讀為縚。其樊及纓以絛絲飾之而五成。""紖"即指牛鼻繩，又可泛指繩子。故"絛""絛"音義並同，"絛"即"絛"字之俗。韓小荊《〈可洪音義〉研究》（700）"絛"俗作"絛"，此即其證也。

110. 儱（𠊓）：《新修玉篇》卷三《人部》引《類篇》："𠊓，音弄。"（26上右）

按：《篇海》卷十五《人部》十一畫引《類篇》："儱，音弄。"（830下）又下文十二畫引《搜真玉鏡》："儱，音弄。"（831上）《字彙補·人部》："儱，而重切，音弄。義闕。"（6上）"儱""𠊓""儱""儱"諸字音同形近，當即一字之變，其正字疑皆作"儱"。《集韻》去聲送韻盧貢切："㦁儱，㦁愩，愚也。或從人。"（461）"儱""𠊓""儱""儱"与"儱"音同形近，當並即"儱"字之俗。

111. 偡：《新修玉篇》卷三《人部》引《奚韻》："偡，音偡。"（26上右）

按：《篇海》卷十五《人部》引《奚韻》："偡，音偡。義同。""偡"音"偡"，即"偡"字之俗。韓小荊《〈可洪音義〉研究》（671）"椹"俗作"榑"，此是其證也。

112. 倖：《新修玉篇》卷三《人部》引《餘文》："倖，所律切。行皃。"（26上左）

按：《篇海》同。此字《切韻》《玉篇》皆未收，《廣韻》收之，當即陳彭年等據俗書所增。《廣韻》入聲質韻所律切："倖，行皃。"（384）《集韻》同。《正字通·人部》："倖，同𢓭。《說文》'率'从行作'𧗿'。"（55下）《正字通》所言是也。《玉篇·彳部》："𢓭，疏聿切。行皃。"（48上右）"倖"與"𢓭"音義並同，即為異體字，二字本當作"率（𧗿）"。《說文·率部》："率，捕鳥畢也。"（279下）"率"本義指捕鳥網，引申義可指行。《廣韻》入聲質韻所律切："率，循也；領也；將也；用也；行也。"（383）"率""𧗿"古多通用，即為異體字。《説文·行部》："𧗿，將𧗿也。从行，率聲。"（38上）段玉裁改為"將衛也"。邵瑛羣經正字"𧗿"字下亦注曰："古𧗿、率多通用，經傳當有之，是率即衛字也。"《玉篇·行部》："衛,所律切。循也;導也。今或為率。"(48上)故"䢦"本作"率(衛)","䢦"當即"衛"字俗省,而"䢦"又即"䢦"字俗省。

113. 俗:《新修玉篇》卷三《人部》引《廣集韻》："俗,余昭切。使也;役也;喜也。《韻》注。"(26上左)

按:《說文·人部》:"偺,喜也。从人,昝聲。"(164下)《玉篇·人部》:"偺,余招切。偺役也。"(14上右)"俗""偺"音義並同,"俗"即"偺"字之俗。

114. 傯:《新修玉篇》卷三《人部》引《川篇》："傯,初講切。衆齊也。"(26上右)

按:《篇海》同。《玉篇·人部》:"傯,初講切。衆齊也。"(15上左)"傯"與"傯"音義並同,"傯"即"傯"字之俗。

115. 衾:《新修玉篇》卷三《人部》引《類篇》："衾,音牀。"(26上左)

按:《篇海》同。"衾"疑即"牀"之俗體會意字。《說文·木部》:"牀,安身之坐者。從木,爿聲。"(117上)故"衾"疑即因表示"牀"之"安身之坐者"這一意義而造的俗體會意字。

116. 僺:《新修玉篇》卷三《人部》引《川篇》："僺,音保。古文。"(26上左)

按:《篇海》卷十五《人部》引《川篇》:"僺,古文。音保。"(831上)"僺""僺"當即同字異寫。《說文·人部》:"保,養也。從人,從采省。采,古文孚。禾,古文保。僺,古文保不省。"(159上)"僺""僺"並即"僺"之異寫字,亦當即"保"之異體字。

117. 僊:《新修玉篇》卷三《人部》引《龍龕》："僊,音仙。遷也。今作仙。"(26上左)

按:《篇海》卷十五《人部》引《龍龕》:"僊,音仙。遷也。"(831上)"僊"當即"僊"字之俗。《龍龕》卷一《人部》:"僊僊僊,三俗;僊,或作;僊僊,二古文。音仙。~遷也。今作仙。六。"(24)此即其證也。

118. 傎:《新修玉篇》卷三《人部》引《龍龕》："傎,部田切。"(26下左)

按:《篇海》同。《龍龕》卷一《人部》:"傎,俗。部田切。"(25)

"僞""僞"當即一字之變。《玉篇·人部》:"僞,博堅、步堅二切。或躝字。足不正也。"(15上右)"僞""僞"與"僞"音同形近,並即"僞"字之俗。

119. 僑:《新修玉篇》卷三《人部》引《龍龕》:"僑,渠苗切。客寄也。"(26下左)

按:《篇海》同。"僑"當即"僑"字之俗。《龍龕》卷一《人部》:"僑,俗;僑,正。渠苗反。寄也;客也。二。"(24)此即其證也。

120. 徹:《新修玉篇》卷三《人部》引《奚韻》:"徹,直列切。開徹(當為字頭誤重)。"(26下左)

按:《篇海》同。《說文·彳部》:"徹,通也。从彳,从攴,从育。"(62上)"徹",《廣韻》音"丑列切",又音"直列切"。"徹""徹"音義並同,"徹"即"徹"字俗訛。

121. 倠:《新修玉篇》卷三《人部》引《川篇》:"倠,音雖。偏也。"(27上左)

按:《篇海》同。《玉篇·人部》:"倠,息維切。偏也。"(15上左)故"倠"與"倠"音義並同,"倠"當即"倠"字之俗。

122. 僑:《新修玉篇》卷三《人部》引《奚韻》:"僑,余消切。喜也。"(27上左)

按:《篇海》同。《說文·人部》:"僋,喜也。从人,詹聲。"(164下)"僋",《廣韻》音"餘招切"。"僑"與"僋"音義並同,"僑"即"僋"字之俗。

123. 歸:《新修玉篇》卷三《人部》引《玉篇》:"歸,巨佳切。使也。《韻》又丘追切,又居胄切。使也。丁公《省韻》又居韋切。"(27下左)

按:《集韻》平聲微韻居韋切:"歸,往也。"(60)此"歸"當即"歸"之異體字。《廣雅·釋詁一》:"歸,往也。"《詩經·曹風·蜉蝣》:"心之憂矣,於我歸處。"鄭玄箋:"歸,依歸。"《史記·陳丞相世家》:"聞漢王之能用人,故歸大王。""歸",《廣韻》音"舉韋切"。"歸"與"歸"音義並同,"歸"當即"歸"之增旁俗字。

124. 僴:《新修玉篇》卷三《人部》引《龍龕》:"僴,丑犯切。立皃。一曰癡也。"(27下左)

按:《篇海》同。《新修玉篇》卷三《人部》"僴"字下文引《龍龕》

又曰:"儑,丑犯切。立皃。一曰癡也。"(28上左)《龍龕》卷一《人部》:"儑儑,丑犯反。立也;一曰癡也。二同。"(32)《類篇·人部》:"儑,五(丑)感切。癡也。又丑減切,又丑犯切。"(284下)從形音關係來看,"儑""儑""儑""儑"當皆為"儑"字之俗。《玉篇·人部》:"儑,丑減切。癡也。"(15上右)《名義·人部》:"儑,丑減反。癡也。"(21上)《新撰字鏡·人部》:"儑,丑減反。癡也。"(80)敦煌本《王韻》上聲賺韻丑減反:"儑,癡。"(400)故宮本《王韻》上聲賺韻、故宮本《裴韻》上聲減韻、《廣韻》上聲賺韻亦同。"儑""儑""儑""儑""儑""儑"訓"癡"與"儑"音義並同,"閻"字俗書又可寫作"閻""閻""閻"等,故以上諸字並即"儑"字之俗。《龍龕》又訓"儑""儑"為"立也",根據形音關係,亦當隸定為"儑"。此義之"儑"與"蹓"當為異體字。《廣韻》上聲范韻丑犯切:"蹓,跧(跧)足望也。"(230)《集韻》上聲范韻丑犯切:"蹓,跧足望也。"(457)"蹓"即"蹓"字之俗。"儑"訓"立",與"蹓"音同義近,"儑""蹓"二字當為改換義符而形成的異體字。《大字典》收錄"儑"字,未溝通其與"儑""蹓"二字的字際關係,失考證;《字海》亦收錄"儑"字,直謂同"儑",是也。

125. 儑:《新修玉篇》卷三《人部》引《餘文》:"儑,丑犯切。儑行。"(27下左)

按:《篇海》同。從形音關係來看,"儑"可楷定作"儑"。"儑"字,《名義》《玉篇》皆未收,《切韻》亦不錄,《廣韻》收於上聲范韻韻尾,當即陳彭年等據俗書所增。《廣韻》上聲范韻丑犯切:"儑,儑行。"(230)"儑"疑亦為"儑"字之俗。《玉篇·人部》:"儑,丑減切。癡也。"(15上右)"儑"與"儑"音同形近,又"閻"旁俗書或可寫作"閻",正如"蹓"又作"蹓","儑"當即"儑"字之譌。又《集韻》上聲范韻丑犯切:"儑,癡也。"(457)《集韻》之"儑"與《廣韻》之"儑"在兩韻書中出現的位置相同,二字音同形近,"儑""儑"當為一字之變。又"儑"字《名義》《切韻》皆已收錄,"儑"字未見他書載錄,故當以《集韻》為是。此亦其證也。故"儑"訓"儑行",疑為後人妄補,當為"癡也"之譌。

126. 儑:《新修玉篇》卷三《人部》引《奚韻》:"儑,丑犯切。行儑。"(27下左)

按：《篇海》同。《廣韻》上聲范韻丑犯切："傪，傪行。"（230）"傪"與"傪"音義並同，"傪"當為"傪"字之俗。《〈可洪音義〉研究》"插"字條（373~374）"插"俗又作"挿""搖""挃""秳""挊""捂"等字形，故"傪"亦可俗寫作"傪"。正如上文所言，"傪"當即"傪"字之譌，故"傪"當亦為"傪"字之譌。

127. 儂：《新修玉篇》卷三《人部》引《川篇》："儂，奴回切。偎也。"（27下左）

按：《篇海》同。"儂"當即"儽"字之俗。《玉篇·人部》："儽，奴回切。偎也。"（15上左）"儂"與"儽"音義並同，"儂"即"儽"字之俗，"儽"又當即"儽"字之俗。

128. 僕：《新修玉篇》卷三《人部》引《川篇》："僕，所講切。衆立也。"（28上右）

按：《篇海》卷十五《人部》引《川篇》："僕，所講切。衆立也。"（833上）朝鮮本《龍龕》卷一《人部》："僕，所講切。衆立也。"（27）"僕"即"僕"字之俗，而"僕"疑即"傱"之異體字。《集韻》上聲講韻所講切："傱，齊立皃。"（307）"僕"與"傱"音同義近，"僕"疑即"傱"通過改換成與字音更為接近的聲符而形成的異體字。

129. 嬲：《新修玉篇》卷三《男部》引《龍龕》："嬲，奴到切。"（28上左）

按：《篇海》同。《龍龕》卷一《男部》："嬲，奴到反。"（199）"嬲"疑即"嬲"之增旁俗字。《玉篇·男部》："嬲，奴曉切。戲相擾也。"（16上右）《龍龕》卷一《男部》："嬲，俗。奴了、奴到二反。"（199）《叢考》（69）謂"嬲"當是"嬲"的俗字。"嬲"與"嬲"音同形近，"嬲"亦當是"嬲"的增旁俗字。

130. 舅：《新修玉篇》卷三《男部》引《龍龕》："舅，音舅。"（28上左）

按：《篇海》同。《龍龕》卷一《男部》："舅舅，二俗。音舅。"（199）"舅""舅"並即"舅"字之俗。朝鮮本《龍龕》卷三《男部》："舅，口九切。母之弟也。舅，同上。舅舅，二俗。"（73）此即其證也。

131. 舅：《新修玉篇》卷三《男部》引《龍龕》："舅舅，二音舅。"（28上左）

按："舅"即"舅"之異寫字，"舅""舅"並即"舅"字之俗（詳見上文"魁"字注)。

132. 㚢:《新修玉篇》卷三《男部》引《切韻》:"㚢,五會切。㚢甥。"(28下左)

按:《新修玉篇》卷三《男部》下文引《川篇》"䚄甥,上音外,下音生。歸兒男也。"(28上右)《篇海》卷四《男部》引《川篇》:"䚄甥,上音外,下音生。姊妹之子。"(641下)"㚢甥""䚄甥"並同"外甥","㚢"與"䚄"、"甥"與"甥"並即通過偏旁易位而形成的異體字。"㚢"與"䚄"並即"外"涉下文"甥"字增加義符"男"旁而形成的異體字。

133. 妡:《新修玉篇》卷三《女部》引《省韻》:"妡,所臻切。嫈同。"(28下右)

按:《玉篇·女部》:"嫈、嫃,二同。色臻切。有嫈國。"(18上右)據《新修玉篇》引《省韻》可知,"妡"當即"嫈"之異體字。《集韻》平聲臻韻疏臻切:"嫈,有嫈,國名。或作嫃。"同一小韻下字曰:"妡,女字。"(127)"妡"本當為"嫈"之異體字,《集韻》誤分,又改其訓為"女字",疑誤。

134. 妨:《新修玉篇》卷三《女部》引《龍龕》:"妨,音妎。"(28下左)

按:《篇海》卷五《女部》引《龍龕》:"妨,音妎。義同。"(653下)"妨"即"妎"字之俗。《龍龕》卷二《女部》:"妎,俗;妨,或作;妎,正。胡計反。心不了也。又音害。《字林》云:'疾~,妒也。'三。"(283)此即其證也。

135. 姄:《新修玉篇》卷三《女部》引《餘文》:"姄,武巾切。女字。"(29上右)

按:《篇海》。此字最早見錄於《集韻》,疑為丁度等人據俗書所增。《集韻》平聲真韻眉貧切:"姄,女字。"(120)"姄"疑即"姼"字之俗。《說文·女部》:"姼,美女也。从女,多聲。姼,姼或从氏。"(260下)《龍龕》卷二《女部》:"姄,俗;姼姼,二正。是、匙二音。美好兒。與姼亦同。三。"(281~282)此是其證也。"姼"俗作"姄",後人不識,見其從"民",遂改其讀為"眉貧切",此即望形生音;訓"女字",疑亦為後人妄補。

136. 妸:《新修玉篇》卷三《女部》引《省韻》:"妸,奴蟹切。乳妸

（當為字頭誤重）。"（29 上右）

按：《新修玉篇》卷五《女部》引《俗字背篇》："妳，女解切。乳也。"（654 上）"妥""妳"音義並同，即通過偏旁易位而形成的異體字。"妳"即"嬭"字之俗。《玉篇·女部》："嬭，女蟹切。乳也。"（17 下左）"妳""嬭"音義並同，"妳"即"嬭"字之俗。《龍龕》卷二《女部》："妳，俗；妳，通；嬭，今。奴買反。乳也。"（281）此即其證也。"妥"即"妳"之偏旁易位異體字，亦即"嬭"字。

137. 婰：《新修玉篇》卷三《女部》引《廣集韻》："婰，他典切。欺慢也。一曰俙劣。《韻》注弥珍切。"（29 下右）

按：《集韻》上聲銑韻他典切："姪，欺慢也。一曰俙劣。"（379）"婰"與"姪"音義並同，"婰"當即"姪"之偏旁易位俗字。

138. 㛼：《新修玉篇》卷三《女部》引《川篇》："㛼，音愜。意也。"（30 下右）

按：《篇海》同。《説文·女部》："㚒，得志㚒㚒。一曰㚒息也。一曰少氣也。从女，夾聲。"（265 上）"㚒"，《廣韻》音"苦協切"。"㛼"當即"㚒"字之俗。

139. 媒：《新修玉篇》卷三《女部》引《玉篇》："媒，莫杯切，媒衒切。《説文》云：'謀也，謀合二姓也。'又武登切。媒媒，晦皃。又莫貝切。貪也。通作昧。又莫佩切。媒媒，晦皃。"（30 下左）

按：《集韻》去聲泰韻莫貝切："媒，貪也。通作昧。"（520）又去聲隊韻莫佩切："媒，媒媒，晦皃。"（532）《左傳·宣公十二年》："兼弱攻昧，武之善經也。"杜預注："昧，昏亂。"《太玄·聚》："次六，畏其鬼，尊其禮，狂作昧，淫亡。"范望注："昧，迷也。"又《左傳·襄公二十六年》："晉楚將平，諸侯將和，楚王是故昧於一來。"杜預注："昧，猶貪冒。"《漢書·敘傳上》："而苟昧於權利……則必喪保家之主。"顏師古注："昧，貪也。""昧"，《廣韻》音"莫佩切"。"媒"訓"貪""晦皃"，與"昧"音義並同，"媒"即"昧"之異體字。

140. 嫪：《新修玉篇》卷三《女部》引《玉篇》："嫪，息流切。女名。"（30 下左）

按：《篇海》同。《玉篇·女部》："嫪，息遊切。女名也。"（18 上右）《玉篇校釋》"嫪"字下注："《集韻》尤韻義同，嫪之言修長，女名取頎頎之美也。"（658）胡氏所言疑可商榷。《新修玉篇》卷三《女部》

引《川篇》："嫪，音修。女兒。"（31下左）《篇海》卷五《女部》引《川篇》："嫪，音修。女兒。"（656下）"嫪""嫪"即同字異寫，與"嫪"音同形近，當即"嫪"字之俗。"嫪""嫪"訓"女兒"，而"嫪"訓"女名"，"女名"疑即"女兒"之誤。"嫪"當本作"修"，因用於指女子身材修長，故而在"修"字的基礎上增加"女"旁，即形成"嫪"字。

141. 孌：《新修玉篇》卷三《女部》引《川篇》："孌，音戀。從也。"（31上右）

按：《篇海》卷五《女部》引《龍龕》："孌，音戀。從也。"（656上）"孌"字，《新修玉篇》與《篇海》引書不同，《篇海》謂引《龍龕》，然查通行本《龍龕》未見收錄"孌"字，故《新修玉篇》謂引《川篇》是也。"孌"疑即"孌"之異體字。《廣韻》去聲線韻力卷切："孌，順也。"（318）"從""順"義同。《廣韻》去聲稕韻食閏切："順，從也。"（299）此即其證也。"戀"字，《廣韻》亦音"力卷切"。故"孌""孌"音義並同，"孌"疑即"孌"之異體字。

142. 嫭：《新修玉篇》卷三《女部》引《川篇》："嫭，火交切。先女之稱也。"（31上右）

按：《篇海》卷五《女部》引《川篇》："嫭，火交切。先女之稱也。"（656上）"嫭"疑即"婋"字之俗。《玉篇·女部》："婋，火交切。女心俊。"（18上右）"女心俊"疑指"女子俊慧"。"嫭"與"婋"音同，又"虎"俗書或可作"疐"，故"嫭"疑即"婋"字之俗。《新修玉篇》《篇海》訓"嫭"為"先女之稱也"，疑非是。

143. 娍：《新修玉篇》卷三《女部》引《川篇》："娍，音咸。女不淨也。"（31上右）

按：《篇海》同。"娍"當即"妗"之異體字。《集韻》平聲咸韻許咸切："妗，女輕薄兒。通作欦。"（295）"女不淨也"與"女輕薄兒"訓異義同，"娍"與"妗""欦"音義並同，"娍"與"妗""欦"當即異體字。

144. 媹：《新修玉篇》卷三《女部》引《川篇》："媹，音戀。從也。"（31上右）

按：《篇海》同。《篇海類編·人物類·女部》："媹，音戀。從也。"（664下）"媹""媹"即同字異寫，因"胥"俗書可寫作"骨"，故此二字皆可楷定作"婿"。"婿"與上文之"婿"音義並同,疑亦即"孌"之異體字。《廣韻》去聲綫韻力卷切:"孌,順也。"(318)"從也""順也"義同。《廣韻》去聲稕韻食閏切:"順,從也。"(299)此即其證也。《方言》卷六:"胥,輔也。吳、越曰胥。"(40)《廣雅·釋詁二》:"胥,助也。"(135下)"婿"與"孌"音義並同,"婿"疑即"孌"之異體字,從女、助會"順從"之義。此"婿"與夫婿之"婿"當即同形字。

145. 姞:《新修玉篇》卷三《女部》引《川篇》:"姞,音害。妒也。"(31上右)

按:《篇海》同。《玉篇·女部》:"妎,胡計切。《說文》云:'妒也。'又音害。嬔,與妎同。"(17上右)"姞"與"嬔"音義並同,"姞"即"嬔"字之俗。

146. 婁:《新修玉篇》卷三《女部》引《玉篇》:"婁,苦候切。婁瞀,無暇也。"(31上右)

按:此字《篇海》《玉篇》皆未收,《廣韻》收之,故《新修玉篇》謂"婁"字引《玉篇》,當誤。敦煌本《王韻》去聲候韻苦候反:"婁,婁瞀,無暇。"(418)故宮本《裴韻》去聲候韻苦候反:"婁,婁瞀,無暇。"(602)《廣韻》去聲候韻苦候切:"婁,婁瞀,無暇。"(352)"無暇"同"無暇","暇"當即"暇"字之俗(鄧福祿、韓小荊《考正》第277~278頁"暇"字條謂"暇"即"暇"字之俗)。此"無暇"非指"無空閒""無閒暇"之義,當指"不善""愚昧"之義。《集韻》去聲禡韻亥駕切:"暇,嘉也。"(594~595)《說文·人部》:"佝,佝務。从人,句聲。"(164上)段玉裁改為:"佝,佝瞀也。"注云:"佝,瞀。各本作'務也'二字,小徐本作'覆',皆誤,今正。其義謂愚蒙也。""佝",《集韻》音"丘候切"。敦煌本《王韻》去聲候韻呼候反:"佝,佝愁。"(419)故宮本《王韻》去聲候韻苦候反:"怐,怐愁,愚兒。"(507)故宮本《裴韻》、《廣韻》同。又《廣韻》去聲候韻苦候切:"毂,毂瞀。"(352)《集韻》去聲候韻丘候切:"毂,毂霿,鄙吝,心不明也。或作毂、區、怐。"(616)又下文居候切:"毂,毂霿,鄙吝也。或作怓、怐、佝、傋。"(617)"婁瞀"與"佝務""佝瞀""佝愁""怐愁""毂瞀""毂霿""毂霿""區霿""怓霿""怐霿""佝霿""傋霿"並同,皆為同一疊韻連綿詞的不同書寫形式。"婁"與"毂"音義並同,"婁"當即"毂"通過偏旁易位而形成的異體字。

147. 嬩：《新修玉篇》卷三《女部》引《廣集韻》："嬩，莫卜切。美皃。"（31上右）

按：《集韻》入聲屋韻莫卜切："嫇，美皃。"（636）"嬩"即"嫇"之偏旁易位字。"嫇"疑即"婺"之異體字。《玉篇·女部》："婺，亡句切。婦人皃。"（16下左）《類篇·女部》："婺，亡遇切。《說文》：'不繇也。'一曰星名、州名。又迷浮切。女皃。又莫卜切。美皃。"（465下）"嬩""嫇"音義並同，"嫇"即"婺"字之俗。

148. 媳：《新修玉篇》卷三《女部》引《餘文》："媳，苦得切。罵女老媳。亦作婋。"（31上左）

按：《篇海》卷五《女部》引《餘文》："媳，音婋。義同。"（656上）《廣韻》入聲德韻苦得切："婋，罵女老婋。亦作婋。"（428）《集韻》入聲德韻乞得切："婋，老女卑賤謂之婋。或省。"（763）"媳"與"婋"音義並同，正如"尅"同"剋"，"媳"即"婋"之異體字。

149. 歛：《新修玉篇》卷三《女部》引《奚韻》："歛，五感切。妦恕。"（31下右）

按：《篇海》卷五《女部》引《奚韻》："歛，五感切。含怒皃。"（656上）"歛"字，《新修玉篇》訓為"妦恕"，不辭，當為"妦怒"之誤。"歛"當即"嬐"之偏旁易位俗字。《說文·女部》："嬐，含怒也。"（264上）"嬐"，《廣韻》音"五感切"。"歛"與"嬐"音義並同，"歛"當即"嬐"之異體字。

150. 媺：《新修玉篇》卷三《女部》引《奚韻》："媺，音尾。好皃。"（31下右）

按：《篇海》同。《玉篇·女部》："娓，亡利、眉鄙二切。美也。又音尾。"（17上右）"美""好"義同，故"媺"與"娓"音義並同，"媺"當即"娓"之增旁俗字。

151. 婳：《新修玉篇》卷三《女部》引《川篇》："婳，口蛙切。"（31下左）

按：《篇海》同。《玉篇·女部》："婐，口蛙切。女婐也。"（18上右）"婳""婐"音同形近，"婳"即"婐"字之俗。

152. 娴：《新修玉篇》卷三《女部》引《川篇》："娴，子呂切。人姓。"（31下左）

按：《篇海》卷五《女部》引《川篇》："娴，子呂切。人姓也。"

(656下)"姐""嬨"皆收於十一畫內,"姐"字除去部首"女"旁正十一畫,而"嬨"字《大字典》《字海》皆據《篇海》錄作"嬨","嬨"字除去部首"女"旁為十三畫,故當以作"姐"為是。故《大字典》《字海》"嬨"字皆應據《新修玉篇》校作"姐"。然"姐"從"笡"而音"子呂切","笡"《廣韻》音"遷謝切",故形音不諧,其右旁聲符"笡"字當即"苴"字之俗,因為"苴"字《廣韻》音"子魚切",又音"子與切",故此字當校作"姐",而"姐"當即"苴"之增旁俗字。《廣韻》平聲魚韻子魚切:"苴,姓。《漢書·貨殖傳》有平陵苴氏。亦音疽。"(37)"姐"與"苴"音義並同,故"姐"當即"苴"字之俗。

153. 嫛:《新修玉篇》卷三《女部》引《川篇》:"嫛,音遘。乳也。"(31下左)

按:《篇海》同。《說文·子部》:"㝅,乳也。从子,㱿聲。"(311下)"㝅",《廣韻》音"古候切"。"嫛""㝅"音義並同,"嫛"即"㝅"之異體字。

154. 嫛:《新修玉篇》卷三《女部》引《川篇》:"嫛,空悌切,又口買切。難也。"(31下左)

按:《篇海》同。《說文·女部》:"嫛,難也。从女,毄聲。"(263下)"嫛",《廣韻》音"苦計切",又音"苦賣切"。"嫛"與"嫛"音義並同,"嫛"即"嫛"字俗省。

155. 嬫:《新修玉篇》卷三《女部》引《龍龕》:"嬫,烏含切。嬫婪;貪。又青含切。亦貪也。"(32上右)

按:《篇海》同。《龍龕》卷二《女部》:"嬫,烏含反。~婪;貪。《玉篇》又青含反。亦貪也。"(280)《說文·女部》:"傪,婪也。从女,參聲。"(264下)《玉篇·女部》:"傪,倉含切。婪傪也。又七感切。"(17下右)"嬫"與"傪"音義並同,"嬫"即"傪"字之俗。

156. 媰:《新修玉篇》卷三《女部》引《廣集韻》:"媰,測角切。辯也。同作妯。"(32上左)

按:《集韻》入聲覺韻測角切:"妯,《說文》:'謹也。'一曰善也。或作嫊、婑、娕、㜭。"(660)"媰"與"婑"音義並同,"媰"即"婑"通過偏旁易位而形成的異體字。

157. 嫱:《新修玉篇》卷三《女部》引《省韻》:"嫱,慈良切。嬪嫱,婦人官名。"(32上左)

按：《說文新附·女部》："孃，婦官也。从女，嗇聲。"（265下）"嫱"，《廣韻》音"在良切"。"嫱"與"嫱"音義並同，"嫱"即"嫱"字之俗。

158. 嫭：《新修玉篇》卷三《女部》引《龍龕》："嫭，胡故切。美好也。"（32上左）

按：《篇海》同。"嫭"即"嫭"字之俗。《龍龕》卷二《女部》："婞娙嫭媩，四俗；嫭，正。胡故反。美好也。五。"（283）此即其證也。

159. 嬽：《新修玉篇》卷三《女部》引《奚韻》："嬽，烏關切。媚容也。"（32下右）

按：《篇海》卷五《女部》引《奚韻》："嬽，烏關切。《說文》：'媚容也。'"（657下）《說文·女部》："嬽，好也。从女，夐聲。"（261下）《集韻》平聲山韻逶鰥切："嬽，容媚也。"（155）"容媚""媚容"義同，"嬽"與"嬽"音義並同，"嬽"即"嬽"字之俗。

160. 豫：《新修玉篇》卷三《予部》引《餘文》："豫，徐恕切。出《餘文》。"（33上右）

按：《廣韻》上聲語韻徐呂切："豫，矛也。"（174）《集韻》上聲語韻象呂切："豫，矛屬。"（329）"豫"與"豫"音同形近，"豫"當即"豫"字之俗。

161. 鷔：《新修玉篇》卷三《身部》引《廣集韻》："鷔，五到切。鷔軏，魚鳥狀也。"（33上左）

按：《廣韻》去聲號韻五到切："鷔，鷔軏，魚鳥狀也。"（327）"鷔軏"即"鷔耴"之俗。《廣韻》入聲質韻魚乙切："耴，鷔耴，魚鳥狀也。"（384）《集韻》去聲號韻五到切："鷔，鷔耴，魚鳥狀。"（586）唐李邕《鬬鴨賦》："參差鷔耴，颯沓繽紛。""鷔軏"與"鷔耴"音義並同，"鷔軏"即"鷔耴"之俗。

162. 靨：《新修玉篇》卷四《面部》引《玉篇》："靨，於葉切。面上靨子。又於協切。淮南靨輔在頰前則好。《楚辭》曰：'靨輔奇牙。'《韻》又於琰切。面黑子。一曰䩛也。"（34上右）

按：《集韻》上聲琰韻於琰切："靨，面黑子。一曰䩛也。"（450）"䩛""輔"字同，《集韻》"靨"字"䩛也"之訓即"靨䩛也"之脫誤。《玉篇·面部》："靨，於協切。《淮南》：'靨輔在頰前則好。'《楚辭》曰：'靨輔奇牙。'"（20下左）此即其證也。"靨"訓"面黑子"，當同

"黶"。《説文·黑部》："黶，申黑也。从黑，厭聲。"（210上）沈濤《説文古本考》："《一切經音義》卷九、卷十二引：'黶，面中黑子也。'蓋古本如是。今本脱'面''子'二字耳。"沈濤所言疑是。今本於"申"字之前誤脱"面"字，"中"又誤為"申"，"黑"字之後又誤脱"子"字，遂致此誤。《廣韻》上聲琰韻於琰切："黶，面有黑子。"（227）《集韻》上聲琰韻於琰切："黶，《説文》：'中黑也。'"（450）《史記·高祖本紀》："高祖為人，隆準而龍顏，美須髯，左股有七十二黑子。"唐張守節正義："許北人呼為'黶子'，吳楚謂之'誌'。誌，記也。"《太平廣記》卷四百四十引李隱《瀟湘錄·朱仁》："其母言：'我子背上有一黶記。'逡巡驗得實是親子。"以上諸書亦其證也。《玉篇校釋》"黶"字下注："慧琳廿·六：'黶，俗字。正作黶。《集訓》云：身面上黑子也。《韻英》云：身上黑子。或有朱黶，赤如朱點。'並以黶子與黶䩋相溷。《黑部》：'黶，黑子也。'《切韻》云：'面上黑子。'此今俗云'黑痣'。"（762）此説亦其證也。故"黶"音"於琰切"，訓"面黑子""身上黑子"，皆即通俗所指的"黑痣"，與"黶"音義並同，即為異體字。

163. 靤：《新修玉篇》卷四《面部》引《龍龕》："靤，音孕。正作䩔。"（34上右）

按：《篇海》卷七《面部》引《龍龕》："靤，音孕。正作䩔。"（684上）《龍龕》卷三《面部》："靤，俗。音孕。正作䩔。"（347）"靤""靤"即同字異寫，並即"䩔"字之俗。

164. 㡇：《新修玉篇》卷四《曰部》引《餘文》："㡇，居牒切。面傍。本作頰。"（34上左）

按：《篇海》同。《集韻》入聲帖韻吉協切："頰，《説文》：'面旁也。'籀作㬰，或作脥。"（783）"頰"，《説文》籀文作"㬰"，"㡇"即"㬰"字俗省。"㡇"與"㬰"音義並同，"㡇"即"㬰"字俗訛。

165. 頔：《新修玉篇》卷四《頁部》引《餘文》："頔，都奚切。頭垂下皃。"（34下左）

按：《篇海》同。此字《玉篇》《廣韻》皆未收，《集韻》收之，當即丁度等人據俗書所增。《集韻》平聲齊韻都黎切："頔，頭垂下皃。"（94）《字彙·頁部》："頔，都黎切，音低。頭垂下貌。"（573下～538上）"頔"當即"低"字之俗。《玉篇·人部》："低，丁泥切。垂也。"

(15上右)《廣韻》平聲齊韻都奚切："低，俛也；垂也。"（48）《集韻》平聲齊韻都黎切："低，俛也；下也。"（93）《莊子·盜跖》："據軾低頭，不能出氣。""頤"與"低"音義並同，"頤"當即"低"因涉義而改換義符所形成的異體字。《正字通·頁部》："頤，舊注：音低。頭垂下貌。按：俯首、俛首通作低，六書無頤。"（1283下）此説是也。

166. 頯：《新修玉篇》卷四《頁部》引《龍龕》："頯，音撫。又舊藏作規。在《百緣經》。"（35上右）

按：《篇海》同。《龍龕》卷四《頁部》："頯，音橅（撫）。又舊藏作規。在《百緣經》。"（486）此"頯"疑即"規"字俗訛，涉"規橅（模）"連言而音"橅"。韓小莉《〈可洪音義〉研究》（465）"規"字條："規"字俗作"視""頯""䂓"等，此即其證也。故《龍龕》之"頯"疑即"規"字俗訛。"頯"字，《龍龕》音"橅（撫）"，非是。又《可洪音義》卷五："頯，相朱反。待也。正作須須竭三形也。又《玉篇》音撫，非也。"（59，p725b8）《説文·立部》："須，待也。从立，須聲。"（216下）段玉裁注："今字多作需、作須，而須廢矣。"（500下）《玉篇·須部》："須，詢趨切。待也。"（28上左）故此"頯"即"須"字之俗。此"頯"與上文《龍龕》所收之"頯"音義俱別，當爲同形字。又《篇海》卷十三《頁部》引《搜真玉鏡》："頯，音湏（須）。"（799下）此"頯"與《可洪音義》所收之"頯"形近音同，當爲一字之變，亦當即"須"字之俗。

167. 頢：《新修玉篇》卷四《頁部》引《龍龕》："頢，音号。白首人也。"（35上右）

按：《篇海》同。《龍龕》卷四《頁部》："頢，或作。音号。白髮人。"（486）《龍龕》謂"頢"爲"或作"，當指其爲某字或體。《説文·頁部》："顥，白皃。从頁，从景。《楚詞》曰：'天白顥顥。'南山四顥，白首人也。"（183上）段玉裁注："上文當云：'白首皃。'李善注《文選》引《聲類》：'顥，白首皃。'《聲類》蓋本許書，今許書乃爲淺人刪'首'字耳。"（420上）桂馥義證亦云："白皃者，《後漢書·班固傳》注引同，《字林》亦同，李善注李陵詩引作'白首皃也'。馥案：《聲類》：'顥，白首皃也。'"（765上）《玉篇·頁部》："顥，胡暠切。白皃。《楚辭》曰：'天白顥顥。'"（19下左）"頢"與"顥"音義並同，"頢"當即"顥"之異體字。《正字通·頁部》："頢，顥字之譌。舊注'白首人'，與《說文》'顥'訓同，譌作顤，音號，非。"（1283下）《正字通》溝通"顤"與"顥"的字際關係，是也；然謂"顤"為"顥"字之譌，所言不確。

168. 頔：《新修玉篇》卷四《頁部》引《龍龕》："頔，古文。去穎切。田百畞也。"（35上右）

按：《篇海》卷十三《頁部》引《龍龕》："頔，古文。去穎切。田百畞也。今作頃。"（799下）《龍龕》卷四《頁部》："頔，古文。去穎反。田也；~畞也。今作頃。"（484）故"頔"即"頃"之異體字。

169. 槼：《新修玉篇》卷四《頁部》引《廣集韻》："槼，居企切，去聲。小頭。"（35下左）

按：《説文·頁部》："䟯，小頭䟯䟯也。从頁，枝聲。讀若規。"（180上）"䟯"，《廣韻》音"居隨切"。"槼"當即"䟯"之偏旁易位俗字。

170. 頴：《新修玉篇》卷四《頁部》引《川篇》："頴，余頃切。禾秀。"（35下左~36上右）

按：《篇海》同。《説文·禾部》："穎，禾末也。从禾，頃聲。"（141下）"穎"，《廣韻》音"餘頃切"。"頴"與"穎"音同形近，"頴"當即"穎"字之俗。《新修玉篇》《篇海》訓"禾秀"，疑並非是。

171. 顡：《新修玉篇》卷四《頁部》引《餘文》："顡，戶雞切。頭不正。"（36上右）

按：《篇海》同。此字《玉篇》《廣韻》皆未收，始見於《集韻》，當即丁度等據俗書所增。《集韻》平聲齊韻息移切："顡，頭不正。"（97）"顡"疑即"頾"字之譌。《説文·頁部》："頾，面不正也。从頁，爰聲。"（182下）《名義·頁部》："頾，有晚反。不正也。"（30上）《集韻》去聲願韻虞怨切："頾，頭不正。"（547）"顡""頾"形近義同，又韓小莉《〈可洪音義〉研究"援"字條》（800）："援"字俗作"挨"，左邊聲符與"奚"形近。此是其佐證也。又《龍龕》卷四《色部》："艴，俗；艵，正。呼奚反。黃病色也。《香嚴》又戶鷄反。二。"（523）此亦其佐證。故"顡"當即"頾"字之俗。《正字通·頁部》："顡，俗字。《説文》'頯''頯''顫'皆訓頭不正，'頾'訓面不正，諸字書未見有作'顡'者。舊注：音奚。頭不正貌。'爰'改從'奚'，因字形近似而譌。"（1288下）此説是也。

172. 瞁：《新修玉篇》卷四《頁部》引《餘文》："瞁，莫結切。瞁頡。"（36 上右）

按：《篇海》卷十三《頁部》引《餘文》："瞁，莫結切。~頡也。"（801 上）"瞁""瞁"即同字異寫，此二字《新修玉篇》《篇海》都收於十畫內，"瞁"字除去部首頁字為十一畫，而"瞁"字除去部首"頁"字正十畫，故"瞁"即"瞁"字之俗。又《新修玉篇》卷四《目部》引《廣集韻》："瞁，莫結切。瞁頡。"（40 上左）此"瞁"亦即"瞁"字之俗。

173. 顖：《新修玉篇》卷四《頁部》引《川篇》："顖，音信。"（36 上右）

按：《篇海》卷十三《頁部》引《川篇》："顖，音信。頂門也。"（801 上）"顖""顖"即同字異寫。《龍龕》卷四《頁部》："顖，音信。腦會也，今呼~門也。"（486）"顖""顖"與"顖"音義並同，並即"顖"字之俗。

174. 顢：《新修玉篇》卷四《頁部》引《川篇》："顢，音宣。面也。"（36 上左）

按：《篇海》同。《玉篇·頁部》："顴，先全切。圓面也。"（20 上右）"顢"與"顴"音義並同，"顢"當即"顴"字之俗。

175. 顳：《新修玉篇》卷四《頁部》引《玉篇》："顳，章茬切。低頭皃。《韻》曰：頭銳長也。《韻》又子朕切。顳顳，頭長。又七稔切。懦劣也。通作顙。"（36 下右）

按：《廣韻》上聲寢韻七稔切："顙，皃醜也。"（223）《集韻》上聲寢韻七稔切："顙顳，體陋也。或從頁。"（441）同一小韻下字曰："顳，懦劣也。通作顙。"（441）"顳"訓"懦劣也"，與"顙"音義並同，即為異體字。"顙"訓"體陋也"，與"顙"音義並同，即為異體字。

176. 顩：《新修玉篇》卷四《頁部》引《餘文》："顩，呼紺、乎紺二切。臨火氣皃。"（36 下右）

按：《篇海》同。此字《切韻》《廣韻》皆未收，《集韻》收之，當即丁度等據俗書所增。《集韻》去聲勘韻胡紺切："顩，臨火氣也。"同韻下文呼紺切亦云："顩，臨火氣也。"（623）"顩"疑即"顩"字俗訛。敦煌本《王韻》上聲感韻呼感反："顩，飯不飽。又呼紺反。"（397）下文去聲勘韻呼紺反："顩，飯不飽，面黃。"（416）故宮本《王韻》同。

《廣韻》去聲勘韻呼紺切："顲，面虛黃色。"(358)《集韻》去聲勘韻呼紺切："顲，不飽而面黃也。或作顑。"(623)"顲"與"顑"音同，又"忄（心）""火"俗書常可訛混，如梁春勝《楷書異體俗體部件例字表》"惶"俗作"煌"、"惆"俗作"煟"、"恢"俗作"烣"、"性"俗作"烳"、"憫"俗作"燜"、"憶"俗作"爐"、"惰"俗作"燴"等，"顲"疑即"顑"字俗訛。《集韻》訓"顲"為"臨火氣也"，當為不識其為"顑"字俗訛，又見其從"火"而妄改。《大字典》《字海》收錄"顲"字，皆據《集韻》轉訓為"烤火"，疑並非是。

177. 顬：《新修玉篇》卷四《頁部》引《川篇》："顬，音蒼。"(36下右)

按：《篇海》同。"顬"疑即"蒼"字之俗。"蒼"本義指"草色"。《說文·艸部》："蒼，艸色也。"(17上)引申義可指"灰白色"，多指"頭髮斑白"。杜甫《贈衛八處士》："少壯能幾時，鬢髮各已蒼。"辛棄疾《清平樂·獨宿博山王氏庵》："平生塞北江南，歸來華髮蒼顏。""顬"疑即因"蒼"用來指"頭髮斑白"，故而在"蒼"字的基礎上增加義符"頁"旁所形成的增旁俗字。

178. 顲：《新修玉篇》卷四《頁部》引《川篇》："顲，音含。頷也。"(36下右)

按：《篇海》同。《說文·頁部》："顲，頤也。从頁，圅聲。"(179下)"顲"，《廣韻》音"胡男切"。"頷""頤"義同，故"顲"與"顲"音義並同，"顲"即"顲"字之俗。

179. 顲：《新修玉篇》卷四《頁部》引《餘文》："顲，以灼切。呼也。"(36下右)

按：《篇海》同。《說文·頁部》："顲，呼也。从頁，籥聲。"(181下)"顲"，《廣韻》音"羊戍切"。"顲"與"顲"音義並同，"顲"即"顲"字俗省。

180. 顲：《新修玉篇》卷四《頁部》引《龍龕》："顲，五各切。面高皃也。"(36下右)

按：《篇海》同。《龍龕》卷四《頁部》："顲，俗；顲，正。五各反。面高皃。二。"(487)"顲"即"顲"之異寫字，則"顲"亦當即"顲"字之俗。

181. 眈：《新修玉篇》卷四《目部》引《玉篇》："眈，當含切。《說

文》：'視近而志遠。《韻》又徒含切。義同上。又丑甚切。出頭視也。通作闖。又張甚切。出頭視皃。"（37 上右）

按：《集韻》上聲寑韻陟甚切："眈，出頭視皃。"下文丑甚切又云："眈，出頭視也。通作闖。"（443）《集韻》平聲侵韻癡林切："闖，出頭皃。"（277）《公羊傳·哀公六年》："開之則闖然公子陽生也。"何休注："闖，出頭貌。""眈""闖"音義並同，即為異體字。 《大字典》（2652A）"眈"字第（二）義項應溝通其與"闖"字的異體關係。

182. 眒：《新修玉篇》卷四《目部》引《餘文》："眒，直引切。瞋目皃。"（37 上左）

按：《篇海》卷七《目部》引《餘文》："眒，直引切。瞋怒目皃。"（690 上）《廣韻》上聲軫韻直引切："眒，瞋怒目皃。"（186）《集韻》上聲準韻丈忍切："眒，怒目謂之眒。一曰目精。"（355）《字彙·目部》："眒，直忍切，音振。瞋怒目貌。"（311 下）《正字通·目部》："眒，俗瞋字。舊注：直忍切，音振。瞋怒目貌。分為二字，非。"（729 下）《正字通》所言是也。慧琳《音義》卷一六《文殊師利所說不思議佛境界經》上卷："瞋，昌真反。《考聲》云：'瞋怒也。'《說文》：'張目恨也。'形聲字也。"（57，p725b11）《資治通鑒·漢紀一》："瞋目視項羽。"胡三省注："瞋，怒目也。""瞋"，《集韻》又音"之刃切"。"眒"訓"瞋怒目貌"，與"瞋"音近義同，故此"眒"當即"瞋"通過改換聲符而形成的異體字。《集韻》"眒"字又訓為"目精"，此"眒"當即"眹"字之俗。胡吉宣《玉篇校釋》於《目部》之後"補遺"曰："眒、眹二同。"（864）胡氏所言亦是。《說文新附·目部》："眹，目精也。从目，灷聲。"（68 上）"眹"，《廣韻》音"直引切"。故"眒"訓"目精"，與"眹"音義並同，此"眒"當即"眹"通過改換聲符而形成的異體字。《龍龕》卷四《目部》："眒，直引反。瞋怒目皃也。眹，同上。目童子也。又吉凶刑兆曰兆眹也。二。"（420）《龍龕》謂"眹"同"眒"，當就"目童子也。又吉凶刑兆曰兆眹也"之義而言，因為"眹"字傳世文獻未見有"瞋怒目皃也"之義。《周禮·春官·敘官》"瞽矇"鄭玄注引鄭司農云"無目眹謂之瞽。"陸德明釋文："眹，本又作眒。"（1631 上）以上二說皆其證也。

183. 眳：《新修玉篇》卷四《目部》引《川篇》："眳，音迄。視也。"（37 上左）

正 文 / 49

按：《篇海》卷七《目部》引《川篇》："旴，音迄。視也。"（690上）"旴""䁅"音義並同，當即一字之變。"旴"從"午"而音"迄"，形音不諧，當為俗訛字。"旴"疑即"䁅"字俗訛。《玉篇·目部》："䁅，許乙切。視也。"（22下左）"旴"與"䁅"音近義同，又"午"古文作"𠂉""𠂆"等形，與"𠂇"形近，"旴"所從之"午"當即據"䁅"字所從之"𠂇"誤為回改所致，而"旴"又當即"旴"進一步俗寫而產生的俗訛字。

184. 昂：《新修玉篇》卷四《目部》引《餘文》："昂，魚剛切。舉目視。"（37下右）

按：《篇海》同。此字《說文》《玉篇》皆未收，《廣韻》亦不錄，《集韻》始收之，當即丁度等人據俗書所增。《集韻》平聲唐韻魚剛切："昂，舉目視。"（223～224）"昂"當即"昂"字之俗。《說文新附·日部》："昂，舉也。从日，卬聲。"（136下）"昂"，《廣韻》音"五剛切"。"昂""昂"音同義近，又"目"旁、"日"旁形近，俗寫常可訛混，故"昂"當即"昂"字之俗。"昂"俗作"昂"，後人見其從"目"，遂改其訓為"舉目視"，此當即望形生訓。

185. 昨：《新修玉篇》卷四《目部》引《川篇》："昨，音祚。目也。"（37下右）

按：《篇海》同。此字《說文》《玉篇》皆未收，《廣韻》《集韻》亦不錄，最早見於《新修玉篇》引《川篇》，疑即"昨"字之俗。《說文·日部》："昨，壘日也。从日，乍聲。"（135上）"昨"，《廣韻》音"在各切"。又"昨"因可與"酢"相通，故亦可音 zuò。"昨"與"昨"音同，又"目"旁、"日"旁形近，俗寫常可訛混，故"昨"當即"昨"字之俗。"昨"俗作"昨"，後人不識，見其從"目"，遂改其訓為"目也"，此當即望形生訓。

186. 罝：《新修玉篇》卷四《目部》引《類篇》："罝，彌耶切。目小也。"（37下右）

按：《篇海》同。《字彙·目部》："罝，彌耶切，音哶。目小也。"（312下）《正字通·目部》："罝，俗字。舊注：彌耶切，音哶。目小也。誤。"（732上）《正字通》所言疑是。"罝"疑即"瞴"字之俗。《說文·目部》："瞴，小視也。从目，買聲。"（67上）桂馥義證："'小視也'者，本書'窺，小視也。'"《太玄·眾》："旌旗絓羅，干鉞蛾蛾，師孕啃之，哭且瞤。"范望注："竊視稱瞤。""瞤"，《廣韻》音"莫佳切"。"冐"訓"目小也"，當即"目小視也"之脫誤。《大字典》"冐"字下所引例證為：清范寅《越諺》："冐眣眼笑。"《廣韻》平聲歌韻素何切："眣，偷視也。"（102）"偷視""竊視"義同，"冐""眣"當即同義連用，亦當指竊視也。故"冐"字《新修玉篇》《篇海》訓為"目小也"，當即"目小視也"之脫誤。"冐"與"瞤"音近義同，"冐"當即"瞤"字俗省。

187. 瞁：《新修玉篇》卷四《目部》引《奚韻》："瞁，許月切。舉目使人也。"（37下右）

按：《篇海》同。《說文·目部》："矏，舉目使人也。从攴、从目。"（65上）"矏"，《廣韻》音"許劣切"。"瞁"與"矏"音義並同，"瞁"即"矏"字之俗。

188. 眩：《新修玉篇》卷四《目部》引《餘文》："眩，古哀切。目大兒。"（38上右）

按：《篇海》同。此字《說文》《玉篇》皆未收，《廣韻》亦不錄，《集韻》收之，當即丁度等據俗書所增。《集韻》平聲咍韻柯開切："眩，目大兒。"（112）"眩"疑即"晐"字俗訛。《說文·日部》："晐，兼晐也。从日，亥聲。"（136上）《廣雅·釋言》："晐，咸也。"《廣韻》平聲咍韻古哀切："晐，備也；兼也。"（57）"眩"與"晐"音同，又"日"旁、"目"旁形近，俗書常可訛混，"眩"當即"晐"字俗訛。慧琳《音義》卷二三《新譯大方廣佛華嚴經音義》卷第六十六："靡不該練，《珠叢》曰：'靡，無也。'《廣雅》曰：'該，咸也，包也。'《小雅》曰：'該，備也。'《珠叢》曰：'鎔金曰鍊，煮絲令熟曰練也。'該字又作眩。"（57，p868b3）此"眩"當即"晐"字俗訛。《廣韻》平聲咍韻古哀切："該，備也；咸也；兼也；皆也。"同一小韻下文又曰："晐，備也；兼也。"（57）"晐"與"該"音義並同，即為異體字。故此"眩"當即"晐"字俗訛。此是其證也。又《可洪音義》卷二五《新華嚴經音義》卷下："作眩，古哀反。兼俻也。正作晐、該上（二）形。"（60，p403c6）此亦其證也。故"眩"當即"晐"字俗訛。《集韻》訓"眩"為"目大兒"，當因不識其為"晐"字俗訛而妄改也。《字彙·目部》："眩，歌開切，音該。眩矖，眾相視貌。"（313上）《正字通·目部》"眩，歌開切，音該。眩矖，眾相視貌。"（734上）《字彙》訓"眩矖，眾相視貌",於前代字書無征,此訓非是;然從"眩矘"訓"眾相視貌"來看,此"眩"亦當為"眩"字俗訛,因為"眩"有"咸""皆"之義,與"眾"義通。《正字通》承襲《字彙》之誤,疑亦非是。

189. 睞:《新修玉篇》卷四《目部》引《餘文》:"睞,力對切。目不正。"(38上右)

按:《篇海》同。此字《說文》《玉篇》皆未收,《廣韻》亦不錄,《集韻》收之,當即丁度等據俗書所增。《集韻》去聲隊韻盧對切:"睞,目不正。"(530)《字彙·目部》:"睞,力對切,音類。目不正。"(313上)《正字通·目部》:"睞,俗睞字。舊注:音類。目不正。非。"(734上)《正字通》所言疑是。《說文·目部》:"睞,目童子不正也。从目,來聲。"(67下)《集韻》平聲咍韻郎才切:"睞,目偏也。"(114)"睞",《廣韻》音"洛代切"。"睞"與"睞"義同,又"來"字或"來"旁俗書或寫作"未",正如韓小荊《〈可洪音義〉研究》"來"俗作"未"、"睞"俗作"睞"等,"睞"當即"睞"字俗訛。"睞"字,《集韻》音"盧對切",當因不識其為"睞"字俗訛而妄改。《大字典》"睞"字下以《正字通》之說作為"一說",《字海》"睞"字未溝通其與"睞"字的字際關係,疑皆有未當。

190. 貼:《新修玉篇》卷四《目部》引《廣集韻》:"貼,職廉切。目垂也。又丑廉切。貼視也。同作覘。又丁兼切。目垂。又土濫切。候見也。"(38上右)

按:《廣韻》去聲闞韻吐濫切:"睒,候視。"(358)《集韻》去聲闞韻吐濫切:"睒,候視也。"同一小韻下文又曰:"貼,候視。"(625)"貼"與"睒"音義並同,即為異體字。《大字典》(2654A)"貼"字第(三)義項應溝通其與"睒"字的異體關係。

191. 映:《新修玉篇》卷四《目部》引《龍龕》:"映,舊藏作腴。音俞。肥腴。"(38上右)

按:《篇海》同。《龍龕》卷四《目部》:"映,舊藏作腴。音俞。肥~。"(419)"映"即"腴"字俗訛。

192. 眫:《新修玉篇》卷四《目部》引《龍龕》:"眫,音睟。"(38上右)

按:《篇海》同。"眫"即"睟"字之俗。《龍龕》卷四《目部》:"眫眭,二通;睟,正。雖醉反。正視兒;潤澤也。三。"(422)此即其證也。

193. 晟：《新修玉篇》卷四《目部》引《川篇》："晟，許聿切。晟（當爲字頭誤重）驚視也。"（38 上右）

按：《篇海》同。《玉篇・目部》："瞲，呼聿切。目深皃。又呼決切。[驚視皃。]晟，同上。"（22 上左）"晟"與"晟"音義並同，"晟"即"晟"字俗寫，亦同"瞲"。

194. 晦：《新修玉篇》卷四《目部》引《餘文》："晦，莫六切。目病。《說文》作坶。"（38 上左）

按：《篇海》卷七《目部》引《餘文》："晦，莫六切。目病。《說文》作晦。"（691 上）此字《玉篇》《廣韻》皆未收，《龍龕》《集韻》收之，當即唐人據俗書所增。《龍龕》卷四《目部》："晦，目病。"（423）《集韻》入聲屋韻莫六切："晦，目病。"（641）《字彙・目部》："晦，莫六切，音木。目病。"（313 下）《說文・土部》："坶，朝歌南七十里地。《周書》：'武王與紂戰于坶野。'从土，母聲。"（287 下）"坶"，《集韻》音"莫六切"。又《說文・日部》："晦，月盡也。从日，每聲。"（135 上）"晦"，《廣韻》音"荒内切"。"晦"與"坶"音同義别，而與"晦"音義俱别，故《新修玉篇》謂"晦"字《說文》作"坶"、《篇海》謂"晦"字《說文》作"晦"，皆誤。《正字通・目部》："晦，俗昧字。《禮[記]・玉藻》'楳楳'、《莊子》'晦晦'並音昧。《說文》'昧'莫佩切，目不明也。昧、眛音同，故俗从每作晦。舊注：音木。目病。誤。从每非木音。"（735 下）《正字通》之説亦可商榷。《說文・目部》："眛，目不明也。从目，未聲。"（67 下）"眛"，《廣韻》音"莫佩切"。"晦"與"眛"儘管義近，但讀音區别甚明，二字不應混同，且從"每"之字亦可音"木"，如"坶"字《廣韻》音"莫六切"，故《正字通》之説不足爲據。"晦"與"痗"當即異體字。《玉篇・疒部》："痗，莫六切。病也。"（57 下左）《廣韻》入聲屋韻莫六切："痗，痗病。"（374）《集韻》入聲屋韻莫六切："痗，病也。"（641）《龍龕》卷四《疒部》："痗，音目。~病也。又俗七余反。"（477）"痗"字，《玉篇》《集韻》訓"病也"，當皆爲"痗病也"之省，"痗病"當同"目病"。"痗"音"莫六切"，訓"目病"，即因"目病"連用，"目"受下字"病"字類化影響，故而在"目"字的基礎上增加"疒"旁，即形成"痗"字；而"疽"音"七余反"，即"疽"字之俗。故"晦"與"痗"

音義並同，"晦"當即"疳"之異體字。

195. 眐：《新修玉篇》卷四《目部》引《川篇》："眐，之閏切。鈍視。"（38上左）

按：《篇海》同。《說文·目部》："眐，謹鈍目也。从目，享聲。"（66下）"眐"，《廣韻》音"章倫切"，又音"之閏切"。"眐"與"眐"音義並同，"眐"即"眐"字之俗。

196. 睁：《新修玉篇》卷四《目部》引《餘文》："睁，疾郢切。䀏睁，不悅視。"（38下右）

按：《篇海》同。《廣韻》上聲靜韻疾郢切："睁，䀏睁，不悅視也。"（216）《字彙·目部》："睁，疾郢切，音靜。䀏睁，不悅視也。俗作睁。"（314下）《正字通·目部》："睁，初庚切，音崢。張目不悅視也。俗作睁。"（737）"睁"即"睁"字異寫。《玉篇·目部》："䀏，彌頂、莫并二切。䀏睛，不悅皃。"（22上左）《玉篇校釋》"䀏"字下注："'䀏睛，不悅皃'者，《廣雅·釋言》：'䀏睛，誋也。'《廣韻·靜韻》引《字林》：'䀏睛，不悅皃。'本書或引《埤倉》文。《切韻·靜韻》云：'䀏睁，不悅皃。'《廣韻》作'不悅視也'。'䀏睁'與'䀏睛'同，疊韻連語也。"（828）胡氏所言是也。《廣韻》上聲靜韻七靜切："睛，䀏睛，不悅目皃。出《字林》。又音精。"（217）《集韻》上聲靜韻疾郢切："睁睛，《字林》：'䀏睁，不悅視也。'或从青。"（424）此即其證也。故"䀏睁"同"䀏睛"。"睁"字，《大字典》（2662A）錄作"睁"，第一義項"䀏睁"應謂同"䀏睛"。

197. 睧：《新修玉篇》卷四《目部》引《餘文》："睧，呼昆切。目暗。"（38下右）

按：《篇海》卷七《目部》引《餘文》："睧，音昏。目暗也。"（691上）此字《說文》《玉篇》皆未收，《廣韻》亦不錄，《集韻》錄之，當即丁度等人據俗書所增。《集韻》平聲魂韻呼昆切："睧昏，目暗也。亦省。"（139）《說文·日部》："昏，日冥也。"（135上）"昏"本義指"日暮"，引申義可指"目暗""目不明"。《晉書·會稽文孝王道子傳》："太元以後，為長夜之宴，蓬頭昏目，政事多闕。"唐韓愈《與崔羣書》："目視昏花，尋常閒便不分人顏色。"上述例中之"昏"皆為目暗、目不明之義。"昏"，《廣韻》音"呼昆切"。"睧"與"昏"音義並同，"睧"當即"昏"因涉"目暗""目不明"之義而在"昏"字的基礎上增加

"目"旁所形成的俗字，而"昏"又當即"睧"字俗省。

198. 睦：《新修玉篇》卷四《目部》引《類篇》："睦，音眭。人姓。"（39 上右）

按：《篇海》同。"睦"音"眭"，當即"眭"字之俗。《廣韻》平聲支韻息為切："眭，姓也。出趙郡。"（21）《萬姓統譜·支韻》："眭，望出趙郡。漢眭弘，魯國蕃人……三國眭固，魏將，薊州人。本朝眭友直，溧陽人，洪武中任府通判。""睦""眭"音義並同，正如韓小荊《〈可洪音義〉研究》"珪"俗作"琺""琟"（464）、"鮭"俗作"鯥"（465）等，"睦"亦當即"眭"字之俗。故此直音用字"眭"字，不僅用來注音，還兼於用來指明正字。《字彙補·目部》："睦，何其切，音眭。人姓。"（142 上）據上文可知，"睦"字當音"息為切"，然《字彙補》卻改音"何其切"，於以上字書皆無徵，此讀非是。《大字典》《字海》"睦"字皆據《字彙補》讀音之誤而音 xī，且未溝通其與"眭"字的字際關係，俱失考證。

199. 䐴：《新修玉篇》卷四《目部》引《餘文》："䐴，徒登切。美目皃。"（39 上右）

按：《篇海》同。此字《切韻》系韻書皆未收，《廣韻》收於平聲登韻徒登切韻尾，當即宋人所增。《廣韻》平聲登韻徒登切："䐴，美目貌。"（133）余迺永《校注》："䐴，徒登切。注'美目也。'《全王》䐴字作'䐴'，注：'美目。又以證反。'是也。《王一》訛隸定作'䐴'，又音'證'字且誤作'登'；蓋隸寫肉旁如月，月之訛隸定每作舟，如'朝'字之所謂篆文作'䩢'也……《玉篇》'䐴'字注：'以證、大登二切。美目皃；大視也亦作䐴。'訛同《王一》。"（677~678）余氏所言不確。《名義·目部》："䐴，以證反。雙。"（35）《玉篇·目部》："䐴，以證、大登二切。美目也；大視也。亦作䐴。"（22）敦煌本《王韻》平聲登韻徒登反："䐴，美目。又以登反。"（382）故宮本《王韻》平聲登韻徒登反："䐴，美目。又以證反。"（469）《名義》"䐴"訓"雙"，字正作"䐴"，可見原本《玉篇》亦當作"䐴"，"䐴""䐴"音義並同，故"䐴"當即"䐴"之訛，而非如余氏所言"䐴"即"䐴"之訛。又"䐴""䐴"音義並同，"䐴"當即"䐴"字之俗。《大字典》《字海》皆收"䐴"字，未溝通其與"䐴"之間的異體關係，俱失妥當。

200. 䁒：《新修玉篇》卷四《目部》引《餘文》："䁒，古候切。視

也。"(39上右)

按：《篇海》同。此字《説文》《玉篇》皆未收，《廣韻》亦不録，《集韻》録之，當即丁度等人據俗書所增。《集韻》去聲候韻古候切："購，視也。"(616~617)《字彙·目部》："購，居候切，音搆。視也。"(316上)《正字通·目部》："購，與覯通。舊注：音搆。視也。分爲二。"(739下)《正字通》所言是也。《正字通》所説的"通"，關係比較複雜，不僅包括異體關係，還包括通假關係、同義關係等，此處當指異體關係。《説文·見部》："覯，遇見也。从見，冓聲。"(175下)《詩經·大雅·公劉》："迺陟南岡，乃覯于京。"毛傳："覯，見也。""覯"，《廣韻》音"古候切"。"視""見"義同。《説文·見部》："見，視也。从儿，从目。"(175上)故"購"與"覯"音義並同，"購"當即"覯"通過改换義符而形成的異體字。

201. 瞸：《新修玉篇》卷四《目部》引《玉篇》："瞸，與涉切。瞼也。"(39上左)

按：《篇海》同。《玉篇·目部》："瞸，余涉切。瞼也。"(22上左)《玉篇校釋》"瞸"字下注："'瞼也'者，'瞼'當為'眣'。眣，目瞚也。《廣雅·釋言》：'眣，瞸也。'《集韻》：'瞸，或作䁈。'本書(298)：'䁈，閉一目也。''䁈'當為'瞸'之重文，或因'瞸'誤訓'瞼'後而分别。"(838)胡氏之説疑可商榷。《名義·目部》："瞸，大(火)涉反。瞼也。"(36下)"瞸"與"䁈"音義並同，且位置相當，當即同字異體。可見"瞸"字，原本《玉篇》作"瞸"，亦訓"瞼也"。"瞼"與"眣"二字字形區别甚明，不易混同，故胡吉宣謂"瞼"為"眣"字之訛，非是。《大字典》《字海》皆應於"瞸"字下據《名義》增收"眼皮"這一義項，並於"䁈"字第一義項溝通其與"瞸"字的異體關係，方妥。

202. 睕：《新修玉篇》卷四《目部》引《龍龕》："睕，方免切。敝（瞥）皃。"(39上左)

按：《篇海》同。《龍龕》卷四《目部》："睕，方免反。敝（瞥）皃也。"(421)《説文·目部》："䁰，兒初生瞥者。从目，袁聲。"(65上)"䁰"，《廣韻》音"方免切"。"睕"與"䁰"音義並同，"睕"即"䁰"字之俗。

203. 瞠：《新修玉篇》卷四《目部》引《龍龕》："瞠，呼圭切。盲

也。"（39下右）

按：《篇海》同。《龍龕》卷四《目部》："瞕，呼圭反。《玉篇》云：'盲也。'"（419）《玉篇·目部》："睳，呼圭切。瘦兒；又目瞢。"（22上左）"瞕"與"睳"音義並同，"瞕"即"睳"字之俗。

204. 䁾：《新修玉篇》卷四《目部》引《類篇》："䁾，音眼。"（39下右）

按：《篇海》同。"䁾"音"眼"，當即"眼"字之俗，"䁾"當即在"眼"的基礎上增加一個"目"旁而形成的繁化俗字。此直音用字"眼"，當不僅用來注音，而且用來指明正字。

205. 瞭：《新修玉篇》卷四《目部》引《龍龕》："瞭，必昭切。惡視。"（39下左）

按：《篇海》同，然通行本《龍龕》未見收錄此字形。《玉篇·目部》："䁍，必昭切。惡視。"（23上右）"瞭"與"䁍"音義並同，"瞭"當即"䁍"字之俗。

206. 矏：《新修玉篇》卷四《目部》引《川篇》："矏，音綿。遠視。"（39下左）

按：《篇海》同。《叢考》："'矏'疑是'䁬'的譌俗字。《玉篇·䀠部》：'䁬，彌連切。視也。''矏''䁬'形、音、義皆近。"（167）《叢考》謂"矏"即"䁬"的譌俗字，是也；然非探本之論。《玉篇·䀠部》："䁬，彌連切。視也。"（23上右）《玉篇校釋》"䁬"字下注："此亦譌字，應刪。《目部》：'瞴，《説文》：目旁也。《爾雅》：密也。'《集韻》：'瞴，或作䁬，通作䁇。'《類篇》：'䁬，密也。'即《爾雅》之'瞴，密也。'即瞴之俗譌字。"（867）胡氏所言是也。《説文·目部》："瞴，目旁薄緻宀宀也。从目，䏣聲。"（71上）《爾雅·釋言》："瞴，密也。"（34）"瞴""䁇""瞴"即同字異體。《名義·目部》："瞴（𥉡），莫緣反。點也；密也。"（33下）《新撰字鏡·目部》："䁬，莫緣反。密也；緻密也；目旁薄察。"（97）"瞴""𥉡""瞴"並即"瞴"字之俗，"䁬"與"瞴""𥉡""瞴"形近，亦當即"瞴"字之俗。《廣韻》平聲先韻莫賢切："瞴，《爾雅》曰：'密也。'䁬，同上字。"（84）此是其證也。故"䁬"當即"瞴"字之譌，"瞴"譌作"䁬"後，《玉篇》改其訓為"視也"，此當為望形生訓。"矏"又當即"䁬"進一步譌變所致，而"䁬"即"瞴"字之俗。"矏"字，《新修玉篇》《篇海》訓為"遠視"，亦當為望形生訓。

207. 瞼：《新修玉篇》卷四《目部》引《川篇》："瞼，音撿。目瞼也。"（39下左）

按：《篇海》同。《玉篇·目部》："瞼，九儉切。眼瞼也。"（23上右）"瞼"與"瞼"音義並同，"瞼"即"瞼"字之俗。

208. 䀩：《新修玉篇》卷四《目部》引《龍龕》："䀩，子規切。䀩眭[眭]也。"（40上右）

按：《篇海》同，然通行本《龍龕》未見收錄此字形。《玉篇·目部》："䀩，子規切。䀩眭也。"（22下左）"䀩"與"䀩"音義並同，"䀩"即"䀩"之異體字。

209. 䁗：《新修玉篇》卷四《目部》引《川篇》："䁗，音戚。見也。"（40上右）

按：《篇海》同。《玉篇·目部》："䁗，七歷切。見也。"（23上右）"䁗"與"䁗"音義並同，"䁗"即"䁗"字之俗。

210. 毦：《新修玉篇》卷四《耳部》引《川篇》："毦，音而，又仍吏切。"（40下右）

按：《篇海》同。《說文新附·毛部》："毦，羽毛飾也。從毛，耳聲。"（171下）"毦"，《廣韻》音"仍吏切"。"毦"與"毦"音義並同，"毦"即"毦"字之俗。

211. 聈：《新修玉篇》卷四《耳部》引《奚韻》："聈，與糾切。幽靜皃。"（40下右）

按：《篇海》同。《字彙·耳部》："聈，於九切，憂上聲。幽靜深遠。"（375下）此字《說文》《名義》皆未收，《廣韻》《集韻》亦不錄，《新修玉篇》《篇海》據《奚韻》收之，當即金人據俗書所增。《大字典》（2979B）"聈"字謂《篇海》引《俗字背篇》，非是。今案："聈"當即"眑"字之俗。《名義·目部》："眑，於皎反。靜也。"（38上）《玉篇·目部》："眑，於皎切。幽靜也。"（22下右）《廣韻》上聲黝韻於糾切："眑，幽靜之皃。"（223）《集韻》上聲黝韻於糾切："眑，靜也。"（440）"聈"與"眑"音義並同，"耳"旁、"目"旁形近，俗寫常可訛混，故"聈"當即"眑"字之俗。《大字典》（2979B）"聈"字下引《樂府詩集·郊廟歌辭·安世房中歌》："清思聈聈，經緯冥冥。"四部叢刊本亦作"聈"，然中華書局出版的中國古典文學基本叢書本《樂府詩集》（109）

作"呦";《字海》(1176A)"聬"字下引《漢書·禮樂志》亦作:"清思聬聬,經緯冥冥。"然查中華書局點校本《漢書》作"呦"蘇林注:"呦,音窈。"顏師古注:"呦呦,幽靜也。"(1046~1047)故以上諸文之"聬"亦當皆為"呦"字俗訛。《大字典》"聬"字《樂府詩集》例證之下又引清朱彝尊《日下舊聞·宮室五》引黃佐《泰泉集》:"忽聬聬而寞濛。"從文意來看,此"聬"亦當即"呦"字之俗。《正字通·耳部》:"聬,俗窈字。"(865上)"呦"與"窅""暗""窈"諸字並為異體字,故"聬"與"窈"亦可認為異體字,但從字形演變來說,"聬"當是由"呦"字訛變而來,故當以"聬"為"呦"字之俗為是。

212. 聣:《新修玉篇》卷四《耳部》引《龍龕》:"聣,五分切。"(40下左)

按:《篇海》同。《龍龕》卷二《耳部》:"聣,俗。五分反。"(313)"聣"疑即"睨"字之俗。《說文·目部》:"睨,衺視也。从目,兒聲。"(66上)"睨",《廣韻》音"五計切",《集韻》又音"吾禮切"。"聣"與"睨"音近,又"耳"旁、"目"旁形近,俗寫常可訛混,故"聣"當即"睨"字俗訛。又韓小荊《〈可洪音義〉研究》(604)"睨"字俗作"睨""睨","聣"與"睨""睨"形近,"聣"亦當即"睨"字之俗。此亦其證也。

213. 鉺:《新修玉篇》卷四《耳部》引《龍龕》:"鉺,音耳。"(41上左)

按:《篇海》同。《龍龕》卷二《耳部》:"鉺,俗。音耳。"(314)《龍龕》卷一《僉部》:"鉺,俗。音耳。"(197)"鉺"疑即"鉺"字之俗。《玉篇·金部》:"鉺,如志切。鉤也。"(84下左)"鉺"與"鉺"音近,又"金"旁俗書常可寫作"僉",如《龍龕·僉部》(197)"鍮"俗作"鍮"、"鈴"俗作"鈴"、"錫"俗作"錫"等,故"鉺"亦當即"鉺"字之俗。

214. 聸:《新修玉篇》卷四《耳部》引《龍龕》:"聸,都甘切。聸耳也。"(41上左)

按:《篇海》同。"聸"即"聸"字之俗。《龍龕》卷二《耳部》:"聸,通;聸,正。都甘反。~耳也。"(313)此即其證也。

215. 聕:《新修玉篇》卷四《耳部》引《龍龕》:"聕,音患。"(41上左)

按：《篇海》同。《龍龕》卷二《耳部》："聥，音患。"（314）"聥"音"患"，疑即"患"字之俗。"聥"當為"患"之俗體會意字，從"耳"、從"聞"會"患"之"憂慮""禍患"之義，這是從"眼見為實""耳聞為虛"這一現象來說的，這是因為親眼所見才是真實、可信的，而耳聞未必真實、可信，如果過分相信耳聞的，就會產生憂慮、禍患的不利結果。故此直音用字"患"當不僅用於注音，而且兼於用來指明正字。

216. 䘛：《新修玉篇》卷四《自部》引《切韻》："䘛，前智切。首子。"（41 下左）

按："䘛"即"䭾"字之俗。《名義·頁部》："䭾，輔貳反。首子。"（31 上）故宮本《裴韻》去聲至韻毗志反："䭾，《倉頡篇》云：'首子曰～。'"（586）敦煌本《王韻》去聲至韻毗四反："䭾，首。"（403）故宮本《王韻》同。敦煌本《王韻》、故宮本《王韻》訓"䭾"為"首"者，當即"首子"之誤脫。"䘛"與"䭾"形近義同，"䘛"即"䭾"字之俗。

217. 臮：《新修玉篇》卷四《自部》引《龍龕》："臮，渠義切。臮及也。"（41 下左）

按：《篇海》同。《龍龕》卷三《自部》："臮，渠義反。臮及也。"（364）"臮""臮"即同字異寫。《說文·㐺部》："臮，眾詞與也。從㐺，自聲。"（167 上）《龍龕》卷四《自部》："臮，其冀反。眾詞所及也。"（364）"臮""臮"與"臮"音義並同，並即"臮"字之俗。

218. 規：《新修玉篇》卷四《見部》引《龍龕》："規規規，居隨切。側（測）器也；大夫識用必合規矩者也。"（42 上左）

按：《篇海》同。《龍龕》卷三《見部》："規規規，三俗；規，正。居隨反。規，圓器也；丈夫識用必合規矩者也。四。"（343）"規"即"規"字之俗。

219. 覛：《新修玉篇》卷四《見部》引《類篇》："覛，音昏。"（42 上左）

按：《篇海》同。"覛"音"昏"，疑即"昏"字之俗。《說文·日部》："昏，日冥也。從日，氐聲。氐者，下也。一曰民聲。"（135 上）"昏"本義指"日暮"，引申義為"昏暗""不明"。"覛"當即"昏"之俗體會意字，從"分""見"會引起視力分散，進而導致所見不明來會"昏"之"不明"之義。此直音用字"昏"亦當不僅用於注音，而且兼於用來指明正字。

220. 覗：《新修玉篇》卷四《見部》引《類篇》："覗，音瞎。"（42上左）

按：《篇海》卷二《見部》引《類篇》："視，音瞎。"（588上）"視"即"覗"字之訛。"覗"當即"瞎"之俗體會意字。慧琳《音義》卷第六《大般若波羅蜜多經》第五百六卷："盲瞎：上莫耕反。《說文》云：'目無眸子曰盲。'下呼八反。《字書》云：'目不見物也。'又云：一眼無睛也。"（T54，p343a13）慧琳《音義》卷六十一《根本說一切有部苾芻尼律》卷第十二："盲瞎：下亨憂反。无（無）目睛也；不見也。"（T54，p716b23）"覗"當即從"不"、"見"會"瞎"字"不見"之義。

221. 覷：《新修玉篇》卷四《見部》引《龍龕》："覷，他曲（典）切。面慙。"（42下右）

按：《篇海》同。"覷"即"覥"字之俗。《龍龕》卷三《見部》："覷，俗；覥，正。他典反。面慙也。二。"（344）此即其證也。

222. 覝：《新修玉篇》卷四《見部》引《川篇》："覝，音戚。面柔。"（42下右）

按：《篇海》同。《玉篇·見部》："覛，且狄切。覛覝，面柔也。"（23下右）"覝"與"覛"音義並同，"覝"即"覛"字之俗。

223. 覾：《新修玉篇》卷四《見部》引《餘文》："覾，宅江切。視不明也。又直絳切。覷覾，直視。"（42下左）

按：《篇海》同。《集韻》平聲江韻傳江切："覾，視不明也。"（24）又下文去聲絳韻丈降切："覾，覷覾，直視。"（466）《字彙·見部》："覾，助莊切，音牀。視不明也。又助悵切，音狀。覷覾，直視貌。"（445上）《正字通·見部》："覾，俗覿字。舊注：音牀，又音狀。直視貌。音義與覿近，分為二，非。"（1043下）《正字通》所言當是。《說文·見部》："𧡡，視不明也。一曰直視。从見，舂聲。"（176上）《集韻》平聲江韻抽江切："𧡡，《說文》：'視不明也。一曰直視。'或从巷。亦書作覾。"（24）又去聲絳韻丑降切："𧡡，直視也。或作覿、覾，亦書作瞪。"（466）下文丈降切又曰："𧡡，視不明皃。"（466）"覿"即"𧡡"通過偏旁易位而形成的異體字，而"覾"與"𧡡（覿）"音近義同，"覾"當即"𧡡（覿）"字之俗。《集韻》去聲絳韻丈降切："覾，覷覾，直視。"（466）此"覷覾"之"覷"當即"覾"之異體字，並非"覷"

與"覎"字構成連綿詞而訓"直視",故應置於字頭"覎"字之下,並於"直視"之後云"或作覢"三字。

224. 覕:《新修玉篇》卷四《見部》引《龍龕》:"覕,普蔑切。"(42下左)

按:《龍龕》卷三《見部》:"覕,芳威反。暫見皃。"(346)《玉篇·見部》:"覕,普列切。覕見。"(23下左)"覕見""暫見"義同,"覕"即"覕"字之俗,"覕"又即"瞥"之異體字。

225. 睍:《新修玉篇》卷四《見部》引《川篇》:"睍,音季。視也。"(42下左)

按:《篇海》卷二《見部》引《龍龕》:"䁂,音季。視也。"(588下)"睍""䁂"即同字異寫,《新修玉篇》與《篇海》引書不同,《新修玉篇》所言是也,通行本《龍龕》未見收錄"䁂"字。《叢考》(657)謂"䁂"即"睍"之訛俗字,"睍"亦即"睨"之訛俗字。

226. 覾:《新修玉篇》卷四《見部》引《龍龕》:"覾,音審。視皃。"(43上右)

按:《篇海》卷二《見部》引《龍龕》:"覾,音審。見也。"(588下)《龍龕》卷三《見部》:"覾,音審。見皃也。"(344)《字彙·見部》:"覾,式枕切,音審。見也。"(445下)《正字通·見部》:"覾,式忍切,音審。察視也。通作審。"(1044下)《正字通》所言是也。《書·呂刑》:"其罪惟均,其審克之。"孔傳:"其當清察,能使之不行。"《周禮·考工記·百工》:"或審曲面執,以飭五材,以辨民器。"鄭玄注引鄭司農云:"審查五材曲直方面形執之宜以治之。"《呂氏春秋·察今》:"故審堂下之陰,而知日月之行。"以上例中之"審"皆為"查視"之義。故"覾"與"審"音義並同,"覾"當即"審"之增旁俗字。《大字典》(3920A)"覾"字第一義項據《龍龕》訓"見貌",第二義項據《正字通》訓"察視;仔細看";《字海》(1406A)"覾"字據《正字通》訓"仔細地看",皆未當。《大字典》《字海》"覾"字下據《正字通》之説直謂同"審"即妥。

227. 覍:《新修玉篇》卷四《見部》引《餘文》:"覍,去約切。視皃。"(43上右)

按:《篇海》同。此字《玉篇》《廣韻》皆未收,《集韻》始收之,當即丁度等人據俗書所增。《集韻》入聲藥韻乞約切:"覍,視皃。"

(721)"覠"疑即"瞿"字之俗。《說文·瞿部》:"瞿,隹欲逸走也。从又,持之瞿瞿也。讀若《詩》云:'穜彼淮夷之穜。'一曰視遽皃。"(79上)《玉篇·瞿部》:"瞿,九縛切。瞿瞿視而無所依之(止)也;鷹隼得逸志(走)也;遽視也。"(115)"覠"與"瞿"音義並近,"覠"即"瞿"通過增加義符而形成的異體字。又《類篇·見部》:"覠,乞約切。視皃。"(308上)《字海》謂"覠"同"覠",是。"覠"即"覠"之俗省,亦當即"瞿"字之俗。

228. 覵:《新修玉篇》卷四《覞部》引《類篇》:"覵,音曉。"(43上右)

按:《篇海》卷二《見部》引《類篇》:"覵,音曉。"(588下)"覵"音"曉",疑即"曉"字之俗。《說文·日部》:"曉,明也。从日,堯聲。"(136上)"覵"疑即"曉"通過改換義符而形成的異體字,因為"見"本義即指"看見""看到",看見則明,與"曉"義通,遂改"日"旁為"見",受"見"旁類化影響,進而又複增"見"旁,遂形成"覵"字。此直音用字"曉"亦當不僅用於注音,而且兼於用來指明正字。

229. 吮:《新修玉篇》卷五《口部》引《龍龕》:"吮,徐兗、絕兗二切。嗽也。"(43下左)

按:《篇海》同。《龍龕》卷二《口部》:"吮,俗;吮,正。徐兗、絕兗二反。嗽也。又食尹反。舐也。嗽,音朔。"(270)《說文·口部》:"吮,欶也。从口,允聲。"(25上)"吮""吮"並即"吮"字之俗。

230. 咃唸:《新修玉篇》卷五《口部》引《龍龕》:"咃唸,音陁。"(44下右)

按:《篇海》同。《龍龕》卷二《口部》:"咃唸,二俗。音陁。"(267)"咃""唸"並即佛經譯音用字,本無實際意義。慧琳《音義》卷三十一《大灌頂經》第一卷:"鞞咃,上健言反,咃音陀。梵語也。"(T54, p0517a11)又如《大正藏》本《大方等大集經》卷二十一中的"闍婆咃"、《六字神呪王經》中的"呵呵尼呵咃"等,"咃"字皆為佛經譯音用字,本無實際意義。"唸"與"咃"同,亦為佛經譯音用字,無實義。《大字典》(652B)"唸"字讀音據《龍龕》而音 tuō,釋義卻據清范寅《越諺》之說而訓"俗謂獸類將物銜走叫'唸',也作'拖'"。《龍龕》之"咃"與范寅《越諺》之"咃"並非一字,應為同形字,《大字典》"咃"字注音引《龍龕》,釋義卻引《越諺》,這樣容易使人誤認為《龍龕》之"咃"與《越諺》之"咃"為一字,因此,《大字典》這樣處理是不妥的。《大字典》"咃"字應分為兩個義項:一個義項據《龍龕》訓為佛經譯音用字,無實義;一個義項據《越諺》訓俗謂獸類將物銜走叫"咃",也作"拖"。《字海》(387B)"咃"字直接據《越諺》訓"拖,特指獸類銜走"。《字海》"咃"字這樣處理本無不妥,然於下文又收"吒"字,徑謂同"咃"。這樣容易使人誤認為"吒"亦當訓"拖,特指獸類銜走"。《字海》應於"咃"字下據《龍龕》增加"佛經譯音用字,無實義"這一義項,而於"吒"字下謂同"咃",並注為"佛經譯音用字,無實義"。又《大正藏》本宋妙源編《虛堂和尚語錄》卷之二:"暗鳴叱吒,萬人氣索。""暗"即"喑"字之訛,而"吒"即"咤"字之訛。又《大正藏》本唐道世撰《法苑珠林》:"其吒哮吼如天震雷,雨大鐵丸。"此"吒"又當即"蛇"字之訛,佛經中例證眾多,無需舉例。

231. 㕵:《新修玉篇》卷五《口部》引《龍龕》:"㕵,渠六切。"(44下左)

按:《篇海》卷二《口部》引《龍龕》:"㕵,渠六切。"(595下)《龍龕》卷二《口部》:"㕵,古文。渠六反。"(278)"㕵""㕵""㕵"當即一字之變,疑皆為"局"字之俗。《說文·口部》:"局,促也。"(29上)"局",《廣韻》"渠玉切"。"㕵""㕵""㕵"與"局"形音皆近,"㕵""㕵""㕵"當即"局"字之俗。韓小荊《〈可洪音義〉研究》(525)"局"字俗作"㕵""㕵",此是其證也。

232. 呪:《新修玉篇》卷五《口部》引《川篇》:"呪,音似。三角獸。"(45上右)

按:《篇海》同。《爾雅·釋獸》:"兕,似牛。"郭璞注:"一角,青色,重千斤。""呪"與"兕"音同形近,"呪"當即"兕"字之俗。"呪"字,《新修玉篇》《篇海》皆訓為"三角獸","三角獸"當為"一角獸"之誤。

233. 兕:《新修玉篇》卷五《口部》引《類篇》:"兕,音呪。"(45上右)

按:《篇海》同。《爾雅·釋獸》:"兕,似牛。"郭璞注:"一角,青色,重千斤。""兕"與"兕"音同形近,"兕"即"兕"字俗寫。

234. 呫：《新修玉篇》卷五《口部》引《玉篇》："呫，去仲切。問罪也。《韻》曰：鞫訊也。通作誇。《韻》又丘玉切。鞫問謂之呫。"（45上左）

按：《篇海》卷二《口部》引《玉篇》："呫，去鳳切。問罪也。"（596上）《字彙·口部》："呫，欺用切，穹去聲。鞫訊罪人也。又丘六切，音曲。義同。"（75上）《玉篇·口部》："呫，去鳳切。問罪。"（27上左）《玉篇校釋》"呫"字下注："《廣韻》去聲一送：'誇，詢問也。去仲切。'《集韻》：'呫，鞫訊也。通作誇。'"（1057）《集韻》去聲送韻去仲切："呫，鞫訊也。通作誇。"（463）又入聲燭韻區玉切："呫，鞫問謂之呫。"（654）故"呫"與"誇"音義並同，即為異體字。《正字通·口部》："呫，俗鞫字。舊注訊罪，與鞫義同，改音穹去聲，又音曲，並非。"（149上）《玉篇·革部》："鞫，居竹切。問鞫也。"（123下左）"呫"與"鞫"儘管義同，然讀音相去甚遠，二字不應混同，故《正字通》之說不可據。

235. 哼：《新修玉篇》卷五《口部》引《餘文》："哼，舒救切。趂鳥聲。"（45上左）

按：《篇海》同。《集韻》去聲宥韻舒救切："哼，趂鳥聲。"（613）《字彙·口部》："哼，舒救切，音獸。趁鳥聲。"（74下）"趂""趁"即為異體字。《廣韻》去聲震韻丑刃切："趁，趁逐。俗作趂。"（297）《正字通·口部》："哼，譌字。舊注：音受。趁鳥聲。泥。"（147上）《正字通》直斥"哼"為譌字，非是。"哼"疑同"嗖"。《集韻》去聲宥韻所救切："嗖，驅［鳥］聲。"（614）"趁""驅"義同。《玉篇·馬部》："驅，丘于切。逐遣也。"（108上左）故"哼"與"嗖"音近義同，二字疑為異體字。

236. 誄：《新修玉篇》卷五《口部》引《類篇》："誄，音耒。以言相遮也。"（45下右）

按：《篇海》同。《字彙·口部》："誄，魯猥切，音壘。《玉篇》：'以言相遮。'"（75上）《正字通·口部》："誄，俗字。舊注音壘，引《玉篇》'以言相遮'，泥。"（149上）《正字通》所言當是。"誄"疑即"誄"字之俗。《說文·言部》："誄，諡也。从言，耒聲。"（52上）"誄"本義即指古時累述死者功德以示哀悼並以此定諡，一般以褒揚為主；"誄"訓"以言相遮"，"以言相遮"當指用言語來宣揚優點、遮蓋缺點，故"味"與"誄"義可相通。"誄"，《廣韻》音"力軌切"。"味""誄"音同義通，又從言、從口義通，俗書常可換用，故"味"當即"誄"之換旁俗字。

237. 吗：《新修玉篇》卷五《口部》引《龍龕》："吗，音喎。"（45下右）

按：《篇海》同。"吗"即"喎"字之俗。《龍龕》卷二《口部》："喎，正；吗，俗。《玉篇》音口淮、古花二反，《切韻》音苦蝸反。皆口戾不正也。二。"（266）此是其證也。

238. 啊：《新修玉篇》卷五《口部》引《餘文》："啊，戶歌切。衆聲。"（45下左）

按：《篇海》同。《集韻》平聲歌韻寒歌切："訶啊，訶訶，衆聲。或从口。"（196）《字彙·口部》："啊，寒哥切，音何。衆聲。"（75下）《正字通·口部》："啊，俗呵字。《舉要》'啊'訓'呵'，《言部》作訶，並非。"（150上）《正字通》所言當是。《廣韻》平聲歌韻虎何切："訶，責也；怒也。呵，同上。"（103）《可洪音義》卷二〇《成實論》第十卷："彈呵，音呵。責也；怒也。正作訶也。又音何。嫌物也。"（60，p160c3）此是其證也。故"訶""啊"當同"呵"。《集韻》訓"訶（啊）"為"訶訶，衆聲"，疑非是。

239. 啿：《新修玉篇》卷五《口部》引《龍龕》："啿，徒敢切。食宿。"（46上右）

按：《篇海》卷二《口部》引《龍龕》："啿，徒敢切。食～。"（596下）"啿"即"啿"字之俗。《龍龕》卷二《口部》："啖啿噉啿，徒敢反。～食也；飲～也。五。"（270）此是其證也。

240. 哬：《新修玉篇》卷五《口部》引《龍龕》："哬，音夜。"（46下右）

按：《篇海》同。《龍龕》卷二《口部》："哬，俗。音夜。"（274）此"哬"當為佛經譯音用字，本無實義。唐寶思惟譯《觀世音菩薩如意摩尼陀羅尼經》："那謨喝囉怛曩（二合）怛囉（二合）哬吔（一）那摩阿哩吔（二）婆嚕吉帝說（長引聲）婆囉吔（三）菩提薩埵吔（四）摩訶薩埵吔（五）摩訶迦嚧膩迦吔（六）"（T20，p0200b17）又龍樹菩薩造、姚秦三藏筏提摩多奉詔譯《釋摩訶衍論》卷第八："喃嚩哬帝　摩訶鳩毘那呵　阿羅婆提　陀陀阿伽度　般枳阿枳尸　遮婆訛諾帝　婆枳摩毘

摩　婆枳摩阿那　阿那尸枳尼尸枳　娑婆呵"（T32，p0656a11）又卷第九："阿摩阿伊哦　佉那尸　帝提跋多提　阿抧婆哆哆摩陀哆　阿囉帝哪　鄥婆哪鄥哪鄥尸鄥鄥　抧跂伊坦提　阿抧阿抧尼毘奢鄥抧哪　嚧嚧嚧嚧哪　舒帝鄥舒帝陀哆抧　槃哆抧　尸呵哦　摩闍阿哆帝堨那呵　婆那呵　鄥尸帝　迦毘提那阿抧陀　摩那尸摩那尸　闍抧闍抧　毘闍抧　娑婆訶阿阿"（T32，p0659c13）以上"哦"字皆為佛經譯音用字，本無實際意義。又《埤雅·釋鳥》："凡鳥朝鳴曰嘲，夜鳴曰哦。《禽經》曰：'林鳥以朝嘲，水鳥以夜哦。'"《字彙·口部》："哦，寅射切，音夜。《埤雅》：'凡鳥朝鳴曰嘲，夜鳴曰哦。《禽經》曰：林鳥以朝嘲，水鳥以夜哦。'字見《龍龕手鏡》。"（77 上）《正字通·口部》："哦，寅射切，音夜。《埤雅》：'凡鳥朝鳴曰嘲，夜鳴曰哦。《禽經》曰：林鳥以朝嘲，水鳥以夜哦。'字見《龍龕手鏡》。或曰：'哦亦俗書，音嘲从朝，故加口作夜'。"（153 下）《埤雅》之"哦"與《龍龕》之"哦"並非一字，《埤雅》之"哦"當即"夜"之增旁俗字，因受"嘲"字類化影響而增加"口"旁，故而形成"哦"字。此"哦"與《龍龕》之"哦"即為同形字。

241. 唰：《新修玉篇》卷五《口部》引《餘文》："唰，所滑切。小嘗也。丁公《集韻》又所處切。"（47 上右）

按：《篇海》卷二《口部》引《餘文》："㖑，所劣切。鳥理毛也。"（598 上）《玉篇·口部》："唰，所劣切。鳥治毛衣也。"（27 上左）《集韻》入聲薛韻所劣切："唰，鳥治毛也。"（710）"㖑"即"唰"之異體字。《字彙·口部》："唰，所劣切，音刷。鳥理毛也。㖑，同上。"（77 上）此即其證也。《玉篇校釋》"唰"字下注："《切韻》：'唰，鳥理毛也。'唰之言刷也。鳥常以咮理羽毛，如拂刷也，故字从口。《集韻》又小嘗也，則與'啐'同。《説文》'啐'，讀若刷。"（1064）胡吉宣謂"唰"訓"鳥理毛也"，本作"刷"，是也。《正字通·口部》："唰，數滑切，音刷。鳥理毛。當作刷，俗加口，非。"（153 上）此說是其證也。又《集韻》入聲黠韻數滑切："唰，小嘗也。"（699）"唰"字，《集韻》訓"小嘗也"，本亦作"刷"。《字彙補·刀部》："刷，小嘗也。司馬相如《梨賦》：'刷嗽其漿。'又《博雅篇》謂之刷。"（16 下）《文選·左思〈魏都賦〉》："洗兵海島，刷馬江洲。"張載注："刷，小嘗也。"故"唰"訓"小嘗也"，本亦作"刷"。胡吉宣謂"唰"訓"小嘗也"，同"啐"，亦可。《集韻》入聲薛韻所劣切："啐，《説文》：'小歠也。'一曰嘗也。"

(710)"唰"與"㕞"音義並同,二字即為異體字,但從字形演變關係來看,"唰"訓"小嘗也",亦當為"刷"之增旁俗字。

242. 吗:《新修玉篇》卷五《口部》引《龍龕》:"吗,音嗎。義同。"(47上左)

按:《篇海》同。"吗"即"嗎"字之俗。《龍龕》卷二《口部》:"吗嗎,二俗;嗎,正。許延反。笑皃也。三。"(267)此是其證也。

243. 呇:《新修玉篇》卷五《口部》引《龍龕》:"呇,音嗚。"(47上左)

按:《篇海》卷二《口部》引《龍龕》:"呇,許為切。與嗚同。"(598上)《龍龕》卷二《口部》:"嗚呇,二俗;嗚,正。許為反。口不正。三。"(268)"呇""嗚"並即"嗚"字之俗。

244. 唅:《新修玉篇》卷五《口部》引《龍龕》:"唅,胡紺切。哺唅也。"(47上左)

按:《篇海》同。"唅"即"唅"字之俗。《龍龕》卷二《口部》:"唅唅,胡紺反。哺~也。二同。"(273)此是其證也。

245. 嗂:《新修玉篇》卷五《口部》引《奚韻》:"嗂,古候切。唱嗂。"(47上左)

按:《篇海》同。《玉篇·口部》:"講,古候切。唱講也。"(27上右)"嗂"與"講"音義並同,"嗂"即"講"字之俗。

246. 啫:《新修玉篇》卷五《口部》引《類篇》:"啫,巨兢切。"(47上左)

按:《篇海》同。"啫"當即"啫""啫"之異寫字,亦同"殑"。鄭賢章《龍研》"啫""啫"二字下注:"'啫'音'其凝反',與'殑'同,用於'殑伽'中,乃翻譯梵語 gangā 時所造。"(238)鄭氏所言當是。"啫"當即"啫""啫"之異寫字,亦同"殑",亦當為佛經譯音用字,無實義。

247. 唥:《新修玉篇》卷五《口部》引《龍龕》:"唥,音郎。"(47下左)

按:《篇海》同。《龍龕》卷二《口部》:"唥,俗。音郎。"(269)佛經有此字用例,提供如下:《一字頂輪王念誦儀軌》:"娜謨薩底哩野(三合)地尾(二合)迦南(一)怛他蘖哆南(二)唵(引三)嚩日唥(二合)儗(愚以切)儞也(二合)羯哩灑耶娑嚩(二合引)訶(引四）"（T19，p0311c01）又唐不空譯《五字陀羅尼頌》："唵嚩日嘟（二合）句舍弱"（T20，p0715b22）以上"嘟"字皆為佛經譯音用字，本無實義。又《嘉興藏》本清嗣法門人悟進、悟元等編《鴛湖用禪師住福建建寧府普明禪寺語錄》卷下《和龍門十可行·誦經》："謾向禪床走一遭，嘟嘟轉頌聲何高？相知自喜同袍客，不許癡婆三寸饒。"此"嘟嘟"當指誦讀的聲音，當同"郎朗"。又《可洪音義》卷一五："嘟，音郎。跋屣行聲也。《十誦律》作郎，是也。"（59，p1112b12）此"嘟嘟"義指跋屣行聲，本作"郎"。"嘟"字以上用法，《大字典》《字海》皆未收，可據補。

248. 畫：《新修玉篇》卷五《口部》引《川篇》："畫，音遣。畫（當為字頭誤重）小塊也。"（47下左）

按：《篇海》同。《玉篇·阜部》："畫，丘善切。小塊也。"（106上左）《廣韻》上聲獮韻驅演切："畫，小塊。《説文》作𡔷。"（197）"畫"與"畫"音義並同，"畫"即"畫"之增旁俗字。

249. 嘟：《新修玉篇》卷五《口部》引《龍龕》："嘟，音都。"（48上左）

按：《篇海》同。《龍龕》卷二《口部》："嘟，俗。音都。"（267）佛經有此字用例，提供如下：《陀羅尼雜集》卷第九《佛説一切大吉祥滅一切惡陀羅尼》："南無佛陀　南無達摩　南無僧伽　南無蛇尼浮彈　娑摩伽檀（昵聲反）浮夢（暮音）阿多婆勒叉　鳩梨槃陀　彌帝梨　娑呱達　不梨咭（成薩反）蛇娑遮囉　嘟嚧吱（針施反）書那提　檀暮"（T21，po633a01）此"嘟"即為佛經譯音用字，本無實義。《大字典》收錄"嘟"字，注音據《龍龕》音 zhū，而訓釋卻據《字彙補》等訓"美詞""嘴向前突出""象聲詞"等。其實，《龍龕》之"嘟"與《大字典》"嘟"字下所列諸義項之"嘟"本非一字，當即同形字。《大字典》"嘟"字注音引《龍龕》，釋義卻採取他訓，容易使人誤認為《龍龕》之"嘟"與《大字典》"嘟"字下所列諸義項之"嘟"即為一字，因此，《大字典》這樣處理是不妥的。《大字典》"嘟"字應增加一個義項：即佛經譯音用字，無實義。

250. 嗒：《新修玉篇》卷五《口部》引《龍龕》："嗒，音盤。"（48上左）

按：《篇海》同。《龍龕》卷二《口部》："嗒，《隨函》合作蟠。音盤。"(269)"嘴"即"嘴"字之俗，而"蟠"即"蟠"字之俗，故此"嘴"當即"蟠"字俗訛。《可洪音義》："嘴龍，上音槃。正作蟠。"(60，p153c10)此亦其證也。故《龍龕》之"嘴"當即"蟠"字俗訛。又《大佛頂廣聚陀羅尼經》卷第四《大佛頂無畏廣聚如來佛頂召請諸佛品》第十三："南謨羅怛那怛羅（二合）夜耶南謨阿利耶嘴嚕枳底溫嚩羅（二合）耶菩地薩得嚩（二合）耶摩訶薩得嚩（二合）耶摩訶迦嚕尼迦耶唵鉢頭摩（二合）陀羅摩訶輸陀薩嘚嚩（二合）摩儞迦娜迦尼貿覻嚕（二合）什嚩（二合）羅步瑟帝陀羅陀羅跛尼多羅（二合）迦陀羅（引）糸糸薄迦梵三未羅三未埵多唎那（二合）嚕紺廋嚕（二合）廋摩羅輸第斜斜泮吒莎訶"（T19，p0166c07）此"嘴"即為佛經譯音用字，本無實義。"嘴"字以上兩義《大字典》《字海》皆未收，可據補

251. 嘎：《新修玉篇》卷五《口部》引《川篇》："嘎，許律切。吹口嘎嘎也。"（48上左）

按：《篇海》同。《字彙·口部》："嘎，許律切，音旭。吹口嘎[嘎]也。"（80下）《正字通·口部》："嘎，嘎字之訛。舊注：音旭。吹口嘎[嘎]也。誤。"（163上）《玉篇·口部》："嘎，所訝切。聲破。"（27上左）"嘎"與"嘎"儘管形近，但二字音義俱別，疑非一字。"嘎"疑即"嗅"字之俗。《廣韻》入聲職韻況逼切："嗅，嗅聲。"（427）"嘎"與"嗅"音義皆近，"嘎"疑即"嗅"字之俗。

252. 轂：《新修玉篇》卷五《口部》引《川篇》："轂，埔迷切。唾聲。"（48上左）

按：《篇海》卷二《口部》引《川篇》："轂，去擊切。唾聲。"（599下）"轂"即"轂"字俗寫，"轂"當即"歔"字之俗。《說文·欠部》："歔，且唾聲。一曰小笑。从欠，毇聲。"（177下）"歔"俗作"歔"。《廣韻》去聲霽韻他計切："歔，唾聲。"（269）此"歔"即"歔"字之俗。《集韻》去聲霽韻地計切作："歔，唾聲。"（504）此是其證也。又《集韻》入聲錫韻馨激切："歔，《說文》：'且唾聲。一曰小笑皃。'"（753）此"歔"亦即"歔"字之俗。"轂"與"歔"義同，又從口、從欠義通，俗書常可換用，故"轂"當即"歔"通過改換義符而形成的異體字，亦當即"歔"字之俗。又"轂"字，《新修玉篇》音"埔迷切"、《篇海》音"去擊切"，疑皆誤。

253. 嗛：《新修玉篇》卷五《口部》引《川篇》："嗛嗛，二音鏟。炙

肉具。"（48 上左）

按：《篇海》同。《廣韻》上聲產韻初限切："弗，炙肉弗也。"（194）《集韻》上聲產韻楚限切："弗，燔肉器。"（373）"豔""轋"與"弗"音義並同，並即"弗"字之俗。又《龍龕》卷二《口部》："豔𠵅叫，三俗；嗷，正。古吊反。鳴也；遠聲也；亦喚也。與叫同。四。"（273）此"豔"即"叫"字之俗。此"豔"與上文"豔"字即為同形字。

254. 嘭：《新修玉篇》卷五《口部》引《餘文》："嘭，蒲庚切。聲也。"（48 下左）

按：《篇海》同。《集韻》平聲庚韻蒲庚切："嘭，聲也。"（230）《字彙·口部》："嘭，蒲庚切，音彭。聲也。"（82 上）《正字通·口部》："嘭，俗字。古借用彭。"（166 下）《正字通》所言是也。《説文·壴部》："彭，鼓聲也。从壴，彡聲。"（97 上）宋張舜民《打麥詩》："打麥打麥，彭彭魄魄，聲在山南應山北。""彭"，《廣韻》音"薄庚切"。"嘭"與"彭"音義並同，"嘭"當即"彭"之增旁俗字。

255. 噦：《新修玉篇》卷五《口部》引《龍龕》："噦，音厥。"（48 下左）

按：《篇海》同。《龍龕》卷二《口部》："噦，俗。音厥。"（277）佛經有此字用例，提供如下：隋闍那崛多譯《東方最勝燈王陀羅尼經》："多咥他 多檀多檀嚏 毘檀嚏 多陀耶槃泥 亶互嚏 過羯泥 噦樞泥 噦樞泥 談摩隸 襟摩隸娑波訶"（T21，p0867a27）此"噦"即為佛經譯音用字，本無實義。又《可洪音義》卷二二《菩薩呵色欲經》一卷："顛噦，上丁年反，下居月反。正作蹎蹶也。"（60，p226a11）此"噦"亦可楷定作"噦"，此"噦"即"蹶"字俗訛。"噦"字以上兩種用法《大字典》《字海》皆未收，可據補。

256. 嘔：《新修玉篇》卷五《口部》引《龍龕》："嘔，鳴瓜、於佳二切。小兒啼也；又婬聲。"（48 下左）

按：《篇海》同。"嘔"當即"哇"字之俗。《龍龕》卷二《口部》："嘔嚍，二俗；哇，正。鳴瓜、於佳二反。《玉篇》：'小兒啼也。'《切韻》：'婬聲也。'三。"（267）此即其證也。

257. 嚘：《新修玉篇》卷五《口部》引《類篇》："嚘，音異。噴活也。"（48 下左）

按：《篇海》卷二《口部》引《類篇》："嚘，音買。噴活也。"（600

正文 / 71

上）"噞"字，《新修玉篇》與《篇海》直音用字不同，當以《新修玉篇》所言為是，《篇海》"音買"之"買"，當即"巺"字之誤。《字彙補·口部》："噞，米拐切，音買。噴也。"（27下）《字彙補》沿襲《篇海》注音之誤，亦非。《龍龕》卷二《口部》："噀，俗；㖨，正。蘇困反。~水也。與潠同。"（273）《玉篇·口部》："㖨，息寸切。噲水也。"（27上右）"噲""噴"字同。《說文·水部》："潠，含水噴也。从水，巺聲。"（238上）"潠"，《廣韻》音"蘇困切"。"巺"，《廣韻》亦音"蘇困切"。"噞"字，《新修玉篇》《篇海》皆訓為"噴活也"，不辭，疑為"噴水也"之誤。故"噞"與"噀""㖨""潠"諸字音義並同，當為異體字。

258. 嚏：《新修玉篇》卷五《口部》引《類篇》："嚏，音託。"（48下左）

按：《篇海》同。從字形來看，"嚏"疑即"嚔"字之俗。《說文·口部》："嚔，悟解氣也。从口，疐聲。《詩》曰：'願言則嚔。'"（25下）"嚔"又作"嚏"。"嚏"與"嚔（嚔）"形近，"嚏"疑即"嚔（嚔）"字之俗。韓小荊《〈可洪音義〉研究》（704）"嚔"俗作"疐"，"嚏"與"疐"形近，"疐"為"嚔"字之俗，"嚏"疑亦為"嚔"字之俗。"嚔"，《廣韻》音"都計切"，而"嚏"字《新修玉篇》《篇海》皆音"託"，疑並非是。

259. 喋：《新修玉篇》卷五《口部》引《類篇》："喋，音嚍。野人言也。"（48下左）

按：《篇海》卷二《口部》引《類篇》："喋，音嚍。"（600上）《說文·口部》："嚍，野人言之。从口，質聲。"（25下）徐鍇繫傳作："野人之言。""喋"與"嚍"音義並同，"喋"即"嚍"之異體字。

260. 唅：《新修玉篇》卷五《口部》引《川篇》："唅，魚窆切。魚口［上見也］。"（49上左）

按：《篇海》同。《玉篇·口部》："顩，宜檢、宜黶二切。顩喁，魚口上出皃。"（26上左）"唅"與"顩"音義並同，"唅"即"顩"字俗寫。

261. 嘀：《新修玉篇》卷五《口部》引《奚韻》："嘀，余肖切。樂也。"（49上左）

按：《篇海》同。《說文·口部》："謠，喜也。从口，䍃聲。"（26

下）"喺"，《廣韻》音"餘昭切"。"嗂"與"喺"音義並同，"嗂"即"喺"字之俗。

262. 嘴：《新修玉篇》卷五《口部》引《餘文》："嘴，遵誄切。鳥嘴也。又子尾切。鳥喙。"（49下右）

按：《篇海》同。箋注本《切韻》（斯2071）上聲旨韻遵誄反："嘴，鳥嘴。"（130）敦煌本《王韻》、故宮本《王韻》、《廣韻》同。故宮本《裴韻》上聲旨韻遵誄反："嘴，鳴嘴。"（572）"鳴"當為"鳥"字之訛。《集韻》上聲旨韻遵誄切："嘴，鳥喙。一曰鳥聲。"（318）《集韻》又訓"嘴"字為"鳥聲"，於前代韻書皆無征，疑亦非是。"嘴"與"觜""觜""嘴"諸字即為異體字。《廣雅·釋親》："觜，口也。"王念孫疏證："《眾經音義》卷一引《字書》云：'觜，鳥喙也。'"《玉篇·此部》："觜，子累切。觜（當為字頭誤重）口也；鳥喙也。"（51上左）《廣韻》上聲紙韻即委切："觜，喙也。觜，上同。"（164）"嘴"又即"觜"之增旁俗字。"嘴"與"觜""觜""嘴"諸字音義並同，即為異體字。《可洪音義》卷二二《龍樹菩薩勸誡王頌》："嘴，即水反。口~也。正作嘴、唯、觜、觜四形也。"（59，p251a10）又《可洪音義》卷七《佛說正恭敬經》："觜，即累反。正作嘴、唯、觜、觜。四形也。"（59，p776b12）又卷八《觀佛三昧海經》第二卷："觜，即水反。鳥口也。正作嘴、觜、唯、嘴。"（59，p847b10）此是其證也。故"嘴"與"觜""觜""嘴"諸字音義並同，即為異體字。《字彙·口部》："嘴，即委切，音觜。鳥嘴。"（83下）《正字通·口部》："嘴，膵字之譌。鳥尾肉曰翠，一作膵，無從口作嘴者，尾肉從口無義。《羽部》'翠'注引《內則》不誤，嘴重出矛盾。"（171上）《玉篇·口部》："膵，倉淚切。鳥尾上肉也。"（36下右）"嘴"與"膵"儘管聲符相通，然音義俱別，二字不可混同，故《正字通》之說非是。

263. 嘓：《新修玉篇》卷五《口部》引《川篇》："嘓，古還切。和鳴也。"（49下右）

按：《篇海》卷二《口部》引《龍龕》："嘓，古還切。和鳴也。"（601上）《新修玉篇》與《篇海》引書不同，《新修玉篇》所言是也，通行本《龍龕》未見收錄此字形。《玉篇·口部》："關，古鐶切。以木橫持門戶也；扃也。関，同上俗。"（55上左）"關"本義指"門閂"，假借指"鳥的和鳴聲"。《詩經·國風·關雎》："關關雎鳩，在河之洲。""關關"

即指鳥的和鳴聲。"噄"與"関（關）"音義並同，"噄"即"関（關）"之增旁俗字。

264. 噄：《新修玉篇》卷五《口部》引《龍龕》："噄，居衛、巨月二切。"（49下左）

按：《篇海》同。《龍龕》卷二《口部》："噄，俗。居衛、巨月二反。"（275）《說文·足部》："蹶，僵也。从足，厥聲。"（41上）"蹶"，《廣韻》音"居月切"，又音"居衛切"。"噄"與"蹶"音同，"噄"當即"蹶"字俗訛。《可洪音義》卷二二《菩薩呵色欲經》一卷："顛噄，上丁年反，下居月反。正作蹎蹶也。"（60，p226a11）此即其證也。

265. 劜：《新修玉篇》卷五《谷部》引《廣集韻》："劜，奇逆切。劜倦。"（50上左）

按：《廣韻》入聲陌韻奇逆切："欿，倦。"（413）《集韻》入聲陌韻竭戟切："欿，《方言》：'倦也。'或作卻、佾、㑊、欿。"（737）"劜"與"欿"音義並同，"劜"即"欿"字之俗。

266. 舐：《新修玉篇》卷五《舌部》引《餘文》："舐，去智切。行喘息皃。"（50上左）

按：《篇海》同。《廣韻》去聲寘韻去智切："呩，行喘息皃。"（241）《集韻》去聲寘韻去智切："舐，行喘息。或从口。"（470）"舐"與"呩"音義並同，"舐"當即"呩"通過改換義符而形成的異體字。

267. 舚：《新修玉篇》卷五《舌部》引《省韻》："舚，他合切。犬食也。"（50上左）

按：《說文·舌部》："舚，歠也。从舌，沓聲。"（44上）徐鍇繫傳："謂若犬以口取食也。""舚"，《廣韻》音"託合切"。"舚"當即"舚"字俗訛。

268. 齓：《新修玉篇》卷五《齒部》引《類篇》："齔齓，音齔。"（50下右）

按："齔""齓"音"齔"，並即"齔"字俗寫。"齔"又即"齜"字俗省。《龍龕》卷二《齒部》："齔，今；齜，正。初靳、初謹二反。毀齒也。"（312）故"齔""齓"亦並即"齜"字之俗。

269. 齩：《新修玉篇》卷五《齒部》引《龍龕》："齩，古（五）巧切。"（50下右）

按：《篇海》卷十一《齒部》引《龍龕》："齩，五巧切。"（744下）

《龍龕》卷二《齒部》："齩，俗。五巧反。"（312）"齩"即"齩"字轉錄之誤，"齩"又即"齩"字之俗。《可洪音義》卷八《大威德陁羅尼經》第十六卷："齩，五巧反。正作齩。"（59，p838c2）此即其證也。

270. 齭：《新修玉篇》卷五《齒部》引《餘文》："齭，古活切。噍聲也。又乎刮切。齒聲。"（50下左）

按：《篇海》同。《集韻》入聲䔢韻乎刮切："齭，齒聲。"（698）此"齭"當同"齮"，《集韻》訓"齒聲"，當為"齧聲"之誤。《說文·齒部》："齮，齧骨聲。从齒，从骨，骨亦聲。"（39下）《玉篇·齒部》："齮，胡八切。齧骨聲。亦作齘。"（28上右）"齭"與"齮"音同義近，"齭"當即"齮"之異體字。《龍龕》卷二《齒部》："齭，俗；齮，正。胡刮反。齒骨聲。二。"（313）"齒骨聲"當為"齧骨聲"之誤。此是其證也。故此"齭"即"齮"之異體字。

271. 頯：《新修玉篇》卷五《須部》引《玉篇》："頯，芳無切。短須髮皃。《韻》曰：美髮謂之髻。或作頯。又步侯切。短須髮皃。《韻》口（曰）：《說文》云：'髮皃。'"《新修玉篇》同卷下文引《餘文》："頯，符悲切。短須髮皃。又音丕字。頯，上同。又敷悲切。"（51下右）

按：《篇海》卷十《須部》引《玉篇》："頯，芳于、步侯二切。短須也；又髮白也。"（727下～728上）《篇海》同卷下文引《餘文》："頯，符悲切。短須髮皃。又音丕。或省也。頯，上同。又敷悲切。"（728上）《名義·須部》："頯，方于反。白髮短分也。"（48上）"頯"當即"頯"字之俗，《名義》訓"白髮短分也"，當為"短須髮皃"之誤。《玉篇·須部》："頯，方乎、步侯二切。短須髮皃。亦作頯。"（28上左）此是其證也。"頯"字，《名義》訓"白髮短分也"，於其它字書、韻書皆無征，當為"短須髮皃"之誤。《名義》《玉篇》之"頯"，與《說文》之"頯"位置相應。《說文·須部》："頯，短須髮皃。从須，丕聲。"（182上）"頯"，《廣韻》音敷悲切。"頯"與"頯"音義相同，即為同字異體，"頯"當即"頯"字俗省。"頯"字，《新修玉篇》引《玉篇》訓為"短須髮皃"，《篇海》引《玉篇》卻訓為"短須也；又髮白也"，二者義訓不同，當以《新修玉篇》所言為是，《篇海》"短須也；又髮白也"之訓當為"短須髮皃"之誤拆。"頯"字，《說文》篆文作"頯"。"頯"與"頯"形近義同，即為異體字，此即因對《說文》篆文"頯"字楷定不同而形成的異體字，正如"髻"同"髻"，即因對《說文》

篆文"䰇"字楷定不同而形成的異體字。又《集韻》平聲虞韻芳無切："䰇，美髮謂之䰇。或作頯。"（77）下文平聲侯韻蒲侯切又曰："頯，《説文》：'髮皃。'或作頯。"（269）"頯"訓"美髮""髮皃"，即為"䰇"之異體字。《大字典》（4679A）"頯"字下第一、二義項據《篇海》之誤分別訓為"短須""頭髮白"，非是。以上兩個義項應據《新修玉篇》校為"短須髮皃"，並謂同"頯"，方妥。

272. 顃：《新修玉篇》卷五《須部》引《切韻》："顃，汝鹽切。从冉正。《説文》：'頰須也。'"（51下右）

按：《玉篇·須部》："䫇，如廉切。頰須也。"（28上左）"顃"與"䫇"音義並同，"顃"即"䫇"字之俗。

273. 镼：《新修玉篇》卷五《髟部》引《類篇》："镼，音肆。"（52上左）

按：《篇海》同。《玉篇·㐱部》："肄，息利切。與肆同。極陳也。"（29上右）《龍龕》卷一《㐱部》："肄，正；肆，今。音四。陳也；列也；極也；恐也；又毫毛也；又獸名；亦姓。二。"（89~90）"镼"與"肄"音同形近，"镼"即"肄"字俗省，同"肆"。

274. 髬：《新修玉篇》卷五《髟部》引《龍龕》："髬，音飾。"（52上右）

按：《篇海》同。《龍龕》卷一《㐱部》："髬，俗。音飾。"（90）《説文·巾部》："飾，㕞也。从巾、从人，食聲。一曰襐飾。"（156下）朱駿聲通訓定聲："按襐飾，盛飾也。或曰未冠笄者之首飾。""髬"疑即因"飾"有"首飾"之義，通過結構變異而創造一個"髬"字來專門表示"首飾"之義。

275. 鬖：《新修玉篇》卷五《髟部》引《川篇》："髬，音軫。白髮長。"（52上右）

按：《篇海》卷六《髟部》引《川篇》："鬖，音軫。白髮長也。"（662上）《字彙·髟部》："鬖，止忍切，音軫。白髮長也。"（558上）"軫"當即"軫"字之俗，而"髬"當即"鬖"字之俗。"鬖"疑即"㐱（鬒）"字異體。《説文·彡部》："㐱，稠髮也。从彡，从人。《詩》曰：'㐱髮如雲。'鬒，㐱或从髟，真聲。"（182下）"㐱（鬒）"，《廣韻》音"章忍切"。"鬖"與"㐱（鬒）"音同，"鬖"當即"㐱"通過增加義符"髟"旁而形成的異體字。"鬖"字，《新修玉篇》《篇海》訓"白髮長"，當為後人不識其為"㐱（鬒）"字異體而妄補，疑皆為"稠髮"之誤。《正字通·彡部》："鬖，㐱、鬒並同。《說文》：'㐱，稠髮也。'引《詩》'㐱髮如雲'，《詩》作'鬒'，注：'鬒，黑也，如雲多而美也。'舊本'鬖'音同'㐱'、'鬒'，訓'白髮長'，誤。《類編》'鬖'訓'白髮'，'鬒'訓'髮黑'，分'鬖''鬒'為二，尤誤。"（1327下）《正字通》所言是也。

277. 髬：《新修玉篇》卷五《髟部》引《龍龕》："髬，音條。小兒髮也。"（52上右）

按：《篇海》同。"髬"即"髫"字之俗。《龍龕》卷一《髟部》："髫，正。髬，今。音條。小兒髮也。二。"（86）此即其證也。

277. 鬛：《新修玉篇》卷五《髟部》引《川篇》："鬛，昨沒切。髻入（也）。"（52上右）

按：《篇海》卷六《髟部》引《川篇》："鬛，昨沒切。髻~也。"（662上）《玉篇·髟部》："鬌，昨沒切。髻鬌也。"（29上右）"鬛""鬌"音義並同，"鬛"即"鬌"字俗寫。

278. 鬛：《新修玉篇》卷五《髟部》引《龍龕》："鬛，比未（末）切。女大髻也。"（52上右）

按：《篇海》同。"鬛"即"髽"字之俗。《龍龕》卷一《髟部》："鬛，俗；髽，正。比末反。《玉篇》云：'大髻也。'二。"（91）此即其證也。

279. 鬛：《新修玉篇》卷五《髟部》引《龍龕》："鬛，私宗、息共二切。鬛鬆也。又音宋。鬃鬆也。"（52上左）

按：《篇海》同。《龍龕》卷一《髟部》："鬛鬃，二俗；鬆，正。私宗、息恭二反。鬛~也。又音宋。鬃鬆也。三。"（87）"鬛"字，《龍龕》歸為"鬆"字俗體，然從字形及其下"鬛鬆"之義來看，"鬛"當即"鬃"字之俗。《龍龕》卷一《髟部》上文："鬃，薄紅反。鬃鬆，髮亂也。"（87）"鬛"與"鬃"形近義同，"鬛"當即"鬃"字之俗。

280. 鬛：《新修玉篇》卷五《髟部》引《龍龕》："鬛，音產。"（52上左）

按：《篇海》同。"鬛"即"鏟"字之俗。《龍龕》卷一《髟部》："鬛鬛鬛，三俗。初產反。正作鏟。"（89）此即其證也。

281. 鬵：《新修玉篇》卷五《髟部》引《餘文》："鬵，祥遵切。亂

髮也。"（52下右）

按：《篇海》卷六《髟部》引《餘文》："䯹，都江切。䯹鬞，亂髮。"（662下）述古堂影宋鈔本《集韻》平聲江韻株江切："䯹，䯹鬞，亂髮。"（23）宋刻本《集韻》平聲江韻株江切作："䯹，䯹鬞，亂髮。"（7下）揚州使院重刻本《集韻》（48～49）同。據"株江切"之音，宋刻本《集韻》及揚州使院重刻本《集韻》作"䯹"是，然"䯹"疑本為"鬊"字之俗。《説文·髟部》："鬊，鬢髮也。从髟，春聲。"（186上）《玉篇·髟部》："鬊，舒閏切。鬊髮也。"（28下左）田吴炤二徐箋異："大徐本作鬢髮也；小徐本作鬊髮也。炤按：《玉篇》作鬊髮也，可證作鬊者是。大徐本誤字也。"《名義·髟部》："鬊，舒閏反。亂髮也。"（49下）"䯹"與"鬊"形近義同，"䯹"當即"鬊"之形誤，"鬊"訛作"䯹"後，改其讀為"株江切"，此即望形生音也。故"䯹"當即"鬊"字之譌。

282. 鬐：《新修玉篇》卷五《髟部》引《川篇》："鬐，音牟。髮至眉。"（52下右）

按：《篇海》同。"鬐"即"髳"之異體字。《説文·髟部》："髳，髮至眉也。从髟，敄聲。"（183上）"髳"，《廣韻》音"莫浮切"。"鬐"與"髳"音義並同，"鬐"即"髳"字之俗。

283. 鬞：《新修玉篇》卷五《髟部》引《廣集韻》："鬞，陟降切。鬞鬞，髮亂皃。"（52下左）

按：《集韻》去聲絳韻陟降切："鬞，鬞鬞，髮亂皃。"（466）"鬞鬞"訓"髮亂皃"與"䯹鬞"訓"亂髮也"義同，"鬞""䯹"音近義同，疑為一字之變。"鬞"當從"𢍯"，亦即"䯹"字之俗。（詳見上條"䯹"字注）

284. 鬛：《新修玉篇》卷五《髟部》引《龍龕》："鬛，魯甘切。髮疎皃。"（52下左）

按：《篇海》同。《龍龕》卷一《髟部》："鬛，魯甘反。髦疎皃。"（87）《玉篇·髟部》："鬖，力甘切。髮多也。"（28下右）"鬛"與"鬖"音同形近，"鬛"即"鬖"字之俗。"鬛"字，《龍龕》訓"髦（髮）疎皃"，疑非是。

285. 焕：《新修玉篇》卷五《文部》引《餘文》："焕，火貫切。焕爛，文采。通作奂。"（53上右）

按：《篇海》同。《集韻》去聲換韻呼玩切："煥，煥爛，文采。通作奐。"《廣韻》去聲換韻火貫切："奐，文彩明皃。"（309）《正字通·文部》："煥，呼玩切，音喚。文采也。古作奐。《檀弓》：'美哉奐。'別作煥。"（447下）《禮記·檀弓下》："晉獻文子成室，晉大夫發焉。張老曰：'美哉輪焉！美哉奐焉！'"陸德明釋文："奐，本亦作煥。"唐孔穎達疏："王云：'奐，言其文章之貌也。'"故"煥"與"奐""煥"音義並同，"煥"當即"奐"之增旁俗字，同"煥"。

286. 斃：《新修玉篇》卷五《文部》引《餘文》："斃，毗祭切。獸名。似犬有文，故從文。"（53上右）

按：《篇海》同。此字《名義》《玉篇》皆未收，《切韻》《廣韻》亦不錄，《集韻》收之，當即丁度等人據俗書所增。《集韻》去聲祭韻毗祭切："斃，獸名。似犬有文，故從文。"（517）《字彙·文部》："斃，毗祭切，音弊。獸名。似犬有文，故從文。"（192上）《正字通·文部》："斃，舊注：音弊。獸名。按：《山海經》獸名獙獙，非作斃，謂犬有文故從文，無稽。一說：獙字之譌。"（447下）《正字通》"一說"當是，"斃"當即"獙"字之譌。《名義·犬部》："獙，裨世反。如狐有翼。"（235上）《玉篇·犬部》："獙，裨世切。獸名也。"（110下右）敦煌本《王韻》去聲祭韻毗祭反："獙，獸名。"（407）故宮本《王韻》去聲祭韻毗祭反："獙，獸名。"（496）此"獙"當即"獙"字俗訛。《玉篇校釋》"獙"字下注："'獸名'者，《切韻》同。《東山經》：'姑逢之山有獸焉，其狀如虎而有翼，其音如鴻鴈，其名曰獙獙，見則天下大旱。'郭注：'音斃。'"（4573）胡氏所言是也。《集韻》去聲祭韻毗祭切："獙，《山海經》：'姑逢山有獸，狀如狐，有翼，名曰獙獙。'"（517）《山海經·東山經》："又南三百里，曰姑逢之山，無草木，多金、玉。有獸焉，其狀如狐而有翼，其音如鴻鴈，其名曰獙獙，見則天下大旱。"郭璞云："獙，音斃。"（100）"獙"與"獙"音義相同，且構字部件相同，二字即通過偏旁易位而形成的異體字。"斃"與"獙"音同形近，"斃"當即"獙"之俗訛字。"斃"字，《集韻》訓"似犬有文"，當為不識其為"獙"字之訛，又見其從"文"而妄補，不足為據。

287. 炭：《新修玉篇》卷五《文部》引《廣集韻》："炭，他旦切。炭斅，無采色。《玉篇》注。"（53上右）

按：《玉篇·文部》："斁，他旦切。斁斅，無采色也。"（28下右）

"㱿"與"敦"音義並同,"㱿"即"敦"之異體字。

288. 扔:《新修玉篇》卷六《手部》引《餘文》:"扔,九勿切。以杖掘出也。"(53上左)

按:《篇海》同。此字《説文》《玉篇》皆未收,《廣韻》亦不録,《集韻》收之,當即丁度等人據俗書所增。《集韻》入聲物韻九勿切:"扔,以杖掘出也。"(676)《字彙·手部》:"扔,九勿切,音橘。以杖掘出也。"(172上)《正字通·手部》:"扔,俗掘字。"(396下)《正字通》所言當是。玄應《音義》卷一四:"掘地,渠勿反。《説文》:'掘,搰也。'謂以物發地也。"(56,p1027b15)《廣韻》入聲物韻衢物切:"掘,掘地。"(387)《易·繫詞下》:"斷木為杵,掘地為臼。""扔"與"掘"音義並近,"扔"疑即"掘"通過改換聲符而形成的異體字。

289. 扣:《新修玉篇》卷六《手部》引《餘文》:"扣,武道切。持也。"(53上左)

按:《篇海》同。此字《説文》《玉篇》皆未收,《廣韻》亦不録,《集韻》收之,當即丁度等人據俗書所增。《集韻》上聲晧韻武道切:"扣,持也。"(401)《字彙·手部》:"扣,莫老切,毛上聲。持也。"(172上)《正字通·手部》:"扣,拇字之譌。改音卯,非。"(396下)《正字通》所言當是。《説文·手部》:"拇,并持也。从手,冄聲。"(252下)《廣雅·釋詁三》:"拇,持也。"王念孫疏證:"《説文》:'拇,並持也。'"(268下~269上)"扣"與"拇"義近,又"曰""冄"形近,俗書或可訛混,"扣"當即"拇"字俗訛。"拇",《廣韻》音"那含切",訛作"扣"之後,後人見其從"曰"而音"那含切"形聲不諧,遂改其讀為"武道切",此即望形生音。

290. 扙:《新修玉篇》卷六《手部》引《餘文》:"扙,直兩切。傷也。"(53下右)

按:《篇海》同。此字《説文》《玉篇》皆未收,《廣韻》亦不録,《集韻》收之,當即丁度等人據俗書所增。《集韻》上聲養韻雉兩切:"扙,傷也。"(415)《字彙·手部》:"扙,直兩切,音丈。傷也。"(172上)《正字通·手部》:"扙,俗丈字。舊注:音丈,傷也。誤。"(396下)《正字通》之説非是。《説文·十部》:"丈,十尺也。从又持十。"(45上)"丈",《廣韻》音"直兩切"。"扙"與"丈"儘管音同,然形義俱別,二字不可混同,故《正字通》之説非是。今案:"扙"當同

"仗""杖"。慧琳《音義》卷二一《經卷》第十四:"鎧仗:鎧,肯代反。仗,除亮反。《説文》曰:'鎧,甲也。'《風土記》曰:'仗謂刀戟之總名也。'顔注《漢書》曰:'仗謂所持兵器也。'字宜從立人,經本有從木者,棒杖字也。或從扌者,扙託字也。"(57,p828b10)此是其證也。《集韻》訓"扙"為"傷也",疑非是。

291. 扡:《新修玉篇》卷六《手部》引《餘文》:"扡,弋支切。《説文》曰:'遷也。'或作攲。《韻》又徒何切。引也。拖同……又移爾切。加也;離也。"(53下右)

按:《廣韻》上聲紙韻移爾切:"池(扡之譌),加也;又離也。或作拸。"(164)《廣雅·釋詁二》:"拸,加也。"王念孫疏證:"拸之言移也,移加之也。"《玉篇·手部》:"拸,與紙、與支二切。加也。"(31下右)故宮本《裴韻》上聲紙韻移爾反:"拖(扡之譌),加;又離。又弋之反。"(570)敦煌本《王韻》平聲支韻弋支反:"拸(拸之譌),加;又離。"(438)故宮本《裴韻》平聲支韻弋支反:"拸,加;又離。"(545)"扡""拸"音義並同,即為異體字。

292. 抁:《新修玉篇》卷六《手部》引《龍龕》:"抁,音兖。動也。"(53下右)

按:《篇海》同。《龍龕》卷二《手部》:"挻抁,二俗;挻,正。音兖。動也。三。"(212)《玉篇·手部》:"抁,弋選、弋贅二切。動也;搖也。挻,同上。"(31下右)"抁"與"挻"音義並同,"抁"即"挻"字之俗。

293. 抂:《新修玉篇》卷六《手部》引《餘文》:"抂,巨王切。抂攘,亂皃。"(53下左)

按:《篇海》同。《集韻》平聲陽韻渠王切:"抂,抂攘,亂皃。"(219)"抂攘"當作"狂攘","抂"當即"狂"字之俗。佛經有其用例,提供如下:《大正藏》本劉宋沮渠京聲譯《佛説諫王經》:"口為妄語,其所索者家室恣之,身體皆痛如被掠治,手足抂攘骨節欲解,口乾息極羸瘦困劣,不能起居坐臥須人;若得良藥糜粥甘食人當含之,必復苦極筋脈欲絕,但有出氣無復報入,脣燥乾焦,正氣竭盡邪氣在處;舌稍却縮面目無色,耳鼻閉塞不聞聲香,手足拘攣筋急,口噤欲言不能,手或把空莫索邊傍,白汗目淚流出相續,心意著痛識轉消滅無所復知,熅去身冷魂神去矣。""抂",宋、宮本作"狂",元、明本作"恇"。《説文·心部》:

"恇，怯也。从心、匡，匡亦聲。"（222下）從文意來看，"抂攘"非指"膽怯"，當指"亂兒"，此處當以作"狂"為是，"抂"當受下文"攘"字類化影響而改換義符所形成的俗字。此即其證。故"抂"當即"狂"字之俗。

294. 揂：《新修玉篇》卷六《手部》引《餘文》："揂，力久切。押也。"（54下右）

按：《篇海》同。此字《説文》《玉篇》皆未收，《廣韻》亦不錄，《集韻》收之，當即丁度等人據俗書所增。《集韻》上聲有韻力久切："揂，押也。"（435）《字彙·手部》："揂，力救切，音柳。押也。"（174上）《正字通·手部》："揂，抑字之譌。《篇海》本作挷，亦非。"（401下）《正字通》所言當是。《玉篇·手部》："抑，於陟切。按也。"（31上右）"押"即"撫""按"之義，故"揂"與"抑"義同。又"印"旁、"卯"旁俗寫形體相同，或可訛混，如韓小荆《〈可洪音義〉研究》"昂"俗作"昻"（345）、"昻"俗作"昂"（581）、"仰"俗作"仰"（770）、"抑"俗作"揂"（780）等，"揂"疑即"抑"字之訛，因"抑"俗寫作"揂"，據其誤為回改又作"抑"，後人不識"揂"為"抑"字之訛，見"揂"從"卯"，遂改其讀為"力久切"，此當即望形生音。"挷"又當即"揂"字進一步訛變，因"卯"字《説文》篆文作"夘"，後人遂改"揂"為"挷"，然卻不識"揂""挷"皆為"抑"字俗訛。

295. 捐：《新修玉篇》卷六《手部》引《餘文》："捐，息良切。及也。"（54下右）

按：《篇海》同。此字《玉篇》《廣韻》皆未收，《集韻》始收之，當即丁度等人據俗書所增。《集韻》平聲陽韻思將切："捐，及也。"（212）《字彙·手部》："捐，息良切，音襄。及也。"（174上）《正字通·手部》："捐，抈、扪之譌。舊注音襄，訓及，非。"（401下）《説文·手部》："抈，折也。从手，月聲。"（256下）"抈"，《廣韻》音"魚厥切"。《玉篇·手部》："捐，胡沒切。掘也。《左氏傳》曰：'捐褚師定子之墓，焚之。'本亦作掘。扪，亦捐字。穿也。"（30下右）"捐"與"抈""扪"音義俱別，《正字通》僅據字形相近而謂"捐"即"抈""扪"之譌，所言非是。今案："捐"當即"相"字俗譌。《説文·目部》："相，省視也。从目，从木。《易》曰：'地可觀者莫可觀於木。'《詩》曰：'相鼠有皮。'"（72下）《玉篇·目部》："相，先羊切，又先亮切。《詩》云：'相彼鳥矣！'相，視也。"（21下左）"相"本義為"省視"，引申為"跟隨"。《左傳·昭告三年》："箕伯、直柄、虞遂、伯戲，其相胡公、大姬已在齊矣。"孔穎達疏引服虔云："相，隨也。""担""相"音義並同，又從手、從木形近，俗寫常可譌混，故"担"當即"相"字俗訛。《新撰字鏡·手部》："担，小良反，平。視也；質也；向也；背也。又息高（亮）反，去。助也；輔也；懌也；治也；佐也；導也。"（574）此"担"即"相"字之譌。此即其證也。故"担"當即"相"字之訛。

296. 哲：《新修玉篇》卷六《手部》引《廣集韻》："哲，寺絕切。拈也。"（54下右）

按：《新修玉篇》卷二十四《乙部》引《餘文》亦曰："哲，寺絕切。拈也。"（198上右）《篇海》卷十二《手部》未收此字，而於下文卷十三《乙部》引《餘文》曰："哲，寺絕切。持也。"（811下）"哲"字，《新修玉篇》與《篇海》義訓不同，《新修玉篇》所言是也。敦煌本《王韻》入聲薛韻寺絕反："哲，拈戾。"（429）同韻下文寺絕反又云："蓺，枯。"（429）故宮本《王韻》入聲薛韻寺絕反亦云："哲，拈戾。"（518）故宮本《裴韻》入聲薛韻峙絕反："揠，拈。"（614）蔣本《唐韻》入聲薛韻專（寺）絕反："蓺，拈也。"（708）《廣韻》入聲薛韻寺絕切亦作："蓺，拈也。"（406）"枯"當即"拈"字之譌，而"揠"當即"蓺"字俗寫。《集韻》入聲薛韻似絕切："授，拈也。或作蓻、哲。"（708）"哲"字，《切韻》《廣韻》《集韻》《新修玉篇》皆訓"拈也"，《篇海》卻訓"持也"，於前代字韻書皆無征，"持也"當為"拈也"之誤。《直音篇》卷七《乙部》："哲，寺劣切。持也。"（317下）《詳校篇海》卷五《乙部》："哲，寺劣切，音蜥。持也。"（350上）《篇海類編·干支類·乙部》："哲，寺劣切，音蜥。持也。"（301上）以上諸字書皆承襲《篇海》之謬而訓"持也"，俱誤。《大字典》（62B）"哲"字據《篇海類編》之謬而收錄此義，非是；《字海》（28A）"哲"字未收此義，是。"哲"與"蓺""蓻""授"音義並同，即為異體字。

297. 抹：《新修玉篇》卷六《手部》引《廣集韻》："抹，莫貝切。摸也。又莫佩切。摸也。"（54下右）

按：此字《篇海》未收，《玉篇》《廣韻》亦未收錄，《集韻》收之，當即丁度等人據俗書所增。《集韻》去聲泰韻莫貝切："抹，摸也。"

(520)又去聲隊韻莫佩切："抹，摸也。"(532)《字彙·手部》："抹，莫佩切，音妹。摸也。"(174上)《正字通·手部》："抹，抹字之譌。舊注音妹，訓摸，非。"(401上)《正字通》所言當是。慧琳《音義》卷七五《舊雜譬喻經》下卷："摩抄，蘇河反。《聲類》：'摩抄，捫摸也。'《釋名》：'摩抄，抹撆也。'"(58, p980b7)《玉篇·手部》："抹，莫葛切。抹撆，滅也。"(31上左)"抹"既有"滅"義，又有"摸"義。宋張炎《詞源·雜論》："康、柳詞亦自批風抹月中來。"元高文秀《黑旋風》第一折："管教他抹著我的無乾淨。"以上"抹"字義皆為"摸"。"抹""抹"義同，又未、末形近，俗書常可訛混，故"抹"當即"抹"字之訛。"抹"訛作"抹"，後人不識，見其從"未"，遂改其讀為"莫貝切""莫佩切"，此當即望形生音，疑不足據。

298. 拴：《新修玉篇》卷六《手部》引《餘文》："拴，此緣切。揀也。俗。"(55上右)

按：《篇海》同。《廣韻》平聲仙韻此緣切："拴，揀也。俗。"(88)"拴"當同"詮""銓"。玄應《音義》卷十引《通俗文》："擇言曰詮。"晉陶潛《飲酒二十首序》："既醉之後，輒題數句自娛，紙墨雖多，辭無詮次，聊命故人書之，以為歡笑爾。"唐殷璠《河嶽英集靈序》："其應詮揀不精，玉石相混。"以上例中之"詮"皆為"選擇"之義。《資治通鑒·晉紀七》："敘功銓德。"胡三省注："銓，量也；選也。""詮""銓"，《廣韻》皆音"此緣切"。故"拴"與"詮""銓"音義並同，即為異體字。《集韻》平聲仙韻逡緣切："拴，揀也。通作詮、銓。"(169)此即其證也。

299. 拎：《新修玉篇》卷六《手部》引《餘文》："拎，丘甚切。持物。上聲。"(55下右)

按：《篇海》同。此字《說文》《玉篇》皆未收，《廣韻》亦不錄，《集韻》收於上聲寑韻小韻韻尾，當即丁度等人據俗書所增。《集韻》上聲寑韻丘甚切："拎，持物。"(443)"拎"疑即"捦""擒"之俗。《說文·手部》："捦，急持衣袊也。从衣，金聲。擒，捦或从禁。"(251)段玉裁注："按此解五字當作'急持也。一曰持衣袊也。'九字乃合，必轉寫有譌奪矣。"《玉篇·手部》："捦，渠林切。急持衣袊行（當衍）也。"(29下右)《廣雅·釋詁三》："捦，持也。"玄應《音義》卷十三："《三倉》云：'捦，手捉物也。'《埤倉》云：'捦，捉也。今皆作擒。'"《集韻》平聲侵韻渠金切："捡，《說文》：'急持衣衿也。'或从禁、从禽、从今。"（280）"挐"與"捡""擒""撔""扲"音義並近，當即異體字。

300. 挽：《新修玉篇》卷六《手部》引《玉篇》："挽，魚鬼切。懸也。《韻》又過委切，毀撤也。"（55下右）

按：《玉篇·手部》："挽，語鬼切。懸也。"（32上右）《集韻》上聲紙韻古委切："挽，毀撤也。"（315）《爾雅·釋詁上》："垝，毀也。"《詩·衛風·氓》："乘彼垝垣，以望復關。"毛傳："垝，毀也。""垝"，《廣韻》音"過委切"。"挽"音"古委切"，訓"毀撤也"，與"垝"音義並同，又"扌"旁、"土"旁俗寫形近，俗書或可訛混，故此"挽"當即"垝"字俗訛。而"挽"音"語鬼切"，訓"懸"，與"垝"音義俱別，疑非一字，其正字俟考。《字彙·手部》："挽，五罪切，巍上聲。懸也。又居洧切，音詭。毀撤也。"（175下）《正字通·手部》："挽，垝字之訛。"（406上）《正字通》直謂"挽"即"垝"字之訛，即認為"挽"音"語鬼切"，訓"懸"，亦當為"垝"字俗訛，此說疑未確。

301. 揀：《新修玉篇》卷六《手部》引《玉篇》："揀，初革切。馬簧也。又扶揀也……又所去、色句二切。裝揀也。"（55下右）

按：《廣韻》去聲遇韻色句切："揀，裝揀也。又所據切。"（263）《集韻》去聲遇韻雙遇切："揀，裝[揀]也。"（497）"裝揀"同"裝束"，此"揀"亦即"束"之異體字。《大字典》《字海》"揀"字此義皆未溝通其與"束"字的異體關係，俱失當。

302. 拁：《新修玉篇》卷六《手部》引《餘文》："拁，居怯切。持也。馬融曰：'拁封狶。'"（55下右）

按：《篇海》同。此字《說文》《玉篇》皆未收，《廣韻》亦不錄，《集韻》收之，亦當即丁度等人據俗書所增。《集韻》入聲業韻迄業切："拑，持也。馬融曰：'拑封狶。'或作拁。"（785）"拁""拑"當同"劫"。《說文·力部》："劫，人欲去以力脅止曰劫。或曰：以力止去曰劫。"（294上）《左傳·莊公八年》："遇賊於門，劫而束之。""劫"，《廣韻》音"居怯切"。"拁""拑"與"劫"音義並同，"拁""拑"當即"劫"之異體字。

303. 捽：《新修玉篇》卷六《手部》引《龍龕》："捽，五割切。伐木餘。俗，非，从木正。"（55下左）

按：《篇海》卷十二《手部》引《龍龕》："挬，五割切。伐木餘~也。或從木。正作柭。"（758上）《龍龕》卷二《手部》："挬挬挬撑挬，五割反。伐木餘~也。皆俗。正從木作柭。五。"（216）故"挬"即"柭"字之俗。

304. 拍：《新修玉篇》卷六《手部》引《奚韻》："拍，呼骨切。拍（當爲字頭誤重）高皃。"（55下左）

按：《篇海》卷十二《手部》引《搜真玉鏡》："拍，呼骨切。拍（當爲字頭誤重）高皃。"（758上左）《篇海》與《新修玉篇》引書不同，當以《新修玉篇》所言爲是。《康熙字典·手部》："拍，《篇海》：呼骨切，音忽。高貌。按：音義同榾，譌文。"（431）《康熙字典》所言是也。《新撰字鏡·木部》："柏，呼骨反。高也。"（386）此"柏"當即"榾"字之譌。《説文·木部》："榾，高皃。从木，智聲。"（119上）《玉篇·木部》："榾，呼骨切。高也。"（60下右）"榾"之篆文作"柧"。"柏"與"榾"音義並同，"柏"當即"榾"之篆文誤爲隸定而形成的俗譌字。"拍"與"柏"音義並同，又扌旁、木旁形近，俗寫常可譌混，故"拍"當即"榾"字之譌。又《新修玉篇》卷六《手部》上文引《切韻》："捆拍，呼骨切。抒也。"（55下左）《新修玉篇》於此處訓"捆""拍"爲"抒也"，疑非是。敦煌本《王韻》入聲没韻呼骨反："柧，高。"（426）"柧"即"柏"字之俗。"捆"與"柧"形近，當爲一字之變，疑亦爲"柏"字俗訛。《大字典》（1979A）以《康熙字典》之説作爲"一説"，《字海》（337C）未加溝通，皆有未當。

305. 揰：《新修玉篇》卷六《手部》引《餘文》："揰，直吏切。揰投。又直裏切。持也。又常職切。拄杖曰揰。"（56上左）

按：《篇海》同。《廣韻》去聲志韻直吏切："揰，揰投。"（251）《集韻》去聲志韻直吏切："揰，投也。"（485）此"揰"當即"值"之異體字。《説文·人部》："值，投也。从人，直聲。"（165上）《廣韻》去聲志韻直吏切："值，持也；措也；捨也。"（251）"揰"與"值"音義並同，"揰"當即"值"之異體字。又《集韻》上聲止韻丈里切："揰，持也。"（324）"揰"與"值"音近義同，故此"揰"亦當即"值"之異體字。又《廣韻》入聲職韻常職切："揰，拄杖曰揰。"（425）此"揰"當即"植"字之俗。《論語·微子》："植其杖而耘。"

何晏注："孔曰：植，倚也。"晉陶潛《歸去來兮辭》："懷良辰以孤往，或執杖而耘耔。""植"，《廣韻》亦音"常職切"。故"揰"與"植"音義並同，此"揰"當即"植"字之俗。

306. 斐：《新修玉篇》卷六《手部》引《廣集韻》："斐，子悅切。拈也。又寺絕切。同。"（56 下右）

按：《新修玉篇》卷十八《支部》又引《玉篇》曰："斐，似雪切。拈也。"（159 上右）《篇海》卷十二《手部》未收此字，而於《支部》收錄此字。《篇海》卷六《支部》引《玉篇》："斐，似雪切。枯也。"（668 上）"斐"字，《新修玉篇》與《篇海》義訓不同，《新修玉篇》所言當是。《玉篇·支部》："斐，自雪切。枯。"（85 下左）《玉篇校釋》"斐"字下注："《唐韻》入聲薛韻：'𢾼，拈也。專（寺）絕反。'《廣韻》寺絕切：'枯也。'字並从皮。《集韻》：'斐，拈也。'又：'𢾼，撮取皮也。'又以'斐'為'撥'之或體，拈也。本書《手部》：'撥，寺劣切。拈也。'《皮部》無'𢾼'字，'斐''𢾼'形近，枯、拈形亦相近。以'撥'从'叏'推之，拈義為合。以'斐'从支推之，訓拈正合摧枯拉朽之誼。"（3433）胡氏所言是也。敦煌本《王韻》入聲薛韻寺絕反："𢾼，拈戾。"（429）同韻下文寺絕反又云："𢾼，枯。"（429）故宮本《王韻》入聲薛韻寺絕反亦云："𢾼，拈戾。"（518）故宮本《裴韻》入聲薛韻峙絕反："撥，拈。"（614）蔣本《唐韻》入聲薛韻專（寺）絕反："𢾼，拈也。"（708）《廣韻》入聲薛韻寺絕切亦作："𢾼，拈也。"（406）"𢾼"字，敦煌本《王韻》訓"枯"，其它韻書皆訓"拈"，"枯"當即"拈"之形誤，而"撥"當即"𢾼"字俗寫。《集韻》入聲薛韻似絕切："撥，拈也。或作斐、𢾼。"（708）"斐"與"𢾼""𢾼""撥"音義並同，即為異體字。"𢾼""𢾼""撥"皆訓"拈也"，故"斐"亦當訓為"拈也"。"斐"字，《玉篇》訓"枯也"，亦當為"拈也"之誤。《篇海》訓"枯也"，此為承襲《玉篇》之謬也。《直音篇》卷三《支部》："斐，寺劣切。括也。"（102 上）《直音篇》訓"斐"為"括也"，此義於前代字書、韻書皆無徵，"括也"亦當為"拈也"之誤。《詳校篇海》卷二《支部》："斐，似絕切，舊音薛。拈也。一曰括也。"（139 上）《詳校篇海》"斐"字謂"一曰括也"，此當為《直音篇》所誤。《篇海類編·人事類·支部》："斐，似絕切，舊音薛。拈也。一曰括也。"（293 下）《篇海類編》"斐"字亦謂"一曰括也"，此又為沿襲《詳校篇海》之謬也。《字彙·攴部》："敊，與𢻱同。括也。"（189上）《字彙》謂"敊"同"𢻱"，是也；然訓"括也"，此亦因承襲前代字書而誤也。《大字典》《字海》"敊"字第一義項謂同"搘"，訓"拈"，是；《大字典》《字海》"敊"字第二義項據《字彙》之説謂同"𢻱"，並據《玉篇》訓"枯"，"枯"即"拈"之形誤，此義當刪；《大字典》"敊"字第三義項引《篇海類編》訓"括"，"括""拈"形近，"括"當爲"拈"之形誤，此義亦當刪。《大字典》《字海》應當於"敊"字下直謂同"𢻱""𢶙""搘"，並訓"拈也"，即妥。

307. 挊：《新修玉篇》卷六《手部》引《龍龕》："㧞挊，音吕。師挊。"（56下右）

按：《龍龕》卷二《手部》："㧞挊，二俗；挊，正。音吕。師～也。與旅字同。三。"（212）故"挊"即"挊"之異寫字，亦即"旅"字之俗。

308. 搵：《新修玉篇》卷六《手部》引《餘文》："搵，烏回切。搵掎。"（57上右）

按：《篇海》同。《廣韻》平聲灰韻烏恢切："搵，搵掎。"（55）《集韻》平聲灰韻烏回切："搵，［搵］掎也。"（107）《字彙·手部》："搵，烏魁切，音煨。搵掎也。"（179上）《正字通·手部》："搵，俗字。"（414上）"搵"當即"偎"之異體字。《洪武正韻·灰韻》："偎，倚也。"唐温庭筠《南湖》："野船著岸偎春艸，水鳥帶波飛夕陽。""偎"，《廣韻》亦音"烏恢切"。"搵掎"當同"偎倚"，皆指"依靠""依偎"之義。"搵"與"偎"音義並同，"搵"當即"偎"之異體字。又《龍龕》卷二《手部》："搵，烏灰反。～掎；又國名。"（209）"搵"訓"國名"，亦當同"偎"。敦煌本《王韻》平聲灰韻［烏灰反］："偎，國名。"（364）故宫本《王韻》平聲灰韻烏灰反："偎，國名。"（447）《廣韻》同。《集韻》平聲灰韻烏回切："偎，北海之隅有國曰偎人。"（107）故"搵"訓"國名"，與"偎"音義並同，此"搵"亦當即"偎"之異體字。

309. 𢶙：《新修玉篇》卷六《手部》引《廣集韻》："𢶙，寺絶切。拈也。"（57上左）

按：《新修玉篇》卷二十六《皮部》引《玉篇》（當爲"《餘文》"之誤）又曰："𢶙，寺絶切。𢶙（當爲字頭誤重）拈也。"（216上左）《篇海》卷七《皮部》引《餘文》："𢶙，寺絶切。枯也。"（671上）

"麮"字,《新修玉篇》與《篇海》義訓不同,《新修玉篇》所言當是,"枯也"當為"拈也"之誤。敦煌本《王韻》入聲薛韻寺絕反:"麮,枯。"(429)蔣本《唐韻》入聲薛韻專(寺)絕反:"麮,拈也。"(708)《廣韻》入聲薛韻寺絕切亦作:"麮,拈也。"(406)故"枯"當為"拈"字之訛。"麮"與"捋""𢶎""搜""扢"諸字音義並同,即為異體字(詳見上文"搜"字注)。《大字典》(2947A)、《字海》(1158A)"麮"字第一義項皆訓"枯","枯"亦當為"拈"字之譌;《大字典》《字海》"麮"字第二義項訓"撮取皮""剝刮",此義與"拈"義近,當為"拈"義之引申;《大字典》第三義項引《字彙補》訓"亂",因《字彙補》所補音義多本於前世字書,尤多出於《篇海》。《字彙補·皮部》補音義:"麮,又徐靴切,音斜。亂也。亂麮。"(140上)然此音義於前代字書、韻書皆無征,疑不可據,當刪。

310. 挦:《新修玉篇》卷六《手部》引《川篇》:"挦,音宣。捩也。"(57上左)

按:《篇海》卷十二《手部》引《川篇》:"挦,音宣。捩也。"(759下)《字彙補·手部》:"挦,心專切,音宣。捩也。"(77下)"挦"疑即"挮"字俗訛。《廣韻》平聲仙韻須緣切:"揎,手發衣也。挮,上同。"(87)《玉篇·手部》:"挮,先全切。引也。"(31上右)"挮"即"挽起或捋起衣袖"之義,"捩"即"扭轉"之義,"扭轉"與"挽起或捋起衣袖"義可相通,故"挦"與"挮"音同義通,"挦"疑即"挮"字俗訛。

311. 捉:《新修玉篇》卷六《手部》引《類篇》:"捉,音戚。"(57上左)

按:《篇海》同。"捉"音"戚",疑即"戚"字之俗。韓小荊《〈可洪音義〉研究》(628)"戚"字俗書或作"𢧐""咸""𢧀"等形,"捉"疑即"戚"字上述諸俗體交互影響而產生的俗字。故此直音用字"戚"當不但用來注音,還兼於用來指明正字。

312. 揩:《新修玉篇》卷六《手部》引《川篇》:"揩,音錫。明也。"(57上左)

按:《集韻》入聲錫韻先的切:"晰,明也。"(748)《篇海類編》"晰"字異體又作"晳""晳"。故"揩"與"晳"音義並同,"揩"當即"晳"字俗訛。

313. 揭:《新修玉篇》卷六《手部》引《玉篇》:"揭,起計切,

《韻》去例切。褰衣。渡水，由膝以下曰揭。"（57上左）

按：述古堂影宋鈔本《集韻》入聲曷韻何葛切："揭，壅也。"（686）"揭"字，宋刻本《集韻》、揚州使院重刻本《集韻》皆作"揭"。述古堂影宋鈔本《集韻》與宋刻本《集韻》、揚州使院重刻本《集韻》不同，當以述古堂影宋鈔本《集韻》為是。箋注本《切韻》入聲末韻烏葛反："揭，擁（壅）揭。"（143）敦煌本《王韻》、故宮本《王韻》、故宮本《裴韻》、《唐韻》、《廣韻》皆同。故"揭"訓"壅也"，當以作"揭"為是，"揭"當即"揭"字俗訛。

314. 搰：《新修玉篇》卷六《手部》引《玉篇》："搰，胡沒切。掘也。《左氏傳》曰：'搰褚師定子之墓，焚之。'本亦作掘。《韻》又苦骨切。搰搰，用力也。又呼八切。搰搰，用力皃。郭象說。又口滑切。搰搰，用力皃。徐邈說。"（57下右）

按：《集韻》入聲沒韻苦骨切："搰，搰搰，用力皃。"（684）《莊子·天地》："搰搰然用力甚多而見功寡。"唐杜甫《鹽井》："汲井歲搰搰，出車日連連。"此"搰"與"骷"當為異體字。玄應《音義》卷一《大集日藏分經》第九卷："骷骷，苦骨反。《廣雅》：'骷，勤也。'《埤倉》：'力作也。'"（56，p822a1）《名義·力部》："骷，口骨反。勤也；力作也。"（71下）《玉篇·骨部》："骷，口骨切。用力也。"（35上左）《廣韻》入聲沒韻苦骨切："骷，作力。"（391）《集韻》入聲沒韻苦骨切："骷，《博雅》：'勤也。'"（684）北涼曇無讖譯《大方等大集經·日藏分送使品》："如是一相在於前心，搰搰專念不起亂想，然後誦此陀羅尼呪，乃至念於佛身相中青色出光。"（T1，p0286a07）故"搰"與"骷"音義並同，"搰"當即"骷"之異體字。

315. 搛：《新修玉篇》卷六《手部》引《餘文》："搛，桑故切。暗取物也。"（57下左）

按：《篇海》同。《廣韻》去聲暮韻桑故切："搛，暗取物也。"（266）《集韻》去聲暮韻蘇故切："搛，暗取物也。"（499）《字彙·手部》："搛，桑故切，音素。暗取物也。"（180下）《正字通·手部》："搛，俗搛字。舊注'暗取物'，與'摸搛''抹攃'義同，改音素非。"（417下）《正字通》所言當是。《名義·手部》："搛，蘇各反。搯搛。"（56下）《玉篇·手部》："搛，素各切。摸搛也。"（31上左）"搛"與"搛"義同，又"素""索"形近，俗寫或可訛混，正如韓小荊《〈可洪音義〉研究》（695）"索"俗作"素"，故"捼"當即"捼"字俗訛。"捼"訛作"捼"，後人不識，見其從"素"而音"素各切"，形音不諧，遂改其讀為"桑故切"，此當即望形生音，因為"素"字《廣韻》音"桑故切"。《大字典》（2042A）"捼"字以《正字通》之說作為"一說"，《字海》（353B）"捼"字引《集韻》訓"暗中取物"，未溝通其與"捼"字的字際關係，疑皆有未當。

316. 揸：《新修玉篇》卷六《手部》引《餘文》："揸，七夜切。衺捂也。"（58 上左）

按：《篇海》同。此字《玉篇》《廣韻》皆未收，《集韻》始收之，當即丁度等人據俗書所增。《集韻》去聲禡韻七夜切："揸，衺捂也。"（593）《字彙·手部》："揸，千謝切，且去聲。衺捂也。"（182 上）《正字通·手部》："揸，挓、摣二字之譌。舊注：千謝切，且去聲。衺捂。非。"（420 下）《方言》卷十："挓、摣，取也。南楚之間凡取物溝泥中謂之挓，或謂之摣。"（67）"挓""摣"二字，《廣韻》皆音"側加切"。"揸"與"挓""摣"音義俱別，"揸"與"挓""摣"不可混同，故《正字通》之說非是。"揸"疑即"笡"之異體字。敦煌本《王韻》去聲禡韻淺謝反："笡，斜逆。"（415）故宮本《王韻》、故宮本《裴韻》、《唐韻》、《廣韻》皆同。"衺""斜"字同，"捂""逆"義同。《儀禮·既夕禮》："若無器，則捂受之。"鄭玄注："謂對相授受，不委地。"賈公彥疏："捂即逆也，對面相逢受也。"故"衺捂"同"斜逆"，"揸"與"笡"音義並同，"揸"當即"笡"之增旁俗字。

317. 摷：《新修玉篇》卷六《手部》引《餘文》："摷，昨木切。斂也。或書作族。"（58 上左）

按：《篇海》同。《集韻》入聲屋韻昨木切："摷，斂也。或書作摷。"（637）《字彙·手部》："摷，昨木切，音簇。斂也。"（182 下）《正字通·手部》："摷，同摷。誤分為二。"（422 上）"摷""摷"即通過偏旁易位而形成的異體字，二字本當作"族"。《廣雅·釋詁三》："族，聚也。""族"，《廣韻》亦音"昨木切"。"斂""聚"義同，故"摷""摷"與"族"音義並同，"摷""摷"二字本當作"族"。

318. 挊：《新修玉篇》卷六《手部》引《玉篇》："挊，如專切。摧物也。"（58 下右）

按：《類篇·手部》："挊，宣佳切。祭食也。"（441 下）此"挊"當同"隋""挼"。《集韻》平聲脂韻宣佳切:"隋,祭食也。或作挼。"(42)故"擱"與"隋""挼"音義並同,即為異體字。

319. 筑:《新修玉篇》卷六《手部》引《餘文》:"筑,張六切。以手筑物。"(59上右)

按:《篇海》同。此字《玉篇》《廣韻》皆未收,《集韻》始收之,當即丁度等人據俗書所增。《集韻》入聲屋韻張六切:"筑,以手筑物。"(644)《字彙·手部》:"筑,之六切,音築。以手筑物也。"(182下)《正字通·手部》:"筑,𢰁字之譌。舊注'手筑物',非。"(421下)《說文·手部》:"𢰁,攤也。从手,巩聲。"(251下)"𢰁",《廣韻》音"居悚切"。"筑"與"𢰁"音義俱別,二字不可混同,故《正字通》之說非是。"筑"當即"築"之異體字。《說文·木部》:"築,擣也。从木,筑聲。"(115下)"築",《廣韻》亦音"張六切"。故"筑"與"築"音義並同,"筑"當即"築"通過改換義符而形成的異體字。

320. 擗:《新修玉篇》卷六《手部》引《餘文》:"擗,搏幻切。絆也;引擊也。"(59上右)

按:《篇海》同。此字《玉篇》《廣韻》皆未收,《集韻》始收之,當即丁度等人據俗書所增。《集韻》去聲襉韻伯幻切:"擗,絆也;引擊也。"(563)"擗"當即"絆"字之俗。《說文·糸部》:"絆,馬縶也。从糸,半聲。"(276上)段玉裁注:"絆,《小雅》'縶之維之'《傳》曰:'縶,絆。維,繫也。'《周頌》曰'言授之縶,以縶其馬。'《箋》云:'縶,絆也。'按:縶謂繩。用此繩亦謂之縶。"(658下)《玉篇·糸部》:"絆,補畔切。羈絆也。"(125上左)《集韻》訓"擗"為"絆也;引擊也",其中"引擊也"當為"引縶也"之誤。"擗"與"絆"音義並同,"擗"當即"絆"字之俗。《字彙·手部》:"擗,逋幻切,音拌。絆也;引擊也。《中原雅音》作絆。"(183下)《正字通·手部》:"擗,俗絆字。《中原雅音》作絆。"(425上)《字彙》《正字通》謂"擗"同"絆",所言皆是也。

321. 𢶍:《新修玉篇》卷六《手部》引《龍龕》:"𢶍,所六切。抽也。"(59下右)

按:《篇海》同。"𢶍"即"縮"字之俗。《龍龕》卷二《手部》:"𢶍,俗。所六反。正作縮。"(217)此即其證也。

322. 攉:《新修玉篇》卷六《手部》引《廣集韻》:"攉,此移切。

托（杔）也。"（59下左）

按：《集韻》平聲支韻七支切："攇，托（杔）也。"（28）"攉"與"攇"音義並同，"攉"即"攇"字之俗。

323. 撗：《新修玉篇》卷六《手部》引《餘文》："撗，余兩切。動發也。"（60上右）

按：《篇海》卷十二《手部》引《餘文》："撗，音養。動發也。"（762下）《集韻》上聲養韻以兩切："撗，發動也。"（412）《字彙·手部》："撗，以兩切，音養。發動也。"（186上）《正字通·手部》："撗，俗字。"（431上）《正字通》謂"撗"為俗字，是也。"撗"當即"蛘"字之俗。《説文·虫部》："蛘，搔蛘也。从虫，羊聲。"（282下）"蛘"，後作"癢"。《釋名·釋疾病》："癢，揚也，其氣在皮中，欲得發揚，使人搔發之而揚出也。"（269）慧琳《音義》卷五三《長阿含十報經》上卷："蛘，羊掌反。《經》從養作蠰，俗字也。《字書》云：'瘡肉中蟲行也。'或從手作撗，發動也。《説文》：'搔蛘也。從虫，羊聲。'有作痒者，不成字也。"（58，p497a7）"痒"即"癢"之異體字。《集韻》上聲養韻餘兩切："痒，膚欲搔也。或作癢。"（412）"撗"與"蛘""癢"音義並同，亦為異體字。"蛘""癢""撗"三字的演變關係當是："癢"當即"蛘"字之俗，而"撗"又當即"癢"因涉義改換義符而形成的異體字。

324. 攐：《新修玉篇》卷六《手部》引《龍龕》："攐，一（七）括切。撮也。又子括切。手把也。"（60上右）

按：《篇海》同。《龍龕》卷二《手部》："攐攐，七括反。~摳（捐）也。又子括反。手把也。摳（捐），音干（于）勿反。二。"（215）《龍龕》卷二《手部》下文又曰："攐，倉括、子括二反。今作攐，同。手把也。"（219）《新撰字鏡·手部》："攐，子括反。手把授（?）。"（562）《字彙補·手部》："攐，子括切，音緆。手把也。"（78上）"攐"與"攐"音義並同，即為異體字。《康熙字典·手部》："攐，俗摹字。《篇海》音義同攐，非。"（462）《康熙字典》直謂"攐"為"摹"字之俗，且謂《篇海》非，然既無書證，亦無例證，其言非是。《叢考》（286）"攐"字謂同"攐"，是也。《大字典》（2091B）"攐"字第二義項據《康熙字典》之説而音 mó，同"摹"，非是。《字海》（367C）"攐"字據《康熙字典》之説直謂同"摹"，亦非。又"攐""攐"疑並為

"撮"字之俗。《說文·手部》："撮，四圭也。一曰兩指撮也。从手，最聲。"（252上）桂馥《說文解字義證》："兩指當為三指。兩指為拈，三指為撮。"《名義·手部》："撮，七活反。持也。"（53下）《玉篇·手部》："撮，子活、七活二切。三指取（撮）也。"（30下右）箋注本《切韻》（斯2071）入聲末韻子括反："撮，手取。"（143）敦煌本《王韻》、故宮本《王韻》、故宮本《裴韻》、蔣本《唐韻》、《廣韻》俱同。《龍龕》卷二《手部》："撮撮，子括反。手取物也。又七括反。手～也；又挽～也。二。"（215）箋注本《切韻》（斯2071）入聲末韻子括反："攥，手把。"（143）敦煌本《王韻》、故宮本《王韻》、蔣本《唐韻》、《廣韻》俱同。"攥""攥"音"倉括反""子括反"，不得讀zuàn。"攥""攥"與"撮"音義並同，"攥""攥"即"撮"字之俗。故宮本《裴韻》入聲褐韻子括反："攥，手把。亦撮。"（611）此是其證也。《可洪音義》卷十三："撮，子活反。捉也。正作撮、攥。"（59，p1023c9）"撮""撮"當並即"撮"字之俗，此亦為"攥""攥"當即"撮"字之俗之證。

325. 擣：《新修玉篇》卷六《手部》引《切韻》："擣，都晧切。擣築。出陸生《古切韻》。"（60上右）

按：《集韻》上聲晧韻覩老切："擣，《說文》：'手推也。'一曰築也。或作擣、搗。"（401）"擣"與"搗"音義並同，"擣"即"搗"之異體字。

326. 攥：《新修玉篇》卷六《手部》引《餘文》："攥，子括切。手把。"（60上左）

按：《篇海》同。箋注本《切韻》（斯2071）入聲末韻子括反："攥，手把。"（143）敦煌本《王韻》、故宮本《王韻》、蔣本《唐韻》、《廣韻》俱同。《集韻》入聲末韻宗括切："攥，把也。"（693）故宮本《裴韻》入聲褐韻子括反："攥，手把。亦撮。"（611）《名義·手把》："撮，七活反。持也。"（53下）《玉篇·手部》："撮，子活、七活二切。三指取也。"（30下右）箋注本《切韻》（斯2071）入聲末韻子括反："撮，手取。"（143）敦煌本《王韻》、故宮本《王韻》、故宮本《裴韻》、蔣本《唐韻》、《廣韻》俱同。《龍龕》卷二《手部》："撮撮，子括反。手取物也。又七括反。手～也；又挽～也。二。"（215）《可洪音義》卷十三："撮，子活反。捉也。正作撮攥。"（59，p1023c9）"撮""撮"當即"撮"字之俗，而"攥"與"撮"音義並同，"攥"當即"撮"字之俗。

327. 攟：《新修玉篇》卷六《手部》引《餘文》："攟，陟玉切。《博雅》：'執也。'又直角切。"（60 下右）

按：《篇海》卷十二引《餘文》："攟，陟玉切。《博雅》：'執也。'"（763 上）《廣韻》入聲覺韻直角切："攟，《爾雅》云：'拘攟謂之定。'攟，鉏也。拘，音劬。本亦作斸欘。欘，陟玉切。"（379）余迺永《校注》"攟"字下注："按《周校》已據段改'攟'字從木。《玉篇》：'欘，枝上曲，一曰斤柄也，又斫也。或作欘。'《集韻》：'欘，鉏也。'並證。《爾雅·釋器》'拘攟'作'斫欘'，已見本注。《考工記·車人》鄭注引作'句欘'。劬音之拘字，本書虞韻其居切但有'斫'及其或體'欘'，不及'拘'字。《切韻》系書無'欘'字，後加。"（919）余氏謂"攟"為"欘"字俗訛，是也；然謂"《切韻》系書無'欘'字，後加"，此説不確。故宮本《王韻》入聲燭韻陟玉反："欘，枝上曲。"（511）可見《切韻》系韻書已收錄"欘"字。《廣韻》入聲燭韻陟玉切："欘，枝上曲。一曰斤柄。"（377）《集韻》入聲覺韻株玉切："欘，《説文》：'斫也。'齊謂之鎡錤，一曰斤柄，性自曲，一曰木枝上曲。"（653）以上諸書皆其證也。"攟"字，《集韻》入聲覺韻亦作"欘"，此亦其證。《詳校篇海》卷四《手部》："攟，之六切，音囑。又直角切，音濁。《爾雅》：'拘攟謂之鉏也'本作斫欘。"（279 上）《字彙·手部》："攟，之六切，音囑。又直角切，音濁。《爾雅》：'拘攟謂之鉏也'本作欘。"（187 上）《正字通·手部》："攟，俗欘字。"（433 下）以上諸書之"攟"亦當即"欘"字俗訛。又《集韻》入聲燭韻珠玉切："攟，《博雅》：'執也。'"（653）"攟"字，《集韻》訓"執也"，當因從"拘"為説而誤，疑不可據。

328. 舐：《新修玉篇》卷六《爪部》引《餘文》："舐，恪八切。用力也；又固也；慎也；勤也。"（61 上左）

按：箋注本《切韻》（斯 2071）入聲屋韻："舐，恪八反。"同一小韻下文"舐"重出，並注曰："舐劼，用力。"（143）敦煌本《王韻》入聲屋韻苦八反："舐，勁。"同一小韻下字曰："劼，用力。"（427）故宮本《王韻》入聲屋韻苦八反："舐，勁。"（515）故宮本《裴韻》入聲屋韻："舐，恪八反。"同一小韻下字曰："劼，用力。"（611）五代本《切韻》入聲屋韻："舐，恪八反。"同一小韻下字曰："劼，用力。"（702）《廣韻》入聲屋韻恪八切："舐，勁也。"（396）同一小韻下文又曰：

"劼，用力；又固也；慎也；勤也。"（396）《集韻》入聲屋韻丘八切："舐，勁也。"（396）同一小韻下文又曰："劼，用力；固也；慎也。"（694）"舐"與"舐"音義並同，"舐"當即"舐"字俗寫；而"舐"與"劼"音義亦同，"舐"當即"劼"字《說文》篆文誤爲楷定而形成的俗訛字。"劼"字，《說文》篆文作"𠯑"，"舐"與"劼"字篆文"𠯑"形近，"舐"當即"劼"字《說文》篆文"𠯑"字楷定之訛。

329. 曳：《新修玉篇》卷六《又部》引《廣集韻》："曳，失人切。《說文》：'引也。'从申。"（61下左）

按：《集韻》平聲真韻升人切："曳，《說文》：'引也。'"（116）《說文·又部》："㕜，引也。从又，㞢聲。㞢，古文申。"（58下）"曳"與"㕜"音義並同，"曳"即"㕜"字之俗。

330. 夏：《新修玉篇》卷六《又部》引《廣集韻》："夏，房六切。行故道也。《說文》作夏（夏）。"（62上左）

按：《說文·夂部》："夏，行故道也。从夂，富省聲。"（107下）"夏"即"夏"字之俗。

331. 𨅸：《新修玉篇》卷七《足部》引《玉篇》："𨅸，所菹切。足也。又古文雅字。"（62下左）

按：《篇海》卷九《足部》引《餘文》："𨅸，所菹切。足也。古文疏字。"（711下）"𨅸"字，《新修玉篇》與《篇海》引書不同，《篇海》所言疑是，此誤當因《新修玉篇》誤脫《餘文》引書符號所致。今本《玉篇》未收"𨅸"字，"𨅸"當即"疋"字之俗。《說文·疋部》："疋，足也。古文以爲《詩·大疋》字，亦以爲足字，或曰胥字。"（42上）段玉裁本作《詩·大雅》，並注："雅，各本作疋，誤。"《廣韻》平聲魚韻所菹切："疋，足也。古爲雅字。"（35）《集韻》平聲魚韻山於切："疋，《說文》：'足也。'"（66）"𨅸"與"疋"音義並同，"𨅸"即"疋"字之俗。《篇海》謂"𨅸"爲古文"疏"字，"疏"當即"雅"字之誤。

332. 跦：《新修玉篇》卷七《足部》引《川篇》："跦，音龜。又音葵。曲腳（脛）也。"（63上右）

按：《篇海》同。《說文·足部》："踤，脛肉也。一曰曲脛也。从足，𢆯聲。"（41下）"踤"，《廣韻》音"渠追切"，又音"居追切"。"跦"與"踤"音義並同，"跦"即"踤"字之俗。

333. 跈：《新修玉篇》卷七《足部》引《類篇》："跈，音凶。"（63上右）

按：《篇海》同。《集韻》平聲鍾韻許容切："跫跹，人行聲。或从凶。"（20）"跈"與"跹"音同形近，"跈"當即"跹"字之俗。

334. 赽：《新修玉篇》卷七《足部》引《餘文》："赽，七玉切。赽（當爲字頭誤重）速。"（63下右）

按：《篇海》同。《玉篇·走部》："赽，且足切。迫也；速也。或作促。"（49上右）《玉篇校釋》"赽"字下注："'迫也；速也'者，疑出《埤倉》，或《字書》《聲類》。《切韻》：'赽，速也。'又：'趚，迫也。'《廣雅·釋詁一》：'趈，迫、急也。'曹憲云：'祖迴反，《字書》《聲類》音爲局促、促長。《集韻》：'赽，或書作趈。'本書《足部》：'趚，迫也；速也。或作促、赽。'，《人部》：'促，速也；迫也。'"（2062）胡吉宣所言是也。《名義·走部》："赽，且足反。促字。速也；迫也。"（101下）此亦其證也。故"赽"與"促""趚""跥""趈"諸字音義並同，即爲異體字。

335. 跾：《新修玉篇》卷七《足部》引《龍龕》："跾，音良。"（63下左）

按：《篇海》同。《龍龕》卷四《足部》："跾跾，二俗，音良。"（460）《集韻》平聲陽韻呂張切："踉，跳踉也。"（217）"跾""跾"與"踉"音同形近，並即"踉"字俗省。

336. 蹈：《新修玉篇》卷七《足部》引《餘文》："蹈，先到切。跳也。"（64上右）

按：《篇海》同。此字《玉篇》《廣韻》皆未收，《集韻》收之，當即丁度等據俗書所增。《集韻》去聲號韻先到切："蹈䨂，跳也。或從彳。"（587）《字彙·足部》："蹈，先到切，音燥。跳也。"（476上）《正字通·足部》："蹈，俗字。"（1124上）《正字通》謂"蹈"爲俗字，是也。今案："蹈"疑即"蚤"字之俗。"蹈"當因"跳蚤"連用，"蚤"字受上文"跳"字類化影響，遂在"蚤"字的基礎上增加"足"旁，故形成"蹈"字，而"䨂"又當即"蹈"通過改換義符而形成的俗字。《集韻》訓"蹈"爲"跳也"，非是，當爲"跳蹈也"之脫誤。

337. 踖：《新修玉篇》卷七《足部》引《龍龕》："踖，音賒。"（64上右）

按：《篇海》同。"踖"當即"賒"字之俗。《龍龕》卷四《足部》："踖，俗。式車反。正作賒。"（459）此是其證也。

338. 跊：《新修玉篇》卷七《足部》引《龍龕》："跊，音蹙。義同。"（64上右）

按：《篇海》同。"跊"即"蹙"字之俗。《龍龕》卷四《足部》："跊，俗；蹙，正。子六反。迫也；急也；近也。"（466）此即其證也。

339. 踳：《新修玉篇》卷七《足部》引《玉篇》："踳，尺尹切，尺兖切。踳駮，色雜不同……又昌脣切。踢也。"（64上左）

按：《集韻》平聲諄韻樞倫切："踳，踢也。"（121）此"踳"當即"踳"字之俗。《廣雅·釋詁二》："踳，踢也。"《廣韻》平聲鍾韻書容切："踳，踢也。"（10）"踳"與"踳"形近義同，"踳"當即"踳"字之俗。《集韻》音"樞倫切"，當為後人不識其為"踳"字之俗，又見其從"春"而妄改，此當即望形生音。

340. 蹁：《新修玉篇》卷七《足部》引《餘文》："蹁，房連切。行皃。"（64上左）

按：《篇海》卷九《足部》引《餘文》："蹁，房連切。行也。"（713下）此字《玉篇》《廣韻》皆未收，《集韻》始收之，當即丁度等人據俗書所增。《集韻》平聲仙韻毗連切："蹁，行皃。"（168）《字彙·足部》："蹁，蒲眠切，音駢。行也。"（475下）《正字通·足部》："蹁，俗跰字。"（1123上）《正字通》所言疑是。《可洪音義》卷一二《雜阿含經》第六卷："蹮，蒲先反。旋兒也；蹣跚行也。正作蹁。"（59，p1007a12）《廣韻》平聲先韻蘇薦切："蹮，蹁蹮，行皃。蹮，上同。"（81）《集韻》平聲仙韻相然切："蹮，跰蹮，猶蹣跚也。或省，亦作蹮。"（164）"跰蹮""蹁蹮""跰蹁"同，"跰""蹁""蹮"即異體字。"蹁"與"跰""蹁""蹮"諸字音義並同，即為異體字。

341. 踖：《新修玉篇》卷七《足部》引《餘文》："踖，側洽切。足動兒。"（64下右）

按：《篇海》同。此字《玉篇》《廣韻》皆未收，《集韻》收之，當即丁度等據俗書所增。《集韻》入聲洽韻側洽切："踖，足動兒。"（787）《字彙·足部》："踖，竹洽切，音劄。足動貌。"（475下）《正字通·足部》："踊，俗字。舊注：足動貌。按：足動別作'踊'，泥。"（1123 上）《正字通》所言當是。今案："踊"當即"㣙""趎"二字異體。《玉篇·彳部》："㣙，山洽切。行皃。"（48 上右）《玉篇·走部》又曰："趎，山洽、士洽二切。行疾也。"（49 上左）"踊"與"㣙""趎"音近義通，"踊"當即"㣙""趎"二字之異體字。

342. 蹂：《新修玉篇》卷七《足部》引《類篇》："蹂，仁九切。踐也。"（64 下左）

按：《篇海》卷九《足部》引《搜真玉鏡》："蹂，知义切。"下文引《類篇》又曰："蹂，人九切。踐也。"（714 上）"蹂"字，《新修玉篇》與《篇海》引書、讀音皆不同，疑以《新修玉篇》所言為是。《說文·内部》："内，獸足蹂地也。象形，九聲……蹂，篆文从足，柔聲。"（309 下）《玉篇·足部》："蹂，仁柳切。踐也。"（34 上左）"蹂"與"蹂"音義並同，又"蹂"字《說文》篆文作"𧿇"，"蹂"當即"蹂"字《說文》篆文"𧿇"字楷定之誤。《篇海》"蹂"字下文引《類篇》作"蹂"，然《篇海》於上文八劃之内引《玉篇》已收錄"蹂"字，據《篇海》編纂體例，同一字頭前後不應重複出現，故此處不應重複收錄"蹂"字。據此可推知，"蹂"字本應引自《類篇》，應音"人九切"，訓"踐也"，而非引自《搜真玉鏡》，亦非音"知义切"，編者於下文已意識到此誤，遂於"蹂"字下文重複收錄"蹂"之正字"蹂"字，此兼有指出上文"蹂"字正字的作用。故"蹂"當即"蹂"字之俗。又《詳校篇海》卷三《足部》："蹂，力質切，音栗。踐也。"（205 下）"蹂"與"蹂"形近義同，當即一字之變。正如上文所言，"蹂"當即"蹂"字之俗，則"蹂"亦當即"蹂"字之俗。"蹂"音"力質切"，此當即望形生音。

343. 躓：《新修玉篇》卷七《足部》引《川篇》："躓，香仲切。"（64 下左）

按：《篇海》同。《廣韻》去聲送韻香仲切："䠱，跳皃。"（236）"躓"與"䠱"音同形近，"躓"當即"䠱"字之俗。

344. 躒：《新修玉篇》卷七《足部》引《餘文》："躒，郎的切。足所經踐。"（65 下右）

按：《篇海》同。此字《說文》《玉篇》皆未收，《廣韻》亦不錄，《集韻》收之，當即丁度等人據俗書所增。《集韻》入聲錫韻狼狄切："躒，足所經踐。"（752）《字彙·足部》："躒，郎狄切，音歷。足所經踐。"（478上）《正字通·足部》："蹽，舊注：音歷。足所經踐。按：經史本作歷，俗加足。"（1127下）《正字通》所言當是。《説文·足部》："歷，過也。从止，厤聲。"（32上）漢司馬遷《報任安書》："深踐戎馬之地，足歷王庭，垂餌虎口。"宋王禹偁《送鞠仲謀序》："自申抵陝，歷河陽，下洛都。""歷"，《廣韻》音"郎擊切"。"蹽"與"歷"音義並同，"蹽"當即"歷"因涉義增加義符"足"旁而形成的異體字。

345. 踚：《新修玉篇》卷七《足部》引《川篇》："踚，音藥。"（65下右）

按：《篇海》同。《玉篇·足部》："躪，餘灼切。登也；拔也。"（33下左）"踚"與"躪"音同形近，"踚"即"躪"字俗省。

346. 蹳：《新修玉篇》卷七《足部》引《龍龕》："蹳，蒲擊、普擊二切。"（65下右）

按：《篇海》同。"蹳"即"躃"字之俗。《龍龕》卷四《足部》："蹳，俗；躃，正。蒲擊反。倒也。又俗普擊反。二。"（466）此即其證也。

347. 蹴：《新修玉篇》卷七《足部》引《龍龕》："蹴，子六切。迫也；急也；近也。"（65下右）

按：《篇海》同。"蹴"即"蹙"字之俗。《龍龕》卷四《足部》："蹴，俗；蹙，正。子六反。迫也；急也；近也。"（466）此即其證也。

348. 躻：《新修玉篇》卷七《足部》引《餘文》："躻，呂員切。躻踞，足病也。"（65下左）

按：《篇海》同。此字《説文》《玉篇》皆未收，《廣韻》亦不錄，《集韻》收之，當即丁度等人據俗書所增。《集韻》平聲仙韻間員切："躻，躻踞，足病。"（171）《字彙·足部》："躻，間員切，音攣。躻踞，足病。"（478下）《正字通·足部》："躻，俗字。舊注：音攣。足病。泥。"（1128上）《正字通》所言當是。《集韻》去聲綫韻龍眷切："攣，手足曲病。"（574）《史記·范雎蔡澤列傳》："先生曷鼻，巨肩，魋顏，蹙齃，膝攣。"裴駰集解："攣，兩膝曲也。"《三國志·魏志·文帝紀》"授楊彪光祿大夫"南朝宋裴松之注引《續漢書》："彪見漢祚將終，自以累世為三公，恥為魏臣，遂稱足攣，不復行。""攣"，《廣韻》音"呂員切"。"躻"與"攣"音同義近，"躻"當即"攣"字之俗。《可洪音義》卷二七《續高僧傳》第十一卷："𡚒，呂圓反。手足曲屈病也。正作攣也。俗。"（60，p473b10）"𡫏"可楷定作"䜌"，"䜌"當即"攣"字之俗。"蹨"與"䜌"構字部件相同，"蹨"當即"䜌"通過偏旁易位而形成的異體字，亦當即"攣"字之俗。此即其證也。

349. 踚：《新修玉篇》卷七《足部》引《龍龕》："踚，力員切。"（65下左）

按：《篇海》卷九《足部》引《龍龕》："踚，力員切。"（715上）《龍龕》卷四《足部》："踚，力員反。"（458）"踚"與"踚"音同形近，"踚"當即"踚"字俗省。"踚"疑即"攣"字之俗。《可洪音義》卷一二《續高僧傳》第十一卷："跠，呂圓反。手足拘病也。正作攣。"（59，p1053a11）"跠"即"攣"字之俗。"踚"與"跠"音同形近，"踚"當同"跠"，疑亦即"攣"字之俗。

350. 疋辟：《新修玉篇》卷七《疋部》引《龍龕》："疋辟，疋（匹）覓切。"（65下左）

按：《篇海》同。《龍龕》卷四《疋部》："疋辟，疋（匹）覓反。"（540）"疋辟"疑即"躃"字之俗。《名義·足部》："躃，俾亦反。跛也；不能行也。"（61下）《玉篇·足部》："躃，俾亦切。跛躃，不能行也。"（34上右）"疋辟""躃"音近，又從疋、從足義同，俗書常可換用，正如《龍龕》（540）"𨄔"俗作"𨅊"、梁春勝《楷書異體俗體部件例字表》（未刊稿）"厤"俗作"歷"、"𤴓"俗作"𧾷"，故"疋辟"當即"躃"之換旁俗字。

351. 骭：《新修玉篇》卷七《骨部》引《龍龕》："骭，音干。"（66上右）

按：《篇海》、通行本《龍龕》未見收錄此字形。《說文·骨部》："骭，骸也。从骨，干聲。"（81上）"骭"，《廣韻》音"古案切"，又音"下晏切"。"骭"與"骭"音同形近，"骭"當即"骭"字之俗。

352. 骱：《新修玉篇》卷七《骨部》引《川篇》："骱，音形。骨也。"（66上左）

按：《篇海》同。《玉篇·骨部》："骼，戶經切。骨也。"（35上右）"骱"與"骼"音義並同，"骱"即"骼"字之俗。《玉篇》"骼"訓"骨也"，當為"脛骨也"之脫誤，"骼"當即"脛"通過改換義符而形成的異體字。

353. 骴：《新修玉篇》卷七《骨部》引《廣集韻》："骴，吐猥切。

正　文 / 101

骽股也。骽同。"（66下右）

按：《廣韻》上聲賄韻吐猥切："骽，骽股也。"（184）《集韻》上聲賄韻吐猥切："骽，股也。"（348）"骽"即"骽"字之俗。

354. 骺：《新修玉篇》卷七《骨部》引《龍龕》："骺，胡感切。正作頷。"（66下右）

按：《篇海》同。《龍龕》卷四《骨部》："骺骺，二俗。胡感反。正作頷。"（480）"骺"與"骺"音義並同，"骺"即"骺"字之俗，亦即"頷"字。

355. 肥：《新修玉篇》卷七《肉部》引《玉篇》："肥，扶非切。《說文》曰：'多肉也。'《韻》曰：肥腯；亦姓。《左傳》有肥義。《韻》又方美切。薄也。《列子》曰：'所偏肥。'通作鄙字。"（67上左）

按：《集韻》上聲旨韻補美切："肥，薄也。《列子》曰：'所偏肥。'通作鄙字。"（320）故"肥"訓"薄也"，當本作"鄙"。

356. 肢：《新修玉篇》卷七《肉部》引《玉篇》："肢胑，章移切。肢體。"（67上左）

按：《五音集韻》去聲至韻矢利切："肢，佚也。"然查述古堂本《集韻》去聲至韻矢利切作："敊，使也。"（473）揚州使院重刻本《集韻》、宋刻本《集韻》皆同。《五音集韻》與《集韻》字形及義訓皆不同，當以《集韻》所言為是。《說文·耳部》："敊，使也。從支，耴省聲。"（62下）此亦其證也。故《五音集韻》之"肢"當即"敊"字俗訛；其訓"佚也"，"佚"當為"使"字之誤。《大字典》"肢"字下承襲《五音集韻》義訓之誤而收錄"身體彎曲"這一義項，未溝通其與"敊"字之間的俗訛關係，失考證。

357. 肥：《新修玉篇》卷七《肉部》引《龍龕》："肥，落管切。古文。"（67下左）

按：《篇海》卷十五《肉部》引《龍龕》："肥，古文。落管切。"（836上）《龍龕》卷四《肉部》："肥，古文。落管反。"（412）《說文·卵部》："卵，凡物無乳者卵生。象形。"（287上）"卵"，《廣韻》音"盧管切"。"肥"與"卵"音同形近，"肥"當即"卵"字之俗，而非其古文；而《篇海》錄作"肥"，轉錄失真。

358. 肐：《新修玉篇》卷七《肉部》引《餘文》："肐，他各切。肐胮也；滴也；澆也。又當故切。肵胍，腹大。同作肵。"（68上右）

按：《廣韻》去聲暮韻當故切："肕，肕胍，腹大。"（265）《集韻》去聲暮韻都故切："肚，廣腹也。或作肕。"（499）"廣腹""腹大"義同，故"肕"與"肚"音義並同，"肕"當即"肚"之異體字。

359. 胠：《新修玉篇》卷七《肉部》引《玉篇》："胠，古攜切。《韻》又胡雞切。臍胠。"（68上左）

按：《五音集韻》去聲霽韻睽桂切："胠，孔也。"此"胠"當即"肤"字俗訛。《說文·肉部》："肤，孔也。从肉，决省聲。讀若決水之决。"（82下）述古堂本《集韻》去聲霽韻睽桂切："肤，孔也。"（509）揚州使院重刻本《集韻》、宋刻本《集韻》皆同。"胠"訓"孔也"，與"肤"音義並同，故此"胠"當即"肤"字俗訛。

360. 胰：《新修玉篇》卷七《肉部》引《餘文》："胰，以脂切。夾脊肉也。"（68上左）

按：《篇海》同。《廣韻》平聲脂韻以脂切："胰，夾脊肉也。"（22）"胰"即"胂"字之俗。《說文·肉部》："胂，夾脊（脊）肉也。从肉，申聲。"（82上）"胂"，《廣韻》音"失人切"，《切韻》音"以脂反"。箋注本《切韻》（斯2071）平聲脂韻以脂反："胂，夾脊骨（肉）。"（108）故宮本《王韻》、故宮本《裴韻》同。"胰"與"胂"音義並同，"胰"當即"胂"通過改換聲符而形成的異體字。《集韻》平聲脂韻延知切："胂，夾脊肉。或作胰。"（46）此即其證也。

361. 胑：《新修玉篇》卷七《肉部》引《玉篇》："胑，力輟切。《說文》：'腸間肥也。'"（68下右）

按：《洪武正韻》平聲爻韻披交切："胑，腹中水府。"此"胑"當即"脬"字俗訛。《說文·肉部》："脬，膀胱也。从肉，孚聲。"（81下）《廣韻》平聲肴韻匹交切："脬，腹中水府。"（97）"胑"與"脬"音義並同，故此"胑"當即"脬"字俗訛。《大字典》"胑"字下據《洪武正韻》收錄"膀胱"這一義項，然未溝通其與"脬"字的俗訛關係，失考證。

362. 脔：《新修玉篇》卷七《肉部》引《川篇》："脔，音啟。傷肌。"（68下右）

按：《篇海》同。《說文新附·肉部》："脔，肥腸也。从肉，啟省聲。"（85上）"脔"，《廣韻》音"康禮切"。"脔"與"脔"音同形近，"脔"當即"脔"字之俗。"脔"訓"傷肌"，疑誤。

363. 腬：《新修玉篇》卷七《肉部》引《玉篇》："腬，耳由切。肥美也。《韻》又人九切。面色和腬也。"（69上右）

按：《集韻》上聲有韻忍九切："腬朥，面色和柔皃。或從頁。"（434）"腬"同"朥"，而"朥"又當為"𦛨"字之俗。《說文·百部》："𦛨，面和也。从頁，从肉。讀若柔。"（181下）"朥"與"𦛨"音近義同，"朥"當即"𦛨"字之俗，而"腬"亦當為"𦛨"之異體字。《大字典》《字海》"腬"字此義皆未溝通其與"𦛨""朥"二字的字際關係，失當。《大字典》"朥"字下第二義項謂同"𦛨"，訓"面色溫和"；又據《集韻》謂"一說同'腬'"，訓"面色和柔貌"。其實，"面色溫和"與"面色和柔貌"義同，"朥"與"𦛨""腬"皆為異體字，《大字典》應於"朥"字此義下謂同"𦛨""腬"，訓"面色溫和"或"面色和柔貌"，即妥。

364. 腪：《新修玉篇》卷七《肉部》引《龍龕》："腪腯，二徒沒切。肥腯也。"（69下左）

按：《篇海》同。"腪""腯"並即"腯"字之俗。《龍龕》卷四《肉部》："腪腯，二俗；朥，或作；腯，今。徒沒反。肥～也。四。"（416）此即其證也。

365. 胵：《新修玉篇》卷七《肉部》引《川篇》："胵，音室。肉生也。"（70上左）

按：《篇海》同。"胵"當即"胵"字之俗。《玉篇·肉部》："胵，丑一切。肉生。"（37下右）"胵"與"胵"形近義同，"胵"當即"胵"字之俗。"胵"音"室"，當為望形生音。

366. 膄：《新修玉篇》卷七《肉部》引《廣集韻》："膄，而允切。韋絝。"（70下左）

按：《集韻》上聲腫韻乳勇切："襛，《說文》：'羽獵韋絝。'引《虞書》'鳥獸襛毛'。或作襛。"（303～304）"膄"與"襛"音義並同，"膄"即"襛"之異寫字。

367. 犠：《新修玉篇》卷七《肉部》引《餘文》："犠，魚羈切。度牲體骨曰犠。通作儀。"（71上右）

按：《篇海》同。《集韻》平聲支韻魚羈切："犠，度牲體骨曰犠。通作儀。"（38）《詩經·大雅·烝民》："我儀圖之。"朱熹注："儀，度也。""儀"，《廣韻》亦音"魚羈切"。"犠"與"儀"音義並同，"犠"

當即"儀"因涉義改換義符而形成的異體字。

368. 䐒：《新修玉篇》卷七《肉部》引《玉篇》："䐒，陟駕切。胿䐒也。《韻》又竹賣切。亦作腏。朘肉也。"（70下右）

按：《廣韻》去聲卦韻竹賣切："䐒，亦作腏。朘肉也。"（285）《名義·肉部》："腏，竹賣反。朘肉也。"（68下）《玉篇·肉部》："腏，竹賣切。朘肉也。"（36下左）敦煌本《王韻》去聲卦韻竹賣反："腏，朘肉。"（408）"䐒"與"腏"音義並同，故此"䐒"當即"腏"字異體。

369. 膒：《新修玉篇》卷七《肉部》引《龍龕》："膒，駈、虛二音。"（71上右）

按：《篇海》卷十五《肉部》引《龍龕》："膒，駈、靈二音。"（839下）"膒""膒"即同字異寫，然《新修玉篇》與《篇海》有一直音用字不同，當以《新修玉篇》所言為是，《篇海》之直音用字"靈"字當為"虛"字之訛。《龍龕》卷四《肉部》："膒，俗。駈、虛二音。"（408）"膒""膒"並即"膒"字俗寫，《龍龕》"膒"字直音用字即為"駈""虛"二字，此是其證也。《考正》（231~232）謂"膒"即"驢"之換旁俗字，可從。故"膒""膒"亦當即"驢"字之俗。

370. 臞：《新修玉篇》卷七《肉部》引《餘文》："臞，所教切。凡物之殺銳曰脁。同作脁。《韻》又弋照切。瘠也。"（71上右）

按：《篇海》卷十五《肉部》引《餘文》："臞，音脁。義同。又弋照切。瘠也。"（840上）此字《玉篇》《廣韻》皆未收，《集韻》收於去聲笑韻小韻韻尾，當即丁度等據俗書所增。《集韻》去聲笑韻弋笑切："臞，瘠也。"（581）"臞"當即"臞"字之俗。《爾雅·釋言》："臞，瘠也。"（25）《說文·肉部》："臞，少肉也。从肉，瞿聲。"（88下）《玉篇·肉部》："臞，渠駒切。少肉也。"（35下左）"臞"與"臞"義同，"臞"當即"臞"字俗譌。《名義·肉部》："脁，口駭反。臞也。"（67上）《名義·肉部》："臠，力官反。臞也；瘠兒也。"（67上）《名義·肉部》："膌，參才赤反。臞也；薄也；瘦也；病也。"（67上）以上注文中之"臞"字皆為"臞"字之譌，此是其證也。又《大字典》（2275B）"臞"字下以《清史稿·文苑傳一·陳維崧》作為例證，曰："（陳）維崧清臞多鬚，海內稱陳髯。"然今查《清史稿·文苑傳一·陳維崧》作："（陳）維崧清臞多鬚，海內稱陳髯。"（13342）此亦為"臞"即"臞"字俗譌之證。又《龍龕》卷四《肉部》："臞，俗；臞，正。音具。瘦也。又音翟。二。"（414）"![字]"即"臞"之繁化俗字，此"臞"亦當即"臞"字之俗。《龍龕》又音"翟"，"翟"當即"瞿"字俗訛。此亦其證也。故"膳"當即"臞"字俗訛，"臞"訛作"膳"後，後人不識，見其從"翟"，遂改其讀為"弋笑切"，此當即望形生音。又《集韻》去聲效韻所教切："肖，凡物之殺銳曰肖。或作臞、耀、哨。"（584）據《集韻》體例，其所溝通的同條諸字之間字際關係非常複雜，有的是異體關係，有的是通假關係，還有的是異文關係等，不一而定。在此條中，"哨"與"肖"音同義別，二者當為通假關係。"耀"與"肖"音義俱別，但"耀"為笑韻，"肖"為效韻，二者可相通，亦當為通假關係。《集韻》謂"肖"或作"臞"，或亦因丁度等不識其為"臞"字之俗，遂據其誤讀而誤認二字為通假關係。《正字通·肉部》："臞，臞字之譌。舊注瘠也，義同臞，改从翟，音耀，非。"（888 上）《正字通》所言是也。

371. 䐡：《新修玉篇》卷七《肉部》引《川篇》："䐡，音鹽。煮肉也。"（71 上左）

按：《篇海》卷十五《肉部》引《川篇》："䐡，音閻。煮肉也。"（840 上）《廣韻》平聲鹽韻徐鹽切："燅，《說文》曰：'湯中爓肉也。'䐡，上同。"（152）"䐡"與"䐡"音近義同，"䐡"即"䐡"字之俗。

372. 䐁：《新修玉篇》卷七《肉部》引《廣集韻》："䐁，田候切。項脰。同作脰。"（71 上左）

按：《集韻》去聲候韻大透切："脰，《說文》：'項也。'亦作䐁。"（619）"䐁""䐁"即同字異寫，並即"脰"之異體字。

373. 膴：《新修玉篇》卷七《肉部》引《川篇》："膴，火各、火沃二切。"（71 上左）

按：《篇海》同。《廣韻》入聲沃韻火酷切："臛，羹臛。又音郝。"（375）"膴"與"臛"音同形近，"膴"即"臛"字之俗。《正字通》（889 上）、《叢考》（662）謂"臛"為"臛"字之俗，所言是也。故"膴"亦當即"臛"字之俗。

374. 勤：《新修玉篇》卷七《力部》引《玉篇》："勤，巨斤切。勞也；盡也。《韻》又渠之切。耄勤，老稱也。通作期。"（71 下左）

按：《集韻》平聲之韻渠之切："勤，耄勤，老稱也。通作期。"（58）《廣雅·釋詁一》："期、頤，老也。"王念孫疏證："期、頤二字皆訓為老，蓋本於《禮》注也。《曲禮》：'百年曰期頤。'鄭注云：'期，猶要也；頤，養也。不知衣服食味，孝子要盡養道而已。'案：期之言極也。《詩》言'思無期''萬壽無期'，《左傳》言'貪惏無厭，忿纇無期'，皆是究極之義。百年為年數之極，故曰'百年曰期'。當此之時，事事皆待於養，故曰頤。"（18）故"勸"訓"老稱"，與"期"音義並同，即為異體字。

375. 勯：《新修玉篇》卷七《力部》引《餘文》："勯，丁寒切。力竭也。"（72 上左）

按：《篇海》同。此字《説文》《玉篇》皆未收，《廣韻》亦不錄，《集韻》收之，當即丁度等人據俗書所增。《集韻》平聲寒韻多寒切："勯，力竭也。"（144）《字彙·力部》："勯，都艱切，音單。力竭也。《呂氏春秋》：'尾絕力勯。'"（59 上）《正字通·力部》："勯，都山切，音單。力竭也。《呂覽》：'烏獲引牛，尾絕力勯，而牛不［可］行，逆也。'與殫同。"（104 上）《正字通》所言當是。《説文·歹部》："殫，殛盡也。从歹，單聲。"（80 上）徐鍇繫傳："極盡也。"沈濤《説文古本考》："當從宋本作'極'。"《莊子·胠篋》："殫殘天下之聖法，而民始可與論議。"成玄英疏："殫，盡也。""殫"，《廣韻》音"都寒切"。"勯"與"殫"音義並同，"勯"當即"殫"之異體字。朱駿聲《定聲》"殫"字下注："殫，字亦作勯。"（748 下）此説亦其證也。

376. 勫：《新修玉篇》卷七《力部》引《餘文》："勫，方煩切。健也。"（72 上右）

按：《篇海》同。此字《説文》《玉篇》皆未收，《廣韻》亦不錄，《集韻》收之，當即丁度等人據俗書所增。《集韻》平聲元韻方煩切："勫，健也。"（136）《字彙·力部》："勫，孚艱切，音番。健也。"（59 上）《正字通·力部》："勫，俗字。《詩》：'申伯番番。'《傳》曰：'武勇貌。'舊注'健也'，與'番'義近，沿俗作'勫'，分為二。"（104 上）《正字通》所言當是。《爾雅·釋訓》："番番，勇也。"郭璞注："皆壯勇之貌。"（36~37）《廣韻》平聲戈韻博禾切："番，《書》曰：'番番良士。'《爾雅》曰：'番番、矯矯，勇也。'"（105）"健""勇"義同。慧琳《音義》卷一《大般若波羅蜜多經》第四十一卷："健行，渠彥反。《考聲》云：'健，勇也。'《集訓》云：'勁健也。'"（57，p417b7）此即其證也。"番"，《廣韻》又音"附袁切"。"勫""番"音義並同，"勫"當本作"番"，"勫"當即"番"因涉義增加義符"力"旁而形成的異體字。

377. 忿：《新修玉篇》卷八《心部》引《玉篇》："忿，呼介切。不和兒。《説文》曰：'忽也。'《孟子》曰：'孝子心不若是忿。'《韻》又古拜切。忽忘也。又苦點切。憂兒。"（72下左）

按：《集韻》入聲點韻訖點切："忿，憂也。"（695）此"忿"當即"忦"之異體字。《説文·心部》："忦，憂也。从心，介聲。"（222下）《廣雅·釋詁二》："忦，懼也。"王念孫疏證："忦者，憂之懼也。""忦"，《廣韻》音"古點切"。"忿"與"忦"音義並同，"忿"當即"忦"通過偏旁易位而形成的異體字。

378. 悉：《新修玉篇》卷八《心部》引《龍龕》："悉，息七切。委也。从釆也。"（72下左）

按：《篇海》卷十《心部》引《龍龕》："悉，息七切。委也；皆也。"（728下）"悉"即"悉"字之俗。《龍龕》卷一《心部》："悉悉悉，三俗；悉，正。息七反。委也；皆也。《説文》：'從釆也。'四。"（69）此即其證也。

377. 念：《新修玉篇》卷八《心部》引《餘文》："念，許及、苦洽二切。合也。《太玄》：'瘝而念之。'苦洽切。宋惟幹讀也。"（73上右）

按：《篇海》同。此字《説文》《玉篇》皆未收，《廣韻》亦不錄，《集韻》收之，當即丁度等人據俗書所增。《集韻》入聲緝韻迄及切："念，合也。《太玄》：'瘝而念之。'"（768）"念"當即"翕"字之俗。《爾雅·釋詁上》："翕，合也。"（7）《説文·羽部》："翕，起也。从羽，合聲。"（69下）段玉裁注："翕从合考，鳥將起必斂翼也。"《玉篇·羽部》："翕，許及切。合也；斂也；聚也；炙也。"（121上）《易·繫辭上》："夫坤，其靜也翕。"韓康伯注："翕，斂也。""念"與"翕"音義並同，"念"當即"翕"通過改換義符而形成的異體字。《正字通·心部》："念，許及切，音翕。合也。《太玄》：'廓自陰氣，瘝而念之。'注：念，古翕字。又苦甲切，音恰。義同。"（366下）此説是也。

379. 忺：《新修玉篇》卷八《心部》引《龍龕》："忺忺，音离。悦也。"（73上右）

按：《篇海》卷十《心部》引《龍龕》："忺忺，音离。恨也。"（730上）《龍龕》卷一《心部》："忺忺，《玉篇》音离。悦也。二。"（65）《玉篇·心部》："愁，力之切。恨也。一曰怠也。"（41上左）《集韻》平

聲脂韻良脂切："䜆愁，《說文》：'恨也。一曰怠也。'悅也。"（44）
"恕""㒿"與"愁"音義並同，並即"愁"字之俗。

380. 悡：《新修玉篇》卷八《心部》引《餘文》："悡，於其切。《博雅》：'審也。'又於計切。恭也；敬也。"（73 上左）

按：《篇海》同。《集韻》平聲之韻於其切："悡，《博雅》：'審也。'"（57）下文去聲霽韻壹計切又曰："悡，恭也；靜也。"（507）"悡"當即"瘱"字之俗。《說文·心部》："瘱，靜也。从心，疾聲。"（217 上）《方言》卷六："瘱、譿，審也。齊、楚曰瘱；秦晉曰譿。"（44）《名義·心部》："瘱，於計反。審也；密也；恭也；靜也。"（72 下）《廣韻》去聲霽韻於計切："瘱，靜也；安也；恭也。"（271）故"悡"與"瘱"音義並同，"悡"當即"瘱"字之俗。《廣雅·釋詁三》："瘱，審也。"王念孫疏證："各本皆作：'審、噴、竝也。'案：審、噴、竝三字，字義各不相屬，此因本文脫去'瘱''也'二字，而下文'噴，嚏也''駢，竝也'，又脫去'嚏''也''駢'三字，遂致溷三條為一條，《集韻》引《廣雅》：'瘱，審也。'今據以補正。《方言》：'瘱、譿，審也。齊、楚曰瘱；秦晉曰譿。'又云：'諟譿，諟也。吳越曰諟譿。'郭璞注云：'諟亦審，互見其義耳。'《說文》：'瘱，靜也''靜，審也。'《漢書·外戚傳》：'為人婉瘱有節操。'顏師古注云：'瘱，靜也。'《文選·神女賦》：'澹清靜其愔嫕兮。'李善注引《說文》：'嫕，靜也。'五臣本作'悡'，竝字異而義同。《廣雅》之訓多本《方言》，《方言》'瘱''譿'同訓為'審'，則《廣雅》'瘱'下亦當有'譿'字。"（379）王念孫謂《集韻》引《廣雅》作"瘱"，不確，據上文可知，《集韻》引《廣雅》本作"悡"；然其據《集韻》《方言》補正今本《廣雅》"審也"條所脫之"瘱"字，並謂"悡""瘱"字異而義同，此說是也。故"悡"當即"瘱"字之俗。

381. 惡：《新修玉篇》卷八《心部》引《龍龕》："惡，音臣。"（73 上左）

按：《篇海》同。《龍龕》卷一《心部》："惡，音臣。"（65）上文又曰："怸，音臣。"（64）"惡""怸"音同形近，當即一字之變。《集韻》平聲真韻丞真切："臣，《說文》：'牽也；事君也。象屈服之形。'一曰男子賤稱。唐武后作惡。"（117）"惡"當即"怸"字之俗，亦當即"臣"字。

382. 㤮：《新修玉篇》卷八《心部》引《省韻》："㤮，巨記切。連針。"（73下右）

按：《廣韻》去聲志韻渠記切："綨，連針。"（253）"㤮"與"綨"音義並同，"㤮"即"綨"之偏旁易位俗字。

383. 憇：《新修玉篇》卷八《心部》引《餘文》："憇，古幸切。憂也。"（73下左）

按：《篇海》同。此字《說文》《玉篇》皆未收，《廣韻》亦不錄，《集韻》收之，當即丁度等人據俗書所增。《集韻》上聲耿韻古幸切："憇，憂也。"（423）"憇"當即"耿"字之俗。慧琳《音義》卷八二《西域記》第三卷："耿，耕幸反。《文字集略》：'耿，憂也；志不安也。'"（59，p34b1）"憇"與"耿"音義並同，"憇"當即"耿"之增旁俗字。

384. 憗：《新修玉篇》卷八《心部》引《餘文》："憗，他的、苦擊二切。軟也。"（73下左）

按：《篇海》同。敦煌本《王韻》入聲錫韻他歷反："憗，欯（軟）。"（430）故宮本《王韻》入聲錫韻他歷反："憗，軟也。"（518）《廣韻》入聲錫韻他歷切："憗，欯也。"（422）下文苦擊切亦曰："憗，欯也。"（423）《字彙‧心部》："憗，他歷切，音別。敕也。又苦擊切，音喫。義同。"（163上）《正字通‧心部》："憗，譌字。從'殺'訓'敕'，非。"（376下）《正字通》所言當是。周祖謨《廣韻校勘記》："憗，敦煌《王韻》同。《集韻》詰歷切下作'憗'。又注'欯'字當作'敕'，本韻苦擊切下'憗'注云：'敕也。'"（566~567）周祖謨謂"欯"字當作"敕"，非是。今案："欯""敕"當皆為"軟"字俗訛。敦煌本《王韻》"憗"字訓釋筆誤寫作"欯"，後人認識到此誤，於其後校作"軟"，此即其證也。故宮本《王韻》亦訓為"軟也"，此亦其證也。龍宇純《唐寫全本王仁昫刊謬補缺切韻校箋》注曰："案：'憗'字不詳所出。《集韻》不收此字，而詰歷切'憗'下云'敕'，與《廣韻》'憗'下云'敕'合，疑'憗'即'憗'字之誤。字本讀溪母，本書誤收之耳。注文當依本書及姜書《P二○一一》（即《王一》）云'軟'為是。《說文》：'憗，憗也。''憗'為疲劣羸困之義，與'軟'字義通。"（668~669）余迺永《校注》："依龍說則他歷切之'憗'乃衍文，應訓'軟也'。本音苦擊切而誤置於此，《廣韻》苦擊切遂另出'憗'字也。"

(969) 以上二説皆是也。《説文·心部》："憼，悑也。从心，悑聲。"（223上）"憼"，《廣韻》音"苦計切"。正如上文所言，"愍"訓"軟"，與"憼"義同，"愍"當即"憼"字俗訛。"愍"字，《切韻》音"他歷反"，當為誤置所致的讀音之誤。

385. 慜：《新修玉篇》卷八《心部》引《玉篇》："慜，眉殞切。聰也。"（73下左）

按：《廣韻》上聲軫韻眉殞切："慜，聰也。"（187）"慜"當即"敏"字之俗。箋注本《切韻》（斯2071）上聲軫韻眉殞反："敏，聰。"（133）敦煌本《王韻》、故宮本《王韻》、故宮本《裴韻》同。"慜"與"敏"音義並同，"慜"當即"敏"之增旁俗字。

386. 悥：《新修玉篇》卷八《心部》引《川篇》："悥，於力切。"（73下左）

按：《篇海》同。《説文·心部》："意，滿也。从心，音聲。"（218上）"意"，《廣韻》音"於力切"。"悥"與"意"音同形近，"悥"即"意"字之俗。

387. 愁：《新修玉篇》卷八《心部》引《龍龕》："愁，力志切。憂皃。"（73下左）

按：《篇海》同。《龍龕》卷一《心部》："愁，或作；愁，正。力志反。憂皃。二。"（67）"愁""愁"並即"慸"字之俗。《説文·心部》："慸，楚潁之間謂憂曰慸。从心，槶聲。"（222上）"慸"，《廣韻》音"里之切"，又音"力置切"。"愁""愁"與"慸"音義並同，"愁""愁"並即"慸"字之俗。此"愁"與《大字典》《字海》所收"梩"之俗字"愁"即為同形字。

388. 憓：《新修玉篇》卷八《心部》引《龍龕》："憓，音惟。"（74上左）

按：《篇海》卷十《心部》引《龍龕》："憓，音推。"（732下）"憓""憓"即同字異寫。《新修玉篇》與《篇海》讀音不同，當以《新修玉篇》為是。《篇海》"音推"之"推"，當即"惟"字俗訛。《龍龕》卷一《心部》："憓憓，音惟。二。"（64）此即其證也。"憓""憓"當即"惟"字之俗。

389. 繄：《新修玉篇》卷八《廣集韻》："繄，此芮切。《説文》：'謹也。'"（74上左）

按：《說文·心部》："慤，謹也。从心，嗀聲。讀若毃。"（218下）"慤"與"慤"音義並同，"慤"即"慤"之偏旁易位俗字。

390. 憘：《新修玉篇》卷八《心部》引《類篇》："憘，許已切。又戲字。"（74下右）

按：《篇海》同。《說文·心部》："憙，說也。从心，从喜，喜亦聲。"（96下）"憙"，《廣韻》音"虛里切"。"憘"與"憙"音同形近，"憘"即"憙"之繁化俗字。《新修玉篇》謂"憘"又爲"戲"字，所言疑非是。

391. 忱：《新修玉篇》卷八《忄部》引《玉篇》："忱，氏林切。誠也……又徒敢、他敢二切。安也。"（74下左）

按：《龍龕》卷一《心部》："忱，徒敢、他敢二反。安也。"（58）此"忱"當同"憺""惔"。《說文·心部》："憺，安也。从心，詹聲。"（219上）《廣韻》上聲敢韻徒敢切："憺，安緩。又徒濫切。惔，上同。"（227）《集韻》上聲敢韻杜覽切："憺惔，《說文》：'安也。'或從炎。"（449）故"忱"與"憺""惔"音義並同，即為異體字。

392. 忹：《新修玉篇》卷八《忄部》引《餘文》："忹，紆往切。邪曲也。亦姓也，今虢州有。不正，从枉正。"（74下左）

按：《篇海》卷十《忄部》引《餘文》："忹，紆往切。邪曲也。亦姓也，今號（虢）州有。"（728下）《廣韻》上聲養韻紆往切："枉，邪曲也。亦姓，今虢州有。"（212）"忹"與"枉"音義並同，故此"忹"當即"枉"字俗訛。

393. 怢：《新修玉篇》卷八《忄部》引《川篇》："怢，音夫。貪也。"（74下左）

按：《篇海》卷十《忄部》引《川篇》："怢，音夫。夷也。"（728下）"怢"字，《新修玉篇》與《篇海》義訓不同，當以《新修玉篇》所言為是。《篇海》訓"怢"為"夷也"，疑誤。《字彙補·心部》："怢，敷鋪切，音夫。怡也。"（71上）《字彙補》承襲《篇海》之誤而訓"怡也"，疑亦非是。今案："怢"當即"妋"之異體字。《玉篇·女部》："妋，方無切。貪皃。"（18上右）《廣韻》平聲虞韻甫無切："妋，《玉篇》云：'貪皃。'"（42）《集韻》平聲虞韻風無切："妋，貪皃。"（77）"怢"與"妋"音義並同，"怢"當即"妋"之異體字。《大字典》"怢"字據《篇海》《字彙補》之誤而訓"怡悅"、《字海》"怢"字據《字彙補》之誤而訓"喜悅",且皆未溝通其與"妖"字的異體關係,俱失考證。

394. 恍:《新修玉篇》卷八《忄部》引《玉篇》:"恍,火廣切。恍惚。《韻》曰:懭慌,同作慌、恍。《韻》又古皇切。武也。"(75上左)

按:故宮本《裴韻》平聲唐韻古黃反:"恍,武皃。又趛。"(544)《廣韻》平聲唐韻古黃切:"恍,武也。"(118)又《名義·人部》:"僙,古黃反。武也。"(20上)敦煌本《王韻》平聲唐韻古皇反:"僙,武。亦作趛。"(376)故宮本《王韻》同。故"恍"訓"武也",與"僙""趛"音義並同,即為異體字。

395. 怤:《新修玉篇》卷八《忄部》引《餘文》:"怤,符遇切。心怤也。"(75上左)

按:《篇海》同。此字《説文》《玉篇》皆未收,《廣韻》亦不錄,《集韻》收之,當即丁度等人據俗書所增。《集韻》去聲遇韻符遇切:"怤,心附也。"(495)《字彙·心部》:"怤,符遇切,音附。心怤。"(159下)《正字通·心部》:"怤,同怤。舊注'音附',訓'心怤',誤。"(362上)《説文·心部》:"怤,思也。从心,付聲。"(217上)《玉篇·心部》:"怤,芳俱切。悅也;僖也;樂也。"(41上右)"怤"與"怤"儘管構字部件相同,然音義俱別,二字不可混同,故《正字通》謂"怤"同"怤",並謂"舊注"誤,其説無據,非是。今案:"怤"當即"附"字之俗。《廣雅·釋詁四》:"附,依也。"(324下)《玉篇·阜部》:"附,扶付切。依也。"(106下右)"心怤"當同"心附","心附"即"心依"。故"怤"與"附"音義並同,"怤"當即"附"因涉義改換義符而形成的異體字。

396. 忓:《新修玉篇》卷八《忄部》引《餘文》:"忓,薄半切。忓愌,不順也。"(75上左)

按:《篇海》同。此字《説文》《玉篇》皆未收,《廣韻》亦不錄,《集韻》收之,當即丁度等人據俗書所增。《集韻》去聲換韻薄半切:"忓,忓愌,不順。"(556)《字彙·忄部》:"忓,薄半切,音伴。忓愌,不順。"(156上)《正字通·忄部》:"忓,舊注:音伴。忓愌,不順。按:《詩·大雅》'伴奐',朱傳:'閒暇意。''忓愌'與'伴奐'義通,改訓不順,與'叛''畔'混,非。"(360)《正字通》所言當是。《廣韻》去聲換韻薄半切:"伴,伴奐。見《詩》。"(310)《詩·大雅·卷阿》："伴奐爾游矣，優游爾休矣。"鄭玄箋："伴奐，自縱弛之意也。""不順"即"不順從"之義，與"自縱弛之意"義可相通，故"伴煥"與"伴奐"音同義通，"伴煥"本當作"伴奐"。

397. 怖：《新修玉篇》卷八《忄部》引《龍龕》："怖，芳廢切。怒也。"（75上左）

按：《篇海》同。《龍龕》卷一《忄部》："怖，俗；怖，正。芳廢反。怒也。二。"（61）"怖"即"怖"字之俗，《龍龕》正俗顛倒，非是。《說文·心部》："怖，恨怒也。从心，市聲。"（221上）此即其證也。

398. 恗：《新修玉篇》卷八《忄部》引《玉篇》："恗，荒烏切。怯也；憂也。《韻》又苦胡切。《博雅》：'恇恗，怯也。'又苦瓜切。心自大也。"（75下右）

按：《集韻》平聲麻韻枯瓜切："恗，心自大也。"（210）《字彙·心部》："恗，枯瓜切，音誇。心自大也。"（158上）此"恗"當即"夸"字之俗。《廣雅·釋詁一》："夸，大也。"（4上）《呂氏春秋·下賢》："貴為天子而不驕倨，富有天下而不騁夸。"高誘注："夸，詫而自大也。""夸"，《廣韻》音"苦瓜切"。"恗"與"夸"音義並同，"恗"即"夸"之增旁俗字。《正字通·心部》："恗，枯瓜切，音誇。《正韻》：'心自大也。'與夸、侉通。"（365上）《正字通》所言是也。

399. 恛：《新修玉篇》卷八《忄部》引《餘文》："恛，戶恢切。昏亂兒。《太玄·疑》：'恛恛。'"（75下右）

按：《篇海》同。《集韻》平聲灰韻胡隈切："恛，昏亂兒。《太玄·疑》：'恛恛。'"（107）《字彙·心部》："恛，戶恢切，音回。昏亂貌。"（158上）《太玄·疑》："疑恛恛。"司馬光集註引王涯曰："恛恛，昏亂貌。"《正字通·心部》："恛，俗字。"（365上）《正字通》謂"恛"為俗字，是也。"恛"當即"佪"之異體字。《玉篇·人部》："佪，胡雷切。佪佪，惛也。"（14下右）《潛夫論·救邊》："佪佪潰潰，當何終極。""恛恛"當同"佪佪"，"恛"與"佪"音義並同，"恛"當即"佪"通過改換義符而形成的異體字。

400. 恢：《新修玉篇》卷八《忄部》引《龍龕》："恢，烏懷切。哀也。"（75下右）

按：《篇海》卷十《心部》引《龍龕》："恢，烏紀切。哀也。"（729下）"恢"字，《新修玉篇》與《篇海》讀音不同，《新修玉篇》所言是也。《龍龕》卷一《忄部》："恔，烏懷反。哀也。"（56）此即其證也。"恔"當即"哀"字之俗。《說文・口部》："哀。閔也。从口，衣聲。"（28下）"哀"，《廣韻》音"烏開切"。"恔"與"哀"音義並同，"恔"當即"哀"通過改換義符而形成的異體字。韓小荊《〈可洪音義〉研究》（343）"哀"俗作"㦲"，"㦲"即"哀"之繁化俗字。此即其證也。《大字典》《字海》"恔"字皆沿襲《篇海》之誤而音 yī，且未溝通其與"哀"字之間的字際關係，俱失考證。

401. 恢：《新修玉篇》卷八《忄部》引《龍龕》："恢恢，二苦回切。大也。"（75下右）

按：《篇海》同。《龍龕》卷一《忄部》："恢，今；㤭，正。苦回反。大也。二。"（52~53）《龍龕》所言不確，"恢""㤭"並為"恢"字之俗。《玉篇・心部》："恢，苦回切。大也。"（38上左）"恢""㤭"與"恢"音義並同，並即"恢"字之俗。

402. 怖：《新修玉篇》卷八《忄部》引《龍龕》："怖，俞、愈二音。憂也；懼也。"（75下右）

按：《篇海》同。"怖"即"悇"字之俗。《龍龕》卷一《忄部》："怖，俗；悇，正。俞、愈二音。憂也；懼也。二。"（54）此即其證也。

403. 恮：《新修玉篇》卷八《忄部》引《川篇》："恮，音役。"（75下左）

按：《篇海》同。《玉篇・忄部》："役，營隻切。用心也。"（40上左）"恮"與"役"音同形近，"恮"當即"役"字之俗。

404. 悇：《新修玉篇》卷八《忄部》引《奚韻》："悇，初轄切。羅悇，謫人。"（75下右）

按：《篇海》卷十《心部》引《奚韻》："悇，初轄切。雍悇，謫人也。"（729下）"悇"字，《新修玉篇》與《篇海》義訓不同，當以《新修玉篇》所言為是，"雍悇"當即"羅悇"之誤。"悇"當即"刹"字之俗。慧琳《音義》卷二五《大般涅槃經音義》卷上："羅刹，此云惡鬼也。食人血肉，或飛空，或地行，捷疾可畏也。"（57，p907b3）"謫人""惡鬼"義可相通，皆應指被譴謫之人，故"羅悇"同"羅刹"，"悇"當即"刹"字之俗。

405. 悄：《新修玉篇》卷八《忄部》引《餘文》："悄，蒲結切。醜氣。"（75下左）

按：《篇海》同。《廣韻》入聲屑韻蒲結切："悢，醜氣。"（402）《字彙·心部》："悢，避列切，音別。醜氣。"（160下）《正字通·心部》："悢，同憋省。舊注：音別。醜氣。誤。"（370上）《正字通》所言當是。故宮本《裴韻》入聲屑韻布結反："悢，惡性。"（612）故宮本《王韻》入聲薛韻並烈反："憋，急性。"（517）《廣韻》入聲薛韻并列切："憋，急性皃。"（404）"悢"與"憋"音義並近，"悢"當即"憋"字俗省。《集韻》入聲屑韻蒲結切："憋，惡也。"（706）《集韻》之"憋"與《廣韻》之"悢"位置相應，此亦為"悢"即"憋"字俗省之證也。故正如"弼"即"彆"字俗省，"悢"亦當即"憋"字之俗。"悢"字，《切韻》訓"惡性"，《廣韻》卻訓"醜氣"，疑為陳彭年等不識其為"憋"字俗省而妄改，不足為據。《集韻》訓"惡也"，即為"惡性也"之脫誤。此亦其證也。

406. 恾：《新修玉篇》卷八《忄部》引《玉篇》："恾，莫郎切。憂也。《韻》曰：'怖也。'"（76上右）

按：箋注本《切韻》（斯2071）平聲唐韻莫朗反："恾，怖。"（123）故宮本《王韻》、故宮本《裴韻》、《廣韻》同。此"恾"當同"忙""茫""惘"。佛經有此字用例：《大正藏》本唐若那跋陀羅譯《大般涅槃經後分》卷上《大般涅槃經遺教品》第一："爾時阿難聞佛語已，身心戰動，情識恾然，悲哽喑咽，深沒憂海，舉體迷悶，昏亂濁心，投如來前猶如死人。"又《大正藏》本元魏瞿曇般若流支譯《正法念處經》卷第十一《地獄品》之七："閻魔羅人，面有惡狀，手足極熱，搣身努肚，罪人見之，極大恾怖。閻魔羅人，聲如雷吼，罪人聞之，恐怖更增。"又《大正藏》本唐義淨譯《根本說一切有部毘奈耶雜事》卷第二十七："是時王子以如是等悲苦言辭，白其母已，即便辭去，往半遮羅，將至彼國，苦於飢渴，遂往路邊樹下停息，四顧恾然，偃臥而睡。""恾"，宮本、宋本作"忙"，元本、明本作"恾"。慧琳《音義》卷五六《佛本行集經》第五十八卷："蒼茫，又作惘同。莫剛反。惘，遽也。《通俗文》：'時務曰茫。'經文從心作恾，非體也。"（58，p573b3）又《可洪音義》卷三《大集月藏經》第二卷："茫然，上莫郎反。怖也；懅也。正作恾、惘二形。"（59，p633a2）以上諸書皆其證也。故"恾"訓"怖"，與"忙""茫""惘"諸字即為異體字。

407. 怞：《新修玉篇》卷八《忄部》引《龍龕》："怞，音以（移）。

不憂也。"（76 上左）

按：《篇海》同。《龍龕》卷一《忄部》："㤊，音移。怟~，不憂事也。"（55）"㤊"即"㦿"之異寫字。《說文·心部》："㦿，怟㦿，不憂事也。从心，㦿聲。讀若移。"（217 下）"㤊""㦿"並即"㦿"字之俗。

408. 慠：《新修玉篇》卷八《忄部》引《龍龕》："慠，五告切。慢也。"（76 上左）

按：《篇海》同。《龍龕》卷一《忄部》："慠慠，二俗；傲（傲），正。五告反。慢也；蕩也；倨也。三。"（59）"慠"當即"傲"之異寫字，亦當即"傲（傲）"字之俗。

409. 愀：《新修玉篇》卷八《忄部》引《龍龕》："愀，親小、慈糾二切。容色變也。又在由切。"（76 上左）

按：《篇海》同。"愀"當即"愀"字之俗。《龍龕》卷一《忄部》："愀，正；愀，俗。親小、慈糾二反。容色變也。又在由反。二。"（58）此即其證。

410. 愜：《新修玉篇》卷八《忄部》引《龍龕》："愜，去葉切。稱心也。"（76 上左）

按：《篇海》卷十《心部》引《川篇》："愜，去葉切。稱心也。"（731 上）《新修玉篇》與《篇海》引書不同，疑以《篇海》為是。"愜"當即"愜"字之俗。《龍龕》卷一《忄部》："愜愜愜，謙叶反。當也；可也；快也；心伏也。三。"（62）"愜"與"愜"形近，亦當即"愜"字之俗。

411. 懽：《新修玉篇》卷八《忄部》引《餘文》："懽，火貫切。伴懽，不順也。"（76 下右）

按：《篇海》同。此字《說文》《玉篇》皆未收，《廣韻》亦不錄，《集韻》收之，當即丁度等人據俗書所增。《集韻》去聲換韻胡玩切："懽，伴懽，不順也。一曰拔（跋）扈。"（554）下文同一小韻呼玩切又曰："懽，伴懽，不順。"（555）"不順""跋扈"義可相通。"伴懽"，本作"伴奐"，"懽"當即"奐"之增旁俗字（詳見本文"伴"字注）。

412. 㖿：《新修玉篇》卷八《忄部》引《餘文》："㖿，似嗟切。心不直。"（76 下右）

按：《篇海》同。《集韻》平聲麻韻徐嗟切："㖿，心不直。"（204）"㖿"當即"耶"字之俗。《敦煌掇索·太子入山修道讚》："眾生命，盡信耶言，不解學參禪。"此"耶"即"不直"之義。"耶"，《洪武正韻》音"徐嗟切"。"㖿"與"耶"音義並同，故"㖿"即"耶"之增旁俗字。

413. 愘：《新修玉篇》卷八《忄部》引《餘文》："愘，莫報切。貪也。"（76下左）

按：《篇海》同。此字《說文》《玉篇》皆未收，《廣韻》亦不錄，《集韻》收之，當即丁度等人據俗書所增。《集韻》去聲號韻莫報切："愘，貪也。"（587）《字彙·心部》："愘，莫報切，音帽。貪也。"（162下）《正字通·心部》："愘，俗冒字。媢、冒通。《左傳》'貪冒'，冒音墨，有入、去二音。舊注：音帽。貪也。分為二，非。"（375上）《正字通》謂"愘"為"冒"字之俗，所言當是。《書·泰誓上》："今商王受，弗敬上天，降災下民，沉湎冒色，敢行暴虐。"孔傳："沉湎嗜酒，冒亂女色。"孔穎達疏："冒猶貪也。""冒"，《廣韻》亦音"莫報切"。故"愘"與"冒"音義並同，"愘"當即"冒"之增旁俗字。

414. 㦷：《新修玉篇》卷八《忄部》引《餘文》："㦷，奴加切。心亂也。"（76下左）

按：《篇海》同。此字《說文》《玉篇》皆未收，《廣韻》亦不錄，《集韻》收之，當即丁度等人據俗書所增。《集韻》平聲麻韻女加切："㦷，心亂。"（207）又下文去聲禡韻乃嫁切："㦷，心亂也。"（594）正如"挐"同"拏"，"㦷""㦷"二字亦同。《字彙·心部》："㦷，奴加切，音拏。心亂也。又去聲，乃亞切。義同。"（161下）下文曰："㦷，乃亞切，拏去聲。心亂也。"（163上）《正字通·心部》："㦷，俗恘字。舊注訓同恘，改音拏，非。"（373上）下文又曰："㦷，㦷、㦷，俗恘字。"（377上）《正字通》所言當是。《說文·心部》："恘，亂也。从心，奴聲。"（220下）《廣韻》平聲肴韻女交切："恘，心亂。"（97）"㦷"與"恘"義同，"㦷"疑即"恘"之繁化俗字，而"㦷"又當即"㦷"通過改換聲符而形成的異體字。

415. 愲：《新修玉篇》卷八《忄部》引《餘文》："愲，都盍切。心恐也。"（76下左）

按：《篇海》同。此字《說文》《玉篇》皆未收，《廣韻》亦不錄，《集韻》收之，當即丁度等人據俗書所增。《集韻》入聲盍韻德盍切："愲，心恐也。"（774）《字彙·心部》："愲，都盍切，音答。心恐也。"

(162下)《正字通·心部》:"悕,俗字。'心恐'當即用'恐'字,不必別作悕。"(374下)《正字通》謂"悕"為俗字,是也。今案:"悕"當即"怛"之異體字。《廣雅·釋詁一》:"怛,驚也。"(66上)《文選·左思〈魏都賦〉》:"顧非累卵於疊棋,焉至觀形而懷怛。"李善注:"怛,懼也。""怛",《廣韻》音"當割切"。故"悕"與"怛"音義並同,"悕"當即"怛"通過改換成與字音更為接近的聲符而形成的異體字。

416. 惺:《新修玉篇》卷八《忄部》引《龍龕》:"惺,於角切。俗,从巾。"(76下左)

按:《篇海》卷十《心部》引《龍龕》:"惺,於角切。正從巾也。"(731下)《龍龕》卷一《忄部》:"惺,俗。於角反。正從巾作。"(62)《玉篇·巾部》:"幄,於角切。帳也。"(127上右)故"惺"即"幄"字俗訛。

417. 悢:《新修玉篇》卷八《心部》引《龍龕》:"悢,音哀。"(76下左)

按:《篇海》卷十《心部》引《龍龕》:"悢,音哀。"(731下)《龍龕》卷一《忄部》:"悢,音哀。"(55)"悢"即"悢"字俗寫,而"悢"又即"哀"之增旁俗字。

418. 憪:《新修玉篇》卷八《心部》引《川篇》:"憪,丘廉切。心不安。"(76下左)

按:《篇海》卷十《心部》引《川篇》:"憪,丘廉切。心不安也。"(731下)《玉篇·心部》:"憪,丘廉、丘減二切。不安皃。"(39上右)"憪""憪"與"憪"音義並同,並即"憪"字之俗。此"憪"與《大字典》《字海》所收"感"之異體字"憪"字即為同形字。

419. 慅:《新修玉篇》卷八《忄部》引《餘文》:"慅,蘇遭切。愁也。通作騷。"(77上右)

按:《篇海》同。《集韻》平聲豪韻蘇遭切:"慅,愁也。通作騷。"(192)《字彙·心部》:"慅,蘇曹切,音搔。愁也。通作騷。"(163上)《正字通·心部》:"慅,蘇操切,音搔。愁也。通作騷。"(376下)《玉篇·馬部》:"騷,先刀切。愁也。"(108上左)"慅"與"騷"音義並同,"慅"當即"騷"通過全體創造而形成的異體字。

420. 惏:《新修玉篇》卷八《忄部》引《餘文》:"惏,虛郭切。恐

懼兒。"（77上右）

按：《篇海》同。此字《説文》《玉篇》皆未收，《廣韻》亦不錄，《集韻》收之，當即丁度等人據俗書所增。《集韻》入聲鐸韻忽郭切："惟，恐懼兒。"（730）"惟"當即"懓"之異體字。《廣雅·釋詁一》："懓，驚也。"（66上）"懓"，《廣韻》音"胡郭切"。"惟"與"懓"音義並同，"惟"當即"懓"之異體字。

421. 愲：《新修玉篇》卷八《忄部》引《餘文》："愲，先結切。憂也。"（77上右）

按：《篇海》同。此字《説文》《玉篇》皆未收，《廣韻》亦不錄，《集韻》收之，當即丁度等據俗書所增。《集韻》入聲屑韻先結切："愲，憂也。"（699）"愲"當即"屑"字之俗。《廣雅·釋訓》："屑屑，不安也。"又《方言》卷十："迹迹、屑屑，不安也。江沅之間謂之迹迹，秦晉謂之屑屑，或謂之塞塞，或謂之省省，不安之語也。""屑"，《廣韻》音"先結切"。故"愲"與"屑"音義並同，"愲"當即"屑"之增旁俗字。

422. 徬：《新修玉篇》卷八《忄部》引《餘文》："徬，步光切。[徬]惶，恐也。"（77上右）

按：《篇海》同。《集韻》平聲唐韻蒲光切："徬，徬惶，恐也。"（221）"徬惶"疑同"彷徨""徬徨"。《文選·無名氏〈古詩十九首〉》："出戶獨彷徨，愁思當告誰。"劉良注："彷徨，行迴旋心不安兒。"又《資治通鑒·漢紀三十七》："帝惻然感悟，夜起彷徨，由是多所降宥。"胡三省注："彷徨，釋徘徊也，《莊子》注：'猶翺翔也。'余謂彷徨，不自安之貌。"又《大正藏》本失譯《佛説菩薩睒子經》："王便將數人徑詣父母許。王去之後，睒便奄然而死。飛鳥、禽獸，皆大號哭，遶睒尸上，以舌舐睒身血。盲父母聞此音聲，益用怖懼，徬徨而住。"又《大正藏》本宋贊寧等撰《宋高僧傳》卷第十八《唐齊州靈巖寺道鑒傳》："距咸通七年蝗災，爾時彌空亘野食人苗稼，至于入人家食繒帛之物，百姓徬徨莫能為計。"從文意來看，上述二例中"徬徨"亦皆指"恐懼""不安"之義。"彷""徬"，《集韻》皆音"蒲光切"。故"徬惶"與"彷徨""徬徨"音義並同，"徬惶"當同"彷徨""徬徨"，而"徬"當即"徬"之換旁俗字，同"彷"。

423. 悷：《新修玉篇》卷八《忄部》引《川篇》："悷，音至。志

也。"（77上右）

按：《篇海》卷十《心部》引《類篇》："憓，音至。志也。"（732上）"悷""憓"即為同字異寫，當為一字之變；然《新修玉篇》與《篇海》引書不同，疑當以《新修玉篇》為是。"悷""憓"疑並即"憓"字之俗。《玉篇·忄部》："憓，陟利切。怒也；恨也。"（39下右）"悷""憓"與"憓"音同，正如韓小荊《〈可洪音義〉研究》（704）"嚏"字俗作"嘘""嚏"等，"悷""憓"亦當為"憓"字之俗。《新修玉篇》《篇海》皆訓"志也"，疑不足據。"志也"疑為"忌也"之形誤，因為"忌""恨"義同。

424. 憣：《新修玉篇》卷八《忄部》十一畫引《龍龕》："憣，孚袁切。憣悔也。"（77下右）

按：《新修玉篇》卷八《忄部》十二畫引《龍龕》："憣，孚袁切。正作幡（幡）。"（77下右）《篇海》卷十《心部》十一畫引《龍龕》："憣，孚袁切。正作幡。"（732下）下文十二畫引《龍龕》："憣，孚袁切。正作幡。"（733上）《龍龕》卷一《心部》："憣，俗。孚袁反。正作幡。"（56）"憣"當即"憣"字俗省，而"幡"當即"幡"字俗書。今案：正如《龍龕》所言，"憣"當即"幡"字之俗。韓小荊《〈可洪音義〉研究》（436）"幡"字俗作"憣"，此亦其證也。《大字典》（2513B）收入"憣"字，引《字彙》謂同"憣"，是；然非探本之論。"憣"又當即"幡"字之俗。《大字典》（2522B）又收入"憣"字，分為兩個義項：第一義項引《正字通》訓"心動"，以辛棄疾《踏莎行》"為誰書到便憣然"作為例證；第二義項謂通"翻"，訓"變動"，以《列子·周穆王》"憣校四時"作為例證。《字海》（607B）"憣"字略同。《字彙·心部》："憣，孚艱切，音番。心變動也。"（166上）《正字通·忄部》："憣，符山切，音番。心變動。"（383上）《字彙》《正字通》所收之字源於《篇海》，故此"憣"亦即"幡"字俗訛。《大字典》引辛棄疾《踏莎行》作"為誰書到便憣然"，然查四庫本《稼軒詞》卷三作："為誰書到便幡然，至今此意無人曉。""憣"字作"幡"。又《大字典》引《列子·周穆王》"憣校四時"，然查四庫本《列子》卷三作："幡校四時，冬起雷，夏造冰。""憣"字亦作"幡"。以上諸例亦皆其證也。故"憣"當即"幡"字俗訛。

425. 憣：《新修玉篇》卷八《忄部》十二畫引《龍龕》："憣，孚袁

切。正作幡（幡）。"（77下左）

按："幡"即"幡"字俗訛（詳見上文"幡"字注）。

426. 憪：《新修玉篇》卷八《忄部》引《龍龕》："憪，音散。憪扇也。"（77下左）

按：《篇海》同。《龍龕》卷一《心部》："憪，音散。~扇也。"（58）"憪"當即"繖"字俗訛。《集韻》上聲緩韻穎旱切："繖憪，《說文》：'蓋也。'或從巾。"（369）《晉書·輿服志》："繖扇幢麾各一騎，鼓吹一部，七騎。"《龍龕》訓"憪"為"~扇也"，當為誤截引文所致的訓釋失誤。"憪"與"繖"音義並同，"憪"當即"繖"字俗訛。

427. 憜：《新修玉篇》卷八《忄部》引《龍龕》："憜，徒臥切。懶也；不敬；懈怠也。"（77下左）

按：《篇海》同。"憜"即"惰"之異體字。《龍龕》卷一《忄部》："惰，今；憜，正。徒臥反。懶也；不敬也；懈怠也。"（59）此即其證也。

428. 憸：《新修玉篇》卷八《忄部》引《奚韻》："憸，於鹽切。憸憸。"（77下左）

按：《篇海》同。《集韻》平聲鹽韻於鹽切："俺，俺憸，多意氣皃。"（287）"憸"與"俺"音義並同，"憸"當即"俺"之異體字。

429. 憷：《新修玉篇》卷八《忄部》引《玉篇》："憷，瘡據切。心利也。通作楚。《韻》又創舉切。痛也。出《音譜》。"（78上右）

按：《廣韻》上聲語韻創舉切："憷，痛也。出《音譜》。"（174）《集韻》上聲語韻梩所切："憷瘀，痛也。或從疒。"（330）"憷"當即"楚"字之俗。《史記·孝文本紀》："夫刑至斷支體，刻肌膚，終生不息，何其楚痛而不得也，豈稱為民父母之意哉！"宋梅堯臣《送張子野知虢州先歸湖州》："清甘不楚齒，苦酒傾殘霞。"《文選·陸璣〈於承明作與士龍〉》："俯仰悲林薄，慷慨含辛楚。"《資治通鑒·晉紀八》："今邊陲無備預之儲，中華有杼軸之困，而股肱之臣不惟國體，職競尋常，自相楚剝，為害轉深，積毀銷骨。"以上例中之"楚"皆為"痛也"之義。"楚"，《廣韻》亦音"創舉切"。故"憷"與"楚"音義並同，"憷"當即"楚"之增旁俗字；而"瘀"當即"憷"因涉義改換義符而形成的異體字，亦當即"楚"字之俗。

430. 憵：《新修玉篇》卷八《忄部》引《餘文》："憵，子峻切。慧

也。"（78上右）

按：《篇海》同。此字《説文》《玉篇》皆未收，《廣韻》亦不錄，《集韻》收之，當即丁度等人據俗書所增。《集韻》去聲稕韻祖峻切："憏，慧也。"（541）《字彙·心部》："憏，祖峻切，音峻。慧也。"（167上）《正字通·心部》："憏，儁字之譌。舊注：音俊。慧也。按：俊或作儁，省作雋，六書無憏。"（385下）《説文·心部》："㦗，有二心也。从心，巂聲。"（220下）"㦗"，《廣韻》音"户圭切"。"㦗"與"憏"儘管形近，然音義俱别，二字不可混同，《正字通》之説非是。今案："憏"當即"儁"之異體字。《玉篇·人部》："俊，子峻切。《説文》云：'才過於人也。'《書》曰：'克明俊德。'儁，同上。"（12下右）"儁（俊）"，本義指才智超群的人，引申義指出色、卓越不凡。故"憏"與"儁"音義並同，"憏"當即"儁"通過改換義符而形成的異體字。

431. 愒：《新修玉篇》卷八《忄部》引《餘文》："愒，去例切。恐也。"（78上右）

按：《篇海》同。此字《説文》《玉篇》皆未收，《廣韻》亦不錄，《集韻》收之，當即丁度等人據俗書所增。《集韻》去聲祭韻去例切："愒，恐也。"（513）《字彙·心部》："愒，去冀切，音氣。恐也。"（166下）《正字通·心部》："愒，愒字之譌。舊注：音器。恐也。同音異訓，非。"（384上）《正字通》所言不確。《龍龕》卷一《忄部》："愒，去例反。恐人也。"（60）《集韻》入聲曷韻許葛切："愒，相恐怯也。"（686）《史記·蘇秦列傳》："是故夫衡人日夜務以秦權恐愒諸侯以求割地。"司馬貞索隱："愒，謂相恐脅也。""愒"與"愒"音義並同，"愒"當即"愒"之異體字。故《正字通》溝通"愒"與"愒"之間的字際關係，是也；然謂"愒"即"愒"字之訛，不確。

432. 㦗：《新修玉篇》卷八《忄部》引《省韻》："㦗，許極切。瞋怒。"（78上右）

按：《廣韻》入聲職韻許極切："㦗，瞋怒皃。"（425）《集韻》入聲職韻迄力切："㦗，怒也。"（759）"㦗""㦗"音義並同，即為同字異寫。今案："㦗""㦗"當即"奭（奭）"字之俗。《説文·䀠部》："奭，目裹也。从䀠，从大。大，人也。"（68下）王筠句讀："《九經字樣》：'怒皃也。'"桂馥義證："怒而裹視也。"故宫本《王韻》入聲職韻許力反："奭，怒皃。"（525）《廣韻》入聲職韻許極切："奭，斜視。"（425）

《集韻》入聲職韻迄力切："奭奭，斜視皃。或省。"（759）"奭（奭）"字，《廣韻》《集韻》訓"斜視"，當為"怒目斜視"之省。"愯""愯"與"奭（奭）"音義並同，故"愯""愯"當即"奭（奭）"之增旁俗字。

433. 愯：《新修玉篇》卷八《忄部》引《餘文》："愯，許極切。瞋怒。"（78上右）

按：《篇海》同。《廣韻》入聲職韻許極切："愯，瞋怒皃。"（425）"愯"即"奭（奭）"之增旁俗字（詳見上文"愯"字注）。

434. 憿：《新修玉篇》卷八《忄部》引《餘文》："憿，初八切。審也。"（78上右）

按：《篇海》同。此字《說文》《玉篇》皆未收，《廣韻》亦不錄，《集韻》收之，當即丁度等人據俗書所增。《集韻》入聲黠韻初戛切："憿，審也。"（696）《字彙·心部》："憿，初戛切，音察。審也。"（167下）《正字通·心部》："憿，憿字之譌。舊注音察，訓審，審當用察，加心非。"（386上）《集韻》去聲祭韻丑例切："憿，侘憿，未定也。"（512）"憿"與"憿"音義俱別，二字不可混同，《正字通》謂"憿"即"憿"字之譌，非是。今案："憿"即"察"字之俗。《爾雅·釋詁下》："察，審也。"（19）《說文·宀部》："察，覆也。从宀、祭。"（150下）《玉篇·宀部》："察，楚黠切。覆也。"（54上左）"覆"即"詳審、細究"之義。《爾雅·釋詁下》："覆，審也。"《周禮·考工記·弓人》："覆之而角至，謂之句弓。"鄭玄注："覆猶察也。"《左傳·莊公十年》："小大之獄，雖不能察，必以情。"杜預注："察，審也。"此即其證也。"憿"與"察"音義並同，"憿"當即"察"通過增加義符而形成的異體字。

435. 憕：《新修玉篇》卷八《忄部》引《龍龕》："憕，二音營。衛也。"（78上左）

按：《篇海》同。《龍龕》卷一《心部》："憕，俗；憕，正。音營。衛也。"（54）"憕"音"營"，本當作"營"。《說文·宮部》："營，市（帀）居也。从宮，熒省聲。"（152上）《玉篇·宮部》："營，弋瓊切。度也；市（帀）居也。"（54下左）"營"本義指市居，引申為護衛、看護。玄應《音義》卷十七引《三倉》："營，衛也。"故"憕"與"營"音義並同，"憕"當即"營"之增旁俗字。《新撰字鏡·火部》："營，以下（傾）、役瓊二反，平。造也；衛也；部也；治也；救護也。憕憕，二，上字。"（47）此即其證也。故"憼"當即"營"字之俗。此直音用字"營"，不但用於注音，還兼於用來指明正字。

436. 憓：《新修玉篇》卷八《忄部》引《龍龕》："憓，音舉。謹也。"（78 上左）

按：《篇海》同。《龍龕》卷一《心部》："憓，音舉。《玉篇》：'謹也。'"（57）《字彙·心部》："憓，居許切，音舉。謹也。"（168 上）《正字通·心部》："憓，譌字。"（386 下）《正字通》直斥"憓"為譌字，且未指明正字，其言不確。《龍龕》謂"憓"字《玉篇》訓"謹也"，然今查廣益本《玉篇》並未收錄"憓"字，卻收錄了"愚"字，與"憓"字形近義同。《玉篇·心部》："愚，余呂切。《說文》：曰'趣步愚愚也。'又以諸切。謹敬皃。忬，古文。"（41 上右）《名義·心部》："愚，與居反。趍也；敬也。"（73 下）《新撰字鏡·心部》："愚，與居反。趍也；謹敬皃。"（128）"憓"與"愚"形近義同，"憓"疑即"愚"字之俗。《新撰字鏡·心部》："悇悇趣，三形同。羊諸反，平。安行也。"（554）"悇""悇"並即"悇"字。《集韻》平聲魚韻羊諸切："悇，悇悇，行步安舒也。或作忬，亦書作愚。"（69）"愚"俗作"悇"，"憓"與"悇"形近，"憓"亦當為"愚"字之俗。"愚"俗寫作"憓"，後人不識，見其從"舉"，遂改其讀為音"舉"，致使"憓"與"愚"二字相隔不通。

437. 懙：《新修玉篇》卷八《忄部》引《龍龕》："懙，音黑（嘿）。"（78 上左）

按：《篇海》卷十《心部》引《龍龕》："懙，音嘿。"（734 上）"懙"即"嘿"字之俗。《龍龕》卷一《忄部》："懙，俗。音墨。正作嘿。"（63）此即其證也。

438. 憯：《新修玉篇》卷八《忄部》引《龍龕》："憯憼，二音營。衛也。"（78 上左）

按：《篇海》同。《龍龕》卷一《心部》："憯，俗；憼，正。音營。衛也。"（54）"憯""憼"即同字異寫，並即"憼"字之俗。

439. 憱：《新修玉篇》卷八《忄部》引《龍龕》："憱，莫結切。輕也。"（78 下右）

按：《篇海》同。《龍龕》卷一《忄部》："憱，通；憱憱，二正。莫結反。輕也。三。"（62）《龍龕》溝通"憱""憱"與"憱"字之間字際關係，是；然《龍龕》謂"憾""憾"二字正，非是。"憾""憾"並即"憾"字之俗，而非"憾"字正體。

440. 訉：《新修玉篇》卷九《言部》引《龍龕》："訉，方凡切。言急也。"（79下右）

按：《篇海》同，通行本《龍龕》未見收錄此字形。《玉篇·言部》："詉，方凡切。言急也。"（43下左）"訉"與"詉"音義並同，"訉"即"詉"字之俗。

441. 訨：《新修玉篇》卷九《言部》引《玉篇》："訨，王分切。訜訨，語不定。"（79下左）

按：《篇海》同。《集韻》平聲文韻于分切："訨，訜訨，語不定。"（130）"訜訨"本作"紛紜"，"訨"當即"紜"因涉義改換義符而形成的異體字（詳見本文"訜"字注）。

442. 詙：《新修玉篇》卷九《言部》引《龍龕》："詙，所瓦切。強事言語也。又所化切。枉也。"（79下左）

按：《篇海》同。《龍龕》卷一《言部》："詙詙，二俗；詨，或作；謗，正。所瓦反。強事言語也。又所化反。枉也。四。"（46）《廣韻》上聲馬韻沙瓦切："謗，強事言語。"（220）《廣韻》去聲禡韻所化切："詨，桂（枉）也。"（335）故"詙"音"所瓦切"，訓"強事言語也"，與"謗"音義並同，即為異體字；而"詙"音"所化切"，訓"枉也"，與"詨"音義並同，即為異體字。又慧琳《音義》卷七六《迦丁比丘説當來變經》一卷："詆，汦禮反。《蒼頡篇》：'詆，欺也。《説文》從言，氐聲。'《經》從及作'詙'，非也。"（54，p1009a6）此"詙"又當即"詆"字俗訛。《正字通·言部》："詙，詆字之譌。舊注：所瓦切，音耍。強事言語。非。"（1055上）《集韻》上聲阮韻甫遠切："詏，權言合道。"（363）下文去聲願韻方願切："詏，誠也。"（549）下文去聲換韻博漫切又曰："詏，詏諺，自矜。"（556）"詙"與"詏"儘管形近，然音義俱別，二字不可混同，《正字通》之說非是。

443. 訬：《新修玉篇》卷九《言部》引《川篇》："訬，音巧。不知。"（79下左）

按：《篇海》卷三《言部》引《川篇》："訬，音玢。不知。"（608下）"訬"字，《新修玉篇》與《篇海》直音用字不同，《篇海》所言當是。《玉篇·言部》："玢，筆云切。人不知。"（43下右）"訬"與"玢"

音義並同，"訡"即"訜"字俗寫。

444. 訮：《新修玉篇》卷九《言部》引《川篇》："訮，時荏、市林二切。信也。"（79下左）

按：《篇海》同。《玉篇·言部》："訦，時林、市荏二切。信也。"（42上右）"訮"與"訦"音義並同，"訮"即"訦"字俗寫。

445. 詺：《新修玉篇》卷九《言部》引《餘文》："詺，莫甸切。誘言也。"（80上右）

按：《篇海》同。此字《説文》《玉篇》皆未收，《廣韻》亦不錄，《集韻》收之，當即丁度等人據俗書所增。《集韻》去聲霰韻眠見切："詺，誘言也。"（571）《字彙·言部》："詺，莫甸切，音面。誘言。"（450上）《正字通·言部》："詺，俗字。舊注：音面。誘言。誤。"（1056下）《正字通》謂"詺"為俗字，是也。"詺"疑即"詪"字之俗。《説文·言部》："詪，眼戾也。从言，艮聲。"（55下）丁福保《説文詁林》："沈乾一案：唐寫本《玉篇》詪注引《説文》'很也'，今本作'眼戾也'，'眼'係'很'形近之誤，又敓'也'字。蓋古本有二訓，即：'很也''戾也'。野王節引其第一訓耳，宜據補正。"原本《玉篇·言部》："詪，古恨、胡典二反。《説文》即詪（很）也。《廣雅》：'詪詪，語也。'"（268）《玉篇·言部》："詪，古恨、古很二切。難語皃。又乎典切。"（44上右）"詺"與"詪"形近，"詺"當即"詪"字之譌。《龍龕》卷一《言部》："詺，俗；詪，正。胡典反。諍語也。又古恨反。難語也。二。"（45）此即其證也。故《集韻》"詺"訓"誘言也"，當為"諍言也"之誤。"詪"俗作"詺"，後人不識，見其從"民"，遂改其讀為"眠見切"，此當即望形生音。

446. 訋：《新修玉篇》卷九《言部》引《龍龕》："訋，土刀切。訋謟，言不節儉也。"（80上右）

按：《篇海》同。"訋"即"謟"字之俗。《龍龕》卷一《言部》："訋，俗；謟，正。土刀反。~謟，言不節儉也。"（42）此即其證也。

447. 誳：《新修玉篇》卷九《言部》引《餘文》："誳，女加切。《博雅》：'誳誳，拏也。'"（80下右）

按：《篇海》同。《集韻》平聲麻韻女加切："誳，女加切。《博雅》：'誳、誳，拏也。'"（207）《廣雅·釋詁三》："訬、詉、謍、惹、誳、誳，拏也。"王念孫疏證："此釋紛拏之義也。《説文》：'拏，牽引也。'

《文選·吳都賦》注引許慎《淮南子》注云：'挐，亂也。'《方言》：'䦆哗，譁謰，挐也。挐，揚州、會稽之語也。'郭璞注云：'言諸挐也。'《玉篇》云：'諸訍，言不可解也。'《廣韻》云：'諸訍，語不正也。'《淮南子·本經訓》云：'芒繁紛挐以相交持，挐、挐、訍並通。'"（201下）此"挐"即指"語不正也""言不可解也"。《字彙·言部》："訛，按：此字即'說'字，《博雅》注似誤。"（450下）《正字通·言部》："訛，俗說字。《博雅》注誤。"（1059下）《字汇》《正字通》所言当是。今案："訛"當即"挐""說"之異體字。原本《玉篇·言部》："詼，狙牙反。《字書》：'或挐字也。'挐，持也；把也。在《手部》。"（292）下字："訛，《廣雅》：'訛，挐也。'《字書》：'亦挐字也。'"（292）今本《玉篇》"訛"字失載。《龍龕》卷一《言部》："訛詼，女加反。二同。"（40）《廣韻》平聲佳韻妳佳切："說，言不正也。"（53）故"訛"與"說""詼""挐"諸字音義並同，即為異體字。《大字典》《字海》"訛"字皆分為兩個義項：第一個義項據《廣雅》訓"拿"；第二個義項據《字彙》《正字通》之說而謂同"說"。《大字典》《字海》這樣處理皆失妥當，一方面是因為《廣雅》"挐也"之條中的"訛"字義訓非指"拿"，而是指"語不正也""言不可解也"；另一方面是因為"訛"同"說"，即就"言不正也"這一釋義而言。故《大字典》《字海》"訛"字下皆應合併為一個義項，謂同"挐""說"，並訓"言語不正"，方妥。

448. 詼：《新修玉篇》卷九《言部》引《龍龕》："詼，苦回切。詼調也。"（80下右）

按：《篇海》同。《龍龕》卷一《言部》："詼，苦回反。～調也。"（40）《玉篇·言部》："詼，口回切。調戲也。"（43下左）"詼"與"詼"音義並同，"詼"即"詼"字俗寫。

449. 諙：《新修玉篇》卷九《言部》引《龍龕》："諙，音話。"（80下右）

按：《龍龕》卷一《言部》："諙，或作；話，正。胡卦反。談言也。又胡快反。語～也。二。"（47）"諙"即"諙"字異寫，並即"話"字之俗。

450. 詑：《新修玉篇》卷九《言部》引《類篇》："詑，移、池二音。慢言也。"（80下右）

按：《篇海》同。《集韻》上聲哿韻待可切："詑，欺罔也。"（404）

"謻",《廣韻》音"余支切",又音"直離切"。"慢言也"當為"欺慢之言"。"詑"與"謻"音義並同,"詑"當即"謻"字之俗。

451. 詠:《新修玉篇》卷九《言部》引《類篇》:"詠,音診。"(80下右)

按:《篇海》同。"診"字俗作"訡","訡"與"詠"音同形近,"詠"亦當即"診"字之俗。

452. 誩:《新修玉篇》卷九《言部》引《玉篇》:"誩,許乞切。語瞋聲。《韻》又許既切。語氣也……又許斤切。大言也。"(80下左)

按:《集韻》平聲欣韻許斤切:"誩,大言也。"(132)"誩"當即"喊"之異體字。玄應《音義》卷十一《正法念經》第五十七卷:"喊,呼戒反。《韻集》作喊。喊,訶也。《倉頡訓詁》作欨,恚聲也。《通俗文》作誩,大語也,猶言喊咄、唤喊,皆是也。"(56,p978b11)慧琳《音义》卷三、卷四、卷五亦同。以上诸书皆其證也。故"誩"當即"喊"之異體字。《集韻》音"許斤切",疑非是。

453. 謝:《新修玉篇》卷九《言部》引《玉篇》:"謝,方別切。分謝。一曰分契也。《韻》又皮別切。言析理也。"(80下左)

按:《廣韻》入聲薛韻方別切:"箹,分箹。一云:分契。謝,同上。"(405)《集韻》入聲薛韻筆別切:"箹,分契也。"下文又曰"謝,言析理也。或作辯。"下文又曰:"箹,分契也。"下文同一小韻皮列切又曰:"謝,言析理也。"(715)《正字通·言部》:"謝,必列切,音憋。分契也。《集韻》謝亦作辯。按:別與辯義通,必牽合為一,非。本作別,加言旁亦非。"(1063下)《正字通》所言當是。《説文·部》:"刐(別),分解也。从冎,从刀。"(80下)《廣雅·釋詁一》:"別,分也。"《方言》卷一:"別,治也。"戴震疏證:"辨別不諑紊,故為治之義。""別",《廣韻》音"皮列切",又音"方別切"。故"箹""謝"與"別"音同義通,二字本當作"別"。《龍龕》卷一《言部》:"謝,彼列反。分~也。亦作箹、別,皆得。"(50) 此是其證也。

454. 誋:《新修玉篇》卷九《言部》引《龍龕》:"誋,七玉切。心急誋也。"(81上右)

按:《篇海》同。《龍龕》卷一《言部》:"誋,七玉反。心急~~也。"(51)《字彙·言部》:"誋,千木切,音促。言急促。"(452下)"誋"字,前代字書皆訓"心急誋也",《字彙》卻改訓為"言急促",非是。"誢"當即"促"字之俗。《說文·人部》:"促,迫也。从人,足聲。"(164下)"促",《廣韻》亦音"七玉切"。"誢"與"促"音義並同,"誢"當即"促"字之俗。《正字通·言部》:"誢,千木切。音促。言急也。通用促。"(1064下)《正字通》所言是也。

455. 諘:《新修玉篇》卷九《言部》引《餘文》:"諘,陂矯切。讚也。"(81上左)

按:《篇海》同。此字《說文》《玉篇》皆未收,《廣韻》亦不錄,《集韻》收之,當即丁度等人據俗書所增。《集韻》上聲小韻彼小切:"諘,讚也。"(396)《字彙·言部》:"諘,卑小切,音表。讚也。"(453下)《正字通·言部》:"諘,俗字。舊注音表,訓讚也,非。本作表。"(1069下)《正字通》所言當是。《漢書·張敞傳》:"敞本治《春秋》,以經術自輔,其政頗雜儒,往往表賢顯善,不純用誅罰。"此"表"即指"表彰""稱讚"之義。"表",《廣韻》音"陂矯切"。"諘"與"表"音義並同,故"諘"當即"表"因涉義增加義符而形成的異體字。

456. 諊:《新修玉篇》卷八《言部》引《川篇》:"諊,音頰。多言。"(81下右)

按:《篇海》同。《玉篇·言部》:"諊,古協切。妄語也。"(43上左)"諊"與"諊"音義並同,"諊"當即"諊"字之俗。

457. 䜩:《新修玉篇》卷九《言部》引《龍龕》:"䜩,音愆。過也。"(81下左)

按:《篇海》同。《龍龕》卷一《言部》:"䜩,古文。音愆。過也。"(41)《說文·心部》:"愆,過也。从心,衍聲。䜩,籀文。"(220下)"䜩(愆)",《廣韻》音"去乾切"。"䜩"與"䜩"音義並同,"䜩"即"䜩"字俗寫。

458. 譬:《新修玉篇》卷九《言部》引《類篇》:"譬,音辯。"(82上右)

按:《篇海》同。《龍龕》卷一《言部》:"譬,或作;習,誤;習,古文辯字。"(48)"譬"與"譬"音同形近,"譬"亦當即"辯"字之俗。

459. 謠:《新修玉篇》卷九《言部》引《省韻》:"謠,余招切。謠同。"(82上左)

按:"謠"即"謠"字之俗。

460. 誜:《新修玉篇》卷九《言部》引《類篇》:"誜,音恨。"(82

上左）

按：《篇海》同。"諼"音"恨"，疑即"恨"之俗體會意字，從"言""㒳"會"恨"之"怨恨"之義。

461. 諳：《新修玉篇》卷九《言部》引《餘文》："諳，烏含切。諳阿，語不決。"（82下右）

按：《篇海》卷三《言部》引《餘文》："諳，音含。義同。"（611下）《集韻》平聲覃韻烏含切："諳，諳阿，語不決。或作諳，通作媕。"（284）《説文·女部》："婀，媕婀也。从女，阿聲。"（264上）《廣韻》平聲覃韻烏含切："媕，媕婀，不決。"（147）故"諳阿""諳阿"與"媕婀"音義並同，"諳阿""諳阿"本當作"媕婀"。

462. 諴：《新修玉篇》卷九《言部》引《餘文》："諴，五咸切。和也；戲言也。"（83上右）

按：《篇海》同。《龍龕》卷一《言部》："諴，五咸反。知（和）也；又戲也。"（42）《廣韻》平聲咸韻五咸切："諴，和也；戲言也。"（154）"諴"當即"諴"字之俗。《説文·言部》："諴，和也。从言，咸聲。《周書》曰：'不能諴于小民。'"（52下）《廣雅·釋詁四》："諴，調也。"（290上）《廣雅·釋言》："諴，謷也。"（358上）王念孫疏證："皆調戲也。"《名義·言部》："諴，魚咸反。和也；調也；戲也。"（81下）《玉篇·言部》："諴，胡讒切。和也。"（43下左）"諴"與"諴"義同。《龍龕》卷一《言部》："諴，音咸。和也；戲也。《玉篇》又音喦。亦弄人也。"（43）故宫本《裴韻》平聲咸韻五咸反："諴，和。又音咸。"（565）"諴"音"咸"，又音"喦"。故"諴"與"諴"音義並同，"諴"當因"諴"字又音"喦"而改換聲符而形成的異體字。《集韻》平聲咸韻魚咸切："諴諴，戲言。一曰和也。或從諴（咸）。"（295）此即其證也。

463. 諲諲：《新修玉篇》卷九《言部》引《川篇》："諲，音遲。言逸。"（83上右）

按：《篇海》同。《字彙·言部》："諲，同諲。"（458上）下文："諲，陳知切，音遲。言逸。"（458上）"諲"與"諲""諲"音義並同，"諲"當即"諲""諲"二字俗寫。《大字典》《字海》"諲"字皆未收，可據補。《正字通·言部》："諲，俗諢字。"（1082上）下文："諲，俗諢字。舊注重出，別訓言逸，誤。"（1082下）《正字通》所言當是。《説文·言部》："諽，語諄諽也。从言，屖聲。"（46 上）"諽"，《廣韻》音"直尼切"。"諲""諲"與"諽"音同，"諲""諲"當即"諽"通過改換聲符而形成的異體字。"諲""諲"訓"言逸"，疑為"言遲"之誤。

464. 謤：《新修玉篇》卷九《言部》引《餘文》："謤，蒲角切。嚆謤，大呼。《説文》作暴，云：'大呼自勉也。'同作暴。《韻》又北教切。謤譟，惡也。"（83 上左）

按：《廣韻》去聲效韻北教切："謤，謤譟，惡也。"（325）"謤"當即"暴"字之俗。《史記·佞倖列傳序》："至漢興，高祖至暴抗也。"司馬貞索引："暴，言暴猛伉直。"《大正藏》本唐一行記《大毘盧遮那成佛經疏》卷第十八《受方便學處品》第十八之餘："菩薩常當柔和善順而不卒暴，所可宣説悦可前人心以此因緣，能漸漸攝彼令入佛道。而今作違惱之因，即是乖背四攝方便，故犯罪也。然亦有方便而作麁語，如菩薩戒大本有一人常行麁語以為常性，一切無能化者。菩薩化作一人，所行嶮暴躁惡，更過於彼無量倍數，彼見已歡喜。此人所行皆勝於我，我當自謂無與等者。而今彼所作事堪為我師，因請言為汝弟子。""暴"，《廣韻》音"薄報切"。"謤譟"當同"暴躁"，"謤"與"暴"音義並同，"謤"當即"暴"之增旁俗字。

465. 劈：《新修玉篇》卷九《乃部》引《龍龕》："劈，音辟。"（84 上右）

按：《篇海》卷四《乃部》引《龍龕》："劈，音劈。同。"（641 下）"劈"當即"劈"字之俗。《龍龕》卷二《乃部》："劈，俗。普擊反。正作劈。剖裂也。"（339）此即其證也。

466. 㢟：《新修玉篇》卷九《丂部》引《切韻》："㢟，諸盈切。行也。"（84 上右）

按：《説文·廴部》："延，行也。从廴，正聲。"（38 上）"延"，《廣韻》音"諸盈切"。"㢟"與"延"音義並同，"㢟"當即"延"字俗訛。

467. 韸：《新修玉篇》卷九《音部》引《餘文》："韸，匹絳切。鼓聲。"（84 下左）

按：《篇海》同。此字《説文》《玉篇》皆未收，《廣韻》亦不錄，當即丁度等人據俗書所增。《集韻》去聲絳韻匹降切："韸，鼓聲。"（466）"韸"疑即"韸"字之俗。《玉篇·音部》："韸，薄公切。和也；

鼓聲也。"（44下左）原本《玉篇·音部》："韽，薄公反。《毛詩》：'鼉鼓韽韽。'《傳》曰：'韽，和也。'《韓詩》：'韽韽，聲也。'《埤倉》：'鼓聲也。'"（311）箋注本《切韻》（斯2071）平聲江韻匹江反："韽，鼓聲。"（107）箋注本《切韻》（斯2055）、故宮本《王韻》同。故宮本《裴韻》平聲江韻匹江反："韽，鼓聲。又薄紅反。"（541）"韽"即"韽"字之俗，俗寫作"韽"後，又改其讀為"匹江反"，望形生音也。"韽"字，故宮本《裴韻》又音"薄紅反"，此即"韽"為"韽"字俗譌之證。"韽"與"韽"音近義同，亦當為"韽"字之俗。

468. 韄：《新修玉篇》卷九《音部》引《川篇》："韄，戶刀切。"（84下左）

按：《篇海》卷十三《音部》引《川篇》："韄，戶皋切。"（807上）從"韄"字形音關係來看，此字可楷定作"虩"。"虩"疑即"唬（號）"之異體字。《集韻》平聲豪韻呼刀切："號，《說文》：'呼也。'或作唬。"（189）"虩"與"唬（號）"音同，正如"韽"同"噫"，"虩"疑即"唬（號）"之異體字。

469. 韽：《新修玉篇》卷九《音部》引《切韻》："韽，苦紺切。擊也。"（84下左）

按：《廣韻》去聲勘韻苦紺切："韽，擊也。"（357）"韽"與"韽"音義並同，"韽"當即"韽"字之俗。

470. 亹：《新修玉篇》卷九《云部》引《龍龕》："亹，音尾。"（84下左）

按：《篇海》同。《龍龕》卷一《云部》："亹，音尾。"（191）《廣韻》上聲尾韻無匪切："亹，美也。《爾雅》：'亹亹，勉也。'亹，俗。"（171）"亹"與"亹（亹）"音同形近，"亹"疑即"亹（亹）"字之俗。

471. 卆：《新修玉篇》卷九《云部》引《龍龕》："卆，音卒。"（84下左）

按：《篇海》同。《龍龕》卷一《云部》："卆，音卒。"（191）"卆"音"卒"，疑即"卒"字之俗。韓小荊《〈可洪音義〉研究》"卒"俗作"卆""卆""卆"等，"卆"與上述"卒"字諸俗體形近，故"卆"亦當即"卒"字之俗。

472. 亙：《新修玉篇》卷九《叩部》引《川篇》："亙，古文恒字。"（85上左）

按：" 亞 " 當即 " 恒 " 字之俗，而非其古文。

473. 鮖：《新修玉篇》卷九《侖部》引《切韻》："鮖，直離切。籬同。"（85 上左）

按："鮖" 即 " 籬 " 之異體字。

474. 栿：《新修玉篇》卷九《臬部》引《奚韻》："栿，才心切。掘地也。"（85 下右）

按：《篇海》同。《玉篇·臬部》："栿，才心切。掘地也。"（45 上右）"栿" 與 "栿" 音義並同，"栿" 當即 "栿" 字之俗。

475. 渼：《新修玉篇》卷九《次部》引《省韻》："渼，似面切。注：俗，非。"（85 下右）

按：《玉篇·次部》："羡，徐箭切。饒也；貪欲也；道也。"（47 上右）"渼" 與 "羡" 音同，且構字部件相同，"渼" 當即 "羡" 通過偏旁易位而形成的異體字。

476. 次：《新修玉篇》卷九《欠部》引《玉篇》："次，七四切。次第也。三宿曰次。《玉篇》：敘也；近也。又姓。《呂氏春秋》：'荊有勇士次非。'"（85 下左）

按：《集韻》平聲脂韻津私切："泜，具泜，山名，在滎陽。或作茨、疢。"（42）下文才資切又曰："次，具次，山名。或作疢，通作茨。"（43）故此 "次" 與 "泜" "疢" "茨" 當為異體字。

477. 籟：《新修玉篇》卷九《幸部》引《玉篇》："籟，居六切。窮治罪人也。簌，同上。籔，《韻》收，同上。"（85 下左）

按：《玉篇·幸部》："籟，居六切。窮治罪人也。籔，同上。"（47 上右）"簌" 同 "籔"，即 "籟" 之異體字。

478. 鵴：《新修玉篇》卷九《幸部》引《廣集韻》："鵴，居六切。《說文》曰：'秸鵴，尸鳩。'"（85 下左）

按：《廣韻》入聲屋韻居六切："鵴，《說文》曰：'秸鵴，鳲鳩。'《爾雅》作 '鵠鵴'。郭璞云：'今之布穀也。'"（370）《集韻》入聲屋韻居六切："鵴，鳥名。《說文》："秸鵴，尸鳩。'或从匊。"（647）"鵴" 當即 "鵴" 或 "鵴" 字俗省，同 "鵴"。

479. 欼：《新修玉篇》卷九《欠部》引《川篇》："欼，息四切。"（86 上右）

按：《篇海》卷二《欠部》引《川篇》："欼，且四切。"（605 下）

"㱈""欥"位置相同，且讀音相近，當即一字之變。"㱈""欥"疑即"㱃"字之俗。《說文・死部》："㱃，戰見血曰傷，亂或為惛，死而復生為㱃。从死，次聲。"(80下)"㱃"，《廣韻》音"七四切"，《集韻》音"息利切"。"㱈""欥"與"㱃"音同，"㱈"當即"㱃"字俗訛，"欥"又當即"㱈"字俗訛。

480. 歃：《新修玉篇》卷九《欠部》引《川篇》："歃，所洽、山輒二切。"(86下右)

按：《篇海》卷二《欠部》引《龍龕》："歃，所洽、山輒二切。"(606上)"歃""歃"當即同字異寫，《新修玉篇》與《篇海》引書不同，當以《新修玉篇》為是，通行本《龍龕》未見收錄以上字形。《龍龕》卷三《欠部》："歃歃，女洽、山洽、山輒三反。皆～血。又楚洽反。"(355)"歃""歃"並即"歃"字之俗。

481. 歔：《新修玉篇》卷九《欠部》引《龍龕》："歔，音色。小怖也。"(86下左)

按："歔"當即"歃"字之俗。《龍龕》卷三《欠部》："歔，俗；歃，正。音色。小怖也。二。"(355)此即其證也。

482. 歗歔：《新修玉篇》卷九《欠部》引《餘文》："歗，許羈切。相笑也。"同部下文引《餘文》又曰："歔，許羈切。相笑也。"(87上右)

按：《篇海》同。《廣韻》平聲支韻許羈切："戲，相笑之皃。"(17) 周祖謨校勘記："戲，此字誤，當依《集韻》《類篇》作歔。"周祖謨校"戲"為"歔"，當是，然非探本之論。《集韻》平聲支韻虛宜切："歔，相笑也。或作歗，通作戲。"(37) 今案："歗""歔"訓"相笑也"，當即"戲"之異體字。《爾雅・釋詁上》："戲，謔也。""戲"，《廣韻》音"香義切"，又音"許羈切"。故"歗""歔"與"戲"音義並同，"歗""歔"當即"戲"之異體字。又《廣韻》平聲支韻許羈切："歔，吹歔，口聲。"(17) 此"歔"當即"嚱"之異體字。《玉篇・口部》："嚱，許羈切。吹嚱，口聲。"(25上左) 故"歔"與"嚱"音義並同，"歔"當即"嚱"之異體字。

483. 楸：《新修玉篇》卷九《欠部》引《龍龕》："楸，子笑切。"(87上右)

按：《篇海》同。《龍龕》卷三《欠部》："楸，子笑反。"(355)《玉篇·欠部》："歠，子妙切。盡酒也。亦作醊。"（45下右）"歔"與"歠"音同形近，"歔"即"歠"字之俗。

484. 饇：《新修玉篇》卷九《食部》引《川篇》："饇，子荏切。好味也。"（88下左）

按：《篇海》同。敦煌本《王韻》上聲寑韻子甚反："醋，小甜。亦作饇、腊。"（399）《玉篇·食部》："饇，子荏切。或作腊、醋。"（46下右）"小甜""好味"訓異義同，故"饇"與"饇"音義並同，"饇"即"饇"字之俗。

485. 饞：《新修玉篇》卷九《食部》引《類篇》："饞，音察。添食。"（88下左）

按：《篇海》同。《新修玉篇》卷九《食部》下文引《類篇》又曰："饞，音察。添食。"（88下右）"饞"與"饞"音義並同，"饞"當即"饞"字之俗。

486. 牸：《新修玉篇》卷九《夲部》引《切韻》："牸，余準切。靸同。"（89上左）

按：《説文·夲部》："靸，進也。从夲，允聲。《易》曰：'靸升大吉。'"（214下）"牸"即"靸"字俗省。

487. 號：《新修玉篇》卷九《夲部》引《切韻》："號，胡刀切。叫也。"（89上左）

按：《説文·号部》："號，呼也。从号，从虎。"（96下）"號"，《廣韻》音"胡刀切"。"叫"即"叫"字之俗，"呼""叫"義同，故"號"與"號"音義並同，"號"即"號"字之俗。

488. 徬：《新修玉篇》卷十《彳部》引《川篇》："徬，音奉。灼龜兆也。"（89下左）

按：《篇海》同。《字彙補·彳部》："徬，馮凍切，音奉。灼龜兆也。"（68下）"徬"當即"徬"字俗寫，而"徬"當即"髖"之異體字。《玉篇·骨部》："髖，府貢切。灼。"（35上左）《集韻》去聲用韻房用切："髖，灼龜坼。"（464）"灼龜兆""灼龜坼"訓異義同，皆指"古人占卜時灼龜甲出現的裂縫"。故"徬"與"髖"音義並同，"徬"當即"髖"之異體字。

489. 徛：《新修玉篇》卷十《彳部》引《玉篇》："徛，丘奇切。《説文》：'舉脛有渡也。'又居義切。石杠聚石以為步渡。《韻》又渠綺切。

立也。"（90 上右）

按：箋注本《切韻》（斯 2071）上聲紙韻渠綺反："𠋣，立也。"（129）敦煌本《王韻》、故宮本《王韻》、故宮本《裴韻》、《廣韻》並同。此"𠋣"當即"倚"之異體字。《廣雅·釋詁四》："𠋣，立也"。《楚辭·劉安〈招隱士〉》："白鹿麏䴥兮，或騰或倚。"王夫之通釋："倚，立也。""倚"，《廣韻》音"於綺切"。"𠋣"與"倚"音近義同，故此"𠋣"當即"倚"之異體字。

490. 偋：《新修玉篇》卷十《亻部》引《餘文》："偋，防正、步定二切。傍側也。"（90 上右）

按：《篇海》同。《集韻》去聲勁韻毗正切："偋，傍側也。"（605）"偋"當即"偋"之異體字。《説文·人部》："偋，僻寠也。从人，屏聲。"（163 上）《廣韻》去聲勁韻防正切："偋，隱僻也；無人處。又蒲徑切。"（344）雖然"偋"與"偋"訓釋不同，然"傍側"與"僻寠""隱僻"義可相通，故"偋"與"偋"音同義通，"偋"當即"偋"之異體字。

491. 徣：《新修玉篇》卷十《亻部》引《川篇》："徣，音緝。行皃。"（90 上左）

按：《篇海》同。《玉篇·彳部》："徢，七入切。行皃。"（48 上右）"徣"與"徢"音義並同，"徣"即"徢"字之俗。

492. 儠：《新修玉篇》卷十《亻部》引《廣集韻》："儠，余廉切。進也。"（90 下右）

按：《廣韻》《集韻》皆未見收錄此字形，"儠"疑即"㱄"之異體字。《爾雅·釋詁上》："㱄，進也。"《集韻》平聲鹽韻余廉切："㱄，進也。"（286）"儠"與"㱄"音義並同，"儠"當即"㱄"之異體字。

493. 𢁕：《新修玉篇》卷十《亻部》引《川篇》："𢁕，音酷。枲結。"（90 下右）

按：《篇海》同。《説文·麻部》："𢇁，未練治纑也。从麻，後聲。"（146 上）"𢇁"，《廣韻》音"空谷切"。"𢁕"與"𢇁"音義並同，"𢁕"當即"𢇁"字之俗。

494. 御：《新修玉篇》卷十《亻部》引《類篇》："御，音御。"（90 下左）

按：朝鮮本《龍龕》卷八《亻部》："御，今。魚據切。侍～；又理也;追也;享也;使也。又姓。衛衛,今增。"(30)"衞"與"衛"音同形近,"衛"亦當即"御"之異體字。

495. 術:《新修玉篇》卷十《彳部》引《類篇》:"術,音率。"(90下左)

按:朝鮮本《龍龕》卷八《彳部》:"衛,所律切。循也。㣟,行也。今增。術,今增。"(31)"術"即"衛"字之俗。"術"與"衛"音同形近,"術"亦即"衛"字之俗。

496. 夵:《新修玉篇》卷十《夊部》引《切韻》:"夵,蒲木反。今作㚁。"(91上左)

按:《廣韻》入聲屋韻蒲木切:"㚁,行皃。"(368)"夵"與"㚁"音同形近,"夵"即"㚁"之異體字。

497. 赺:《新修玉篇》卷十《走部》引《玉篇》:"赺,他邁切。走也。《韻》曰:目(自)投下。或作毀。"(91下右)

按:《刊謬補缺切韻》(伯2012)去聲候韻他候反:"赺,自投。或作毀。"(336)敦煌本《王韻》去聲候韻他候反:"赺,自投。或作毀。"(419)"赺"當即"赺"字之俗。故宮本《王韻》去聲候韻他候反:"赺,自投。或作毀。"(507)此是其證也。故宮本《裴韻》去聲候韻他候反:"赺,自投。或作毀。"(602)此"赺"亦即"赺"字之俗。《唐韻》去聲候韻他候反:"赺,自投下。或作毀。"(679)此"赺"亦即"赺"字之俗。《廣韻》去聲候韻他候反:"赺,自投下。或作毀。"(354)此是其證也。故此"赺"當即"毀"之異體字。

498. 趏:《新修玉篇》卷十《走部》引《龍龕》:"趏,音教。"(91下右)

按:《篇海》同。《龍龕》卷二《走部》:"趏,俗。音教。"(325)"趏"音"教",疑即"教"字俗訛。

499. 赺:《新修玉篇》卷十《走部》引《類篇》:"赺,仄買切。"(91下左)

按:《篇海》同。"赺"疑即"赺"字之俗。《刊謬補缺切韻》(伯2012)去聲候韻他候反:"赺,自投。或作毀。"(336)敦煌本《王韻》去聲候韻他候反:"赺,自投。或作毀。"(419)以上二書之"赺"皆為"赺"字之俗。故宮本《王韻》去聲候韻他候反:"赺,自投。或作毀。"(507)《廣韻》去聲候韻他候反:"赺,自投下。或作毀。"(354)此皆其證也。故"赵"當即"趍"字之俗。"赵"字，《新修玉篇》《篇海》音"仄買切"，疑皆因不識其為"趍"字之俗，又見其從"只"而望形生音也。

500. 趙：《新修玉篇》卷十《走部》引《類篇》："趙，音趙。"（91下左）

按：《篇海》同。"趙"音"趙"，"趙"與"趙"音同形近，"趙"當即"趙"字之俗。

501. 趚：《新修玉篇》卷十《走部》引《龍龕》："趚，七迹切。趥趚也。赼，同上。"（92上左）

按：《龍龕》卷二《走部》："赼，或作；趚（趚），今；趚，正。七迹切。趥~也。三。"（326）《龍龕》謂"趚"正，不確；然溝通"趚"與"趚"的字際關係，是也。故"趚"當即"趚"字之俗。

502. 趜：《新修玉篇》卷十《走部》引《川篇》："趜，山洽切，又音插。走皃也。"（92上左）

按：《篇海》同。《玉篇·走部》："䞤，山洽、士洽二切。行疾也。"（49上左）"趜"與"䞤"音同義近，"趜"當即"䞤"字之俗。

503. 趱：《新修玉篇》卷十《走部》引《餘文》："趱，音疾。走遽也。"（92下右）

按：《篇海》卷九《走部》引《餘文》："趱，音疾。走遠（遽）也。"（711上）《集韻》入聲質韻昨悉切："趱，走遽也。"（664）《字彙·走部》："趱，昨悉切，音疾。走遽也。"（471上）"趱"當同"遬"，二字本當作"疾"。《太平廣記》卷四百七十八引李玫《纂異記》："以白練繫玄之頸，甲士數十，羅曳而去，其行迅遬。倏忽如入一城門，觀者架肩疊足，逗五六里。又行數里，見子城。"掃葉山房本作"疾"，明談刻本、中華書局本作'迅疾'。"趱"當同"遬"。《正字通·走部》："趱，俗字。舊注：音疾。走遽。非。經史本借疾，加走贅。"（114上）《正字通》所言是也。故"趱"當同"遬"，二字本當作"疾"。

504. 趣：《新修玉篇》卷十《走部》引《餘文》："趣，才盍切。疾走皃。"（92下左）

按：《篇海》卷九《走部》引《餘文》："趣，才盍切。疾走皃。"（711上）"趣""趣"當即同字異寫。《集韻》入聲盍韻疾盍切："趣，疾走皃。"（774）"趣（趣）"疑即"踵"之異體字。《廣韻》入聲盍韻蘇盍切："踵，踵踵，行皃。"(434)《集韻》入聲盍韻采盍切："踵，踵踵，行皃。"(774)"趍（趋）"與"踵"音義皆近，"趍（趋）"疑即"踵"之異體字。

505. 赿：《新修玉篇》卷九《走部》引《餘文》："赿，丘錦切。低首疾趨謂之赿。"(92下左)

按：《篇海》同。此字《玉篇》《廣韻》皆未收，《集韻》始收之，當即丁度等人據俗書所增。《集韻》上聲寑韻丘甚切："趛赿，低首疾趨謂之赿。或从今。"(443)《玉篇校釋》"赿"字下注："原闕義，依元刊補。《集韻》以為赿之或體，走也。本書無赿，當與趛同。趛，低頭行疾。"(2064)胡氏所言是也。《正字通·走部》："赿，趛字之譌。舊注：音欽上聲。低首疾趨。與《說文》趛義相近，改作赿非。"(1115上)《正字通》之說是也。"赿"音"丘甚切"，形音不諧。《玉篇·走部》："趛，古藍、牛錦二切。"(49上右)《正字通·走部》："趛，同趛，俗省。《說文》本作趛。舊注改音甘，分趛、趛為二，誤。"(1110下)"趛""趛"音義並同，"趛"當即"趛"通過改換聲符而形成的異體字。"赿"音"丘甚切"，形音不諧。《說文·走部》："趛，低頭疾行也。从走，金聲。"(36下)"赿"與"趛"義同，"赿"當即"趛"之形譌。梁春勝《楷書異體俗體部件例字表》"金"字旁"錫"俗作"𨫙"、"鍮"俗作"鍮"、"鈴"俗作"鈴"、"鉔"俗作"鉔"、"鐏"俗作"鐏"等，皆其證也，故"趛"亦可俗寫作"赿"。"趛"俗作"赿"後，又改其讀為"丘甚切"，望形生音也。《大字典》"赿"字分為兩個義項，第一義項之下又分為兩個小義項，第一個小義項訓"快步行走"，第二個小義項據《正字通》之說謂同"趛"；第二義項引《集韻》同"赿"。《大字典》"赿"字溝通失當，應如《字海》據《正字通》之說直謂"赿"同"趛"即可。《大字典》《字海》"赿"字皆未溝通其與"趛"字的俗譌關係，亦失考證。

506. 趶：《新修玉篇》卷十《走部》引《奚韻》："趶，普辟切。走皃。"(92下左)

按：《篇海》卷九《走部》引《奚韻》："趶，普辟切。走。"(711上)《字彙·走部》："趶，匹亦切，音僻。走貌。"(471下)"趶"疑即"避"字之俗。《說文·辵部》："避，回也。从辵，辟聲。"(35上)段玉裁注："此回依本義訓轉，俗作迴，是也。""避"，《廣韻》音"毗義切"。"避"與"避"音義皆近,"避"疑即"避"之異體字。《正字通·走部》:"避,俗字。或曰:與避同。"(115上)《正字通》所言當是。故"避"疑即"避"字之俗。

507. 趡:《新修玉篇》卷十《走部》引《省韻》:"趡,松倫、規倫、俱倫三切。走也。"(92下左)

按:《廣韻》平聲諄韻詳遵切:"趨,《說文》曰:'走皃也。'"(64)"趡"與"趨"音義並同,"趡"即"趨"字之俗。

508. 趰:《新修玉篇》卷十《走部》引《川篇》:"趰,居嶪切。走也。"(92下左)

按:《說文·走部》:"趰,走意。从走,蓟聲。"(30下)"趰"《廣韻》音"古屑切"。"趰"與"趰"音同義近,"趰"當即"趰"字俗訛。

509. 迋:《新修玉篇》卷十《辵部》引《玉篇》:"迋,居況切。《說文》曰:'往也。子無我迋。'《韻》曰:欺也……又巨王切。妄也。應劭讀《漢書》:'迋吾兄也。'"(93上右)

按:《集韻》平聲陽韻渠王切:"迋,妄也。"(218)"狂""妄"義同,又"狂"字《集韻》亦音"渠王切",故"迋"與"狂"音義並同,此"迋"當即"狂"之異體字。

510. 迡:《新修玉篇》卷十《辵部》引《餘文》:"迡,似周切。拘留也。"(93上左)

按:《篇海》同。此字《說文》《玉篇》皆未收,《廣韻》亦不錄,《集韻》收之,當即丁度等人據俗書所增。《集韻》平聲尤韻徐由切:"迡,拘留也。"(263)《字彙·辵部》:"迡,似由切,音囚。拘留。"(487上)《正字通·辵部》:"迡,俗字。音囚,訓拘留,非。"(1148下)《正字通》謂"迡"為俗字,是也。"迡"當即"囚"字之俗。《爾雅·釋言》:"囚,拘也。"《說文·口部》:"囚,繫也。从人在口中。"(125下)"囚",《廣韻》音"似由切"。"迡"與"囚"音義並同,"迡"當即"囚"之增旁俗字。

511. 运:《新修玉篇》卷十《辵部》引《類篇》:"运,音節。"(93上左)

按:《篇海》同。"运"疑即"适"字之俗。《玉篇·辵部》:"适,居列切。跳。"(50下右)"运"與"适"形音皆近,"运"疑即"适"字之俗。

512. 逎：《新修玉篇》卷十《辵部》引《川篇》："逎，音進。"（93下右）

按：《篇海》同。"逎"音"進"，疑即"進"字俗寫，此"進"疑即兼於用來指明字際關係的直音用字。

513. 逌：《新修玉篇》卷十《辵部》引《餘文》："逌，於幺切。遠兒。"（94上右）

按：《篇海》同。《集韻》平聲蕭韻伊堯切："逌，遠兒。"（177）"逌"疑即"杳"字之俗。《說文·木部》："杳，冥也。从日在木下。"（115上）"杳"本義指"幽暗"，引申義可指"遠""遠貌"。如：《文選·鮑照〈蕪城賦〉》："灌莽杳而無際，叢薄紛其相依。"呂向注："杳，杳遠貌。"又《文選·陸機〈赴洛道中作〉》："山澤紛紆餘，林薄杳阡眠。"呂延濟注："杳，遠也。"又《楚辭·九章·哀郢》："堯舜之抗行兮，瞭杳杳而薄天。"洪興祖補註："杳杳，遠貌。""杳"，《廣韻》音"烏皎切"。故"逌"與"杳"音近義同，"逌"當即"杳"之增旁俗字。

514. 逐：《新修玉篇》卷十《辵部》引《龍龕》："逐，音淡。"（94上右）

按：《篇海》同。《龍龕》卷四《辵部》："逐，俗。音淡。"（491）"逐"疑即"淡"字之俗。《龍龕》卷四《辵部》："遣，舊藏作清。"（489）正如"清"俗作"遣"，"逐"疑即"淡"字之俗。

515. 遹：《新修玉篇》卷十《辵部》引《川篇》："遹，音術。行也。"（94上右）

按：《篇海》同。"遹"當即"述"字籀文"遹"之篆文楷定之俗。《說文·辵部》："述，循也。从辵，朮聲。遹，籀文从秫。"（33下）"述"，《廣韻》音"食聿切"。"遹"字，篆文作"遹"。"遹"與"遹"音義並同，"遹"當即"遹"字《說文》篆文"遹"字楷定之俗。《字彙補·辵部》："遹，牀卒切，音術。行也。疑遹字譌。"（222下）《字彙補》所言是其證也。

516. 遝：《新修玉篇》卷十《辵部》引《類篇》："遝，徒合切。行立也。"（94上右）

按：《篇海》卷五《辵部》引《類篇》："遝，徒合切。行立也。"（648下）"遝""遝"即同字異寫，疑並即"遝"字之俗。《說文·辵部》："遝，迨也。从辵，眔聲。"（34上）"遝"訓"迨"，即"行相及"

之義。"行相及""行立"義可相通。"遝",《廣韻》音"徒合切"。"逯""𠔌"與"遝"音同義通,"逯""𠔌"疑並即"遝"字之俗。

517. 逜:《新修玉篇》卷十《辵部》引《龍龕》:"逜,音咢。義同。"(94下右)

按:《篇海》卷五《辵部》引《龍龕》:"逜,五各切。與遌同。"(649上)《龍龕》卷四《辵部》:"逜,正;遌,今。五各反。《爾雅》云:'心不欲見而見曰~。'二。"(489)"逜"當即"遌"字之俗,而非"遌"之正字。

518. 遮:《新修玉篇》卷十《辵部》引《類篇》:"遮,徒回切。不進也。"(95上右)

按:《篇海》同。《新修玉篇》卷十《辵部》"遮"字上文引《類篇》曰:"遁,徒回切。不進也。"(95上左)《篇海》亦同。"遮"與"遁"音義並同,即為異體字。"遮""遁"二字皆產生很晚,亦當為俗字,其正字俟考。

519. 遢:《新修玉篇》卷十《辵部》引《類篇》:"遢,徒合切。行立也。"(95上左)

按:《篇海》卷五《辵部》引《類篇》:"遢,徒合切。行立也。"(650上)"遢""遢"即同字異寫,與"逯(𠔌)"音義並同,"遢(遢)"當即"逯(𠔌)"之異體字,亦當即"遝"字之俗(詳見上文"逯"字注)。

520. 逾:《新修玉篇》卷十《辵部》引《川篇》:"逾,以灼切。逴也。"(95上左)

按:《篇海》同。《玉篇·辵部》:"逾,以斫切。逴也。"(50下右)"逾"與"逾"音義並同,"逾"即"逾"字之俗。

521. 𢓜:《新修玉篇》卷十《止部》引《廣集韻》:"𢓜,充祝切。至也。"(95下左~96上右)

按:《廣韻》《集韻》未見收錄此字形。《說文·止部》:"俶,至也。从止,叔聲。"(32上)《集韻》入聲屋韻昌六切:"俶,《說文》:'至也。'"(642)"𢓜"與"俶"音義並同,"𢓜"當即"俶"之異體字。

522. 𣥂:《新修玉篇》卷十《止部》引《龍龕》:"𣥂,音剪。古文。"(96上右)

按:《篇海》同,通行本《龍龕》未見收錄此字。"剪"字,《說文》

篆文作“⿱歬刀”。“⿱龷⿰月刂”當即“剪”之《説文》篆文“⿱歬刀”字楷定之誤。

523. ⿰⿱切齒咸：《新修玉篇》卷十《止部》引《類篇》：“⿰⿱切齒咸，魚甲切。齧聲。”（96 上右）

按：《篇海》卷十一《止部》引《類篇》：“⿰⿱切齒咸，魚甲切。切齒聲也。”（741 上）“⿰⿱切齒咸”字，《篇海》訓“切齒聲”，“切齒”當為“齧”字誤分為二，“齧”字上部所從之“㓞”又俗寫作“切”，遂致此誤。“⿰⿱切齒咸”疑為“⿰齒咸”字之訛。《説文·齒部》：“⿰齒咸，齧也。从齒，咸聲。”（39 上）《廣韻》入聲洽韻苦恰切：“⿰齒咸，齧咋皃；又噍聲。”（438）“⿰⿱切齒咸”與“⿰齒咸”形近義同，“⿰⿱切齒咸”當即“⿰齒咸”字俗訛。“⿰⿱切齒咸”字，《新修玉篇》《篇海》音“魚甲切”，疑誤。

524. ⿰立可：《新修玉篇》卷十《立部》引《餘文》：“⿰立可，苦駭切。矲⿰矢皆。”（96 上左）

按：《篇海》同。此字《説文》《玉篇》皆未收，《廣韻》亦不錄，《集韻》收之，當即丁度等人據俗書所增。《集韻》去聲駭韻口駭切：“雉，桂林謂人短為矲雉。或作⿰矢皆、⿰立可。”（346）《方言》卷十：“矲，短也。桂林之中謂短矲。矲，通語也。”郭璞注：“言矲偕也。”周祖謨注：“‘短’下疑脱‘曰’字。‘矲偕’，戴氏據《廣韻》改作‘矲⿰矢皆’，是也。案《御覽》卷三七八引不誤。矲⿰矢皆疊韻，錢繹改作矲雉，非。”（64）箋注本《切韻》上聲駭韻苦駭反：“⿰矢皆，矲⿰矢皆。”（132）故宮本《王韻》、故宮本《裴韻》、《廣韻》同。“⿰立可”與“⿰矢皆”“雉”音義並同，“⿰立可”當即“⿰矢皆”“雉”之異體字。

525. ⿰立甹：《新修玉篇》卷十《立部》引《餘文》：“⿰立甹，普丁切。使也。”（96 上左）

按：《篇海》同。此字《説文》《玉篇》皆未收，《廣韻》亦不錄，《集韻》收之，當即丁度等人據俗書所增。《集韻》平聲青韻滂丁切：“⿰彳甹⿰立甹，《説文》：‘使也。’或从立。”（242）《説文·彳部》：“⿰彳甹，使也。从彳，⿰言甹聲。”（43 上）《玉篇·彳部》：“⿰彳甹，匹丁切。使也。”（47 下右）“⿰立甹”與“⿰彳甹”音義並同，“⿰立甹”即“⿰彳甹”之異體字。

526. ⿱族立：《新修玉篇》卷十《立部》引《餘文》：“⿱族立，千木切。立待也。”（96 上左）

按：《篇海》卷十五《立部》引《餘文》：“⿱族立，千木切。立待也。”（825 下）《集韻》入聲屋韻千木切：“⿱族立，立待也。”（637）從形音關係來看，"䇞"當以校作"䇉"為是。正如"䇞"字同一小韻收錄的"蔟""簇""瘯""蔽"等字皆從"族"，故"䇞"當以作"䇉"為是。

527. 𥪲：《新修玉篇》卷十《立部》引《龍龕》："𥪲，《江西隨函》竹遇切。"（96下右）

按：《篇海》同。《龍龕》卷四《立部》："𥪲，《江西隨函》俗，音竹遇反。"（519）"𥪲"當即"𥪡"字之俗。《龍龕》卷四《立部》又曰："𥪡，音住。《香嚴》又俗音主。"（520）《玉篇·立部》："𥪡，直庚、直句二切。"（51上右）"𥪲"與"𥪡"音同形近，"𥪲"疑即"𥪡"字俗訛。

528. 竨：《新修玉篇》卷十《立部》引《龍龕》："竨，音端。"（96下右）

按：《篇海》卷十五《立部》引《龍龕》："竨，音端。"（826上）《龍龕》卷四《立部》："竨，俗。音端。"（519）"竨""竨"即同字異寫，當並即"端"字之俗。

529. 䪞：《新修玉篇》卷十《立部》引《龍龕》："䪞，音韻。"（96下右）

按：《篇海》同。《龍龕》卷四《立部》："䪞，俗。音韻。"（519）"䪞"音"韻"，疑即"韻"字之俗。韓小荊《〈可洪音義〉研究》"韻"俗作"䪞"，"䪞"當即"䪞"經過進一步俗寫並省略"日"而形成的俗訛字。

530. 䇾䇾：《新修玉篇》卷十《立部》引《龍龕》："䇾䇾，二口乖切。物不正皃。"（96下右）

按：《篇海》卷十五《立部》引《龍龕》："䇾䇾䇾，三口乖切。物不正皃。"（826上）《龍龕》卷四《立部》："䇾䇾，二或作；䇾，正。口乖反。物不正皃。三。"（518）《說文·立部》："䇾，不正也。從立，爾聲。"（215下）"䇾"，《廣韻》音"火媧切"。"䇾""䇾""䇾""䇾"諸字皆為"䇾"字之俗。

531. 䇓：《新修玉篇》卷十《立部》引《川篇》："䇓，香于切。"（96下右）

按：《篇海》同。《玉篇·立部》："䇓，相臾切。待也。䇓，同上。"（51上右）"䇓"與"䇓"音同，正如《龍龕》"需"俗作"䇓"，"䇓"當即"䇓"字之俗。

532. 䯋䯍䯎䯏䯐：《新修玉篇》卷十《立部》引《類篇》："䯋，音龍。"（96下右）

按：《篇海》同。"䯋"當即"䯍"之異寫字。《龍龕》卷四《立部》："竜䯎䯏䯐䯍，五。古文龍字。"（518）"䯋"與"䯍"形近，當為一字之變。"䯋""䯍"與"龍"字諸古文"竜""䯎""䯏"等形體差別較大，"龍"無緣變作"䯋""䯍"，行均將"䯋""䯍"與"竜""䯎""䯏"諸字並列，並謂古文"龍"字，疑非是。今案："䯋""䯍""䯐"疑即"龏"字之俗。《說文·共部》："龏，慤也。从共，龍聲。"（54上）《龍龕·立部》又曰："䯐，音龏。"（519）"䯐"與"龏"音同形近，"䯐"當即"龏"字之俗；而"䯋""䯍"與"䯐"形近，亦當即"龏"字之俗。行均誤將"䯋""䯍"二字列為"龍"字古文，《新修玉篇》《篇海》等後世字書皆承襲其誤而未作校正，俱失考證。《新修玉篇》《篇海》等因"䯋"與"䯍"形近，遂承襲《龍龕》之誤而徑謂"䯋"音"龍"，疑亦非是。《大字典》收錄"䯍"字，《字海》轉錄作"䯍"，而"䯋"字，《大字典》《字海》皆轉錄作"䯋"，《大字典》《字海》並謂"䯍（䯍）""䯋（䯋）"同"龍"，疑皆因承訛襲謬而誤。又《篇海》卷十五《立部》引《搜真玉鏡》："䯑，音龍字（字當為衍文）。"（826上）《大字典》謂"䯑"同"竜（龍）"，《字海》謂"䯑"同"竜"，疑並非是。"䯑"與"龍"及"龍"字諸古文、俗體形體差別較大，"龍（竜）"無緣變作"䯑"，而"䯑"與上述"龏"字俗體"䯐"形近，當為一字之變，故"䯑"疑為"龏"字之俗。

533. 尟：《新修玉篇》卷十《是部》引《龍龕》："尟，他礼切。"（96下右）

按："尟"當即"尟"字之俗。《龍龕》卷二《是部》："尟，俗；尟，正。他礼反。橫首杖名。二。"（341）此即其證也。

534. 䨻：《新修玉篇》卷十《此部》引《切韻》："䨻，古丸切。䨻鶡。"（97上右）

按：《集韻》平聲桓韻古丸切："䳍鶡，水鳥也。或从鳥。"（147）《玉篇·鳥部》："鶡，古亂切。鶡鳥，鵲屬。"（113下左）"䨻"與"䳍"音義並同，"䨻"當即"䳍"字俗訛。

535. 㸼：《新修玉篇》卷十《此部》引《廣集韻》："㸼，兵媚切。告也；善也；遠也。"（97上右）

按：《廣韻》去聲至韻兵媚切："柲，告也；慎也。一曰遠也。"（244）《集韻》去聲至韻兵媚切："柲，《說文》：'慎也。'"（481）"柲"即"柲"字之俗。

536. 整：《新修玉篇》卷十《正部》引《玉篇》："整整，之郢切。正也；齊也。"（97上右）

按：《玉篇·正部》："整，之郢切。整齊也。"（51上左）"整"當即"整"字俗訛。

537. 扂：《新修玉篇》卷十一《尸部》引《餘文》："扂，去魚切。"（98上右）

按：《篇海》同。今查《集韻》未見收錄此字，《新修玉篇》《篇海》引書疑誤。《字彙補·尸部》："扂，去魚切，音墟。見《篇韻》。"（54下）"扂"疑即"扂"字俗訛。《說文·戶部》："扂，閉也。從戶，劫省聲。"（248上）"扂"，《廣韻》音"丘倨切"。"扂"與"扂"音近，又"尸"旁、"戶"旁形近，俗書常可訛混，如："戾"俗作"戾"、"履"俗作"屛"、"屈"俗作"屈"、"屬"俗作"屬"等，故"扂"疑即"扂"字俗訛。

538. 冊：《新修玉篇》卷十一《尸部》引《廣集韻》："冊，力丁切。衆鳥也。从三尸。"（98上右）

按：《廣韻》平聲青韻郎丁切："㗊，衆鳥也。从三口。"（129）《集韻》平聲青韻郎丁切："㗊，衆聲也。从三口。"（246）"冊"與"㗊"音義並同，"冊"當即"㗊"字之俗。

539. 屖：《新修玉篇》卷十一《尸部》引《川篇》："屖屖，上初立切，下直立切。下入兒也。"（98上左）

按：《篇海》卷十二《尸部》引《川篇》："屖，初六切。入下兒。"下字："屖，直立切。同上義。"（751上）"屖"字，《新修玉篇》與《篇海》讀音不同，《新修玉篇》所言當是。《篇海》音"初六切"，當即"初立切"之誤。《字彙·尸部》："屖，初六切，音畜。入下貌。"（124上）"屖"字，《字彙》音"畜"，此亦為承襲《篇海》之誤也。《正字通·尸部》："屖，譌字。舊注：音畜。入下貌。非。"（288下）《正字通》謂"屖"為訛字，是也。今案："屖屖"當即"屬屖"之俗。《說文·尸部》："屬，從後相臿也。从尸，从甶。"下字："屖，屬屖也。从尸，乏聲。"（172上）"屬"，《廣韻》音"初戢切"；"屖"，《廣韻》音"直立切"。"屪屃"義指"前後相躡，層層堆積"，與"屖屃"之"下入皃"之義義可相通，故"屖屃"與"屪屃"音同義通，"屖屃"當同"屪屃"。"屖"當即"屪"字俗訛，而"屃"當即"屃"字俗訛。《大字典》《字海》"屖"字皆據《字彙》之誤而音 chù，且未溝通其與"屪"字的字際關係，俱失考證。

540. 屍：《新修玉篇》卷十一《尸部》引《龍龕》："屍，古文尾字。屍，同上。"（98 上左）

按：《篇海》卷十二《尸部》引《龍龕》："屍，古文尾字。屍，同上。"（751 上）《龍龕》卷一《尸部》："屍，古文尾字。屍，同上。二。"（163）"屍""屍""屍"並即"尾"字之俗。

541. 屈：《新修玉篇》卷十一《尸部》引《奚韻》："屈，渠屈切。短尾鳥也。"（98 上左）

按：《篇海》同。《玉篇·尸部》："屈，巨律切。短尾也。"（56 上左）"屈"與"屈"音義並同，"屈"當即"屈"字俗省。

542. 屩：《新修玉篇》卷十一《尸部》引《類篇》："屩，迄約切。草履也。"（98 上左）

按：《說文·履部》："屩，履也。从履省，喬聲。"（173 下）《釋名·釋衣服》："屩，草履也。""屩"，《廣韻》音"居勺切"。"屩"與"屩"音義並同，"屩"即"屩"字俗省。

543. 㝦：《新修玉篇》卷十一《宀部》引《玉篇》："㝦，呼晃切。㝦莨（㝦）。《倉頡篇》[：廣也。]《韻》又各朗、呼浪二切。廣也。又呼光切。《博雅》：'居也。'通作冘。"（99 上右）

按：《廣雅·釋詁二》："冘，凥也。"王念孫疏證："居，《方言》《說文》《廣雅》作'凥'，經傳皆作'居'。"《集韻》平聲唐韻呼光切："㝦，《博雅》：'居也。'通作冘。"（224）故"㝦"訓"居也"，當即"冘"之異體字。

544. 㥔：《新修玉篇》卷十一《宀部》引《類篇》："㥔，音思。"（99 上右）

按：《篇海》同。"㥔"疑即"思"字之俗。《說文·心部》："思，容也。从心，囟聲。"（216 上）"思"字，《說文》篆文作"恖"。"㥔"疑即"思"之《說文》篆文"恖"字楷定之誤。

545. 宕：《新修玉篇》卷十一《宀部》引《玉篇》："宕，九魚切。

宨（當為字頭誤重）舍也。《韻》曰：宨（當為字頭誤重）儲。"（99上左）

按：《龍龕》卷一《宀部》："宨，音居。儲也。"（155）《廣韻》平聲魚韻九魚切："宨，宨（當為字頭誤重）儲也。"（33）此"宨"當同"賝"。故宮本《王韻》平聲魚韻舉魚反："賝，貯。"（442）《廣韻》同。"貯""儲"義同，故"宨"與"賝"音義並同，當為異體字。《集韻》平聲魚韻斤於切："賝，貯也。或作宨。"（63）此是其證也。又此"宨""賝"二字本當作"居"。"居"即"踞"之古字，本義指"蹲"，引申義可指"儲藏""蓄積"。例如：《資治通鑒·漢紀四十九》："初，帝為侯時常苦貧，及即位，每嘆桓帝不能作家居，曾無私錢，故賣官聚錢以為私藏。"胡三省注："居，積也。"又《大戴禮記·虞戴德》："巨小不約，居大則治。"王聘珍解詁："居，蓄也；積也。"又《漢書·張湯傳》："湯且欲奏請，信輒先知之，居物致富，與湯分之，及他奸事。"顏師古注引服虔注："居，謂儲也。"故"宨""賝"與"居"音義並同，二字本當做"居"。

546. 窨：《新修玉篇》卷十一《宀部》引《餘文》："窨，先積切。夜也。通作昔。"（99上左）

按：《篇海》同。此字《説文》《玉篇》皆未收，《廣韻》亦不錄，《集韻》收之，當即丁度等人據俗書所增。《集韻》入聲昔韻思積切："廥窨，夜也。或省，通作昔。"（742）《廣雅·釋詁四》："昔，夜也。""昔"，《廣韻》音"思積切"。"窨""廥"與"昔"音義並同，"窨""廥"當並即"昔"字之俗。

547. 廥：《新修玉篇》卷十一《宀部》引《餘文》："廥，先積切。夜也。"（99下右）

按：《篇海》同。"廥"當即"昔"字之俗（詳見上文"窨"字注）。

548. 寍：《新修玉篇》卷十一《宀部》引《餘文》："寍，奴丁切。昊天謂之寍。"（99下左）

按：《篇海》同。此字《説文》《玉篇》皆未收，《廣韻》亦不錄，《集韻》收之，當即丁度等人據俗書所增。《集韻》平聲青韻囊丁切："寍，昊天謂之寍。"（247）"寍"當即"寍"之異體字。《廣韻》平聲青韻奴丁切："寍，天也。"（129）"寍"與"寍"音義並同，且位置相同，《廣韻》有"寍"無"寍"，《集韻》有"寍"無"寍"，故"寍"當即

"宲"之異體字。

549. 㝛：《新修玉篇》卷十一《宀部》引《類篇》："㝛，音寂。"（99下左）

按：《篇海》同。"㝛"音"寂"，疑即"寂"字之俗。《龍龕》卷二《宀部》："寂，正；，今。情歷反。安也；靜也。"（158）""即"寂"字之俗，而"㝛"疑即""字通過進一步俗寫，並誤為楷定而形成的俗字。

550. 寬：《新修玉篇》卷十一《宀部》引《廣集韻》："寬，郎到切。寬也。"（100上右）

按：此字《說文》《玉篇》皆未收，《廣韻》亦不錄，《集韻》收之，當即丁度等據俗書所增。《集韻》去聲號韻郎到切："寬，寬也。"（588）"寬"疑即"寥"字之俗。《玉篇·宀部》："寥，力雕切。廓也。"（54下右）《廣韻》平聲蕭韻落蕭切："寥，寥廓也。"（91）"寥廓"即指"寬廣"。如：《文選·王褒〈四子講德論〉》："今子執分寸而罔憶度，處把握而寥廓。"呂向注："寥廓，廣大也。"李白《登瓦官閣》："寥廓雲海晚，蒼茫宮觀平。"王琦注："寥廓，寬廣貌。"故"寬"與"寥"音近義同，"寬"疑即"寥"因涉義而改換義符"宀"旁為"寬"字所形成的俗字。

551. 窾：《新修玉篇》卷十一《宀部》引《龍龕》："窾，居六切。窮也。"（100上右）

按：《篇海》卷七《宀部》引《龍龕》："窾，居六切。與窾同。"（674上）《龍龕》卷一《宀部》："窾，俗；窾，今。居六反。告也；盡也。又都念反。下也；窮也。二。"（158）《玉篇·宀部》："窾，居陸切。窮也。"下文："窾，丁念、丁甲二切。下也。或為墊。"（54下左）"窾"音"居六切"，當即"窾"字之俗；而"窾"音"都念反"，當即"窾"字之俗。

552. 窒：《新修玉篇》卷十一《宀部》引《奚韻》："窒，先則切。實也。《書》曰：'剛而則～。'窣〔，同上。〕"（100上右）

按：《篇海》卷七《宀部》引《川篇》："窒，先則切。賽（實）也。《書》曰：'剛而則窒。'窣，同上。"（674上）"窒""窣"即同字異寫，並即"窒（塞）"之異體字。

553. 窨：《新修玉篇》卷十一《宀部》引《廣韻》："窨，胡瞎切。

出江南《廣韻》。"（100上右）

按：《廣韻》入聲鎋韻胡瞎切："螛，螻蛄別名。"（398）《説文·蚰部》："蠚，螻蛄也。从蚰，羍聲。"（285上）"蠚"，《廣韻》音"胡瞎切"。"螛"與"蠚"音義並同，"螛"當即"蠚"字俗訛。

554. 㝠：《新修玉篇》卷十一《宀部》引《川篇》："㝠，音飫。假寐。"（100上右）

按：《篇海》卷七《宀部》引《川篇》："㝠，音飫。～假寐。"（674下）"㝠""㝠"即同字異寫。《廣韻》去聲御韻依倨切："寠，假寐也。"（258）"㝠""㝠"與"寠"音義並同，並即"寠"字之俗。

555. 鞫：《新修玉篇》卷十一《宀部》引《奚韻》："鞫，居六切。告也；盡也；又窮罪也。"（100上右）

按：《篇海》同。《説文·幸部》："鞫，窮理罪人也。从幸、从人、从言，竹聲。"（214下）"鞫"與"鞫"音義並同，"鞫"當即"鞫"字俗訛。

556. 閱：《新修玉篇》卷十一《門部》引《川篇》："閱，音稽。門曰。"（100下右）

按：《篇海》同。"閱"從"宂"而音"稽"，形音不諧，當為俗譌字。《玉篇·門部》："閣，余支切。門曰也。"（55下右）"閱""閣"形近義同，"閱"當即"閣"字之譌。《字彙·門部》："閱，閣字之譌。"（514上）此説即其證也。

557. 閜：《新修玉篇》卷十一《門部》引《餘文》："閜，許括、口骨二切。大開門兒。《韻》又口滑切。義同上。"（100下左）

按：《篇海》卷七《門部》引《餘文》："閜，許括、口骨二切。大開門兒。"（675上）《集韻》入聲黠韻苦滑切："閜，大開門兒。"（695）此"閜"疑即"奯"字之俗。《説文·大部》："奯，空大也。从大，歲聲。"（213下）《玉篇·大部》："奯，許活切。空也；大目也。"（99上左）（695）《龍龕》卷一《門部》："閜，俗；呼活反。正作奯。大開也。"（95）此即其證也。故"閜"當即"奯"之異體字，當音 huò，應訓"大開也"。"閜"字，《集韻》音"苦滑切"，形音不諧，疑為後人妄改；而訓"大開門兒"，疑為望形生訓。又《正字通·門部》："閜，俗闊字。舊注：音豁。大開門貌。非。"（1226下）《正字通》謂"閜"為"闊"字之俗，亦是。慧琳《音義》卷八三《大唐三藏玄奘法師本傳》第四卷：

"深闊，寬活反。案《考聲》云：'闊，門廣也。從門，活聲。'《傳》從舌作闊，非也。"（T59，p52a4）此即其證也。故此"闊"又為"闊"字之俗，當音 kuò。

558. 闇：《新修玉篇》卷十一《門部》引《玉篇》："闇，於紺切。閉門也；幽也。"（101 上右）

按：《五音集韻》上聲寢韻於錦切："闇，大水至。又於感切。"此"闇"當即"濶"字俗訛。《說文·水部》："濶，水大至也。从水，闇聲。"（228 下）《廣韻》上聲寢韻於錦切："濶，大水至。又於感切。"（224）《集韻》上聲寢韻於錦切："濶，水大至也。"（444）"水大至""大水至"義同，故"闇"與"濶"音義並同，此"闇"當即"濶"字俗訛。

559. 鬭：《新修玉篇》卷十一《門部》引《龍龕》："鬭，都豆切。競也。"（101 上左）

按：《篇海》同。"鬭"當即"鬬"字之俗。《龍龕》卷一《門部》："鬬，正；鬭，今。"（94）此是其證也。

560. 扁：《新修玉篇》卷十一《戶部》引《川篇》："扁，布典切。"（102 上右）

按：《篇海》卷十三《戶部》引《川篇》："扁，古典切。"（798 下）"扁"，《字海》轉錄作"扁"，字形轉錄失真。"扁"字，《新修玉篇》與《篇海》讀音不同，《新修玉篇》所言是也。《篇海》音"古典切"，當即"布典切"之誤。《字海》"扁"字承襲《篇海》之誤而音 jiǎn，亦非。"扁"當即"扁"字之俗。《說文·冊部》："扁，署也。從戶、冊。戶冊者，署門戶之文也。"（42 下）"扁"，《廣韻》音"方典切"，《集韻》音"補典切"。"扁"與"扁"音同形近，"扁"當即"扁"字之俗。

561. 鬭：《新修玉篇》卷十一《戶部》引《切韻》："鬭，《分毫字樣》必郢切。鬭同。都豆反。競也；又姓。"（102 上右）

按："鬭"當即"鬬"字之俗。

562. 戹：《新修玉篇》卷十一《戶部》引《川篇》："戹，音厄。古文。"（102 上右）

按：《篇海》同。《說文·戶部》："戹，隘也。從戶，乙聲。"（248 上）"戹"，《廣韻》音"於革切"。"戹"與"戹"音同形近，"戹"當即"戹"字之俗。

563. 歼：《新修玉篇》卷十一《歺部》引《龍龕》："歼，音舛。義同。"（102 上右）

按：《篇海》同。"歼"當即"舛"字之俗。《龍龕》卷四《歺部》："歼歺舛，三俗；歼，正。昌兗反。殘也；盡也；又對臥也。四。"（514）《玉篇·舛部》："舛，尺兗切。相背也。《説文》曰：'對臥。从夊中相背。'"（48 下右）"歼""歺""舛""歼"與"舛"音義並同，當皆為"舛"字之俗。

564. 殗：《新修玉篇》卷十一《歺部》引《餘文》："殗，以豉切。芟夷草木曰殗。"（102 下左）

按：《篇海》同。此字《説文》《玉篇》皆未收，《廣韻》亦不錄，《集韻》收之，當即丁度等據俗書所增。《集韻》去聲寘韻以豉切："殗，芟夷草木曰殗。"（470）"殗"疑即"乂（刈）"字之俗。《説文·丿部》："乂，芟艸也。从丿，从乀相交。刈，乂或从刀。"（266 上）"乂（刈）"，《廣韻》音"魚肺切"。"殗"與"乂（刈）"音近義同，"殗"疑即"乂（刈）"字之俗。

565. 殰：《新修玉篇》卷十一《歺部》引《餘文》："殰，作海切。滅也。"（102 下左）

按：《篇海》同。此字《説文》《玉篇》皆未收，《廣韻》亦不錄，《集韻》收之，當即丁度等據俗書所增。《集韻》上聲海韻子亥切："殰，滅也。"（351）"殰"當即"宰"字之俗。《説文·宀部》："宰，辠人在屋下執事者。从宀，从辛。辛，辠也。"（148 上）"宰"本義指"充當家奴的罪人"，引申義可指"宰殺""屠殺"。如：《漢書·宣帝紀》："其令太官損膳省宰。"顏師古注："宰為屠殺也。""宰"，《廣韻》音"作亥切"。"殰"與"宰"音義並同，"殰"當即"宰"字之俗。

566. 殧殧：《新修玉篇》卷十一《歺部》引《餘文》："殧，徒故切。敗也。"（102 下左）

按：《篇海》同。此字《説文》《玉篇》皆未收，《廣韻》亦不錄，《集韻》收之，當即丁度等人據俗書所增。《集韻》去聲暮韻徒故切："殧，敗也。"（500）《字彙·歺部》："殧，徒故切，音度。敗也。"（233）《正字通·歺部》："殧，俗字。舊注：音度。敗也。泥。"（559 上）"殧""殧"即異寫字，《正字通》謂"殧"為俗字，當是。今案："殧（殧）"當即"斁"字之俗。《説文·歺部》："斁，敗也。从歺，睪聲。《商書》曰：'彝倫攸斁。'"（80上）《玉篇·歹部》："斁，都路、同故二切。敗也。《書》云：'彝倫攸斁。'亦作斁。"（58上右）"𣩍（𣩍）"與"斁"音義並同，"𣩍（𣩍）"當即"斁"通過改換聲符而形成的異體字。

567. 殥：《新修玉篇》卷十一《歹部》引《龍龕》："殥，音善。"（103上右）

按：《篇海》同。《龍龕》卷四《歹部》："殥，俗。音善。"（514）"殥"疑即"膳"字之俗。《說文·肉部》："膳，具食也。从肉，善聲。"（83下）"膳"，《廣韻》音"時戰切"。"殥"與"膳"音同。正如《龍龕》"殥"字上文"腴"俗書作"殊"，"殥"疑即"膳"字俗訛。

568. 殪：《新修玉篇》卷十一《歹部》引《川篇》："殪，音歷。"（103上右）

按：《篇海》同。《玉篇·歹部》："殪，力的切。殫殪也。"（58上左）"殪"與"殪"音同形近，"殪"當即"殪"字之俗。

569. 殭：《新修玉篇》卷十一《死部》引《餘文》："殭，其兩切。殭仆也。"（103上左）

按：《篇海》同。《集韻》上聲養韻巨兩切："殭，殭仆也。"（413）"殭"當即"僵"字之俗。《說文·人部》："僵，偾也。从人，畺聲。"（164下）《廣韻》平聲陽韻居良切："僵，仆也。"（113）"殭"與"僵"音近義同，"殭"疑即"僵"字之俗。

570. 敱：《新修玉篇》卷十一《老部》引《玉篇》："敱，徒到切。年九十曰敱。或作敱。敱，上同。《韻》注。"（103下右）

按："敱"字，《玉篇》未見收錄此字形。"敱"即"敱"字之俗。

571. 耇：《新修玉篇》卷十一《老部》引《龍龕》："耇，古口切。黃耇老也。"（103下右）

按：《篇海》同。《龍龕》卷二《老部》："耇，古口反。黃~老也。"（338）《說文·老部》："耇，老人面凍黎若垢。从老省，句聲。"（171上）"耇"，《廣韻》音"古厚切"。"耇"與"耇"音義並同，"耇"當即"耇"字之俗。

572. 耋：《新修玉篇》卷十一《老部》引《類篇》："耋，音點。"（103下右）

按：《篇海》同。"耋"當楷定作"耋"，"耋"當即"耆"字之俗。

《説文·老部》："耇，老人面如點也。从老省，占聲。讀若耿介之耿。"（171上）段玉裁注："謂老人面上有黑癬之處也。點者，小黑也。""耇"，《廣韻》音"多忝切"。"黵"與"耇"音義並同，"黵"即"耇"之俗體會意字，從老、黑會老人面上黑點之義。

573. 疛：《新修玉篇》卷十一《疒部》引《玉篇》："疛，凶于切。《博雅》：'病也。'疛，上同。"（103下右）

按：《篇海》卷五《疒部》引《玉篇》："疛，詡于切。病也。"（57上右）"疛"當即"忦""吁"之異體字。《説文·心部》："忦，憂也。从心，于聲。"（222下）又《詩·周南·卷耳》："我馬瘏矣，我僕痡矣，云何吁矣！"毛傳："吁，憂也。""忦""吁"二字，《廣韻》皆音"況于切"。故"疛"與"忦""吁"音同義通，"疛"當即"忦""吁"之異體字。《名義·疒部》："疒（疛），詡俱反。忦字；吁字。病也。"（110下）此是其證也。

574. 疢：《新修玉篇》卷十一《疒部》引《餘文》："疢，七鴆切。痛也。"（103下左）

按：《篇海》同。《集韻》去聲沁韻七鴆切："疢，痛也。"（621）"疢"疑即"忱"之異體字。《玉篇·心部》："忱，七鴆切。惻也。"（40上左）"痛"字，《玉篇》訓"傷也"，即指"悲傷"之義。故"疢"與"忱"音義並同，"疢"當即"忱"之異體字。

575. 寑：《新修玉篇》卷十一《疒部》引《餘文》："寑，七稔切。寑痛；又兒醜也。"（104下右）

按：《篇海》同。《廣韻》上聲寑韻七稔切："寑，兒醜也。"（223）《集韻》上聲寑韻七稔切："寑頵，體陋也。或從頁。"（441）"寑""頵"疑並即"侵"字之俗。《直音篇》卷五《人部》："侵，又上聲，音寑。貌醜。《漢·田蚡傳》：'貌侵。'短小曰侵。"（374下）《史記·魏其武安侯列傳》："武安者，貌侵，生貴甚。"裴駰集解引韋昭曰："侵，短小也；又云醜惡也。"故"寑""頵"與"侵"音義並同，"寑""頵"當即"侵"字之俗。

576. 瘃：《新修玉篇》卷十一《疒部》引《餘文》："瘃，許六切。腹痛。又張六切。瘜瘃，病兒。"（104下左）

按：《篇海》同。《集韻》入聲屋韻張六切："瘃，瘜瘃，痛兒。"（644）下文勑六切又曰："瘃，腹痛。"（644）"瘃"疑即"敊"之異體字。敦煌本《王韻》入聲屋韻丑六反："敊，痛。"（422）"敊"即"攲"之異寫字。故宮本《王韻》入聲屋韻丑六反："攲，痛。"（511）《廣韻》入聲屋韻丑六切："攲，病攲皃。"（374）"瘧"與"攲"音同義近，"瘧"當即"攲"之異體字。

577. 疳：《新修玉篇》卷十一《疒部》引《餘文》："疳，薄故切。腹病。"（104下左）

按：《篇海》同。此字《玉篇》《廣韻》皆未收，《集韻》收之，當即丁度等人據俗書所增。《集韻》去聲暮韻蒲故切："疳，復病。"（498）《正字通·疒部》："疳，俗字。舊注：音步。復病。非。"（710下）《正字通》所言當是。"疳"疑即"瘺"字之俗。《廣雅·釋言》："瘺，瘺癧，疳也。"《廣韻》去聲暮韻普故切："瘺，瘺癧，疳病。又音步。"（267）"疳"與"瘺"音同，"疳"當因"瘺"字又音"步"而改換聲符所形成的異體字。"疳病"即指一種腹內結塊的腹病。《玉篇·疒部》："疳，補被、平几二切。腹內結病。"（57上右）"疳"字，《集韻》訓"復病"，疑即"腹病"之聲誤。清范寅《越諺》卷中："疳，傷寒症復病。"范寅《越諺》承襲《集韻》義訓之誤又轉訓為"傷寒症復病"，疑亦非是。

578. 瘒：《新修玉篇》卷十一《疒部》引《龍龕》："瘒，丁回切。"（104下左）

按：《篇海》同。《龍龕》卷三《疒部》："瘒，俗。丁回反。"（469）《字彙·疒部》："瘒，丁回切，音堆。病名。"（303上）《正字通·疒部》："瘒，同瘴。"（711上）《正字通》所言疑是。《玉篇·疒部》："瘴，都雷切。瘴腫也。"（57下右）"瘒"與"瘴"音同，正如"雁"同"庫"，"瘒"疑即"瘴"之異體字。

579. 瘥：《新修玉篇》卷十一《疒部》引《川篇》："瘥，音瑳，又初加切。病也。"（105上右）

按：《篇海》同。《爾雅·釋詁上》："瘥，病也。"瘥，《廣韻》音"昨何切"，又音"子邪切"。"瘥"與"瘥"音義並同，"瘥"即"瘥"字俗訛。

580. 癍：《新修玉篇》卷十一《疒部》引《餘文》："癍，五來、五溉、五對三切。《說文》云：'癡病也。'"（105上左）

按：《篇海》同。《集韻》平聲咍韻魚開切："癍，病也。"（112）下文去聲隊韻五對切："癍，癡疾。"（534）又下文去聲代韻牛代切："癍，癡病。"（536）"病也""癡疾""癡病"訓異義同，皆指"呆傻""癡呆"。"瘂"當即"獃"之異體字。《廣韻》平聲哈韻五來切："獃，獃癡，象犬小時未有分別。"（58）《集韻》平聲哈韻魚開切："獃，癡也。或作疾。"（113）"瘂"與"獃"音義並同，"瘂"疑即"獃"因涉義而改換義符所形成的異體字。

581. 瘌：《新修玉篇》卷十一《疒部》引《龍龕》："瘌，音郎。"（105下右）

按：《篇海》同。《龍龕》卷四《疒部》："瘌瘇，俗。上音郎，下音武。正作廊廡二字。"（471）故"瘌瘇"當即"廊廡"之俗，"瘌"即"廊"字俗訛，"瘇"即"廡"字俗訛。

582. 瘨：《新修玉篇》卷十一《疒部》引《龍龕》："瘨，音殘。"（105下左）

按：《篇海》《龍龕》同。"瘨"疑即"殘"字之俗。《說文·歹部》："殘，賊也。从歹，戔聲。"（80上）朱駿聲通訓定聲："《倉頡篇》：'殘，傷也。'""瘨"疑即因"殘"之"傷害"義增加義符"疒"旁而形成的異體字。韓小荊《〈可洪音義〉研究》（370）"殘"俗作"瘨"，即其證也。

583. 瘬：《新修玉篇》卷十一《疒部》引《龍龕》："瘬，音毀。"（106上右）

按：《新修玉篇》卷十一同部上文引《龍龕》："瘬，音毀。"（106上左）《篇海》卷五《疒部》引《龍龕》："瘬，音毀。"同部下文引《龍龕》："瘬，音毀。"（661上）《龍龕》卷三《疒部》："瘬瘬，二俗。音毀。"（274）"瘬"即"瘬"字之俗，"瘬"疑即"毀"字之俗。《說文·土部》："毀，缺也。从土，毇省聲。"（290下）"毀"，本義指"破壞""毀壞""毀滅"。"瘬"疑即因"毀"字"破壞；毀壞；毀滅"之義而增加義符"疒"旁所形成的繁化俗字。

584. 瘝：《新修玉篇》卷十一《疒部》引《龍龕》："瘝，音玉（釋）。又作奭（奭）。盛也。"（106上右）

按：《篇海》卷五《疒部》引《龍龕》："瘝，音釋。又作奭。盛也。"（660下）《龍龕》卷三《疒部》："瘝，俗。音釋。正作奭（奭）。盛也。"（478）《說文·大部》："奭，盛也。从大，从皕，皕亦聲。"（69上）"奭"，《廣韻》音"施隻切"。"瘝"當即"奭"字之俗。

585. 姣：《新修玉篇》卷十一《叝部》引《廣集韻》："姦，倉案切。《詩》《傳》云：'三女為姦。'又美好兒也。《詩》本亦作粲，《說文》又作姣。姣，上同。《韻》注。"（106下右）

按：《集韻》去聲翰韻蒼案切："姦，《說文》：'三女為姦。'姦，美也。或作姦。"（557）"姣"與"姦"音義並同，"姣"當即"姦"之偏旁易位俗字。

586. 㒤：《新修玉篇》卷十一《凶部》引《龍龕》："㒤，七感切。慘感也。"（106下右）

按：《龍龕》卷一《凶部》："㒤，七感反。"（203）《玉篇·忄部》："慘，七感切。痛也；愁也；恨也。"（39下右）"㒤"與"慘"音義並同，"㒤"疑即"慘"字之俗。

587. 㝱：《新修玉篇》卷十一《穴部》引《類篇》："㝱，音竄。"（106下右）

按：《篇海》卷十三《穴部》引《類篇》："㝱，音竄。"（801下）"㝱"即"㝱"字異寫，而"㝱"疑即"竄"字之俗。《說文·穴部》："竄，墜也。从鼠在穴中。"（150上）徐鍇繫傳作"匿也"。田吳炤二徐箋異："按：《玉篇》《廣韻》均作'匿也'，'墜'係誤字。"《玉篇·穴部》："竄，蔥玩切。匿也；逃也；隱也；放也；藏也。"（58下左）《广雅·释诂四》："竄，藏也。""竄"，本義指"隱藏；藏匿"。"㝱"疑即通過"久"藏於"穴"會"竄"之"隱藏；藏匿"之義，疑即"竄"之俗體會意字。

588. 窂：《新修玉篇》卷十一《穴部》引《餘文》："窂，女滑、烏八二切。穿也。"（106下左）

按：《篇海》同。此字《玉篇》《廣韻》皆未收，《集韻》收之，當即丁度等人據俗書所增。《集韻》入聲黠韻烏八切："窂，穿也。"（696）下文女滑切亦曰："窂，穿也。"（697）"窂"疑即"穵"之異體字。《廣韻》入聲黠韻烏八切："穵，手穵為穴。"（397）《正字通·穴部》："穵，烏八切，彎入聲。掘鑿地成穴也。與掘、穿字別義通。"（781下）故"窂"與"穵"音同義通，"窂"疑即"穵"之異體字。

589. 究：《新修玉篇》卷十一《穴部》引《川篇》："究，五犬切。窟也。"（106下左）

按：《篇海》卷十三《穴部》引《川篇》："究，五大切。窟也。"

(801下)"究"字,《新修玉篇》與《篇海》讀音不同,《新修玉篇》所言當是,《篇海》音"五大切",當即"五犬切"之誤。《大字典》《字海》"究"字皆承襲《篇海》之誤而音è,疑非是。"究"疑即"寏"字之俗。《玉篇·穴部》:"寏,五丸切。寏(當為字頭誤重)窟也。"(59上右)"究"與"寏"音近義同,"究"疑即"寏"字之俗。

590. 窅:《新修玉篇》卷十一《穴部》引《川篇》:"窅,火犬切。穴也。"(107上右)

按:《篇海》同。"窅"字,《大字典》轉錄作"窅","窅""窅"即同字異寫。"窅(窅)"與"肙""肙"當為異體字。《玉篇·广部》:"肙,火犬切。穴也。"(104下右)"窅(窅)"與"肙"音義並同,"窅(窅)"即"肙"通過改換義符而形成的異體字。

591. 窊:《新修玉篇》卷十一《穴部》引《省韻》:"窊,烏橫切。幽深兒。"(107上右)

按:《集韻》去聲映韻烏橫切:"窊,小水也。"(603)"窊"當即"竑"字之俗。《廣韻》去聲映韻烏橫切:"竑,小水兒。"(343)《類篇·穴部》:"竑,烏宏切。幽深兒。"(259上)"窊"與"竑"音義並同,"窊"當即"竑"之異體字。

592. 窄窄:《新修玉篇》卷十一《穴部》引《川篇》:"窄,莫郎切。"(107上左)

按:《篇海》卷十三《穴部》引《搜真玉鏡》:"窄,音忙。"(802上)同一部首下文引《川篇》又曰:"窄,莫郎切。"(802下)"窄""窄"形近音同,當即一字之變,疑並即"寢"字之俗。《名義·疒部》:"寢,莫桑反。眠言也。"(72上)《玉篇·疒部》:"寢,莫桑切。寢言也;眠言也。"(38上左)《廣韻》平聲唐韻莫郎切:"寢,寐語也。"(119)"窄""窄"與"寢"形近音同,又從"穴"、從"宀"形近,俗書常可訛混,故"窄""窄"疑並即"寢"字之俗。

593. 窼:《新修玉篇》卷十一《穴部》引《川篇》:"窼,落肖切。寮穿。"(107下右)

按:《篇海》卷十三《穴部》引《川篇》:"窼,落肖切。寮穿也。"(803上)《字彙·穴部》:"窼,力弔切,音料。穿也。"(337下)《正字通·穴部》:"窼,俗字。舊音料,穿也,誤。"(785上)《正字通》所言當是。今案:"窼"疑即"寮"字之俗。《說文·穴部》:"寮,穿也。從穴，尞聲。"（149下）"寮"，《廣韻》音"落蕭切"；"肖"，《廣韻》音"私妙切"，《集韻》又音"思邀切"；"蕭"，《廣韻》音"蘇彫切"。故"蕭""肖"音同，"䆨"與"寮"音義並同，又"聊""尞"聲同，"䆨"當即"寮"通過改換聲符而形成的異體字。《字彙》改音"力弔切"，疑非是。

594. 寊：《新修玉篇》卷十一《穴部》引《川篇》："寊，音寧。"（107下左）

按：《篇海》同。《廣韻》平聲青韻奴丁切："寍，天也。"（129）"寊"與"寍"音同形近，"寊"當即"寍"字之俗。

595. 晱：《新修玉篇》卷十二《叒部》引《玉篇》："叒，而灼切。《説文》曰：'日［初］出東方湯谷所登榑桑，叒木也。'晱，上同，籀文。疊，亦上同。《玉篇》籀文。"（108上左）

按：《篇海》卷十五《叒部》引《餘文》："晱，而灼切。榑桑，叒木也。"（840下）《玉篇》："叒，而灼切。《説文》曰：'日［初］出東方湯谷所登榑桑，叒木也。'疊，籀文。"（64上右）"晱"即"疊"之異寫字，亦即"叒"字。

596. 楙：《新修玉篇》卷十二《林部》引《餘文》："楙，居蔭切。承樽桵。"（108下右）

按：《篇海》同。此字《玉篇》《廣韻》皆未收，《集韻》收於去聲沁韻小韻韻尾，當即丁度等人據俗書所增。《集韻》去聲沁韻居蔭切："楙，承樽桵。"（622）"楙"當即"禁"字之俗。《説文·示部》："禁，吉凶之忌也。从示，林聲。"（3下）"禁"本義指忌諱，引申義可指祭祀時盛放酒樽的禮器，形如方案。《儀禮·士冠禮》："尊于房戶之間，兩甒有禁。"鄭玄注："禁，承尊之器也。名之為禁者，以為酒戒也。"《禮記·禮器》："大夫、士棜禁。"孔穎達疏："禁長四尺，廣二尺四寸也，通局足高三寸。""禁"，《廣韻》音"居蔭切"。"楙"與"禁"音義並同，又"木"旁、"示"旁形近，俗書常可訛混，故"楙"當即"禁"字俗訛。北魏王遺女墓誌"雖離禁隸"之"禁"作"楙"（《北京圖書館藏歷代石刻拓本彙編》4冊第110頁），東魏道寶碑記"纖理靡損，持禁帶□"之"禁"作"楙"（《北京圖書館藏歷代石刻拓本彙編》6冊第155頁），可見"禁"寫作"楙"魏碑已見。故"楙"當即"禁"字俗訛無疑。《正字通·木部》："楙，禁字之譌。舊注承樽桵，與禁義近，改作，非。"（513下）此說亦是也。又《龍龕》卷四《木部》："榃，或作；麓，今。音鹿。山足。《穀梁》云：'林屬於山曰麓也。'"（386）此"榃"同"麓"，與上文"禁"之俗訛字"榃"字即為同形字。

597. 析：《新修玉篇》卷十二《木部》引《玉篇》："析，先的切。分也。字從斤，破木也。又《爾雅》曰：'析木謂之津。'注云：'即漢津也。'亦姓。《風俗通》云：'齊大夫析歸父。'《韻》又息移切。葴析草，似燕麥。同作薪。"（109上左）

按：《廣韻》平聲支韻息移切："薪，葴析草，似燕麥。"（20）《文選·司馬相如〈子虛賦〉》："其高燥則生葴薪苞荔，薛莎青蘋。"李善注引郭璞曰："張揖曰：'薪，似燕麥也。'"《集韻》平聲支韻相支切："薪，葴析艸，似薦麥。或作析。"（27）《漢書·司馬相如傳》："其高燥則生葴、析、苞、荔。"顏師古注："張揖曰：'葴，馬藍也；析，似燕麥。'蘇林曰：'析，音斯。'""析"與"薪"音義並同，故此"析"即為"薪"之異體字。

598. 㭉：《新修玉篇》卷十二《木部》引《餘文》："㭉，子之切。構櫨也。"（111上左）

按：《篇海》同。此字《玉篇》《廣韻》皆未收，《集韻》收之，當即丁度等人據俗書所增。《集韻》平聲之韻津之切："㭉，構櫨也。"（53）"㭉"當即"㮅"字俗省。《說文·木部》："栺，構櫨也。從木，咨聲。"（115下）《集韻》入聲屑韻子結切："栺，《說文》：'構櫨也。'或書作㮅。"（700）"㮅""栺"音義並同，"㮅"即"栺"通過偏旁易位而形成的異體字。"㭉"與"㮅"形近義同，"㭉"當即"㮅"通過省略部分構字部件而形成的異體字。"㮅"《廣韻》音"子結切"，而"㭉"《集韻》音"津之切"者，此當為後人不識其為"㮅"字之俗，又見其從"次"而妄改，因為"次"《廣韻》音"七四切"，又音"津之切"，此當即望形生音。

599. 柺：《新修玉篇》卷十二《木部》引《類篇》："柺，音劣。惡木也。"（111上左）

按：《篇海》同。《字彙·木部》："柺，力輟切，音劣。惡木也。"（212上）《正字通·木部》："柺，俗字。惡木當作劣，俗作柺，非。"（500上）《正字通》所言當是。《說文·力部》："劣，弱也。從力，少聲。"（294上）"劣"，本義指少，引申義可指拙劣、低劣。《廣雅·釋詁五》："劣，鄙也。""劣"，《廣韻》音"力輟切"。故"栁"本當作"劣"。

600. 枀：《新修玉篇》卷十二《木部》引《類篇》："枀，音崇。"（111上左）

按：《篇海》同。"枀"音"崇"，疑即"崇"字俗訛。此直音用字不但用於注音，而且兼於用來指明正字。

601. 榁：《新修玉篇》卷十二《木部》引《玉篇》："榁，昨禾切。《爾雅》云：'痤，接慮李。'今之麥李。或從木。"（111下右）

按：《篇海》卷七《木部》引《玉篇》："榁，昨禾切。與㮂同。"（695下）今本《玉篇》未見收錄此字。《廣韻》平聲戈韻昨禾切："榁，《爾雅》云：'榁，接慮李。'今之麥李。或從木。"（104）《集韻》平聲戈韻徂禾切："㮂，木名，櫨李也。一曰車下李。或作榁。"（200）"榁""㮂"本當作"痤"。《爾雅·釋木》："痤，桵慮李。"郭璞注："今之麥李。"故"榁""㮂"本作"痤"。

602. 桅：《新修玉篇》卷十二《木部》引《餘文》："桅，無遠切。木名。"（111下左）

按：《篇海》同。《集韻》上聲阮韻武遠切："桅，木名。"（363）《字彙·木部》："桅，武綰切，音晚。木名。"（214上）《正字通·木部》："桅，俗字。舊注：音晚。木名。誤。"（507上）《正字通》所言當是。"桅"疑即"挽"字俗訛。《玉篇·手部》："挽，亡遠切。引也。"（31下右）"桅""挽"音同，又"扌"旁、"木"旁形近，俗寫常可訛混，故"桅"疑即"挽"字俗訛。佛蘭西國民圖書館藏燉煌本《普賢菩薩說證明經》："普賢菩薩白佛言：'世尊執取正法善治守護，拯濟病困若病厄，受持此經典者病得除愈。若有橫官共相牽桅枷鎖繫閉，心中憶念普賢菩薩，讀此經一百九遍，便令其官即發慈心，廣復大赦解脫枷鎖，得離橫官無有諸苦。"（T85，p1363b02）此"牽桅"之"桅"當即"挽"字之訛，此是其證也。又韓小荊《〈可洪音義〉研究》（718）"挽"俗作"桅"，此亦其證也。故"桅"疑即"挽"字之俗。《集韻》訓"木名"，疑為不識其為"挽"字之俗而妄補，此當即望形生訓也。

603. 梶：《新修玉篇》卷十二《木部》引《餘文》："梶，無匪切。樹杪。"（111下左）

按：《篇海》同。《集韻》上聲尾韻武斐切："梶，樹杪。"（325）

"梶"當本作"尾"。《方言》卷十二："尾,梢也。"(77)"尾",《廣韻》音"無匪切"。"梶"與"尾"音義並同,故"梶"本當作"尾"。

604. 栖:《新修玉篇》卷十二《木部》引《龍龕》:"栖,烏可切。栖[橠],木四枝垂盛皃。"(111下左)

按:《篇海》同。《龍龕》卷四《木部》:"楀橠,上烏可反,下奴可反。木四枝垂盛皃。"(380)"栖"與"楀"音義並同,故"栖"當即"楀"字之俗。

605. 栢:《新修玉篇》卷十二《木部》引《川篇》:"栢,音洕(滔)。木也。"(111下左)

按:《篇海》同。《爾雅·釋木》:"槄,山榎。"郭璞注:"今之山楸。""槄",《廣韻》音"土刀切"。"栢"當即"槄"字之俗。

606. 桵:《新修玉篇》卷十二《木部》引《川篇》:"桵,音娑。木也。"(111下左)

按:《篇海》同。"桵"疑即"桫"字之俗。《廣韻》平聲歌韻素何切:"桫,桫欏,木名,出崑崙山。"(102)"桵"與"桫"音義並同,正如"抄"俗作"按","桵"當即"桫"字之俗。

607. 枽:《新修玉篇》卷十二《木部》引《川篇》:"枽,音栗。木也。"(112上右)

按:《篇海》同。《説文·木部》:"㮚,木也。从木,其實下垂,故从卤。"(139下)"㮚",《廣韻》音"力質切"。"㮚",楷定即作"栗"。"枽"與"栗"音義並同,"枽"當即"栗"之篆文"㮚"字楷定之俗。

608. 椎雀:《新修玉篇》卷十二《木部》:"椎雀,二直追切。木椎。《韻》又職追切。木名,似桂。"(112上左)

按:《廣韻》平聲脂韻職追切:"雀,木名,似桂。"(26)《集韻》平聲脂韻朱惟切:"椎,木名,似栗而小。或書作雀。"(40)"椎""雀"當即同字異寫,二字當即"隹"字之俗。箋注本《切韻》(斯2071)平聲脂韻職追反:"隹,木名,似桂。"(109)故宮本《王韻》、故宮本《裴韻》同。"雀"與"隹"音義並同,"雀"當即"隹"之異體字,"椎"又當即"雀"通過偏旁易位而形成的異體字。"椎""雀"二字,《集韻》訓"木名,似栗而小","栗"當為"桂"字之訛。

609. 柂:《新修玉篇》卷十二《木部》引《餘文》:"柂,羊益切。木名。"(112下右)

按：《篇海》同。此字《玉篇》《廣韻》皆未收，《集韻》收之，當為丁度等據俗書所增。《集韻》入聲昔韻夷益切："柭，木名。"（746）《字彙·木部》："柭，羊益切，音亦。木名。"（216上）《正字通·木部》："柭，譌字。舊音亦，木名。誤。"（513上）《正字通》所言當是。《龍龕》卷四《木部》："柭，俗。亦、夜二音。正作掖。"（385）故"柭"即"掖"字之譌。《大正藏》本《緇門警訓》卷二《釋難聞》："一狐之柭自餘千羊之皮，何足道哉！於戲佛海穢滓，未有今日之甚也。可與智者道，難與俗人言。"顏師古注："狐柭下之皮，輕柔難得。黃雋作掖。"（1050）此即"柭"為"掖"字俗訛之證也。又《中華大藏經》本《緇門警訓》卷二《釋難聞》："一狐之腋自餘千羊之皮，何足道哉！"顏師古注："狐腋下之皮，輕柔難得。黃雋作腋。"（698）此條異文材料又為"腋"當即"掖"之後起分化字之確證。《可洪音義》卷一《放光般若經》："柭，音亦。葉也。《大般若經》作枝葉也。"（T59，p572b12）對應經文《放光般若經》卷十："世尊！譬如人見春天諸樹痱癗含氣，當知是樹枝葉華實將生不久。何以故？是樹先有瑞應故，閻浮提人見瑞應莫不歡喜者。"（135）此"柭"當即"葉"之異構俗字。故"柭"字有兩個來源：一為"掖"之俗訛字；一為"葉"之異構俗字。《集韻》訓"木名"，疑為望形生訓。

610. 椴：《新修玉篇》卷十二《木部》引《玉篇》："椴，所點切。似茱萸而實赤。又山列切。茱萸。又先結切。木楔。同作楔。"（113下右）

按：《集韻》入聲薛韻私列切："楔椴櫱，《說文》：'櫼也。'蜀人從殺，《周禮》從執。一曰：楔，山桃。"（708）此"椴"當即"楔"之異體字。

611. 樧：《新修玉篇》卷十二《木部》引《餘文》："樧，側鳩切。艸木子叢生也。"（114下左）

按：《篇海》同。《集韻》平聲尤韻甾尤切："樧，艸木子叢生。"（265）《字彙·木部》："樧，側鳩切，音鄒。草木子叢生。"（223上）《正字通·木部》："樧，俗菆字。舊注音訓同菆，分為二，誤。"（532下）《正字通》所言當是。《玉篇·艸部》："菆，阻留切。草也［當衍］叢生也。"（66上右）《古今韻會舉要》平聲尤韻甾尤切："菆，草叢生也。"（196上）"樧"與"菆"音同義近，"樧"當即"菆"之俗字。

612. 榖：《新修玉篇》卷十二《木部》引《龍龕》："榖，音谷。木名。"（114 下左）

按：《篇海》同。《龍龕》卷四《木部》："榖，或作。音谷。木名。"（387）《説文·木部》："榖，楮也。从木，㱿聲。"（113 上）"榖"，《廣韻》音"古祿切"。"榖"與"榖"音義並同，"榖"當即"榖"字之俗。

613. 楖：《新修玉篇》卷十二《木部》引《省韻》："楖，求於切。《韻》注：渠同。"（114 下左）

按：《篇海》卷七《木部》引《搜真玉鏡》："楖，音渠。"（699 下）"楖"字，《新修玉篇》與《篇海》引書不同，疑當以《新修玉篇》所言為是。據《新修玉篇》之説，"楖"當即"渠"之異體字。

614. 㭶：《新修玉篇》卷十二《木部》引《廣集韻》："㭶，郎到切。摩田器。"（115 下右）

按："㭶"當即"橯"之異體字。《集韻》去聲號韻郎到切："橯㭶，摩田器。或从耒。"（588）此是其證也。故"㭶""橯"二字即為異體字。

615. 櫖：《新修玉篇》卷十二《木部》引《類篇》："櫖，音胡。酒器。"（115 下右）

按：《篇海》卷七《木部》引《類篇》："㯿，音壺。酒器。"（699 下）"櫖""㯿"即同字異寫。《疑難字》（380）"㯿"字下謂"㯿"為"㯿"的俗字，則"櫖"亦當即"㯿"字之俗。

616. 橃：《新修玉篇》卷十二《木部》引《玉篇》："橃，古送切。格木。《説文》曰：'小杯也。'《韻》又其矩切。橃㽍，負戴器也。又都感切。箱屬。同作簹。"（115 下右）

按：《集韻》上聲感韻都感切："簹，篋類。或作𥴧、橃。"（447）故"橃"訓"箱屬"，與"簹""𥴧"二字音義並同，即為異體字。

617. 樽：《新修玉篇》卷十二《木部》引《廣集韻》："樽，博陌切。壁柱也。又房益切。柱也。"（115 下左）

按：《集韻》入聲陌韻博陌切："樽，壁柱。"（732）又入聲昔韻毗亦切："樽，柱也。"（747）"樽"當即"欂"字之俗。

618. 橋：《新修玉篇》卷十二《木部》引《龍龕》："橋，渠妖切。梁也。"（115 下左）

按：《篇海》同。"橋"當即"橋"字之俗。《龍龕》卷四《木部》：

"橋，俗；橋，正；橋，今。渠妖反。梁也。三。"（374）此即其證也。

619. 楜：《新修玉篇》卷十二《木部》引《龍龕》："楜，音胡。棗名。下尖上大也。"（116上右）

按：《篇海》同。《龍龕》卷四《木部》："樌，俗；楜，正。音胡。棗名。下尖上大也。二。"（378）《玉篇·木部》："楛，戶孤切。今江東呼大而銳上者曰楛。亦作壺。"（62下右）"樌""楜"與"楛"音義並同，並即"楛"字之俗。

620. 櫪：《新修玉篇》卷十二《木部》引《川篇》："櫪，音曆。馬槽。"（116上左）

按：《篇海》同。《方言》卷五："櫪，梁宋齊楚北燕之間，或謂之樎，或謂之皁。"郭璞注："櫪，養馬器也。"（35）"櫪"，《廣韻》音"郎擊切"。"櫪"與"櫪"音義並同，"櫪"當即"櫪"字之俗。

621. 橌：《新修玉篇》卷十二《木部》引《奚韻》："橌，胡革切。轡首。"（116上左）

按：《玉篇·革部》："鞨，古核切。靶也；勒也。鞨，同上。"（123下右）"橌"與"鞨"音近義同，"橌"當即"鞨"之異體字。

622. 槸：《新修玉篇》卷十二《木部》引《餘文》："槸，羊恕切。舁食者。"（116上左）

按：《篇海》同。敦煌本《王韻》去聲御韻余據反："槸，舁食者。"（405）故宮本《王韻》同。《唐韻》去聲御韻羊如反："槸，舁食者。或作舉。"（643）《廣韻》去聲御韻羊洳切："槸，舁食者。或作舉。"（259）《龍龕》卷四《木部》："槸，羊怒反。舁食者。或作舉。"（383）故"槸"與"舉"音義並同，即為異體字。

623. 檺：《新修玉篇》卷十二《木部》引《龍龕》："檺，音豪。木也。"（116下右）

按：《篇海》卷七《木部》引《川篇》："檺，音槁。木也。"（700下）"檺"字，《新修玉篇》與《篇海》引書不同，《篇海》所言疑是，通行本《龍龕》未見收錄此字；又《新修玉篇》與《篇海》直音用字不同，當以《新修玉篇》所言為是。"檺"疑即"槹"之異體字。《集韻》平聲豪韻乎刀切："虢槹，《說文》：'木也。'或省。"（189）"檺"與"槹（虢）"音義相同，正如《集韻》"虢（號）"或作"諕"，"檺"疑即"槹（虢）"之異體字。

624. 欐：《新修玉篇》卷十二《木部》引《龍龕》："欐，音麗，又所宜切。"（117上右）

按：《篇海》卷七《木部》引《川篇》："欐，音麗，又所宜切。"（701上）"欐"字，《新修玉篇》與《篇海》引書不同，《篇海》所言當是，通行本《龍龕》未見收錄此字形。《玉篇·木部》："欐，力底、力計二切。小船也；又梁棟名。又所宜切。"（61下左）"欐"與"欐"音同形近，"欐"當即"欐"字之俗。

625. 芙：《新修玉篇》卷十三《艸部》引《餘文》："芙，佗前切。艸名。"（118上右）

按：《篇海》略同。此字《説文》《玉篇》皆未收，《廣韻》亦不錄，《集韻》收之，當即丁度等人據俗書所增。《集韻》平聲先韻他年切："芙，艸名。"（160）"芙"疑即"芙"字之俗。《爾雅·釋草》："荷，芙蕖。"（119）《説文新附·艸部》："芙，芙蓉也。从艸，夫聲。"（21上）"芙"，《廣韻》"防無切"。"芙"與"芙"義同，又"天"旁、"夫"旁形近，俗寫或可訛混，故"芙"疑即"芙"字俗訛。"芙"字俗作"芙"，後人見其從天，遂改其讀為"他年切"，此當即望形生音。《可洪音義》卷二四《開元釋教錄》："芺蕖，上音扶，下音巨魚反。正作芙蕖。"（60，p346a14）"芺""芙"皆為"芙"字之俗，其下部所從皆與"天"形近，此即"芙"為"芙"字俗訛之證。

626. 甬：《新修玉篇》卷十三《艸部》引《玉篇》："甬，音用。艸名。"（118下左）

按：《篇海》卷九《艸部》引《餘文》："甬，音用。艸名。"（716下）"甬"字，《新修玉篇》與《篇海》引書不同，當以《篇海》所言為是。此字《説文》《玉篇》皆未收，《廣韻》亦不錄，《集韻》收之，當即丁度等人據俗書所增。《集韻》去聲用韻余頌切："甬，艸名。"（464）《字彙·艸部》："甬，余頌切，音用。草名。"（396上）《正字通·艸部》："甬，譌字。舊注音用，汎云艸名，泥。"（912下）《正字通》所言疑是。"甬"疑即"用"字俗訛。《説文·用部》："用，可施行也。从卜，从中。衛宏説。甹，古文用。"（64下）"甬""用"音同，又徐在國《傳抄古文字編》（317~318）"用"古文作"甹""甹""甹"諸形，"甬"疑即"用"字古文楷定之訛。"用"俗作"甬"，後人不識其為"用"字俗訛，見其從"艸"，遂改其訓為"艸名"，此當即望形生訓。

627. 茚：《新修玉篇》卷十三《艸部》引《玉篇》："茚，於刃切。草名。"（118下左）

按：《篇海》卷九《艸部》引《餘文》："茚，於刃切。草名。"（716下）"茚"字，《新修玉篇》與《篇海》引書不同，當以《篇海》所言為是。此字《說文》《玉篇》皆未收，《廣韻》亦不錄，《集韻》收之，當即丁度等人據俗書所增。《集韻》去聲稕韻伊刃切："茚，艸名。"（543）《字彙·艸部》："茚，伊刃切，音印。草名。"（397下）《正字通·艸部》："茚，譌字。"（118下右）《正字通》所言疑是。"茚"疑即"茚"字俗訛。《說文·艸部》："茚，菖蒲也。从艸，印聲。益州云。"（14上）"茚"，《廣韻》音"五剛切"，又音"魚兩切"。"茚""茚"形近，正如韓小荊《〈可洪音義〉研究》（345）"昂"俗作"昻"、"柳"俗作"抑"等，"茚"疑即"茚"字俗訛。"茚"字俗作"茚"，後人不識，見其從"印"，遂改其讀為"伊刃切"，此當即望形生音；見其從艸，遂改其訓為"艸名"，此當即望形生訓，《集韻》音義疑不可據。

628. 芟：《新修玉篇》卷十三《艸部》引《玉篇》："芟，平表、毗小二切。落也。《韻》平表切。人芟餓死。毗小切。芟草。又零落也。《韻》又符鄙切。草木枯落。"（119上右）

按：《集韻》上聲旨韻部鄙切："芟，草木枯落。"（320）此"芟"亦當即"殍"之異體字。箋注本《切韻》上聲旨韻符鄙反："殍，草木枯落。"（130）敦煌本《王韻》、故宮本《王韻》、故宮本《裴韻》、《廣韻》皆同。"芟"與"殍"音義並同，故此"芟"亦當即"殍"之異體字。

629. 菩：《新修玉篇》卷十三《艸部》引《川篇》："菩，薄胡切。菩薩，弘名也。"（119下右）

按：《篇海》卷九《艸部》引《川篇》："菩，薄胡切。菩薩，弘名也。"（717下）《廣韻》平聲模韻薄胡切："菩，梵言菩提，漢言王道。"（43）又入聲曷韻桑割切："薩，《釋典》云：'菩薩。菩，普也；薩，濟也。能普濟眾生也。'"（393）"菩薩"同"菩薩"，"菩"當即"菩"字俗訛。

630. 莉：《新修玉篇》卷十三《艸部》引《餘文》："莉，旨熱切。斷草兒。"（120上右）

按：《篇海》同。此字《說文》《玉篇》皆未收，《廣韻》亦不錄，《集韻》收之，當即丁度等人據俗書所增。《集韻》入聲薛韻之列切：

"菥，斷艸。"（709）《字彙·艸部》："菥，之列切，音浙。斷草也。"（399下）《正字通·艸部》："菥，舊注音浙，斷艸，訓與《說文》同。按：《說文》斯从斤斷艸，譚長說，篆作𣂨，籀文从艸在仌中，〔仌〕寒，故斯。篆作𣂨，或从手作𢱧。舊本譌作菥，非。籀文無深義，从折為正。"（922下）《正字通》所言當是。《說文·艸部》："折，斷也。从斤斷艸，譚長說。斯，籀文折，从艸在仌中，仌寒，故折。𢶏，篆文折，从手。"（19下）"折"，《廣韻》音"旨熱切"。依譚長說，"折"本從斤、從艸，從斷艸之形來會"折"之"斷"義，"菥"與"折"音義並同，"菥"當即"折"之繁化俗字。

631. 㘝：《新修玉篇》卷十三《艸部》引《餘文》："㘝，去王切。草也。"（120上右）

按：《篇海》卷九《艸部》引《餘文》："㘝，音匡。草名。"（718上）此字《切韻》《玉篇》皆未收，《廣韻》《集韻》收之，當即陳彭年等據俗書所增。《廣韻》平聲陽韻去王切："㘝，草名。"（115）《集韻》平聲陽韻曲王切："㘝，《方言》：'隨也。'一曰艸名。"（218）《方言》卷十三："㘝，隨也。"（83）錢繹《方言箋疏》："《說文》'匡'或從竹作'筐'。古人從'草'從'竹'之字，往往相溷，疑'㘝'即'筐'之異文，亦即'匡'字也。"（457）錢氏謂《方言》之"㘝"疑即"筐"之異文，亦即"匡"字，可備一說。今案：《廣韻》之"㘝"亦當即"筐"字之俗。佛經有此字用例，提供如下：唐義淨譯《根本說一切有部毘奈耶藥事》卷第九："爾時世尊，默然受請。時象力藥叉知佛受已，便於宮內。為世尊造五百寺，一一寺內各造五百大床小床，及諸敷具，帷幕帳蓋。既修造已，請佛世尊，及苾芻眾，受其供養。于時世尊，及諸苾芻，受其請已。時象力藥叉，有一親友藥叉，名屈底迦，在迦濕彌羅國。時象力藥叉遣使往報：'我今請佛，及苾芻眾，汝之北地，所有果子應可送來。'時象力藥叉發遣使已，即於其夜，備辦飲食，并五百寺內，灑掃敷座安置淨水，命執事人，令知次第。時屈底迦藥叉既奉信，盛滿㘝篋葡萄等果，令諸藥叉負送至寺地邊，積聚安置諸苾芻等。既見果子，悉皆不識，請問世尊：'此是何果？如何服之？'時佛答言：'北方果子，名曰葡萄。以火作淨，當可食之。'"（T24，p0039b26）從文意來看，"㘝篋"當同"筐篋"，"㘝"當即"筐"字俗訛。此是其證也。韓小荊《〈可洪音義〉研究》"筐"俗作"㘝"，此亦其證也。故《廣韻》之"㘝"亦當即"筐"字俗訛,"筐"俗作"匩",陳彭年等不識其為"筐"字俗訛,見其從艸,遂改其訓為"草名",此當即望形生訓。《集韻》"匩"字"一曰艸名",此當為《廣韻》所誤。

632. 苹:《新修玉篇》卷十三《艸部》引《龍龕》:"苹,音萃。義同。"(119下右)

按:《篇海》同。"苹"當即"萃"字之俗。《龍龕》卷二《艸部》:"苹,通;萃,正。秦醉反。集也;聚也。二。"(261)此即其證也。

633. 荁:《新修玉篇》卷十三《艸部》引《龍龕》:"荁,多葛切。覃草。"(120下右)

按:《篇海》同。"荁"當即"苴"字之俗。《龍龕》卷二《艸部》:"荁,俗;苴,正。多葛反。覃~也。二。"(264)此即其證也。

634. 菌:《新修玉篇》卷十二《艸部》引《類篇》:"菌,音郡。地覃。"(120上左)

按:《篇海》同。《説文·艸部》:"菌,地覃也。从艸,困聲。"(15下)"菌",《廣韻》音"渠殞切"。"菌"當即"菌"字之俗。

635. 葴:《新修玉篇》卷十三《艸部》引《餘文》:"葴,雨逼切。叢也。"(121上右)

按:《篇海》同。故宮本《裴韻》入聲職韻榮逼反:"棫,木叢。"(617)《唐韻》入聲職韻榮逼反:"棫,木叢。"(727)《廣韻》入聲職韻雨逼切:"葴,叢也。"(427)"葴"與"棫"音義並同,"葴"當即"棫"之異體字。《集韻》入聲職韻越逼切:"葴,草木叢生也。通作棫。"(760)此即其證也。

636. 茈:《新修玉篇》卷十三《艸部》引《龍龕》:"茈,音脂。菹也。"(121上右)

按:《篇海》同。《龍龕》卷二《艸部》:"茈,俗;茈,正。音脂。~菹也。二。"(254)《説文·艸部》:"蒎,菹也。从艸,泜聲。"(18下)"蒎",《廣韻》音"旨夷切"。"茈""茈"與"蒎"音義並同,並即"蒎"字之俗。

637. 茴:《新修玉篇》卷十三《艸部》引《川篇》:"茴,音盲。貝母草也。"(121上右)

按:《篇海》同。《説文·艸部》:"茴,貝母也。从艸,明省聲。"(15上)"茴",《廣韻》"武庚切"。"茴"當即"茴"字之俗。

638.茜：《新修玉篇》卷十三《艸部》引《餘文》："茜，以周切。水草。一名軒于。"（121下左）

按：《篇海》卷九《艸部》引《餘文》："茜，音由。水草。一名軒于。"（719下）《廣韻》平聲尤韻以周切："茜，水草，一名軒于。"（135）"茜"與"蕕""蕕"諸字並為異體字。《爾雅·釋草》："茜，蔓于。"郭璞注："草，生水中。一名軒于，江東呼茜。音猶。"（118）郝懿行義疏："茜，當為蕕。《説文》：'蕕，水邊草也。'《繫傳》云：'似細蘆，蔓生水上，隨水高下，汎汎然也。故曰：蕕，游也。"郝氏所言是也。《説文·艸部》："蕕，水邊草也。从艸，猶聲。"（18下）慧琳《音義》卷九七引《説文》作"臭草也"。《左傳·僖公四年》："一薰一蕕，十年尚猶有臭。"杜預注："薰，香草。蕕，臭草。""蕕"字，訓為"水邊草也"或"臭草"者，當為一從其生長地而言，一從其氣味而言，其實一也。《名義·艸部》："蕕，與周反。蔓于，軒于，臭草，生水中。"（128）可見原本《玉篇》"蕕"字之訓亦應作此。相較之下，原本《玉篇》釋義更為確切。故宮本《裴韻》平聲尤韻以周反："蕕，水中細草。"下文同一小韻又云："蕕，薰。或茜。"（560）《集韻》平聲尤韻夷周切："蕕，《説文》：'水邊草也。'一曰臭艸。或作蕕。"（258）《新撰字鏡·艸部》亦曰："蕕茜，二形同。以周反。臭草，又水草。"（413）故"茜"與"蕕""蕕"音義並同，即為異體字。

639.蒿：《新修玉篇》卷十三《艸部》引《餘文》："蒿，許亮切。蒿苬食。"（121下左）

按：《篇海》同。《廣韻》去聲漾韻許亮切："蒿，蒿苬食。"（337）《集韻》去聲漾韻許亮切："蒿，苬羹。"（599）《字彙·艸部》："蒿，許亮切，音向。蒿苬食。"（404上）《正字通·艸部》："蒿，俗薌字。"（937）《説文新附·艸部》："薌，穀氣也。从艸，鄉聲。"（21下）《玉篇·艸部》："薌，許良切。穀氣。亦作香。"（66上左）《禮記·曲禮下》："凡祭宗廟之禮：……水曰清滌，酒曰清酌，黍曰薌合，粱曰薌萁。"按：《周禮·春官·大祝》作"黍曰香合，粱曰香萁"。故"薌"同"香"。雖然"蒿"同"薌"，但從字形演變來看，"蒿"非"薌"字之俗，"蒿"當為"香"字之俗。《説文·香部》："香，芳也。从黍，从甘。《春秋傳》曰：'黍稷馨香。'"（143下）"苬"即指雜在肉湯裏的菜。《禮記·內則》："饘、酏、酒、醴、苬、羹、菽、麥、蕢、稻、黍、粱、秫,唯所欲。"鄭玄注:"芼,菜也。"孔穎達疏:"芼菜者,按:《公食大夫禮》三牲皆有芼者,'牛藿、羊苦、豕薇'也,是芼乃為菜也,用菜雜肉為羹。"故"芼食"即指一種雜在肉湯裏的菜,"蓍"當即"香"字用來修飾"芼食",因受下文"芼"字類化影響增加義符"艸"旁而形成的俗字,而非"蓍"字本身即指"雜在肉湯裏的菜"。希麟《音義》卷七《觀自在大悲成就蓮花部念誦法》一卷:"香綏,上許良反。《說文》云:'香,芬也。'正從黍,其作䅿。或作䅿,穀氣也。經文從草作蓍,非本字。下儒佳反。《玉篇》云:'冠纓也。'《爾雅》曰:'褘綏也。'郭注云:'香纓也。交絡帶繫於體,因名褘綏。從糸,委聲。'經文作蕤,乃葳蕤,藥名也。又蕤賓五月,律管名。案:經以緄珮、香綏嚴飾大悲觀自在身也,作蓍蕤字,甚乖經意。"(59,p403c12)此是其證也。故"蓍"當即"香"字之俗,同"䅿"。"蓍"當訓為"穀類的香氣",《廣韻》《集韻》分別訓為"蓍芼食""芼羹",皆誤。《大字典》《字海》收錄"蓍"字,皆承襲《廣韻》《集韻》義訓之誤,俱失考證。

640. 葐:《新修玉篇》卷十三《艸部》引《廣集韻》:"葐,羽俱切。葅葐,菜名,似韭。"(122上右)

按:《集韻》平聲虞韻雲俱切:"葐,葅葐,菜名,似韭,出塞下。"(73)"葐"當即"葐"字異寫。

641. 萄:《新修玉篇》卷十三《艸部》引《川篇》:"萄,音劬。草也。"(122上右)

按:《篇海》同。《爾雅·釋草》:"萄,芎藭。""萄",《廣韻》音"其俱切"。"萄"與"萄"音義並同,"萄"即"萄"字俗訛。

642. 蕈:《新修玉篇》卷十三《艸部》引《餘文》:"蕈,巨運切。芝屬。"(122下左)

按:《篇海》同。此字《說文》《玉篇》皆未收,《廣韻》亦不錄,《集韻》收之,當即丁度等人據俗書所增。《集韻》去聲㮇韻具運切:"蕈,芝屬。"(547)《正字通·艸部》:"蕈,俗菌字。"(845下)《正字通》所言當是。《說文·艸部》:"菌,地蕈也。从艸,囷聲。"(21下)《玉篇·艸部》:"菌,奇隕切。地菌。"(66下左)《莊子·逍遙遊》:"朝菌不知晦朔,蟪蛄不知春秋。"陸德明《釋文》引司馬彪曰:"大芝也。"《文選·張衡〈思玄賦〉》:"漱飛泉之瀝兮,咀石菌之流英。"李善注:"菌,芝也。""蕈""菌"音近義同,"蕈"疑即"菌"通過改換聲符而形成的異體字。

643. 秝：《新修玉篇》卷十三《艸部》引《餘文》："秝，郎的切。草木疏皃。"（122 下左）

按：《篇海》同。《集韻》入聲錫韻狼狄切："秝，艸木疏皃。"（753）《字彙·艸部》："秝，狼狄切，音歷。草木疏皃。"（408 下）《正字通·艸部》："秝，郎敵切，音歷。艸木疏貌。與秝通。"（948 上）《正字通》所言當是。《說文·禾部》："秝，稀疏適也。从二禾。讀若歷。"（143 上）"秝"，《廣韻》音"郎擊切"。"秝"與"秝"音義並同，"秝"當即"秝"之增旁俗字。

644. 漉：《新修玉篇》卷十三《艸部》引《龍龕》："漉，音錄。水名。今作淥。"（122 下左）

按：《篇海》同。《龍龕》卷二《艸部》："漉，或作。音錄。水名。今作淥。"（264）故"漉"當即"淥"之異體字。

645. 蕕：《新修玉篇》卷十三《艸部》引《龍龕》："蕕，音由。水蕕草，亦作莜。又臭草。"（123 上右）

按：《篇海》《龍龕》同。《說文·艸部》："蕕，水邊艸也。从艸，猶聲。"（12 下）慧琳《音義》卷九七引《說文》作"臭草也"。"蕕"，《廣韻》音"以周切"。"蕕"與"蕕"音義並同，"蕕"當即"蕕"字俗訛。

646. 菽：《新修玉篇》卷十三《艸部》引《龍龕》："菽，音叔。豆也。"（123 上右）

按：《篇海》同。"菽"當即"菽"字之俗。《龍龕》卷二《艸部》："菽䛆，二俗；菽，正。音叔。豆也。三。"（263）此即其證也。

647. 菑：《新修玉篇》卷十三《艸部》引《龍龕》："菑，新藏音甾。田不耕曰菑。"（123 上右）

按：《龍龕》卷二《艸部》："菑，新藏音甾。田不耕曰～。"（254）"菑""菑"即同字異寫，當為一字之變。《說文·艸部》："菑，不耕田也。从艸、甾。"（18 上）"菑"，《廣韻》音"側持切"。"菑""菑"與"菑"音義並同，並即"菑"字之俗。

648. 蔊：《新修玉篇》卷十三《艸部》引《奚韻》："蔊，呼笴切。菜，味辛也。"（123 上右）

按：《篇海》同。《廣韻》上聲旱韻呼旱切："蔊，菜，味辛也。"

(192)"蓽"與"蕼"音義並同,"蓽"即"蕼"字俗訛。

649. 莫:《新修玉篇》卷十三《艸部》引《類篇》:"莫,音莫。"(123上右)

按:《篇海》同。"莫"與"莫"音同形近,"莫"當即"莫"字之俗。

650. 藨:《新修玉篇》卷十三《艸部》引《玉篇》:"藨,甫遙切。《爾雅》曰:'黃華,藨。'郭璞云:'芀,華色異名也。'《韻》又符少切。茇草;又零落也。同作茇。"(123上左)

按:《玉篇·艸部》:"茇,平表、毗小二切。落也。正作受。"(65下左)《集韻》上聲小韻婢小切:"藨,落也。或作受、茇、莩,通作摽。"(396)"藨"訓"落",與"茇""受""摽"諸字音義並同,即為異體字。

651. 蘬:《新修玉篇》卷十三《艸部》引《玉篇》:"蘬,胡罪切。《爾雅》云:'蘬,懷羊。'又公回切。菜名。"(123下右)

按:《篇海》卷九《艸部》引《搜真玉鏡》:"蘬,胡罪、公回二切。懷羊也。"(721下)"蘬"字,《新修玉篇》與《篇海》引書不同,當以《新修玉篇》所言為是。《名義·艸部》:"蘬,胡羅(罪)反。懷羊,可食也。"(136下)《玉篇·艸部》:"蘬,胡罪、公回二切。懷羊也。"(66上左)《爾雅·釋草》:"蘬,懷羊。"(115)《玉篇校釋》"蘬"字下注:"'懷羊也'者,《釋草》文。郭云:'未詳。'字作蘬,釋文作蘬。《切韻》:'蘬,懷羊。'與顧氏《爾雅音》本同。"(2632)胡氏所言是也。"蘬"與"蘬"音義並同,"蘬"即為"蘬"之異體字。《大字典》《字海》"蘬""蘬"二字兼收,卻未溝通它們之間的異體關係,失當。

652. 蓡:《新修玉篇》卷十三《艸部》引《奚韻》:"蓡,廲朗切。莽蓡也。"(123下右)

按:《篇海》同。《廣韻》上聲蕩韻龐朗切:"蒼,莽蒼。"(214)"蓡"與"蒼"音義並同,"蓡"疑即"蒼"字俗訛。

653. 藆:《新修玉篇》卷十三《艸部》引《川篇》:"藆,音閉。草,為席也。"(123下左)

按:《篇海》同。《爾雅·釋草》:"薜,鼠莞。"郭璞注:"亦莞屬也。纖細似龍須,可以為席,蜀中出好者。"(114)"薜",《廣韻》音"并弭切",又音"傍禮切"。"藆"與"薜"音近義同,"藆"當即"薜"

字俗訛。

654. 結：《新修玉篇》卷十三《艸部》引《餘文》："結，古屑切。草名。"（124下右）

按：《篇海》同。此字《説文》《玉篇》皆未收，《廣韻》亦不錄，當即丁度等人據俗書所增。《集韻》入聲屑韻古屑切："結，艸名。"（703）《字彙·艸部》："結，吉屑切，音結。草名。"（411下）《正字通·艸部》："結，舊注：音結。草名。按：結縷草，本作結，俗作結，非。"（955下）《正字通》所言當是。"結"訓"草名"，當指"結縷草"，"結"當即"結"因涉義增加義符"艸"旁所形成的後起分化字。

655. 薣：《新修玉篇》卷十三《艸部》引《餘文》："薣，古斬切。草名，寒蔣也。"（124下右）

按：《篇海》同。此字《説文》《玉篇》皆未收，《廣韻》亦不錄，當即丁度等人據俗書所增。《集韻》上聲賺韻古斬切："薣，艸名，寒蔣也。"（456）《字彙·艸部》："薣，古斬切，音減。寒蔣草也。"（411下）"薣"當即"葴"字之俗。《爾雅·釋草》："葴，馬藍也。"郭璞注："今大葉冬藍也。"（124）《説文·艸部》："葴，馬藍也。从艸，咸聲。"（18下）"葴"，一義指"馬藍"，一義指"寒蔣"。《爾雅·釋草》："葴，寒漿。"郭璞注："今酸漿草，江東呼曰苦葴。音針。"（116）《玉篇·艸部》："葴，至諶切。馬藍也；一曰寒蔣。"（65上左）《本草綱目·草部·酸漿》："時珍曰：酸漿，以子之味名也。苦葴、苦耽，以苗之味名也。"故"薣"與"葴"義同，"薣"當即"葴"字之俗。"葴"變作"薣"，遂改其讀為"古斬切"，此即音隨形變也。《集韻》平聲侵韻諸深切："薣，水艸名，酸漿也。"（276）《廣韻》平聲侵韻職深切作："葴，酸蔣草也。"（144）"薣"與"葴"音義並同，此"薣"亦即"葴"字之俗。《正字通·艸部》："薣，葴字之譌。《爾雅》葴兩見：一馬藍；一寒漿。葴音箴。徧考《本草》《艸木疏》諸書，未有以薣為寒漿者。舊本：薣，古斬切，音減。寒漿艸，訓與葴同改音減，《水部》瀸，並非。"（955上）《正字通》所言是也。

656. 藃：《新修玉篇》卷十三《艸部》引《川篇》："藃，音鼎。"（124下右）

按：《篇海》卷九《艸部》引《川篇》："藃，音鼎。"（722下）"藃""藃"即同字異寫，當為一字之變。《爾雅·釋草》："蘱，薡蕫。"

（117）"蕭"，《廣韻》音"都挺切"。"蕭""蕭"與"蕭"音同形近，並即"蕭"字俗訛。

657. 蓸：《新修玉篇》卷十三《艸部》引《類篇》："蓸，音蕾。"（124下右）

按："蓸"與"蕾"音同形近，"蓸"當即"蕾"字俗訛。

658. 薣：《新修玉篇》卷十三《艸部》引《餘文》："薣，公戶切。草名。《爾雅》：'紅，一曰籠（蘢）薣。'"（125上右）

按：《篇海》卷九《艸部》引《餘文》："薣，公戶切。艸名。《爾雅》：'葒，一曰篭（蘢）~。'"（723上）此字《說文》《玉篇》皆未收，《廣韻》亦不錄，當即丁度等人據俗書所增。《集韻》上聲姥韻果五切："薣，艸名。《爾雅》：'葒，一曰籠（蘢）薣。'"（340）《字彙·艸部》："薣，古戶切，音鼓。草名，蘢薣也。"（414下）《正字通·艸部》："薣，舊注：音鼓。草名，蘢薣。按：《爾雅》：'葒，龍（蘢）古。'俗改'古'作'薣'。"（962下）《爾雅·釋草》："紅，蘢古，其大者蘬。"郭璞注："俗呼紅草為蘢鼓，語轉耳。"（120）故"蘢薣"同"蘢古""蘢鼓"，從字形演變來看，"薣"當即"鼓"字之俗，而非"古"字之俗，"薣"當即"鼓"因涉義增加義符"艸"旁所形成的後起分化字。

659. 蘦：《新修玉篇》卷十三《艸部》引《餘文》："蘦，力丁切。草蘦落也。"（125上右）

按：《篇海》同。此字《說文》《玉篇》皆未收，《廣韻》亦不錄，當即丁度等人據俗書所增。《集韻》平聲青韻郎丁切："蘦，草蘦落也。"（245）《字彙·艸部》："蘦，離呈切，音靈。蘦落，草曰蘦，木曰落。"（413上）《正字通·艸部》："蘦，離呈切，音零。蘦落也。通作苓，亦作蘦。《楚辭》：'悼芳艸之先蘦。'音義同。《說文》：'苓，卷耳；蘦，大苦。'分為二。"（959上）《楚辭·遠遊》："微霜降而下淪兮，悼芳草之先零。"舊注："古本'零'作'蘦'。"《爾雅·釋詁上》："蘦，落也。"郝懿行義疏："蘦者，亦叚音也。《說文》云：'零，餘雨也。'按：零落宜用此字……蘦、苓、泠俱叚音。"據郝懿行之說，"蘦""苓"訓"落"，當即"零"之假借字；然"蘦"訓"草蘦落也"，當即"零"字之俗。《玉篇·雨部》："霝，力丁切。落也。零，同上。"（93下右）《廣韻》平聲青韻郎丁切："零，落也。"（129）《詩·鄘風·定之方中》："靈雨既零，命彼倌人。"毛傳："零，落也。"又《鄭風·野有蔓草》：

"零露溥兮。"鄭玄箋:"零,落也。"故"蕶""零"音義並同,"蕶"當即"零"之增旁俗字。

660. 梛:《新修玉篇》卷十三《艸部》引《廣集韻》:"梛,以遮切。《説文》:'木名,皮可為度(席)。'"(125 上右)

按:"梛"當即"荋"之異體字。《集韻》平聲麻韻余遮切:"梛,木名,皮可為席。或作荋。"(207)此是其證也。

661. 蓺:《新修玉篇》卷十三《艸部》引《龍龕》:"蓺,如悦切。燒也。"(125 上左)

按:《篇海》同。"蓺"當是"爇"字之俗。《龍龕》卷二《艸部》:"蒳蓺,二俗;爇,今。如悦反。燒~也。三。"(263)"蓺"即"爇"之異寫字,亦即"爇"字之俗。

662. 薢:《新修玉篇》卷十三《艸部》引《龍龕》:"薢,素老切。蔜,薢薞。"(125 上左)

按:《篇海》同。"薢"字,《新修玉篇》《篇海》皆謂引《龍龕》,然通行本《龍龕》未見收錄此字。《爾雅·釋草》:"蔜,薞薢。"(118)"薞",《廣韻》音"蘇老切"。"薢"與"薞"音義並同,"薢"當即"薞"字之俗。

663. 蕼:《新修玉篇》卷十三《艸部》引《川篇》:"蕼,音鳩。草相遠生也。"(125 上左)

按:《篇海》卷九《艸部》引《川篇》:"蕼,音鳩。草相遠生也。"(723 下)"蕼""蕼"音義並同,當為一字之變,然從形音關係來看,當以作"蕼"為是,"蕼"當即"蕼"字俗訛,而"蕼"當為"萛"之異體字。《説文·艸部》:"萛,艸之相丩者。从茻,从丩,丩亦聲。"(45 上)"萛",《廣韻》音"居虬切"。"蕼",《新修玉篇》訓"草相遠生也","遠"當為"遶"字之訛,"遶"同"繞","草相遶生也"與"艸之相丩者"義同。故"蕼"與"萛"音義並同,"蕼"當即"萛"通過改換聲符而形成的異體字。

664. 䔄:《新修玉篇》卷十三《艸部》引《餘文》:"䔄,素官切。草名。"(125 下左)

按:《篇海》同。此字《説文》《玉篇》皆未收,《廣韻》亦不錄,當即丁度等人據俗書所增。《集韻》平聲桓韻蘇官切:"䔄,艸名。"(149)《字彙·艸部》:"䔄,蘇官切,音酸。草名。"(415 上)《正字通

・艸部》："䣼，舊注：音酸。草名。按：《本草綱目》酸漿、酸模，本作酸。"（965上）《正字通》所言當是。《爾雅・釋草》："葴，寒漿。"郭璞注："今酸漿草，江東呼曰苦葴。音針。"（116）"䣼"本當作"酸"，"䣼"當即"酸"因涉義增加義符"艸"旁所形成的後起分化字。

665. 蒋：《新修玉篇》卷十三《艸部》引《餘文》："蒋，處陵切。巨蒋，藥名。又尸證切。苣蕂，胡麻。"（125下右）

按：《篇海》同。此字《説文》《玉篇》皆未收，《廣韻》亦不錄，當即丁度等人據俗書所增。《集韻》平聲蒸韻蚩承切："蒋，巨蒋，藥艸。"（249）"巨蒋"疑同"苣蕂"。《玉篇・艸部》："蕂，詩證切。苣蕂，胡麻也。"（69上左）《玉篇校釋》"蕂"字下注："《廣雅・釋草》：'鉅勝，胡麻也。'《切韻》：'苣蕂，黑胡麻。'《本草》作'巨勝'。《別錄》云：'胡麻又名巨勝。'陶注：'純黑者名巨勝。巨者，大也。本出大宛，故名胡麻。'本書（319）：'苣，苣蕂，胡麻也。'"（2751）"苣蕂""巨勝""鉅勝"並同，義指"胡麻"，一年生草本植物，種子榨油可供食用，黑色種子可入藥。"巨蒋"與"苣蕂""巨勝""鉅勝"亦當並同，亦為"胡麻"。"蒋"當即"蕂"之換旁俗字。《集韻》去聲證韻詩證切："蕂蒋，胡麻也。或从稱。"（609）此即其證也。"蕂"變作"蒋"，《集韻》改其讀為"蚩承切"，此即音隨形變；又因胡麻黑色種子可入藥，《集韻》又轉訓為"藥艸"，不確。《正字通・艸部》："蒋，蕂本字。《爾雅翼》：'巨勝，胡麻之黑者。'《廣雅》一名䒷藤，宋《嘉祐本草》別載白油麻一條，可見胡麻為黑脂麻，與白油麻別一種。《筆談》云：'胡麻即今油麻。'非。蒋、蕂字別音義同，舊注又丑成切，音稱，矛盾。"（959下）此説是也。

666. 葵：《新修玉篇》卷十三《艸部》引《餘文》："葵，呼扃切。草名。又戶頂切。"（125下右）

按：《篇海》同。此字《説文》《玉篇》皆未收，《廣韻》亦不錄，當即丁度等人據俗書所增。《集韻》平聲青韻玄扃切："葵，艸名。"（248）《字彙・艸部》："葵，余傾切，音營。草名。戶傾切，兄去聲。義同。"（415）《正字通・艸部》："葵，于熒切，音營。《爾雅》：'葵，委萎。'郭注：'藥草。葉似竹，大者如箭竿，有節，葉狹長，表白裏青，根大如指，長一二尺，可啖。又梗韻兄上聲，義同。《爾雅》本作熒。"（964下）《爾雅・釋草》："熒，委萎。"郭璞注："藥草也。葉似竹，大者如箭竿，有節，葉狹而長，表白裏青，根大如指，長一二尺，可啖。"（116）《爾雅》本作"蒘"，非作"葵"。故"葵"當本作"蒘"，"葵"當即"蒘"因涉義而增加義符所形成的後起分化字。

667. 藤：《新修玉篇》卷十三《艸部》引《龍龕》："藤，徒登切。藤弦。"（125 下左）

按：《篇海》同。"藤"即"藤"字之俗。《龍龕》卷二《艸部》："藤，或作；藤，正；藤，今。徒登反。~蘿也；又~弦也。三。"（357）此即其證也。

668. 蘴：《新修玉篇》卷十三《艸部》引《川篇》："蘴，音豐（豐）。蕪菁菜也。"（125 下左）

按：《篇海》同。《方言》卷三："蘴，蕪菁也。""蘴"，《廣韻》音"敷隆切"。"蘴"與"蘴"音義並同，"蘴"即"蘴"字之俗。

669. 藋：《新修玉篇》卷十三《艸部》引《龍龕》："藋，呼官切。化也。"（126 上右）

按：《篇海》同。《龍龕》卷二《艸部》："萑藋，二或作；蒮，今。呼官反。化也。三。"（254）《方言》卷十二："萑，化也。""萑"，《廣韻》音"呼官切"。"藋""萑""蒮"與"萑"音義並同，皆為"萑"字之俗。

670. 薕：《新修玉篇》卷十三《艸部》引《川篇》："薕，布遙、符苗、平表三切。草可為席。"（126 上右）

按：《篇海》同。《玉篇·艸部》："薕，平表切。蒯屬，可為席。"（64 下左）"薕"與"薕"音義並同，"薕"當即"薕"字之俗。

671. 蕢：《新修玉篇》卷十三《艸部》引《奚韻》："蕢，求位切。草名。"（126 上右）

按：《篇海》同。"蕢"當即"蕢"字俗訛。《說文·艸部》："蕢，艸器也。从艸，貴聲。"（25 上）《玉篇·艸部》："蕢，奇愧切。《爾雅》云：'蕢，赤莧。'又草器也。"（67 上右）"蕢"俗作"蕢"。《集韻》去聲至韻求位切："蕢，《說文》：'艸器也。'或作蕢。"（480）"蕢"與"蕢"音同，又"匚"旁俗書常可寫作"辶"，如韓小荊《〈可洪音義〉研究》（360）"匾"俗作"遍"、又（543）"匯"俗作"遑"等，故"蕢"當即"蕢"字俗訛。"蕢"俗作"蕢"，後人不識其為"蕢"字俗訛，見其從"艸"，遂改其訓為"草名"，此當即望形生訓，遂致二字相隔不通。

672. 懑：《新修玉篇》卷十三《艸部》引《餘文》："懑，扶冰切。草木盛。"（126上左）

按：《篇海》同。《集韻》平聲蒸韻皮冰切："懑，懑懑，草木盛。"（250）"懑"疑同"薨"。《集韻》去聲證韻皮孕切："薨，艸盛皃。"（609）"懑"與"薨"音義并近，又"憑""凴"字同，故"懑""薨"當即異體字。《正字通·艸部》："懑，薨、懑並俗字。舊本薨音並，懑音平，皆艸盛貌，訓同切異，誤。"（972上）《正字通》所言是也。

673. 蘖：《新修玉篇》卷十三《艸部》引《龍龕》："蘖，魚列切。袄也。"（126下右）

按：《篇海》同。"蘖"當即"蘖"字之俗。《龍龕》卷二《艸部》："蘖，俗；蘖，正。魚列反。妖~也。二。"（263）此是其證也。

674. 薟：《新修玉篇》卷十三《艸部》引《省韻》："薟，力鹽切。俗。《韻》从斂。蔓草。又音斂。"（126下左）

按：《集韻》平聲鹽韻離鹽切："薟，艸名，似栝樓。一曰蔓也。"（291）"薟""薟"即同字異寫，當為一字之變。《說文·艸部》："薟，白薟也。从艸，僉聲。薟，薟或从斂。"（13下）"薟"，《廣韻》音"力鹽切"。"薟""薟"即"薟"字之俗。

675. 蘥：《新修玉篇》卷十三《艸部》引《餘文》："蘥，以灼切。蘥蘥，氣吹水皃。蘥，上同。"（127上右）

按：《篇海》同，《集韻》未見收錄此字形。"蘥"當即"蘥"之異體字。

676. 藕：《新修玉篇》卷十三《艸部》引《類篇》："藕，五曆切。年（草）似綬。"（127上左）

按：《篇海》卷九《艸部》引《類篇》："藕，五曆切。草似綬也。"（725下）《爾雅·釋草》："藕，綬。"郭璞注："小草，有雜色，似綬。""藕"，《玉篇》音"魚激切"。"藕"與"藕"音義並同，"藕"當即"藕"字俗訛。

677. 笉：《新修玉篇》卷十四《竹部》引《餘文》："笉，府良切。竹器。"（128上右）

按：《篇海》同。《集韻》平聲陽韻分房切："笉，竹器。"（212）《類篇·竹部》："笉，分房切。竹名。"（167下）"笉"字，《集韻》與

《類篇》義訓不同，然《類篇》是以《集韻》為基礎改編而成的，故當以《集韻》為是。《類篇》訓"竹名"，當為"竹器"之誤。《大字典》"笏"字下據《類篇》而收錄"竹名"這一義項，疑應刪。今案："笏"疑即"匚"字之俗。《説文·匚部》："匚，受物之器。象形。讀若方。"（268下）《六書故·工事三》："匚，器之為方者也。"高鴻縉《中國字例》："匚為竹器，其形長方，周淺……匚，古亦假為方。""匚"，《廣韻》音"府良切"。故"笏"與"匚"音義並同，"笏"疑即"匚"通過全體創造而形成的異體字。又韓小荊《〈可洪音義〉研究》（437）"芳"俗作"笏"，此"笏"與上文《集韻》所錄之"笏"當為同形字。

678. 筁：《新修玉篇》卷十四《竹部》引《川篇》："筁，音謹。竹也。"（128下右）

按：《篇海》同。《集韻》平聲欣韻舉欣切："筋，竹名。通作斤。"（132）"筁"與"筋"音義並同，"筁"當即"筋"字俗訛。

679. 筧：《新修玉篇》卷十四《竹部》引《龍龕》："筧，丁侯切。"（129下左）

按：《篇海》卷五《竹部》引《龍龕》："筧，當侯切。正作篼。"（644下）《龍龕》卷四《竹部》："筧，俗。當侯反。正作篼。"（391）故"筧"當即"篼"字之俗。

680. 箄：《新修玉篇》卷十四《竹部》引《川篇》："箄，白巴切。箄（當為字頭誤重）筏。"（130上左）

按：《篇海》卷五《竹部》引《川篇》："箄，白巴切。～篦（筏）。"（645上）《廣雅·釋水》："篺，筏也。""篺"，《廣韻》音"蒲街切"。"箄"與"篺"形近義同，"箄"當即"篺"字俗訛。

681. 箞：《新修玉篇》卷十四《竹部》引《廣集韻》："箞，夷質切。《廣雅》：'置也。'"（130下右）

按：《集韻》入聲質韻弋質切："箞，《廣雅》：'置也。'"（668）"箞"當即"箞"字俗省，而"箞"當本作"逸"。《廣雅·釋詁四》："逸，置也。""逸"，《廣韻》音"夷質切"。"箞"與"逸"音義並同，"箞"當即"逸"之增旁俗字。

682. 筹：《新修玉篇》卷十四《竹部》引《省韻》："筹，防無切。織緯者。"（130下右）

按：《説文·竹部》："筝，筳也。从竹，孚聲。"（91上）《集韻》平聲虞韻芳無切："箏，《說文》：'筵也。'筵，織緯者。"(77)"筟"與"箏"音義並同，"筟"當即"箏"之異體字。

683. 簎：《新修玉篇》卷十四《竹部》引《川篇》："簎，音策。以籬捕魚也。"（131上右）

按：《篇海》卷五《竹部》引《川篇》："簎，音策。義同。"（646上）"簎"字，《新修玉篇》與《篇海》義訓不同，《新修玉篇》所言是也，《篇海》謂"義同"，此說無據，非是。《直音篇》卷四《竹部》："簎，音策。以籬取魚之。"（153下）《詳校篇海》卷二《竹部》："簎，恥格切，音策。以籬魚而取之。"（107下）以上二書亦皆其證也。《字彙補·竹部》："簎，音義與策同。"（156下）《字彙補》承襲《篇海》之誤而謂"簎"與"策"音義相同，此即因承訛襲謬而誤也。《大字典》《字海》"簎"字皆據《字彙補》之誤增收一個義項謂同"策"，俱失考證。"簎"疑即"簎"字俗訛。《說文·竹部》："簎，刺也。從手，籍省聲。《周禮》曰：'簎魚鼈。'"（257下）《集韻》入聲陌韻測窄切："簎，權刺魚鼈也。"（736）"簎"，《廣韻》音"測戟切"。"簎"與"簎"音義相近，又"木"旁、"扌"旁形近，俗寫常可訛混，故"簎"疑即"簎"字俗訛。

684. 籤：《新修玉篇》卷十四《竹部》引《餘文》："籤，昨結切。竹劑也。"（131上左）

按：《篇海》同。此字《說文》《玉篇》皆未收，《廣韻》亦不錄，當即丁度等人據俗書所增。《集韻》入聲屑韻昨結切："籤，竹劑也。"（700）《字彙·竹部》："籤，昨結切，音截。竹劑。"（348下）《正字通·竹部》："籤，籤字之譌。"（808下）《正字通》所言疑是。《說文·竹部》："籤，驗也。從竹，韱聲。"（93上）徐鍇繫傳："籤出其處為驗也。"玄應《音義》卷一四引《通俗文》："記識曰籤。""籤"與"籤"義近，"籤"當即"籤"字俗訛。"籤"，《廣韻》音"七廉切"。《集韻》"籤"改音"昨結切"，當為不識其為"籤"字俗訛而又見其從"截"所妄改，此當即望形生音。《可洪音義》卷十六《根本毗奈耶雜事》第十三卷："籤，七廉反。正作籤也。又音截，非也。"（60，p10c11）此是其證也。故"籤"即"籤"之異體字。

685. 籟：《新修玉篇》卷十四《竹部》引《餘文》："籟，力鼎切。篳籟，籲也。通作筝。"（131上左）

按：《篇海》卷五《竹部》引《餘文》："簓，力鼎切。箐~，籨也。亦作笭。"（646下）《説文·竹部》："笭，車笭也。从竹，令聲。一曰：笭，籨也。"（92下）"笭"，《廣韻》音"郎丁切"，又音"力鼎切"。"簓"與"笭"音義並同，"簓"當即"笭"之異體字。《集韻》上聲迥韻郎鼎切："簓，箐簓，籨也。通作笭。"（429）此即其證也。

686. 篋：《新修玉篇》卷十四《竹部》引《川篇》："篋，逺位切。土籠也。"（131上左）

按：《篇海》同。《集韻》去聲至韻求位切："簣，土籠也。"（480）"篋"與"簣"音義並同，"篋"當即"簣"字之俗。

687. 簌：《新修玉篇》卷十四《竹部》引《廣集韻》："簌，胡邁切。簌瞍，貪財之皃。亦作賄。"（131下右）

按：《廣韻》去聲候韻胡邁切："賄，賄瞍，貪財之皃。"（352）"簌"與"賄"音義並同，"簌"當即"賄"之增旁俗字。

688. 篙：《新修玉篇》卷十四《竹部》引《廣集韻》："篙，枯鎋切。木虎，止樂器。亦名敔也。"（131下右）

按：《廣韻》入聲鎋韻枯鎋切："篙，木虎，止樂器。亦名敔也。"（398）"篙"與"篙"音義並同，"篙"當即"篙"字俗訛。

689. 籗：《新修玉篇》卷十四《竹部》引《川篇》："籗，音貫。"（131下右）

按：《篇海》卷五《竹部》引《川篇》："籗，音貫。"（646下）"籗""籗"當即一字之變。《集韻》平聲桓韻沽丸切："觀，視也。古作籗。"（147）"貫"，《廣韻》音"古玩切"，又音"古丸切"。"籗""籗"當即"籗"字之俗。

690. 簎：《新修玉篇》卷十四《竹部》引《餘文》："簎，側角切。魚罩。"（131下左）

按：《篇海》同。《廣韻》入聲覺韻側角切："笮，魚罩。"（378）《集韻》入聲覺韻側角切："簎，笮也。或作笮。"（660）《爾雅·釋器》："笮謂之罩。"郭璞注："捕魚籠也。"邢昺疏引李巡注："編細竹以為罩捕魚也。""罩""笮"字同。"簎"與"笮"音義並同，"簎"當即"笮"通過聲符換用而形成的異體字。

691. 籤：《新修玉篇》卷十四《竹部》引《餘文》："籤，才先切。[細]削竹也。"（131下左）

正文 / 183

按：《篇海》卷五《竹部》引《餘文》："籤，音前。細削竹也。"（647上）《集韻》平聲先韻才先切："籤，細削竹也。"（158）"籤"即"籤"之異寫字，而"籤"疑即"籤"字之俗。《說文·竹部》："籤，驗也。一曰銳也；貫也。从竹，韱聲。"（98上）《玉篇·竹部》："籤，七尖切。貫也。"（70下右）"籤"本義指"標識"，引申義可指"竹籤，削尖了的小木棍"。《北史·魚俱羅傳》："贊凶暴，令左右炙肉，遇不中意，以籤刺瞎其眼。"唐韓愈《苦寒》："將持匕箸食，觸指如排籤。"元王楨《農書》卷九："梨枝斜籤之際，剝去黑皮，拔去竹籤，即插梨至劃處木邊。"上述諸例之"籤"皆義指"竹籤，削尖了的小木棍"。故"籤"與"籤"音義並同，"籤"當即"籤"字之俗。"籤"又即"籤"字俗寫，亦當即"籤"字之俗。

692. 籭：《新修玉篇》卷十四《竹部》引《川篇》："籭，所解切。瑟也。"（131下左）

按：《玉篇·竹部》："籭，所解切。瑟。"（71下左）"籭"與"籭"音義並同，"籭"即"籭"字之俗。

693. 籛：《新修玉篇》卷十四《竹部》引《川篇》："籛，音感。竹箱。"（132上右）

按：《玉篇·竹部》："籛，古禫切。竹也；又箱類。"（70下左）"籛"與"籛"音義並同，"籛"當即"籛"字之俗。

694. 郵：《新修玉篇》卷十四《巫部》引《玉篇》："郵，是為切。地名。在衛。"（132上右）

按：《集韻》平聲支韻是為切："郵，地名。在衛。"（27）此"郵"當即"垂"之增旁俗字。《春秋左傳·隱公八年》："春，宋公、衛侯遇於垂。"杜預注："垂，衛地。濟陰句陽縣東北有垂亭。""垂"，《廣韻》音"是為切"。"郵"與"垂"音義並同，"郵"疑即"垂"之增旁俗字。

695. 秿：《新修玉篇》卷十四《來部》引《餘文》："秿，音來。至也；勤也。"（133下右）

按：《篇海》同。《集韻》平聲咍韻郎才切："秿，至也；勤也。"（114）"秿""秿"即同字異體，從形音關係來看，當以作"秿"為是，"秿"即為一個雙聲字，其兩個構字部件"來""台"都參與表音。"秿"當為"來"字之俗。《爾雅·釋詁上》："來，至也。"下文《釋詁下》又曰："來，勤也。""秿"與"來"音義並同，"秿"當為"來"之增旁俗字。

696. 糆：《新修玉篇》卷十四《來部》引《龍龕》："糆，必典切。"（133下左）

按：《篇海》同。《龍龕》卷一《來部》："糆，必典反。"（189）"糆"疑為"糒"字之俗。《廣韻》上聲銑韻方典切："糒，燒稻作米。"（196）"糒"，《集韻》音"補典切"。"糆"與"糒"音同，正如《龍龕》（189）"糠"俗作"糠"，"糆"疑即"糒"字俗訛。

697. 糠：《新修玉篇》卷十四《來部》引《龍龕》："糠，音糠。"（133下左）

按："糠"當即"糠"字俗訛。《篇海》卷十五《來部》引《龍龕》："糠，音康。正作糠字。"（822上）《龍龕》卷一《來部》："糠，俗。音康。正作糠。"（189）此是其證也。

698. 秖：《新修玉篇》卷十五《禾部》引《餘文》："秖，居怯切。草名。"（135上左）

按：《篇海》同。此字《說文》《玉篇》皆未收，《廣韻》亦不錄，《集韻》收之，當即丁度等據俗書所增。《集韻》入聲業韻訖業切："秖，艸名。"（785）"秖"疑即"芨"字之俗。《爾雅·釋草》："芨，堇草。"陸德明釋文："案，《本草》：'蒴藋，一名堇草，一名芨。'非烏頭也。"《說文·艸部》："芨，堇艸也。从艸，及聲。讀若急。"（11上）"秖"與"芨"義同。"芨"，《廣韻》音"居立切"。"秖"與"芨"音近義同，"秖"疑即"芨"通過改換義符而形成的異體字。

699. 秱：《新修玉篇》卷十五《禾部》引《餘文》："秱，音加。禾也。"（135下右）

按：《篇海》同。此字《說文》《玉篇》皆未收，《廣韻》亦不錄，《集韻》收之，當即丁度等據俗書所增。《集韻》平聲麻韻居牙切："秱，禾也。"（209）《字彙·禾部》："秱，居牙切，音加。禾也。"（331上）《正字通·禾部》："秱，與秛同。"（771上）《正字通》所言當是。唐佚名《原十六衛》："三時耕稼，襏襫秱耒；一時治武，騎劍兵矢。""秱耒"同"秛耒"，"秱"當即"秛"之異體字，此是其證也。《說文·木部》："枷，拂也。从木，加聲。淮南謂之柍。"（117下）《集韻》平聲麻韻居牙切："枷，《說文》：'拂也。淮南謂之柍。'或作秛。"（208）韓小荊《〈可洪音義〉研究》（501）"枷"之異體字作"秱"，"枷""秛"即為異體字，此亦其證也。故"秚"當即"枷（耞）"之俗訛字。《集韻》訓"秚"為"禾也"，當因不識其為"枷（耞）"字俗訛，又見其從"禾"而妄補，疑不可據。

700. 秏：《新修玉篇》卷十五《禾部》引《餘文》："秏，五加切。稷也。"（135下右）

按：《篇海》同。《集韻》平聲麻韻牛加切："秏，稷也。"（209）《直音篇》同。《詳校篇海》卷五《禾部》："秏，牛加切，音牙。稷也；又稷也。"（328上）"秏"字，《詳校篇海》又訓"稷也"，於前代字書皆無征，當為"稷也"之形誤。《字彙·禾部》："秏，牛加切，音牙。稷也；又稷也。"（331上）《字彙》"秏"字又訓"稷也"，此即因《詳校篇海》而謬。《正字通·禾部》："秏，與芽通。苗初茁也。舊注音牙，訓稷也，又稷也，並非。"（771上）《說文·艸部》："芽，萌芽也。從艸，牙聲。"（16上）"芽"，《廣韻》音"五加切"。"秏"與"芽"音同義別，二字不可混同。《正字通》謂"秏"與"芽"通，然既無書證，亦無例證，其說疑不可據。《大字典》"秏"字下收錄三個義項：第二義項據《字彙》訓"稷"、第三義項據《正字通》之說謂同"芽"；《字海》"秏"字下收錄兩個義項：第一義項據《字彙》訓"稷"、第二義項據《正字通》之說謂同"芽"，俱失考證。

701. 秏：《新修玉篇》卷十五《禾部》引《餘文》："秏，莫報切。菜食；又擇也，謂拔菜也。秏似（以）蘋蘩為羹。亦草覆蔓。"（135下左）

按：《篇海》同。"秏"字，《篇海》本謂引《餘文》，《大字典》轉引卻謂《篇海》引《俗字背篇》，非是。《廣韻》去聲號韻莫報切："芼，菜食。又擇也，搴也，謂拔取菜也。芼以蘋蘩為羹。亦草覆蔓。"（327）《集韻》去聲號韻莫報切："芼秏，《說文》：'艸覆蔓。'引《詩》：'左右芼之。'或從禾。"（587）"秏"與"芼"音義並同，"秏"當即"芼"通過增加偏旁而形成的異體字。《大字典》《字海》"秏"字皆收錄三個義項：第一個義項據《集韻》之說謂同"芼"，訓草覆蔓；第二、三義項據《篇海》分別訓菜食、擇取，皆未溝通其與"芼"字的異體關係，失當。"秏"字第二、三義項亦同"芼"，《大字典》《字海》皆應加以溝通。

702. 秬：《新修玉篇》卷十五《禾部》引《省韻》："秬，崇芻切。

俗。注非。"（135下左）

按：《龍龕》卷一《禾部》："䄯䅎，二或作；䅎，正。士于反。稷穰也。三。"（144）"䄯"與"䄯"音同形近，"䄯"即"䄯"字異寫，亦即"䅎"字之俗。

703. 秚：《新修玉篇》卷十五《禾部》引《龍龕》："秚，則骨切。秨秚也。"（135下左）

按：《篇海》同。"秚"當即"稡"字之俗。《龍龕》卷一《禾部》："秚，通；稡，正。則骨反。秨~也。二。"（146）此即其證也。

704. 稤：《新修玉篇》卷十五《禾部》引《龍龕》："稤，武姜切。或作芒。"（136上左）

按：《篇海》同。"稤"字，《新修玉篇》《篇海》皆謂引《龍龕》，然通行本《龍龕》未見收錄此字形。《集韻》平聲陽韻武方切："秄秬，稻秠也。或从芒。"（212）"秄""秬"即"芒"之異體字，"稤"與"秄""秬""芒"諸字亦為異體字。

705. 穤：《新修玉篇》卷十五《禾部》引《廣集韻》："穤，莫加切。穀名。《廣雅》云：'穤，秠也。'"（136下左）

按：《廣雅·釋草》："䵖，秠也。"《集韻》平聲麻韻謨加切："䵖，《廣雅》：'秠也。'"（203）"穤"與"䵖"音義並同，"穤"當即"䵖"字俗省。

706. 䇥：《新修玉篇》卷十四《竹部》引《川篇》："䇥，巨巳（呂）切。穀名。"（136下左）

按：《篇海》同。《爾雅·釋草》："秬，黑黍。"陸德明釋文："秬，黑黍也。或云，今蜀黍也，米白穀黑。""秬"，《廣韻》音"其呂切"。"䇥"與"秬"音義並同，"䇥"當即"秬"之增旁俗字。

707. 穲：《新修玉篇》卷十四《禾部》引《川篇》："穲，符沸切。稻也。"（136下左）

按：《說文·禾部》："穦，稻紫莖不黏也。从禾，糞聲。讀若靡。"（141上）"穦"，《廣韻》音"扶沸切"。"穲"與"穦"音義並同，"穲"當即"穦"之異體字。

708. 穟：《新修玉篇》卷十五《禾部》引《玉篇》："穟，敘醉切。穟苗。"（137上右）

按：《篇海》卷十三《禾部》引《龍龕》："穟，徐醉切。禾秀也；

禾穗兒。"（797下）"穟"字，今本《玉篇》、通行本《龍龕》皆未收。《說文·禾部》："穟，禾采之皃。从禾，遂聲。"（141下）《玉篇·禾部》："穟，敘類切。穟苗。"（74上右）《龍龕》卷一《禾部》："穟，音遂。禾秀也。"（145）"穟"與"穟"音義並同，"穟"當即"穟"之異體字。

709. 糮：《新修玉篇》卷十五《米部》引《類篇》："糮糮，二音談。粘米也。今作糂。"（138下右）

按：《篇海》卷七《米部》引《搜真玉鏡》："糮，音談。"（683上）"糮"字，《新修玉篇》與《篇海》引書不同，《新修玉篇》所言蓋是。《篇海》義闕，《新修玉篇》有義訓，《篇海》可據補。據《新修玉篇》所言，"糮"與"糮""糂"音義並同，即為異體字。此"糂"與《龍龕》之"糂"即為同形字。《龍龕》卷二《米部》："糂，俗；糝，或作；糤，正。蘇感反。羹～也。"（304）此"糂"當即"糤"字之俗。

710. 穴：《新修玉篇》卷十五《宀部》引《類篇》："穴，音冗。"（140下右）

按：《篇海》同。"穴"音"冗"，當即"冗"字之俗。

711. 豖：《新修玉篇》卷十五《宀部》引《類篇》："豖，音豖。"（140下右）

按：《篇海》同。"豖"音"豖"，當即"豖"字俗省。

712. 甾：《新修玉篇》卷十五《宀部》引《類篇》："甾，音酉。"（140下右）

按：《篇海》同。"甾"音"酉"，疑即"酉"字俗訛。此直音用字"酉"字，不僅用來注音，而且兼於用來指明正字。

713. 㽞：《新修玉篇》卷十五《宀部》引《類篇》："㽞㽞㽞，並音猛。"（140下右）

按：《篇海》卷七《宀部》引《類篇》："㽞㽞㽞，三音猛。"（685下）"黽"，《集韻》音"母耿切"。"㽞""㽞"即同字異寫，而"㽞""㽞""㽞"與"黽"音同形近，當並即"黽"字俗訛。

714. 冪：《新修玉篇》卷十五《宀部》引《類篇》："冪，音覓。"（140下左）

按：《篇海》同。"冪"疑即"冪"字俗訛。《廣韻》入聲錫韻莫狄切："冪，冪蓋。"（423）"覓"，《廣韻》亦音"莫狄切"。故"冪"與

"鼏"音同形近，"𩰫"當即"鼏"字俗訛。韓小荊《〈可洪音義〉研究》(422)"鼎"俗作"𩰫"，此是其佐證也。

715. 㡊：《新修玉篇》卷十五《冃部》引《川篇》："㡊，口押切。"（140下右）

按：《篇海》未收此字形，"㡊"當即"㡧"字之俗。《廣韻》入聲洽韻苦洽切："帢，士服，狀如弁，缺四角，魏武帝製。《魏志》注云：'太祖以天下凶荒，資財乏匱，擬古皮弁裁縑帛以為帢，合乎簡易隨時之義。以色別其貴賤，本施軍飾，非為國容。㡧帢，並同上。"（438）"㡊"與"㡧"形音皆近，正如《龍龕》"閻"俗作"閻"，"㡊"當即"㡧"字之俗。

716. 覇：《新修玉篇》卷十五《西部》引《類篇》："覇，音霸。覇，上同。"（140下左）

按："覇"即"霸"字之俗，而"覇"同"覇"，則"覇"亦當即"霸"字之俗。

717. 餰：《新修玉篇》卷十五《倉部》引《龍龕》："餰，《經音義》僊古文，音仙。在《花真陀羅所問經》。"（141上右）

按：《龍龕》卷四《雜部》："餰，《經音義》作僊，古文，音仙。字在《花真陀羅所問經》。"（546）故"餰"當即"僊"之異體字。

718. 䍜：《新修玉篇》卷十五《网部》引《餘文》："䍜，力谷切。捕鳥（魚）具。"（141下右）

按：《篇海》卷八《网部》引《川篇》："䍜，力谷切。捕魚具也。"（708下）"䍜"字，《新修玉篇》與《篇海》引書不同，《新修玉篇》所言是也。《廣韻》入聲屋韻盧谷切："䍜，捕魚具也。"（368）"䍜"當即"麗"之異體字。《說文·网部》："麗，罜麗也。从网，鹿聲。"（154下）"罜麗"即指"小魚網"，"小魚網"即指"一種捕魚的器具"。"麗"，《廣韻》音"盧谷切"。故"䍜"與"麗"音義並同，"䍜"當即"麗"之異體字。《集韻》入聲屋韻盧谷切："麗䍜，《說文》：'罜麗也。'或从祿。"（638）此即其證也。《正字通·网部》："䍜，俗麗字。一曰羂字之譌。"（847上）"䍜"即"䍜"字誤刻。《正字通》"䍜"為"麗"字之俗，是也；然又一曰"䍜"為"羂"字之譌，非是。"羂"即"羂"之異體字。《說文·网部》："羂，网也。从网、繯，繯亦聲。一曰綰也。"（154上）"羂"即指"捕取鳥獸的網"。"羂"，《廣韻》音"古縣切"。

"纍"與"纙（纙）"形音義俱別，二字不可混同，故《正字通》"一曰"之說非是。

719. 羪：《新修玉篇》卷十五《去部》引《龍龕》："羪，音結。正作奘。"（142上右）

按：《篇海》同。《龍龕》卷三《去部》："羪，俗。音結。正作奘。"（366）故"羪"當即"奘"字之俗。

720. 竣：《新修玉篇》卷十五《去部》引《類篇》："竣，音殛。"（142上右）

按：《玉篇·去部》："竣，居力切，又力繩切。去也。"（77上左）"竣"與"竣"音同形近，"竣"當即"竣"字俗訛。

721. 洭：《新修玉篇》卷十五《皿部》引《廣集韻》："洭，億俱切。盤洭，水旋流也。從水。《韻》又哀都切。義同。"（143上右）

按：《廣韻》平聲模韻哀都切："洭，盤洭，旋流也。又憂俱切。"（47）《集韻》平聲虞韻邕俱切："洭，盤洭，旋流也。"（74）《文選·木華〈海賦〉》："盤洭激而成窟，㶇㵖潎而為魁。"李善注："盤洭，旋繞也。""盤洭"當同"盤紆"。《說文·糸部》："紆，詘也。从糸，于聲。一曰縈也。"（273上）宋玉《高唐賦》："水澹澹而盤紆兮，洪波淫淫之溶滴。""紆"，《廣韻》音"憶俱切"。故"盤洭"同"盤紆"，"洭"當即"紆"之異體字。

722. 鎜：《新修玉篇》卷十五《皿部》引《類篇》："鎜，音盤。"（143上左）

按：《篇海》卷七《皿部》引《類篇》："鎜，音盤。"（681下）"鎜""鎜"即為同字異寫，從形義關係來看，當以作"鎜"為是，而"鎜"當即"鎜"字俗訛。"鎜"音"盤"，疑即"盤"字之俗。《說文·木部》："槃，承槃也。从木，般聲。鎜，古文，从金。盤，籀文，从皿。"（117下）商承祚《〈說文〉中之古文考》："'槃'以木為之，則从木；以金為之，則从金；示其器，則从皿，其意一也。"故"鎜"當即"槃""盤"二字交互影響而形成的後起繁化俗字。

723. 顛：《新修玉篇》卷十六《壴部》引《餘文》："顛，徒年切。顛顛，鼓聲。"（143下左）

按：《篇海》卷五《壴部》引《餘文》："顛，音田。~~，鼓聲。"（642下）"顛""顛"當即新舊字形之異。此字《說文》《玉篇》皆未收，《廣韻》亦不錄，《集韻》收之，當即丁度等據俗書所增。《集韻》平聲先韻亭年切："顛，顛顛，鼓聲。"（160）"顛（顚）"當即"填"字之俗。《孟子·梁惠王上》："填然鼓之，兵刃既接。"趙岐注："填，鼓音也。"《隋書·音樂志中》："設簴設業，鞉鼓填填。""顛（顚）"與"填"音義並同，"顛（顚）"當即"填"因涉義而改換義符所形成的異體字。

724. 鼜：《新修玉篇》卷十六《鼓部》引《玉篇》："鼜，音戚。守夜鼓也。俗，同鼜。"（144 上右）

按：《篇海》卷二《鼓部》引《玉篇》："鼜，音戚。守夜鼓。鼜，上同。"（586 下）《玉篇·鼓部》："鼜，音戚。守夜鼓也。鼜，同上，俗。"（78 上左）故"鼜"當即"鼜"字之俗。

725. 尰：《新修玉篇》卷十六《豆部》引《龍龕》："尰䜢，二匹鄙切。大也。"（144 上右）

按：《篇海》同。《龍龕》卷三《豆部》："尰，或作；䜢，正。匹鄙反。大也。二。"（358）《說文·喜部》："䜢，大也。從喜，否聲。"（96 下）"䜢"，《廣韻》音"匹鄙切"。"尰""䜢"當並即"䜢"字俗訛。《龍龕》謂"䜢"為正，非是。

726. 鼟：《新修玉篇》卷十六《鼓部》引《類篇》："鼟，音墼。"（144 上左）

按：《篇海》卷二《鼓部》引《川篇》："鼟，音墼。"（587 上）"鼟""鼟"即同字異寫。《新修玉篇》與《篇海》引書不同，《新修玉篇》所言當是。《詳校篇海》卷一《鼓部》："鼟，音擊。鼓聲。"（28 上）此即《篇海類編》所本。《正字通·鼓部》："鼟，譌字。舊注鼓聲，誤。"（1404 上）《正字通》謂"鼟"為譌字，所言當是。今案："鼟"疑即"墼"字之譌。《說文·土部》："墼，瓴適也；一曰未燒也。從土，毄聲。"（287 下）《玉篇·土部》："墼，居的切。《說文》云：'瓴適也；一曰未燒者。'"（7 上右）"鼟""墼"音同形近，又"鼟"從鼓、從土而音"墼"，形音不諧，"鼟"當即"墼"字俗譌。"鼟"音"墼"，此"墼"一身而兼二職，既用來注音，又兼於用來指明正字。"墼"譌作"鼟"後，後人不識，遂闕義。《詳校篇海》又補其訓為"鼓聲"，此當即望形生訓，疑不足據。

727. 鼾：《新修玉篇》卷十六《豆部》引《川篇》："鼾，音斷。"（144 下右）

按：《篇海》卷四《豆部》引《川篇》："𧯦，音斷。"（641 上）"𧯦"與"■"音同形近，"𧯦"當即"■"字異寫。又《龍龕》卷三《豆部》："尌，俗。短、斷二音。"（359）《叢考》"尌"字下注："《字海》以'尌'同'短'，臆斷無據，恐不可從。以其形音而言，'尌'疑為'斷'的訛俗字。'斷'字古亦作'剬'，俗書從'刂'從'寸'相亂，故'尌'疑即'剬'字俗訛。"（976～977）《叢考》所言疑是。"𧯦""■"與"尌"音同形近，"尌"字《叢考》疑為"斷"的訛俗字，故"𧯦""■"亦當為"斷"字俗訛。

728. 登：《新修玉篇》卷十六《豆部》引《川篇》："登，居隱切。器名。"（144 下右）

按：《篇海》同。《玉篇·豆部》："蓳，居隱切。合蓳瓢也。"（78 下右）"登"與"蓳"音義並同，"登"當即"蓳"字俗省。

729. 甈：《新修玉篇》卷十六《瓦部》引《龍龕》："甈，女刮切。甋也；亦刺出瓦也。"（144 下左）

按："甈"當即"甋"字之俗。《龍龕》卷二《瓦部》："甈，俗；甋，正。女刮切。甋也；亦刻出瓦也。二。"（316～317）此是其證也。

730. 瓵：《新修玉篇》卷十六《瓦部》引《川篇》："瓵，居逆切。倦也。"（144 下左）

按：《篇海》同。《廣韻》入聲陌韻奇逆切："㔀，倦。"（413）《文選·司馬相如〈子虛賦〉》："徼㷁受詘。"郭璞注："㷁，疲極也。"《漢書·司馬相如傳上》王先謙補注："當作㔀，左從谷，右從卂。"故"瓵"當即"㔀（㷁）"字俗訛。

731. 罋：《新修玉篇》卷十六《缶部》引《餘文》："罋，古勇切。缾也。"（146 上右）

按：《篇海》卷八《缶部》引《餘文》："罋，古勇切。缾也。"（704 下）《集韻》上聲腫韻古勇切："甕罋，瓶也。或從缶。"（306）"罋"當即"罋"字俗省，而"罋"當即"甕"之異體字。《大字典》《字海》皆據《篇海》錄作"罋"，不確，應據《新修玉篇》《集韻》校作"罋"。

732. 缻：《新修玉篇》卷十六《缶部》引《龍龕》："缻，音疏。"（146 上右）

按：《篇海》卷八《缶部》引《龍龕》："缻，音疏。"（704 下）《龍龕》卷二《缶部》："缻，音疏。"（338）"缻""缻""疏"當即同字異寫。"疏"即"疏"字之俗。"疏""疏""疏"音"疏（疏）"，疑皆為"疏"字俗訛。

733. 缺：《新修玉篇》卷十六《缶部》引《川篇》："缺，音棄。缺吹火也。"（146 上右）

按：《篇海》卷八《缶部》引《龍龕》："缺，音棄。～吹火也。"（704 下）"缺""缺"即同字異寫，然《新修玉篇》與《篇海》引書不同，《篇海》謂引《龍龕》，查通行本《龍龕》未見收錄此字，故當以《新修玉篇》所言為是。《正字通·缶部》："缺，俗字。舊注：音棄。吹火。按：吹火不必作缺，音義並非。"（843 上）《正字通》所言當是。今案："缺"疑即"鮫"字之譌。《玉篇·缶部》："鮫，公的切。吹器也。"（79 上左）"缺"與"鮫"形近，又"交"旁俗書或可寫作"火"，如：《名義·鬲部》："鬻，良狡反。"（163 上）呂浩《〈篆隸萬象名義〉校釋》（264A）謂"狡"當作"狄"，呂氏所言當是。《新撰字鏡·鬲部》："鬻，良狄反。鬲字。"（665）此是其證也。"狄"俗書可寫作"狡"，故"鮫"俗書亦可寫作"缺"。"鮫"俗作"缺"後，又改其訓為"吹火"，此當為望形生訓；"缺"音"棄"，疑亦為後人妄改，不足為據。

734. 䕀：《新修玉篇》卷十六《鬲部》引《廣集韻》："䕀，力救切。關東謂甑。通作增。"（146 下右）

按：《廣韻》去聲宥韻力救切："增，瓦飯器也。"（350）《集韻》去聲宥韻力救切："䕀，關東謂甑。通作增。"同一小韻下字："增，瓦器。堯舜飯土增。通作溜（䕀）。"（615）"䕀"與"增"音義並同，"䕀"當即"增"通過改換義符而形成的異體字。

735. 㼛：《新修玉篇》卷十六《巵部》引《廣集韻》："㼛，符遇切。小巵有蓋。"（147 上右）

按：《篇海》卷十一《巵部》引《餘文》："㼛，符遇切。小巵有蓋。"（738 下）《廣韻》去聲遇韻符遇切："㼛，小巵有蓋。"（260）《集韻》去聲遇韻符遇切："㼛，器名。"（495）《說文·巵部》："㼛，小巵有耳蓋者。从巵，專聲。"（184 上）《名義·巵部》："㼛，時夬反。巵有蓋。"（165 上）《玉篇·巵部》："㼛，時夬切。小巵有蓋。"（80 上右）"㼛"與"㼛"義同，"㼛"當即"㼛"字俗訛。"㼛"音"符遇切"，當為後人見其從"專"而妄改，此即望形生音。此誤由來已久，自《切韻》已然。故宮本《王韻》去聲遇韻符遇反："㼛，小巵有蓋。"（493）故宮本《裴韻》同。然《名義》亦作"礴"，可見顧野王所見《説文》亦作"礴"，《切韻》作"礴"，當爲"礴"字之誤，又見其從"專"遂改其讀爲"符遇反"。《廣韻》《集韻》承襲其謬，俱失考證。《新修玉篇》《篇海》承襲《廣韻》《集韻》之謬，亦失考證。

736. 巹：《新修玉篇》卷十六《卮部》引《切韻》："巹，居隱切。出《切韻》。"（147上右）

按：箋注本《切韻》（斯2071）上聲隱韻居隱反："㔲，瓢，酒器，婚禮用。"（133）敦煌本《王韻》上聲隱韻居隱反："㔲，敬。"（391）同一小韻下字："蓳，瓢，酒器，婚禮所用。"（391）故宫本《王韻》上聲隱韻居隱反："㔲，敬。"同一小韻下字："蓳，瓢，酒器，婚禮用酌濁酒。"（478）《廣韻》上聲隱韻居隱切："㔲，以瓢爲酒器，婚禮用之也。蓳，上同。"（189）"巹"與"㔲"音同形近，"巹"疑即"㔲"之異體字。

737. 䢷：《新修玉篇》卷十六《且部》引《餘文》："䢷，側加切。挹也；一曰取物泥中。"（147上右）

按：《方言》卷十："挓、攎，取也。南楚之間，凡取物溝泥中謂之挓，或謂之攎。"（67）《説文·手部》："挓，挹也。从手，且聲。"（255下）《集韻》平聲麻韻莊加切："挓，《説文》：'挹也。'一曰取物泥中。古作䢷。"（205）"䢷"與"挓"音義並同，"挓"字《説文》篆文作"𢪛"，"䢷"當即"挓"字《説文》篆文"𢪛"字楷定之俗。

738. 坣：《新修玉篇》卷十六《几部》引《省韻》："坣，皮冰切。依几也。"（146下左）

按：《説文·几部》："凭，依几也。从几，从任。《周書》：'凭玉几。'"（301上）《玉篇·几部》："凭，皮冰切。依几也。又皮證切。"（79下左）"坣"當即"凭"字之俗。

739. 㒫：《新修玉篇》卷十六《儿部》引《類篇》："㒫，靡蹇切。"（147上右）

按：《玉篇·儿部》："免，靡蹇切。去也；止也；脱也。"（16上右）"㒫"與"免"音同形近，"㒫"當即"免"字之俗。

740. 匛：《新修玉篇》卷十六《匚部》引《餘文》："匛，綺戟切。物曲也。一曰曲受也。"（147下右）

按：《篇海》未收。此字《説文》《玉篇》皆未收，《廣韻》亦不錄，

《集韻》收之，當即丁度等據俗書所增。《集韻》入聲陌韻乞逆切："匷，物曲也。一曰曲受也。"（736）《字彙·匚部》："匷，乞逆切，音喫。物曲也。一曰曲受也。"（61下）《正字通·匚部》："匷，俗字。舊注：音乞。物曲也。一曰曲受也。並非。"（109下）《正字通》謂"匷"為俗字，所言是也。"匷"疑即"匸"字之俗。《說文·匸部》："匸，裹徯，有所俠藏也。"（267下）徐灝注曰："徯有待義，亦有止義。有所俠藏，言其中可以藏物也。裹猶曲也，蓋如曲垣之類，以待藏物而上覆蔽之。"《玉篇·匸部》："匸，下體切。裹徯，有所挾藏也。"（132上左）"匷"與"匸"音義並近，"匷"疑即"匸"之增旁俗字。

741. 医：《新修玉篇》卷十六《匸部》引《川篇》："医，音翳。"（147下右）

按：《說文·匸部》："医，盛弓弩矢器也。從匸，從矢。"（268上）"医"，《廣韻》音"於計切"。"医"與"医"音同形近，"医"當即"医"字之俗。

742. 膴：《新修玉篇》卷十七《肰部》引《龍龕》："膴，於許切。正作膴。肩骨也。"（148上左）

按：《龍龕》卷一《方部》："膴，俗。於許反。正作膴。肩骨也。"（125）"膴"當即"膴"字俗訛。

743. 弲：《新修玉篇》卷十七《弓部》引《川篇》："弲，許袁切。弓曲兒。"（148下左）

按：《篇海》卷二《弓部》引《川篇》："弲，許袁切。弓曲兒。"（581上）《字彙·弓部》："弲，呼淵切，音暄。弓曲貌。"（147下）《正字通·弓部》："弲，弲字之譌。"（342上）《正字通》溝通"弲"與"弲"二字的字際關係，當是；然謂"弲"為"弲"字之譌，疑可商榷。《說文·弓部》："弲，角弓也。洛陽名弩曰弲。從弓，肙聲。"（269下）《玉篇·弓部》："弲，火玄切。角弓也。"（80下左）"弲"與"弲"音同，"弲"疑即因"弲"訓"角弓"，遂改"弲"之聲符"肙"旁為"角"旁作"弲"，從弓、從角會"弲"字"角弓"之義，"弲"當即"弲"通過結構變異而形成的俗體會意字。"弲"訓"弓曲兒"，當為後人不識其為"弲"字之俗而妄改。

744. 甹：《新修玉篇》卷十七《弓部》引《廣集韻》："甹，先稽切。篆文作，西方也。"（148下左）

按：《集韻》平聲齊韻先齊切："西，《說文》：'鳥在巢上，象形日在西方而鳥棲，故因以為東西之西。'又姓。古作㢴。"（92）"㢴"即"西"之《說文》篆文，"甶"當即"㢴"字之俗。

745. 弱：《新修玉篇》卷十七《弓部》引《類篇》："弱，音西。"（148下左）

按：《篇海》卷二《弓部》引《類篇》："㢴，音西。"（581上）正如上文所言，"㢴"即"西"之《說文》篆文。"弱"與"㢴"音同，且位置相同，故"弱"當即"㢴"字俗訛。

746. 豫：《新修玉篇》卷十七《弓部》引《玉篇》："豫，以絹切。弓豫也。"（149上右）

按：《篇海》卷二《弓部》引《餘文》："豫，以絹切。弓～也。"（581上）"豫"字，《新修玉篇》與《篇海》引書不同，《篇海》所言當是，今本《玉篇》未見收錄此字。《廣韻》去聲線韻以絹切："豫，弓緣。"（317）《集韻》去聲線韻俞絹切："豫，弓緣也。"（574）《字彙·弓部》："豫，延面切，延去聲。弓緣也。又以絹切，院去聲。義同。"（148上）《正字通·弓部》："豫，舊注：延面切，延去聲。弓緣也。又音院。義同。按：凡物飾其側邊曰緣，衣緣、器緣、弓緣皆借緣，改作豫，非。"（343上）《正字通》所言當是。"豫"當即"緣"字之俗。《玉篇·糸部》："緣，余絹切。邊緣也。"（125上右）《爾雅·釋器》："弓有緣者謂之弓，無緣者謂之弭。"郭璞注："緣者，繳纏之，即今宛轉也。"（71）"弓豫"同"弓緣"，"豫"本當作"緣"，"豫"當即"緣"因涉義而改換義符所造的一個後起分化字。

747. 彸：《新修玉篇》卷十七《弓部》引《餘文》："彸，倉紅切。《山海經》：'大荒之南有蹤（彸）淵。'"（149上右）

按：《篇海》卷二《弓部》引《餘文》："彸，倉紅切。《山海經》：'大荒之南有～淵。'"（581下）此字《說文》《玉篇》皆未收，《廣韻》亦不錄，《集韻》收之，當即丁度等據俗書所增。《集韻》平聲東韻麤叢切："彸，《山海經》：'大荒之南有彸淵。'"（8）"彸"當本作"從"。《山海經·大荒南經》："大荒之中，有不庭之山，榮水窮焉。有人三身，帝俊妻娥皇，生此三身之國，姚姓，黍食，使四鳥。有淵四方，四隅皆達，北屬黑水，南屬大荒，北旁名曰少和之淵，南旁名曰從淵，舜之所浴也。"袁珂校注："郭璞云：'音驄馬之驄。'珂案：經文'從淵'，宋本作'狱淵'，《御覽》卷三九五引作'縱淵'，引郭注'音驄之驄'作'音烏懸反'；疑注文本當作'徙（或狱、縱），音驄馬之驄；淵，音烏懸反'，各脫其半也。"（312～313）袁氏所言是也。故"狱淵"同"從淵"，"狱"本當作"從"。

748. 弻：《新修玉篇》卷十七《弓部》引《類篇》："弻，必耕切。弓也。"（149上右）

按：《篇海》同。《龍龕》卷一《弓部》："弻，或作；弻，正。必耕反。弓也。二。"（151）"弻"即"弻"字之俗，《龍龕》以"弻"為"或作"，而以"弻"為"正"，非是。

749. 彊：《新修玉篇》卷十七《弓部》引《龍龕》："彊，巨救切。弓強也。"（149上左）

按：《篇海》卷二《弓部》引《玉篇》："彊，巨救切。弓強也。"（581下）"彊"字，通行本《龍龕》、《玉篇》皆未見收錄。《集韻》去聲宥韻巨救切："彊，弓強也。或作弧。"（612）"彊"與"彊"音義並同，"彊"即"彊"之異體字。

750. 矪：《新修玉篇》卷十七《矢部》引《奚韻》："矪，渠屈切。矪（當為字頭誤重）短也。"（149下右）

按：《篇海》卷十二《矢部》引《奚韻》："矪，巨屈切。矪（亦當為字頭誤重）短兒。"（764上）《字彙·矢部》："矪，渠勿切，音近局。矪矪，短貌。"（319下）"矪"非為疊音詞，《字彙》訓"矪"為"矪矪"，疑非是。"矪"當即"屈"字之俗。《集韻》入聲迄韻渠勿切："屈，《博雅》：'短也。'"（677）《韓非子·說林下》："鳥有翩翩者，重首而屈尾。"《淮南子·詮言》："聖人無屈奇之服，無瑰異之行。"高誘注："屈，短；奇，長也。"故"矪"與"屈"音義並同，"矪"當即"屈"之增旁俗字。

751. 矯：《新修玉篇》卷十七《矢部》引《奚韻》："矯，古文。音疾。"（149下右）

按：此字形《篇海》未收。"矯"當即"疾"之異體字。《說文·疒部》："疾，病也。从疒，矢聲。"（151上）"矯"疑即"疾"因涉義而改換義符所形成的異體字，因為"苛"有"病"義。例如：《呂氏春秋·審時》："殃氣不入，身無苛殃。"高誘注："苛，病。"《禮記·內則》："疾痛苛癢。"鄭玄注："苛，疥也。"《素問·四氣調神大論》："故陰陽四時者，萬物之終始也，死生之本也。逆之則災害生，從之則苛疾不起。"故"苛""疒"義同，"痟"當即"疾"因涉義而改换義符所形成的異體字。

752. 蛫：《新修玉篇》卷十七《矛部》引《餘文》："蛫，古委切。短矛。"（150 上左）

按：《篇海》同。《集韻》上聲紙韻古委切："蛫，短矛。"（315）"蛫"當即"桅"之異體字。《廣韻》上聲紙韻過委切："桅，短矛。或作蛫。"（163）此是其證也。

753. 矠：《新修玉篇》卷十七《矛部》引《省韻》："矠，側革切。"（150 上左）

按：《集韻》入聲麥韻側革切："矠，矛屬。"（739）"矠"疑即"䂙"字之俗。《説文·矛部》："䂙，矛屬。从矛，昔聲，讀若笮。"（302 上）"䂙"，《廣韻》音"士革切"，又音"楚革切"。"矠"與"䂙"音近義同，"矠"疑即"䂙"之異體字。

754. 瞿：《新修玉篇》卷十七《矛部》引《川篇》："瞿，音矜。"（150 上左）

按：《篇海》同。《字彙補·矛部》："瞿，丘心切，音矜。矛屬。"（144 上）"瞿"字，《新修玉篇》《篇海》皆義闕，《字彙補》補為"矛屬"，於前代字書無徵，當為望形生訓，疑不可據。《大字典》《字海》"瞿"字皆據《字彙補》訓為"矛一類的兵器"，疑亦非是。今案："瞿"疑即"矜"字之俗。《説文·矛部》："矜，矛柄也。从矛，今聲。"（302 上）《集韻》平聲庚韻渠巾切："矜，戈戟柄。"（233）故"矜"即指"矛或戈戟的柄"。"瞿"同"戵"，義指"戟一類的兵器"。《字彙·目部》："瞿，又與戵同，戟屬。"（317 下）《尚書·顧命》："一人冕，執瞿立於西垂。"孔傳："瞿，戟屬。"""瞿"疑即從矛、從瞿會"矜"字"矛或戈戟的柄"，"瞿"疑即"矜"之俗體會意字。

755. 戩：《新修玉篇》卷十七《戈部》引《龍龕》："戩，音尖。戩盡也。"（151 上右）

按：《篇海》同。《龍龕》卷一《戈部》："戩戩，子廉反。～盡也。二。"（172）《説文·戈部》："戩，絶也。从从持戈。"（267 上）"戩"，《廣韻》音"子廉切"。"戩""戩"與"戩"音義並同，"戩""戩"並即"戩"字之俗。

756. 䤴：《新修玉篇》卷十七《戈部》引《龍龕》："䤴䤴，二音摑。

下俗。"（151 上右）

按：《龍龕》卷一《戈部》："馘，俗。音摑。正作馘字。"（174）下文又曰："馘，俗。音摑。"（174）《説文·耳部》："聝，軍戰斷耳也。《春秋傳》曰：'以為俘聝。'从耳，或聲。馘，聝或从首。"（251）"馘"，《廣韻》音"古獲切"。"馘""馘""馘"與"馘"音同形近，並即"馘"字之俗。

757. 譺：《新修玉篇》卷十七《戈部》引《龍龕》："譺，蒲没切。譺逆，惡亂也。"（151 上右）

按：《篇海》同。《龍龕》卷一《戈部》："譺譺，二古文。蒲没反。～逆，惡亂也。"（174）《説文·言部》："誖，亂也。从言，孛聲。悖，誖或从心。𢟶，籀文誖从二或。"（49 上）"譺""譺"與"誖"音義並同，並即"誖"字之俗。

758. 嗀：《新修玉篇》卷十七《殳部》引《廣集韻》："嗀嗀嗀，三乃后切，上聲。乳〔子〕也。从子、从禾、从女。"（151 上右～151 上左）

按：《集韻》上聲厚韻乃后切："嗀嗀嗀嗀㝅乳㝅，乳子也。或作嗀、嗀、嗀、㝅、乳、㝅。"（440）"嗀"與"嗀""嗀""嗀""㝅""乳""㝅"諸字音義並同，即為異體字。

759. 散：《新修玉篇》卷十七《殳部》引《川篇》："散，蘇旦切。"（151 下右）

按：《篇海》同。《廣韻》去聲翰韻蘇旱切："散，分離也；布也。《説文》作㪔。今通作散。"（307）"散"与"散"音同形近，"散"當即"散"字之俗。

760. 瞉：《新修玉篇》卷十七《殳部》引《川篇》："瞉，音計。"（151 下左）

按：《篇海》同。《廣韻》去聲霽韻古詣切："瞉，係也；盡也。"（271）"瞉"與"瞉"音同形近，"瞉"即"瞉"字之俗。

761. 殳：《新修玉篇》卷十七《殳部》引《川篇》："殳，竹甚切。擊也。"（151 下右）

按：《篇海》同。《説文·殳部》："殳，下擊上也。从殳，尤聲。"（60 下）《玉篇·殳部》："殳，巨今、竹甚二切。治也；制也。"（81 下右）"殳"與"殳"音義並同，"殳"當即"殳"字之俗。

762. 㱿：《新修玉篇》卷十七《殳部》引《川篇》："㱿，許角切。"（151下右）

按：《說文·㱿部》："㱿，歐皃。从口，从㱿。《春秋傳》曰：'君將㱿之。'"（28下）"㱿"，《廣韻》音"呼木切"，又音"許角切"。"㱿"與"㱿"音同形近，"㱿"即"㱿"字俗省。

763. 殺：《新修玉篇》卷十七《殺部》引《玉篇》："殺，所札切。斷命也。又所界切。疾也。殺，上同。籀文。"（151下右）

按：《篇海》《玉篇》同。"殺"當即"殺"之異體字。

764. 刡：《新修玉篇》卷十七《刀部》引《餘文》："刡，苦昆切。刊木枝也。"（151下左）

按：《篇海》同。此字《說文》《玉篇》皆未收，《廣韻》亦不錄，《集韻》收之，當即丁度等據俗書所增。《集韻》平聲魂韻枯昆切："刡，刊木枝也。"（139）《字彙·刀部》："刡，枯昆切，音坤。斫木枝也。"（53上）《正字通·刀部》："刡，俗字。舊注：音坤。斫木枝也。按：《齊民要術》借'髡'，俗作'刡'。"（89下）《正字通》所言當是。《爾雅·釋木》："髡，梱。"郝懿行義疏："《釋文》梱，五門反。則與梱聲義近。《說文》：'梱，梡木未析也。'采落樹頭為髡。《齊民要術》有髡柳法。又云：'大樹髡之，小則不髡。'"《齊民要術·種槐柳楸梓梧柞》："《陶朱公術》曰：'種柳千樹則足柴。十年之後，髡一樹，得一載，歲髡二百樹，五年一周。'""髡"，《廣韻》音"苦昆切"。"刡"與"髡"音義並同，"刡"當即"髡"字之俗。

765. 刕：《新修玉篇》卷十七《刀部》引《玉篇》："刕，郎奚切。姓也。又力脂切。姓也。出蜀刀逯之後，避難改為刕氏也。出《字書》。"（151下左）

按：《篇海》卷四《刀部》引《玉篇》："刕，歷低切。姓。又力脂切。"（627上）《玉篇·刀部》："刕，歷低切。姓。又力脂切。"（82上左）《龍龕》卷一《刀部》："刕，音叶。同力也。又《玉篇》音歷低反。人姓。"（99）《廣韻》平聲脂韻力脂切："刕，姓也。出蜀刀逯之後，避難改為刕氏也。出《字書》。"（24~25）《玉篇校釋》"刕"字下注："'姓也'者，《龍龕手鑑》引作'人姓'。《廣韻》：'刕，姓也。出蜀刀逯之後，避難改為刕氏也。出《字書》。'是本書原引《字書》文。元刊本又云'割也'，《六書故》謂同'劙'。"（3282）胡氏之說疑可商榷。

"劦"字，《名義》未收，《切韻》亦不錄，可見原本《玉篇》亦未收錄此字。《廣韻》謂"劦"字出《字書》，此說疑不可信。《說文·劦部》："劦，同力也。从三力。《山海經》曰：'惟號之山，其風若劦。'"（294下）《太平寰宇記·四夷一·百濟國》："大姓有八族，謂沙氏、燕氏、劦氏、解氏、真氏、國氏、木氏、苩氏。""劦"，本義指合力、同力，引申義可指姓氏。故"刕"與"劦"義同，"刕"當即"劦"字俗訛。《龍龕》"音叶，同力也"之"刕"即為"劦"字之訛，此即為"刕"當為"劦"字俗訛之佐證也。"劦"，《廣韻》音"胡頰切"。"刕"，《玉篇》音"歷低切"，又音"力脂切"，當皆為後人所改，不足據。《直音篇》卷五《刀部》："刕，音梨。割也；又姓。"（188上）《直音篇》"刕"字訓"割也"，於前代字書、韻書皆無徵，當為見其從"刀"而妄補，亦不可據。《詳校篇海》卷二《刀部》："刕，鄰溪切，音離。姓也；割也。"（81下）元刊本《玉篇·刀部》："刕，歷低切。姓氏。力脂切。割也。"以上諸書"刕"字訓"割也"，亦皆因承前而謬。《字彙·刀部》："刕，鄰知切，音離。割也；又姓。从三刀會意，荔、珕字从此，隸作劦。"（53上）《字彙》謂"刕"隸作"劦"，亦因承襲前代字書"割也"義訓之誤而誤作認同。又"荔""珕"二字分別為"茘""琍"之誤，其所從之"刕"皆為"劦"字俗訛，此亦為"刕"當即"劦"字俗訛提供一佐證材料也。《正字通·刀部》："刕，鄰其切，音離。割也；又姓。蜀刁（刀）逵避難，改姓刕。又百濟八姓，其三曰刕。《六書故》曰：刕，又作劦，或作劦。茘、珕字从刀，協、勰从力。《說文》有劦無刕，故茘、珕不得其聲。凡字之從刀、從力者多錯互，如勣與勣是也。"（90下）《正字通》承訛襲謬，亦失考證。故"刕"當即"劦"字俗訛。

766. 刉：《新修玉篇》卷十七《刀部》引《龍龕》："刉，丁聊切。以取禾穗也。"（151下左）

按：《篇海》同。"刉"即"刁"字之俗。《龍龕》卷一《刀部》："刁，俗；刁，正；刁，今。丁聊反。以取禾穗也。三。"（97）此即其證也。

767. 刞：《新修玉篇》卷十七《刀部》引《餘文》："刞，苦洽切。入也。"（152上右）

按：《篇海》同。敦煌本《王韻》入聲洽韻苦洽反："刞，入。亦作刞。"（432）故宮本《裴韻》入聲洽韻苦洽反："刞，入。"（619）《唐韻》《廣韻》並同。《集韻》入聲洽韻乞洽切："刟，陷也。通作刞。"同一小韻下字曰："刞，入也。"（786）"陷""入"義同，故"刟"與"刞"音義並同，即為異體字。

768. 剌：《新修玉篇》卷十七《刀部》引《龍龕》："剌，音夷。"（152上左）

按：《篇海》卷四《刀部》引《龍龕》："剌，音夷。"（627下）《龍龕》卷一《刀部》："剌，俗。音夷。"（97）"剌""剌"並即"剌"字俗寫，而"剌"疑即"夷"之繁化俗字。《玉篇·大部》："夷，弋脂切。明也；平也；敬也；滅也；易也；蠻夷也。"（99上左）《廣雅·釋詁四》："夷，滅也。"《詩·大雅·召旻》："昏椓靡共，潰潰回遹，實靖夷我邦。"鄭玄箋："王者遠賢者，而近任刑奄之人，無共其職事者，皆潰潰然維邪是行，皆謀夷滅王之國。""剌"疑即"夷"因涉"夷滅"之義而增加義符"刀"旁所形成的異體字。

769. 剨：《新修玉篇》卷十七《刀部》引《餘文》："剨，呼麥切。破聲。"（152下右）

按：《篇海》同。箋注本《切韻》（斯2071）入聲麥韻呼麥反："騞，破聲。"（146）敦煌本《王韻》、故宮本《王韻》、故宮本《裴韻》、《唐韻》並同。《廣韻》入聲麥韻呼麥切："剨，破聲。"（416）"剨"與"騞"音義並同，即為異體字。"剨""騞"當本作"砉"。《集韻》入聲麥韻胡麥切："砉，砉然，皮骨相離聲。崔譔說。"（741）《莊子·養生主》："庖丁為文惠君解牛……砉然響然，奏刀騞然。"陸德明釋文："砉然，司馬云：'皮骨相離聲。'"又曰："騞，崔云：'聲大於砉也。'""破聲"當即指皮骨相離之聲，而非謂騞聲大於砉也。"剨""騞"與"砉"音義並同，從字形演變來看，"剨""騞"當本作"砉"。《正字通·刀部》："剨，霍國切，音畫。破聲。通作砉，別作謋、騞。"（95下）余迺永《校注》"剨"字下注："本字《切韻》系書並作'騞'。又偏旁'砉'字應從石、圭聲作'砉'，'騞'字當作'䯂'。《莊子·養生主》：'庖丁為文惠君解牛……砉然嚮然，奏刀騞然。'《釋文》引司馬氏云：'（砉然），皮骨相離聲。'又：'騞，崔云：聲大於砉也。'字並當從圭聲作'砉'、'䯂'，又從刂旁乃俗寫，當正。又圭聲宜入麥韻，'砉'字音陌韻虎伯切，與麥韻呼麥切實為同位音，非如崔氏所說之以'騞'聲大於'砉'者。由是觀之，'砉'與'騞'同字。"（963）以上諸說皆其證也。故"剺""騖"當並即"耆"之繁化俗字。據余氏之説,"剺""騖""耆"三字應分別校作"剺""騖""耆"。

770. 剒:《新修玉篇》卷十七《刀部》引《餘文》:"剒,芳武切。割草。"(152下左)

按:《篇海》同。《廣韻》上聲麌韻方武切:"剒,剒草。"(177)《集韻》上聲麌韻斐父切:"剒,剒蓲,艸名,魚薺也。"(334)下文上聲厚韻普后切又曰:"剒菩,艸名。或省。"(437)《廣韻》之"剒"與《集韻》之"剒"當即一字。據《集韻》,"剒"本當指"艸名",《廣韻》訓"剒草","剒"當為字頭誤重。從形義關係來看,"剒"字當以作"菩"為是,《集韻》"剒"訓"剒蓲","剒蓲"當為"菩蓲"之誤。"菩"本身亦為一個俗字,當為"菩"字之俗。《廣雅·釋草》:"蓲、菩,魚薺也。"王念孫疏證:"菜屬,一名蓲,一名菩。《玉篇》云:'蓲,魚薺也。'《廣韻》云:'菩菜,魚薺也。'"《廣韻》上聲厚韻蒲口切:"菩,菩菜,魚薺也。《易》云:'豐其菩。'王弼注:'菩,覆曖鄣光明之物。'又音剖。"(221~222)"菩"與"菩"形近義同,"菩"當即"菩"字俗訛。《正字通·刀部》:"剒,譌字。舊注:音撫。割草。誤。"(97下)《正字通》所言當是。"剒"本當指"艸名",《新修玉篇》《篇海》訓"割草",當因從"刀"為説而誤,皆不可據。《直音篇》卷五《刀部》:"剒,音府。剒草。一曰割草。"(188下)《詳校篇海》卷二《刀部》:"剒,芳武切,音撫。割草。又剒蓲,草名。又普厚切,音剖。亦草名。蓲,音舒。"(83下)《字彙·刀部》:"剒,芳武切,音撫。割草也。"(56上)《直音篇》"剒"字訓"剒草",又謂"一曰割草",亦因承前而謬。"剒"字,《詳校篇海》《字彙》等字書訓"割草",亦誤。《大字典》《字海》"剒"字承襲《篇海》之誤而訓"割草",亦失考證。

771. 剠:《新修玉篇》卷十七《刀部》引《川篇》:"剠,而兗切。剠(當為字頭誤重)刺也。"(152下左)

按:《篇海》同。《玉篇·刀部》:"剠,而兗切。刺也。"(82下右)"剠""刺"義同,故"剠"與"剠"音義並同,"剠"即"剠"字之俗。

772. 剉:《新修玉篇》卷十七《刀部》引《省韻》:"剉,徂兮切。前剉也。"(152下左)

按:"剉"即"剸"之異寫字,亦即"劑"字。《集韻》平聲齊韻前西切:"劑剸,前劑也。古作剉。"(92)此是其證也。

773. 劕：《新修玉篇》卷十七《刀部》引《餘文》："劕，尺容切。刺也。"（153上右）

按：《篇海》同。《廣韻》平聲鍾韻尺容切："劕，刺也。剆，同上。"（10）《集韻》平聲鍾韻昌容切："劕剆，《博雅》：'刺也。'或從重。"（16）"劕""剆"與"橦"亦為異體字。《戰國策·秦策一》："寬則兩軍相攻，迫則杖戟相橦。"高誘注："攻，擊；橦，刺。""橦"，《集韻》音"昌容切"。故"劕""剆"與"橦"音義並同，即為異體字。

774. 剓：《新修玉篇》卷十七《刀部》引《川篇》："剓，力之切。割也。"（153上右）

按：《篇海》同。《玉篇·刀部》："劙，力之切。直破之。"（82上左）"剓"與"劙"音義並同，"剓"當即"劙"字之俗。

775. 劗：《新修玉篇》卷十七《刀部》引《川篇》："劗，側讖切。斫也。"（153上右）

按：《篇海》同。《玉篇·刀部》："劗，徂感切。劗也；刺也。"（82上左）"劗"與"劗"音義並同，"劗"當即"劗"字之俗。

776. 剚：《新修玉篇》卷十七《刀部》引《餘文》："剚，音瑟。刺也。"（153上左）

按：《篇海》同。《集韻》入聲櫛韻色櫛切："剚，刺也。"（673）"剚"與"劕"疑為異體字。《集韻》入聲職韻殺測切："劕，刺也。"（756）"剚"與"劕"音近義同，當為異體字。

777. 霝：《新修玉篇》卷十七《刀部》引《餘文》："霝，力丁切。刅利，快性人也。同作刅。"（153下右）

按：《篇海》卷四《刀部》引《餘文》："霝，郎丁切。刅利，快性人也。"（628下）《廣韻》平聲青韻郎丁切："刅，刅利，快性人也。"（128）"刅利"同"伶俐"，"刅"即"伶"之異體字；而"霝"同"刅"，則"霝"亦當即"伶"之異體字。

778. 旋：《新修玉篇》卷十八《方部》引《餘文》："旋，居万切。捷也。"（153下左）

按：《篇海》卷八《方部》引《餘文》："旋，居堰切。捷也。"（702下）《廣韻》去聲願韻居万切："旋，捷也。"（302）"旋"當即"旋"字轉錄之誤。"旋"字，《說文》《玉篇》皆未收，《切韻》《集韻》亦不錄，《廣韻》收之，當即陳彭年等據俗書所增。《正字通·方部》："旋，俗字。"（456下）《正字通》謂"犍"為俗字，是也。"犍"當即"健"字之俗。《說文·人部》："健，伉也。从人，建聲。"（163 上）《玉篇·人部》："健，渠建切。《易》曰：'乾，健也。天行健，君子以自強不息。'"（12 下左）"健"本義為"強壯有力"，引申為"捷也"。敦煌本《王韻》去聲願韻渠建反："健，捷。"（411）慧琳《音義》卷一《大般若波羅密多經》第四十一卷："健行，渠彥反。《考聲》云：'健，勇也。'《集訓》云：'勁捷也。'《說文》：'伉也。從人，建聲也。'"（57，p417b7）"犍"與"健"音近義同，又《〈可洪音義〉研究》"健"字俗作"捷"（505），又"放"字俗作"扐"（438）、"旅"字俗作"挋"（570）、"旋"字俗作"挋"（758）等，故"健"俗作"捷"，進而又寫作"犍"。《大字典》《字海》收錄"犍"字，皆應溝通與"健"字的正俗關係。

779. 彡：《新修玉篇》卷十八《方部》引《龍龕》："彡，音衫。"（153 下左）

按：《篇海》卷八《方部》引《餘文》："彡，音杉。"（702 下）《龍龕》卷一《方部》："彡，音衫。"（124）"彡"與"衫"音同，又"方"旁、"衤"旁形近，俗寫或可訛混，正如魏《元寧墓誌》"於"俗作"衩"、魏《故元瞻墓誌》"旋"俗作"䄈"等，故"衤"旁俗書或可寫作"方"，"彡"疑即"衫"字俗訛。

780. 媞：《新修玉篇》卷十八《方部》引《龍龕》："媞，音提。"（153 下左）

按：《篇海》同。《龍龕》卷一《方部》："媞，音提。"（124）"媞""提"音同，又"方"旁、"扌"旁形近，俗寫或可訛混，正如韓小荊《〈可洪音義〉研究》（758）"旋"俗作"捥"、"族"俗作"挨"等，故"扌"旁俗書或可寫作"方"，"媞"疑即"提"字俗訛。

781. 𧛸：《新修玉篇》卷十八《方部》引《龍龕》："𧛸，音裕。"（153 下左）

按：《篇海》卷八《方部》引《龍龕》："𧛸，音陥。"（702 下）《龍龕》卷一《方部》："𧛸，俗。音俗。"（125）"裕"當即"裕"字俗訛（詳見《疑難字》529 頁"裕"字注），而"陥"當即"隙"字之俗。"俗"為入聲字，"裕"為去聲字，"𧛸"字《龍龕》置於去聲之下，故《龍龕》"𧛸"字"音俗"之"俗"當為"裕"字俗訛，《篇海》"音陥"

之"陷"亦當為"裕"字俗訛。"㟓"與"裕"音同，又"方"旁、"衤"旁形近，俗寫或可訛混，正如魏《元寧墓誌》"於"俗作"衿"、魏《故元瞻墓誌》"旋"俗作"䋣"等，故"衤"旁俗書或可寫作"方"，"㟓"疑即"裕"字俗訛。

782. 扸：《新修玉篇》卷十八《方部》引《川篇》："扸，丑善切。扸扸柱。又陟防切。"（153下左）

按：《篇海》未收。《説文·丨部》："𢆉，旌旗杠皃。从丨，从𠆢，𠆢亦聲。"（8下）"𢆉"，《廣韻》音"丑善切"，又音"宅江切"。"扸"當即"𢆉"字俗訛，《新修玉篇》訓"扸"為"扸扸柱"，當為"旌旗杠"之誤。

783. 㫐：《新修玉篇》卷十八《方部》引《類篇》："㫐，音旌。"（153下左）

按："㫐"音"旌"，當即"旌"字之俗。正如韓小荊《〈可洪音義〉研究》（519）"旌"俗作"𣃦"，"㫐"與"𣃦"形近，"㫐"亦當即"旌"字俗訛。

784. 𤕢：《新修玉篇》卷十八《爻部》引《廣集韻》："效𤕢，古孝切。教訓也；又法也；語也。《元命包》云：'天垂文象人行其事謂之教。'古文。"（153下左）

按：《集韻》去聲效韻居效切："教，《説文》：'上所施，下所效也。'古作𢼽、效。"（582）"𤕢"當即"𢼽"字俗省。

785. 鈖：《新修玉篇》卷十八《金部》引《龍龕》："鈖，方貧切。玉名。"（154上左）

按：《篇海》同。《龍龕》卷一《金部》："鈖，相承方貧反。玉名。"（14）"鈖"當即"玢"之異體字。《玉篇·玉部》："玢，方貧切。玉名。"（6上右）"鈖"與"玢"音義並同，"鈖"當即"玢"通過改換義符而形成的異體字。

786. 鎓：《新修玉篇》卷十八《金部》引《餘文》："鎓，蘇合切。鏤也。"（156上左）

按：《篇海》同。《廣韻》入聲合韻蘇合切："鈒，鈒鏤。"（432）《集韻》入聲合韻悉合切："鎓，鏤也。通作鈒。"（771）故"鎓"當即"鈒"之異體字。

787. 鏇：《新修玉篇》卷十八《金部》引《龍龕》："鏇，思朗切。"

(156下右)

按：《篇海》卷二《金部》引《龍龕》："鎙，桑朗切。"（577上）《龍龕》卷一《金部》："鎙，俗，桑朗反。"（15）《字海》（1537C）收錄"鎙"字，謂"同'鏀'。字見《龍龕》。"又於下文（1540B）收錄"鏀"字，據《集韻》音 sǎng，訓"鈴聲"。《字海》謂"鎙"同"鏀"，是正確的，"鎙"當即"鏀"字俗寫之誤；然《龍龕》之"鎙（鏀）"與下文所錄《集韻》之"鏀"並非一字，當為同形字。慧琳《音義》卷五二《中阿含經》第十四卷："櫨鏀，力都反。《説文》：'柱上枅曰櫨。'謂柱端方木也。櫨斗，《釋名》：'櫨言都盧，負屋也。'經文從金作鑪，非體也。下宜作磉，桑朗反。《説文》：'磉，柱下石。'即柱礎也，經文從金作鏀，誤也。礎音楚。"（58，p459b1）故《龍龕》之"鎙（鏀）"當即"磉"字之俗。《可洪音義》卷一二《中阿含經》第十四卷："鑪鎙，上洛胡反。構～柱也。下素朗反。柱下石也。正作櫨磉。"（59，p990b10）此亦其證也。故《字海》應於"鏀"字下增加一個義項，謂同"磉"，訓"柱下石礅"；並於上文"鎙"字"同'鏀'"之下增補"柱下石礅"之訓。

788. 鋀：《新修玉篇》卷十八《金部》引《類篇》："鋀，古文。音錏。出《大藏經》。"（156下右）

按："鋀"音"錏"，當即"錏"字之俗。韓小荊《〈可洪音義〉研究》（763）"亞"俗作"𠆢"，此是其佐證也。

789. 錞：《新修玉篇》卷十八《金部》引《龍龕》："錞，音純。錞于，樂器也。"（156下左）

按：《篇海》同。"錞"當即"錞"字俗訛。《龍龕》卷一《金部》："錞，誤；錞，正。音純。錞～，樂器也。二。"（10）此是其證也。

790. 鋫：《新修玉篇》卷十八《金部》引《廣集韻》（當為《龍龕》之誤）："鋫，力脂切，《韻》秦悉切。切注：鏃鋫，鐵樀。"（157上右）

按：《龍龕》卷一《金部》："鋓，力尸反。鏃～也。"（12）"鋫"與"鋓"音義並同，"鋫"當即"鋓"字之俗。

791. 鐛：《新修玉篇》卷十八《金部》引《餘文》："鐛，披庚切。鍊金也。"（157下右）

按：《篇海》同。此字《玉篇》《廣韻》皆未收，《集韻》收之，當即丁度等據俗書所增。《集韻》平聲庚韻披庚切："鐛，鍊釜（金）也。"

(230)《字彙·金部》："鏸,披庚切,音烹。鍊金。"(509下)《正字通·金部》："鏸,舊注:音烹。鍊金。本作烹,俗加金,非。"(1211下)《正字通》所言當是。李白《武昌宰韓君去思頌碑》："大冶鼓鑄,如天降神,既烹且爍,數盈萬億。"歐陽修《相度銅利牒》："先且誘得民間私買銅器一兩件,然後詢求出鑛之家,及細問烹煉之法。"以上例中之"烹"皆為"冶煉"之義。"烹",《集韻》亦音"披庚切"。"鏸"與"烹"音義並同,"鏸"當即"烹"之增旁俗字。

792. 鎳:《新修玉篇》卷十八《金部》引《廣集韻》:"鎳,莫紅切。《博雅》:'鏵鎳,鏊也。'"(157下右)

按:《廣雅·釋器》:"鏵鎳,鏊也。"《集韻》去聲送韻蒙弄切:"鎳,《廣雅》:'鏵鎳,鏊也。'"(462)"鎳"與"鎳"音義並同,"鎳"當即"鎳"之異體字。

793. 鑒:《新修玉篇》卷十八《金部》引《龍龕》:"鑒,普擊切。"(158上左)

按:《篇海》同。《龍龕》卷一《金部》:"鑒,俗。普擊反。"(20)"鑒"當即"礔"字之俗。《龍龕》卷四《石部》:"砺礔磼,三俗。普擊反。正作礔。~靂也。"(444)"鑒"與"礔"音同形近,又"金"旁、"石"旁義通,俗書或可換用,故"鑒"當同"礔"。"礔"即"礔"字之俗,則"鑒"亦當即"礔"字之俗。

794. 攽:《新修玉篇》卷十八《攴部》引《餘文》:"攽,子結切。《說文》:'治也。'"(158下右)

按:《篇海》卷六《攴部》引《餘文》:"攽,音節,治也。本房六切。"(668上)"攽"字始見於《集韻》,《廣韻》及《廣韻》以前的《切韻》系韻書皆未收入。《集韻》入聲屑韻子結切:"攽,治也。或作攽。"(700)《詳校篇海》卷二《攴部》:"攽,子列切,音節。治也。又奉濁房六切,音伏。注同。又事之節也。"(138下)"攽"字,《詳校篇海》之前諸書皆訓"治也",《詳校篇海》卻又於此訓之後增加"事之節也"這一義訓,於前代字書、韻書皆無征,此訓非是。《字彙·攴部》:"攽,子列切,音節。治也。又房六切,音伏。義同。又事之節也。"(188上)《字彙》"攽"字承襲《詳校篇海》之誤而增收"事之節也"這一義項,亦非。《正字通·攴部》:"攽,凡字之訛。舊注音訓與'凡'相近,加攴,無義;《篇海》又音伏,義同,並非。"(436上)《正字通》

之說非是。《新修玉篇》謂"叞"引《說文》訓"治也",查《說文》訓"治也",且與"叞"形體相近者當即"叏"字。《說文·又部》:"叏,治也。从又,从卩。卩,事之節也。"(59上)《廣韻》入聲屑韻子結切:"叏,《說文》:治也。本房六切。"(399)《廣韻》入聲屑韻收入了"叏"字,而未收入"叞""叚"二字;《集韻》入聲屑韻收入了"叞""叚"二字,而未收入"叏"字。"叏"與"叞""叚"在兩書中出現的位置相當,且"叞""叚"與"叏"音義並同,故"叞""叚"當即"叏"之異體字。從字形演變來看,"叚"當即"叏"通過偏旁易位而形成的異體字;又"攴"旁、"又"旁形近義通,"叞"又當即"叚"通過改換義符而形成的異體字。《說文·卩部》:"卩,瑞信也。"(184上)"卩",《廣韻》音"子結切"。"叞""卩"音同,但形義俱別,故不應混同。《大字典》收入了"叞""叚"二字,"叚"字引《集韻》訓"治也。或作叞",並加案語云"《說文》作叏",所言是也。"叞"字有兩個義項:第一個義項引《集韻》訓"治也";第二個義項引《字彙》訓"事之節也",並把《正字通》的辨析作為"一說",失考證。《字海》(871B)收錄"叚""叞"二字,並謂同"叏",所言是也。

795. 妼:《新修玉篇》卷十八《攴部》引《龍龕》:"妼,魯堂切。"(158下右)

按:《篇海》卷六《攴部》引《搜真玉鏡》:"妼,音堂。"(668上)"妼"字,《新修玉篇》與《篇海》引書不同,通行本《龍龕》未見收錄,疑以《篇海》之說為是;又二書讀音不同,疑以《新修玉篇》所說為是。《玉篇·攴部》:"娘,魯當切。"(85下左)"妼"與"娘"音同形近,"妼"疑即"娘"之異體字。《大字典》《字海》收錄"妼"字,皆據《篇海》之說音 táng,疑非是。

796. 敢:《新修玉篇》卷十八《攴部》引《川篇》:"敢,音致。"(158下左)

按:《篇海》卷六《攴部》引《類篇》:"致,音致。"(668上)金刻本同。"敢"與"致"音同形近,當即一字之變;然《新修玉篇》與《篇海》引書不同,疑當以《篇海》所言為是,《新修玉篇》謂引《川篇》,當因《新修玉篇》漏刻《類篇》引書符號所致。韓小荊《〈可洪音義〉研究》(827)"至"俗作"㠯""㕝"等形,"敢""致"左旁所從疑皆為"至"字俗寫之誤,故"敢""致"疑並即"致"字俗訛。

797. 妣：《新修玉篇》卷十八《攴部》引《餘文》："妣，房密切。輔也；備也。"（158下左）

按：《集韻》入聲質韻薄宓切："弼，《説文》：'輔也；重也。'古作弻、妣。"（666）"妣"當即"妣"字異寫，亦當即"弼"字之俗。

798. 躞：《新修玉篇》卷十八《攴部》引《龍龕》："躞，蘇叶切。使也；又躞取也。"（158下左）

按：《篇海》同。《龍龕》卷四《攴部》："躞，蘇叶反。使也；又~取也。"（531）《字彙·身部》："躞，蘇葉切，音泄。使也。"（478下）《正字通·身部》："躞，譌字。舊注：音泄。使也。誤。"（1129上）《正字通》所言是也。"躞"疑即"耿"字俗訛。《説文·攴部》："耿，使也。从攴，耴省聲。"（62下）"耿"，《廣韻》音"蘇協切"。"躞"與"耿"音義並同，又"身""耳"形近，俗寫或可訛混，故"躞"當即"耿"字俗訛。

799. 敎：《新修玉篇》卷十八《攴部》引《玉篇》："敎，竹角切。打也。《韻》又丁木切。擊聲。"（159上右）

按："敎"字，《説文》作"殺"，《玉篇》作"敎"，"殺""敎"即同字異寫，而"敎"當即"殺"字俗省。《廣韻》入聲屋韻丁木切："敎，擊聲。"（367）《集韻》入聲屋韻都木切："殺敎拃，擊聲。或从夂、从手。"（637）故"敎（殺）"訓"擊聲"，與"殺""拃"音義並同，即為異體字。

800. 散：《新修玉篇》卷十八《攴部》引《餘文》："散，所交切。擊也。"（159上右）

按：《篇海》同。此字《説文》《玉篇》皆未收，《廣韻》亦不錄，《集韻》收之，當即丁度等據俗書所增。《集韻》平聲肴韻師交切："散，擊也。"（188）"散"疑即"捎"字之俗。《説文·手部》："捎，自關已西，凡取物之上者為撟捎。从手，肖聲。"（254下）《玉篇·手部》"捎，所交切。《周禮·輪人》：'以其圍之阞捎其藪。'捎，除也。"（30上右）"捎"本義為"擇取"，引申為"芟割""捎帶""除去"等義，又引申為"擊"。《集韻》上聲巧韻山巧切："敎，擊也。或作捎。"（398）《集韻》去聲效韻所教切："捎，攴也。"（584）"攴"亦"擊也"，故"散"與"捎"音義並同，"散"當即"捎"通過改換義符而形成的異體字。《正字通·攴部》："散，與捎通。"（439上）"散""散"即異寫字。此説

801. 敒：《新修玉篇》卷十八《攴部》引《餘文》："敒，子禁切。擊也。"（159 上右）

按：《篇海》卷六《攴部》引《餘文》："敒，子禁切。擊也。"（668 下）"敒""敒"即同字異寫。《集韻》去聲沁韻子鴆切："授敒，擊也。或从攴。"（621）"敒"即"授"之異體字，則"敒"亦當即"授"之異體字。《大字典》《字海》收錄"敒"字，皆未溝通其與"授""敒"二字的異體關係，俱失當。

802. 敂：《新修玉篇》卷十八《攴部》引《省韻》："敂，居又切。揉屈也。"（159 上左）

按：《集韻》去聲宥韻居又切："敂，強擊也。"（612）"敂"當即"敐"之異體字。《說文·殳部》："敐，揉屈也。从㫃，从殳。㫃，古文更字。廄字从此。"（61 上）《廣韻》去聲宥韻居祐切："敐，強擊。"（348）"敂"與"敐"音義並同，"敂"當即"敐"通過改換義符而形成的異體字。

803. 敱：《新修玉篇》卷十八《攴部》引《餘文》："敱，克盍切。敲也。"（159 下右）

按：《篇海》同。《集韻》入聲盍韻克盍切："敱，敲也。"（773）《字彙·攴部》："敱，苦盍切，音渴。敲敱（當爲字頭誤重）。"（190 下）《正字通·攴部》："敱，俗書。舊注非。"（443 上）《正字通》謂"敱"為俗書，是也。"敱"當即"搕"字之俗。《玉篇·手部》："搕，口合切。打也。"（32 下右）"搕"，《集韻》音"克盍切"。"敲""打"義同，故"敱"與"搕"音義並同，"敱"當即"搕"通過改換義符而形成的異體字。

804. 𢽾：《新修玉篇》卷十八《攴部》引《龍龕》："𢽾，敕角切。擊也。"（159 下左）

按：《篇海》、通行本《龍龕》皆未見收錄此字形。《集韻》入聲覺韻勑角切："𢽾，擊也。"（661）"𢽾"當即"肇"字之俗。《說文·攴部》："肇，擊也。从攴，肇省聲。"（62 上）《名義·攴部》："肇，丑較反。擊。"（177 下）"𢽾"與"肇"音義並同，"𢽾"當即"肇"之異體字。

805. 敕：《新修玉篇》卷十八《攴部》引《省韻》："敕，測革切。

《說文》：'擊馬也。'通作策。"（159下左）

按：《集韻》入聲麥韻測革切："簸，《博雅》：'擊也。'或作攃。"（738）"簸"字，《大字典》《字海》錄作"簸"，字形轉錄失真，當以作"簸"為是。《廣雅·釋詁三》："攃，擊也。"（228）《類篇·支部》："簸，測革切。《博雅》：'擊也。'"（110上）"簸""簸"即同字異寫，"簸（簸）"與"攃"音義並同，即為異體字，但從字形演變來看，正如《新修玉篇》所言，"簸（簸）"當即"策"字之俗。《說文·竹部》："策，馬箠也。从竹，朿聲。"（93上）"策"本義指"馬鞭"，引申義可指"鞭策""擊打"。《論語·雍也》："將入門，策其馬，曰：非敢後也，馬不進也。"王安石《材論》："不屢策，不煩御，一頓其轡而千里已至矣。""策"，《廣韻》音"楚革切"。故"簸（簸）"與"策"音義並同，"簸（簸）"當即"策"之增旁俗字，"簸（簸）"與"攃"即為異體字。《大字典》《字海》收錄"簸"字，皆未溝通其與"策""攃"諸字的字際關係，失當。

806. 㩦：《新修玉篇》卷十八《支部》引《餘文》："㩦，書藥切。炇㩦，不定皃。"（160上右）

按：《篇海》同。《集韻》入聲藥韻式灼切："㩦，炇㩦，不定皃。"（719）"炇"，《集韻》音"失冉切"。《字彙·支部》："㩦，書藥切，音爍。炇㩦，不定。"（191下）《正字通·支部》："㩦，同擽。舊注：音爍。炇㩦，不定。誤。閃㩦，本借爍。"（445下）《廣雅·釋詁三》："擽，擊也。"《廣韻》入聲藥韻離灼切："擽，《字統》云：'擊也。'"（406）"㩦"與"擽"音義俱別，二字不可混同，故《正字通》謂"㩦"同"擽"，非是。"閃"，《廣韻》音"失冉切"。"爍"，《廣韻》音"書藥切"。"閃爍"即指"不定之皃"，在文獻中常見，毋煩舉例。故"炇㩦"與"閃爍"音義並同，"炇㩦"當同"閃爍"。

807. 敫：《新修玉篇》卷十八《放部》引《玉篇》："敫，以灼切。光景流皃也。又古了切。光景流也。《韻》又古歷切。敬也。又古弔切。歌也。重又闕，人名。《史記》：'齊有太史嫩。'同作嫩。又苦幺切。擊也。通作敲字。又古幺切。擊也。或作敲字。"（160上右）

按：《廣韻》入聲錫韻古歷切："敫，敬也。"（421）《集韻》入聲錫韻吉歷切："敫，敬也。"（754）又《廣韻》去聲嘯韻古弔切："敫，歌也。"（321）《集韻》去聲嘯韻吉弔切："敫，《說文》：'所歌也。'"

（578）《說文·欠部》："歗，所謂也。从欠，嘯省聲，讀若叫呼之叫。"（177下）段玉裁注："'所謂（歌）也'當作'歗楚歌也'四字。"故宮本《裴韻》去聲嘯韻古弔反："歗，所歌。"（597）故"歗"訓"歌也"，與"歗"音義並同，此"歗"當即"歗"字俗訛。"歗"字以上兩個義項《大字典》《字海》皆未收，可據補。《集韻》平聲蕭韻堅堯切："敲敳，擊也。或从堯。"（176）又同一小韻下文牽幺切："敳，擊也。通作敲。"（177）"敳"訓"擊也"，與"敲"音義並同，此"敳"當即"敲"之異體字。

808. 欪：《新修玉篇》卷十八《丌部》引《廣集韻》："欪，所宜切。喝聲。"（160上左）

按：《集韻》平聲支韻山宜切："欪，喝聲。"（25）《字彙·欠部》："欪，申之切，音師。喝聲。"（230下）《正字通·欠部》："欪，與嘶同。舊注音師，喝聲。誤。从嘶為正。"（552下）《正字通》所言當是。《廣韻》平聲齊韻先稽切"嘶，馬嘶。"（50）"欪"與"嘶"音義相近，又從口、從欠義通，俗書常可換用，故"欪"疑即"嘶"字之俗。

809. 戛：《新修玉篇》卷十八《卜部》引《川篇》："戛，音欻。張耳。"（160下左）

按：《篇海》卷六《卜部》引《川篇》："戛，音板。張目。"（666下）"戛"字，《新修玉篇》與《篇海》讀音不同，《新修玉篇》所言當是，《篇海》"音板"之"板"當為"欻"字之訛；又《新修玉篇》與《篇海》義訓不同，《篇海》所言當是；《新修玉篇》"張耳"之"耳"當為"目"字之訛。"戛"疑即"旻"字俗訛。《說文·目部》："旻，舉目使人也。从支，从目。讀若颭。"（65上）"旻"，《廣韻》音"許劣切"；"欻"，《廣韻》音"許勿切"。"戛"與"旻"音義並近，"戛"疑即"旻"字俗訛。

810. 奭：《新修玉篇》卷十八《卜部》引《類篇》："奭，音衡。"（160下左）

按：《說文·角部》："衡，牛觸，橫大木其角。从角，从大，行聲。《詩》曰：'設其楅衡。'奐，古文衡如此。"（88）"奭"與"奐"音同形近，故"奭"當即"衡"之古文"奐"字俗訛。

811. 軕：《新修玉篇》卷十八《車部》引《龍龕》："軕，佗回切。車盛兒"（161上左）

按：《篇海》同。《龍龕》卷一《車部》："韃軸，他迴反。車盛兒。二。"（81）《玉篇·車部》："韃，他回切。車盛兒。軸，同上。"（87下左）"軸"即"軸"之異寫字。

812. 輡：《新修玉篇》卷十八《車部》引《餘文》："輡，佗合切。車釭輡也。"（162上右）

按：《篇海》同。《廣韻》入聲合韻他合切："輡，車釭輡也。"（432）宋刻《集韻》入聲合韻託合切："輡，車釭。"（222上）揚州使院重刻本《集韻》同，述古堂影宋鈔本《集韻》訓"車"，當為"車釭"之誤脫。據《集韻》，《廣韻》"輡"訓"車釭輡也"，"車釭輡也"之"輡"當為字頭誤重。《説文·金部》："釭，車轂中鐵也。從金，工聲。"（299下）王筠句讀謂"中"當作"口"，並注云："口者銜軸之處，每一轂內外兩口皆有釭。"《方言》卷九："車釭，齊燕海岱之間謂之鍋，或謂之錕。自關而西謂之釭，盛膏者乃謂之鍋。"錢繹箋疏："釭之言空也，轂口之內，嵌之曰釭。"故"輡"即指"車轂口穿軸用的金屬套"。"輡"當即"錔"字之俗。《説文·金部》："錔，以金有所冒也。從金，沓聲。"（300上）段玉裁注："'軸'下曰：'轂耑錔也。'錔取重沓之意。"徐灝箋："《廣雅》曰：'鐼、鐧，錔也。'此謂車軸當轂處裹之以金，曰錔。"王筠句讀："是知古所謂錔，即今所謂套也。""錔"，《廣韻》音"他合切"。故"輡"與"錔"音義並同，"輡"當即"錔"因涉義改換義符而形成的異體字。《正字通·車部》："輡，俗字。舊注：音揭。車釭輡也。泥。本作錔。"（1136下）此說即其證也。《大字典》《字海》收錄"輡"字，皆據《廣韻》轉訓為"車轂內的包鐵"，且未溝通其與"錔"字的字際關係，俱失考證。

813. 輵：《新修玉篇》卷十八《車部》引《餘文》："輵，古達切。轇輵，戟形也。又苦曷切。輷輵，車聲。又烏割切。輵轄，轉搖兒。又乙鎋切。車聲。《漢書》：'皇車幽轉（輵）。'又丘竭切。車疾兒。"（162上左）

按：《廣雅·釋詁一》："偈，疾也。"《詩·檜風·匪風》："匪車偈兮。"陸德明釋文："偈，疾也。"《文選·宋玉〈高唐賦〉》："偈兮若駕駟馬，建羽旗。"李善注引《韓詩》曰："偈，桀伂也，疾驅貌。"《集韻》入聲薛韻丘傑切："輵，車疾兒。通作偈。"（713）"輵"訓"車疾兒"，與"偈"音義並同，此"輵"當即"偈"之異體字。

814. 輾：《新修玉篇》卷十八《車部》引《餘文》："輾，式戰切。車輾也。"（162 上左）

按：《篇海》同。此字《說文》《玉篇》皆未收，《廣韻》亦不錄，《集韻》收之，當即丁度等據俗書所增。《集韻》去聲線韻式戰切："輾，車扇也。"（572）"輾"當本作"扇"。《說文·戶部》："扇，扉也。"（248 上）"扇"，《廣韻》音"式戰切"。"扇"即指門扇，"車扇"即指車的門扇，故"輾"當即因"扇"用於指車的門扇而增加義符"車"旁所造的一個後起分化字。

815. 轄：《新修玉篇》卷十八《車部》引《類篇》："轄，音轄。"（162 下右）

按：《篇海》同。"轄"，《字海》轉錄作"轄"，失真。"轄"音"轄"，疑即"轄"字俗訛。韓小荊《〈可洪音義〉研究》（469）"害"俗作"害"，"轄"字右旁與"害"形近，其右旁所從之"艹"疑即"宀"字俗訛，"轄"字右旁當即"害"字俗寫，故"轄"疑即"轄"字俗訛。

816. 轇：《新修玉篇》卷十八《車部》引《餘文》："轇，古堯切。轇轕，車亂兒。"（162 下右）

按：《篇海》同。《集韻》平聲蕭韻堅堯切："轇，轇轕，車亂兒。"（176）"轇"當即"轇"字之俗。《集韻》平聲爻韻居肴切："轇，轇轕，長遠兒。一曰雜亂。"（185）又《集韻》入聲曷韻居曷切："轇轕，轇轕，車馬喧雜兒。或從曷。"（687）"轇轕"與"轇轕"音義並同，"轇"當即"轇"通過改換聲符而形成的異體字。《正字通·車部》："轇，俗轇字。舊注：轇音交，轇改音高，轇轕，車亂，分為二。按：《集韻》'轇轕'一訓戟形，一訓車亂。《韻會》'轇'通作'膠'，引相如《上林賦》'張樂膠葛之寓'、揚雄賦'撇膠葛'，注'上清之氣'，未見有作'轇'者，'轇'為俗增，宜刪。"（1140 下）此說是也。

817. 朕：《新修玉篇》卷十八《舟部》引《玉篇》："朕，直稔切。天子稱。朕，上同。我也，秦始皇三十六年始為天子之稱。上《玉篇》，下《集韻》。朕，上同，《省韻》。"（163 上左）

按："朕"當即"朕"之異寫字，亦即"朕"字。

818. 鰯：《新修玉篇》卷十八《舟部》引《川篇》："鰯，音弱。舟名。"（163 下右）

按：《篇海》卷十一《舟部》引《川篇》："䑏，音弱。船名。"（738上）《字彙·舟部》："䑏，如灼切，音弱。船名。"（391下）《正字通·舟部》："䑏，譌字。"（901上）《正字通》謂"䑏"為譌字，疑是。此字《玉篇》未收，《廣韻》《集韻》亦不錄，《新修玉篇》《篇海》始收之，當為金人據俗書所增。"䑏"疑即"䚢"字俗訛。《廣雅·釋詁一》："䚢，出也。"《玉篇·角部》："䚢，女卓切。調弓也；摩弓也。"（122下右）《廣韻》入聲覺韻女角切："䚢，屋角。一曰調弓也。"（380）《集韻》入聲藥韻日灼切："䚢，弓偏弱。"（721）"䑏"與"䚢"音同，又"角"旁、"舟"旁形近，俗寫或可訛混，正如《疑難字》（567）謂"舣"蓋"舣"字之誤，"䑏"疑即"䚢"字俗訛。"䑏"訓"舟名""船名"，疑皆為望形生訓，不足據。

819. 㳒：《新修玉篇》卷十九《水部》引《龍龕》："㳒，古文。音似。"（164上左）

按：《篇海》同。《龍龕》卷二《水部》："㳒，古文。音似。"（231）"㳒"疑即"兕"字之俗。《爾雅·釋獸》："兕，似牛。""兕"，《廣韻》音"徐姊切"。"㳒"與"兕"音同，又韓小荊《〈可洪音義〉研究》"兕"俗作"兕""兕""兕"等形，"㳒"與以上"兕"字諸俗體形近，亦當即"兕"字之俗。

820. 泛：《新修玉篇》卷十九《水部》引《玉篇》："泛，孚劍切。流皃……又房法切。水聲。"（164上左）

按：《廣韻》入聲乏韻房法切："泛，水聲。又孚梵切。"（441）《集韻》入聲乏韻扶法切："汎泛，汎溄，聲微小皃。或從乏。"（789）《文選·王褒〈洞簫賦〉》："又似流波，泡溲汎溄，趨巘道兮。"李善注："汎溄，微小皃。又云：波急之聲。""泛"訓"水聲"，與"汎"音義並同，即為異體字。

821. 浺：《新修玉篇》卷十九《水部》引《餘文》："浺，而隴切。浺［浺］，水皃。《龍龕》又音血。浺寥，空皃。"（165下右）

按：《篇海》卷十二《水部》引《龍龕》："浺，音血。~寥，空皃。又音宂。"（765下）《集韻》上聲腫韻乳勇切："浺，浺浺，水皃。"（303）《字彙·水部》："浺，而隴切，音宂。浺浺，水貌。"（245上）《正字通·水部》："浺，俗字。舊注：音宂。浺浺，水貌。誤。"（585上）"宂""宂"即同字異寫，《正字通》所言是也。今案："浺"當即"浺"

字之俗。《說文·水部》："㫒,水从孔穴疾出也。从水,从穴,穴亦聲。"(229下)"㳁",《廣韻》音"古穴切"。"㳁"與"㫒"義近,又"宂"旁、"穴"旁形近,俗書常可訛混,故"㳁"當即"㫒"字俗訛。"㳁"字,《集韻》音"乳勇切",此當為丁度等不識其為"㫒"字俗訛而見其從"宂"所妄改,此當即望形生音也。《龍龕》卷二《水部》:"**沉**,正;沉,今。音血。~寥,空皃。又音宂。二。"(236)《玉篇·水部》:"㫒,古穴、呼決二切。㫒寥,天氣清。"(88上右)又下文:"㳁,呼決切。㳁寥,空皃。"(91下左)"**沉**"與"㳁"音義並同,"**沉**"當即"㳁"字之俗。《龍龕》謂"**沉**"為正字,正俗顛倒,此說非是。"**沉**"字,《龍龕》又音"宂",此亦當為望形生音。"**沉**"即"㫒"字之俗,而"**沉**""㳁"當即同字異寫,此亦為"㳁"當即"㫒"字俗訛之證。

822. 浾:《新修玉篇》卷十九《水部》引《餘文》:"浾,匹備切。水名。"(166上右)

按:《篇海》同。《集韻》去聲至韻批備切:"活浾,水名。亦从㔻。"(482)"活""浾"疑即"涪"字之俗。《說文·水部》:"涪,水。出廣漢剛邑道徼外,南入漢。从水,音聲。"(224下)《玉篇·水部》:"涪,扶鳩切。水。出徼外,南入漢。又縣名。"(87下左)"活""涪"義同,正如"赾"俗作"趏"(見本書"趏"字注),"活"亦當即"涪"字之俗。"否"與"㔻"通,"㔻"又作"㔻",故"活"進一步俗寫作"浾"。"涪"俗寫作"活""浾"後,又改其讀為"批備切",此疑為望形生音。

823. 泧:《新修玉篇》卷十九《水部》引《餘文》:"泧,況必切。水流皃。《韻》又先結切。瀎泧,水[皃]。瀎同。"(166上右)

按:《篇海》卷十二《水部》引《餘文》:"泧,況必切。水流皃。"(766上)《集韻》入聲質韻休必切:"泧,水流皃。"(670)《集韻》入聲鐸韻忽郭切:"漷,泧漷,水勢相激皃。"(730)"泧"疑即"泧"字之俗。《說文·水部》:"泧,瀎泧也。从水,戉聲。讀入椒椴之椴。"(235下)《玉篇·水部》:"泧,桑結切。泧瀎也。又呼括、許月二切。"(90上右)"泧"本義為"瀎泧",即"抹殺",引申為"大水皃"。《廣韻》入聲月韻五伐切:"泧,大水。"(388)下文許月切又曰:"泧,水皃。"(389)《集韻》入聲月韻王伐切:"泧,大水皃。"下文許月切亦云:"泧,大水皃。"(678)故《玉篇》又音"呼括、許月二切"下義訓當被妄刪。"㴱"與"㳒"形義並近，正如《敦煌俗字典》(528) "越"作"𨒋"，"㴱"當即"㳒"字之俗。《正字通·水部》："㴱，㳒字之譌。"(586下)《正字通》所言是也。《字海》"㴱"字下又據《文選·郭璞〈江賦〉》收錄音 huò、"〔~灂〕(水) 激蕩洶湧"這一義項。《文選·郭璞〈江賦〉》："灝溔潢漾，潰濩㴱灂。"曹憲注："㴱，呼活[反]。"(184) 然據曹憲"呼活反"一音，正與上文"㳒"字《玉篇》又音"呼括[切]"讀音相合，可知當以作"㳒"為是，故"㴱"當即"㳒"字誤刻。此"㴱"字《大字典》於"灂"字下引《文選·郭璞〈江賦〉》校作"㳒"，是也。又述古堂影宋鈔本《集韻》入聲屑韻先結切："㵽潯㴱，濩㵽，水皃。或從屑、從戍(戌)。"(699) 宋刻本《集韻》、揚州使院重刻本《集韻》皆作："㵽潯㴱，濩㵽，水皃。或從屑、從戍。"據字頭"㳒"字可知，"從戍"之"戍"皆為"戌"字之譌。此亦為"㴱"當為"㳒"字之訛之證也。故"㴱"當即"㳒"字俗訛。

824. 沉：《新修玉篇》卷十九《水部》引《龍龕》："沉，以轉切。濟水別名。"(164上左)

按：《篇海》同。《龍龕》卷二《水部》："沉，或作；沇，正。以轉反。濟水別名也。二。"(232) "沉"，《說文》作"沇"，"沉"當即"沇"字之俗。

825. 泝：《新修玉篇》卷十九《水部》引《龍龕》："泝，普賣切。水之分流也。"(166上左)

按：《篇海》《龍龕》皆未見收錄此字形。《玉篇·水部》："派，普賣切。別水名。"(88下左) "水之分流"與"別水名"義同，故"泝"與"派"音義並同，"泝"即"派"字之俗。

826. 洮：《新修玉篇》卷十九《水部》引《龍龕》："洮，音洮。同。"(167下左)

按："洮"即"洮"字之俗。《龍龕》卷二《水部》："洮，俗；洮，通；洮，正。他刀反。水名，出西羌。又清太也。三。"(227) 此是其證也。

827. 沖：《新修玉篇》卷十九《水部》引《餘文》："浟，敕中切。沖融，水平遠之皃。又音蟲。"(166下左)

按：《篇海》作"沖"，"浟""沖"並即"沖"字之俗。《廣韻》平聲東韻敕中切："沖，沖融，水平遠之皃。又音蟲。"(3) 《集韻》平聲東韻敕中切："沖，沖瀜，水深廣皃。"（13）《字彙·水部》："沖，昌中切，音沖。沖融，水平遠貌。又持中切，音蟲。義同。"（247下）《正字通·水部》："沖，俗沖字。舊注：音沖。沖融，水平遠貌，音義與沖同，分為二字，非。"（591上）《正字通》所言當是。《玉篇·水部》："瀜，弋終切。沖瀜，大水皃。"（91上左）"沖瀜""沖融"同，故"沖"與"沖"音義並同，"沖"當即"沖"通過改換聲符而形成的異體字。葛信益《廣韻叢考》曰："直弓切下有沖字，沖、沖是一字或體。考《說文》：沖，涌搖也。《說文義證》、《說文句讀》、《說文通訓定聲》都說：'字亦作沖'，並引《文選·海賦》'沖瀜沆瀁'作證。"（166）葛氏所言是其證也。

828. 湓：《新修玉篇》卷十九《水部》引《餘文》："湓，蒲悶切。水出皃。"（166下左）

按：《篇海》同。《廣韻》去聲恩韻蒲悶切："湓，水聲。"（304）《集韻》去聲慁韻蒲悶切："湓，水出皃。"（551）《字彙·水部》："湓，步悶切，音坌。水出皃。"（247上）《正字通·水部》："湓，溢字之譌。舊注訓同溢，改从坌，非。"（589下）《正字通》所言當是。《名義·水部》："溢，普寸反。水聲也；清（瀆）也。"（195上）《玉篇·水部》："溢，丕寸切。水聲也；瀆也。又音盆。"（91上右）"瀆也""水出皃"義同，故"湓"與"溢"音義並同，"湓"當即"溢"通過改換聲符而形成的異體字。

829. 涍：《新修玉篇》卷十九《水部》引《餘文》："涍，苦皓切。水乾也。"（166下左）

按：《篇海》同。《廣韻》上聲皓韻苦浩切："涍，水乾。"（206）《集韻》上聲皓韻苦浩切："涍，水乾。"（399）《正字通·水部》："涍，俗字。"（587上）《正字通》謂"涍"為俗字，是也。《可洪音義》卷十二《中阿含經》第十三卷："枯熇，苦老反。乾也；枯也。正作涍、槁、燺三形也。又火沃、火各二反，非用。"（59，p990a12）故"涍"與"熇""槁""燺"音義並同，即為異體字。《詳校篇海》卷四《水部》："涍，音涍。水乾也。又去，音犒。涍水，車水也。"（285下）《詳校篇海》"涍"字又謂"又去，音犒。涍水，車水也"，此訓於前代字書皆無征，疑非是。

830. 泩：《新修玉篇》卷十九《水部》引《餘文》："泩，於往切。

汪陶縣，在鴈門。同作汪。"（166下左）

按：《篇海》卷十二《水部》引《餘文》："浬，紆往切。汪陶縣。《地志》在鴈門。"（766下）"浬""㳀"當即同字異寫，並即"汪"之異體字。《廣韻》上聲養韻紆往切："汪，汪陶縣，在鴈門。又烏光切。"（212）《集韻》上聲養韻嫗往切："㳀汪，㳀陶，縣名，在鴈門。或省。"（416）"汪"，《説文》篆文作"𣱩"，"㳀"當即"汪"字《説文》篆文"𣱩"之楷定字。"浬"即"㳀"之異寫字，亦即"汪"字。《大字典》收錄"浬"字，未溝通其與"㳀""汪"諸字的字際關係，失考證。《字海》亦收"浬"字，第一義項音 wāng，謂同"汪"；第二義項音 wǎng，據《集韻》訓"~陶"，古縣名。其實，第二義項之"浬"亦同"汪"，《字海》"浬"字此義未溝通其與"汪"字的字際關係，亦失考證。

831. 澔：《新修玉篇》卷十九《水部》引《餘文》："澔，莫交切。大水皃。"（167下右）

按：《篇海》同。此字《説文》《玉篇》皆未收，《廣韻》亦不錄，《集韻》收之，當即丁度等據俗書所增也。《集韻》上聲爻韻謨交切："澔，大水皃。"（187）《字彙·水部》："澔，謨交切，音貓。大水貌。"（251下）《正字通·水部》："澔，俗淼字。舊注大水貌，與淼義近，改音貓，非。"（599上）《正字通》所言當是。《説文新附·水部》："淼，大水也。从三水。或作渺。"（238下）《玉篇·沝部》："淼，彌沼切。淼瀁，大水。"（92下右）"澔""淼"音近義同，"澔"疑即"淼"通過結構變易而形成的異體字。

832. 渹：《新修玉篇》卷十九《水部》引《餘文》："渹，郎丁切。水名。《楚辭》：'望渹縣（陽）兮極浦。'"（167下左）

按：《篇海》同。此字《説文》《玉篇》皆未收，《廣韻》亦不錄，《集韻》收之，當即丁度等據俗書所增。《集韻》平聲青韻郎丁切："渹，水名。《楚辭》：'望渹陽兮極浦。'"（246）"渹"當即"涔"字俗訛。《説文·水部》："涔，漬（漬）也。一曰涔陽渚，在郢中。从水，岑聲。"（234上）《楚辭·九歌·湘君》："望涔陽兮極浦，横大江兮揚靈。"洪興祖補註："今澧州有涔陽浦。"故"渹"當即"涔"字俗訛。"涔"，《廣韻》音"鉏針切"。"渹"字，《集韻》音"郎丁切"，此當因丁度等不識其為"涔"字俗訛，又見其從"岑"所妄改，此當即望形生音；《集韻》訓"水名"，"水名"當為"地名"之誤。《字海》收錄"渹"字，據《篇海》音 líng，訓"水名"失考證。

833. 溱：《新修玉篇》卷十九《水部》引《玉篇》："溱，親吉切。《說文》曰：'水出石（右）扶風杜陵岐山，東入渭。'"（168 下右）

按："溱"字，《玉篇》作"溱"，《說文》作"漆"，"溱""溱"並即"漆"字之俗。

834. 渿：《新修玉篇》卷十九《水部》引《餘文》："渿，女加切。渚渿，沾淫也。"（168 下右）

按：《篇海》同。此字《說文》《玉篇》皆未收，《廣韻》亦不錄，《集韻》收之，當即丁度等據俗書所增。《集韻》平聲麻韻女加切："渿，渚渿，沾淫也。"（207）《字彙·水部》："渿，奴加切，音拏。渚渿，沾淫也。"（253 上）《正字通·水部》："渿，渿字之譌。舊本：音拏。渚渿，沾淫也。非是。"（602 上）《正字通》所言當是。《說文·水部》："渿，漸淫也。从水，拏聲。"（234 上）《玉篇·水部》："渿，如庶切。漸淫也。"（89 上右）"渿"與"渿"義近，又"拏""拏"形近，俗書或可換用，"渿"疑即"渿"字之俗。"渿"字，《集韻》音"女加切"，疑為丁度等見其從"拏"而妄改。

835. 湪：《新修玉篇》卷十九《水部》引《餘文》："湪，通貫切。水名也。又直角切。地名；一曰澤名。"（168 下右）

按：《篇海》同。此字《說文》《玉篇》皆未收，《切韻》亦不錄，《廣韻》收之，當即陳彭年等據俗書所增。《廣韻》去聲換韻通貫切："湪，水名。"（309）《集韻》去聲換韻吐玩切："湪，水名。"（559）《字彙·水部》："湪，吐玩切，音彖。水名。"（252 下）《正字通·水部》："湪，同渜。鄭康成曰：'渜，古文作湪，荊沔間語。'舊注：音彖。水名。分為二。"（601 下）《儀禮·士喪禮》："浴用巾，挋用浴衣，渜濯棄于坎。"鄭玄注："沐浴餘，潘水、巾櫛、浴衣亦并棄之。古文渜作湪，荊沔之間語。"賈公彥疏："釋曰潘水既經溫煑，名之為渜，已將沐浴謂之為濯，已沐浴訖，餘潘水棄于坎，知巾櫛、浴衣亦棄之者，以其已經尸用，恐人褻之，若棄杖者棄于隱者，故知亦棄于坎。云'古文渜作湪，荊沔之間語'者，《禹貢》云'荊河惟豫州'，則鄭見豫州人語'渜'為'湪'，是以古文誤作'湪'也。"鄭玄謂"渜"古文作"湪"，非作"湪"，"湪"當為"湪"之聲誤字，非"渜"古文作"湪"。故《正字通》謂"湪"同"渜"，此說非是。《大字典》《字海》"湪"字下皆據

《正字通》之誤而增加一個義項謂同"澳"，俱失考證。今案："漆"疑即"瘃"字俗訛。《說文・疒部》："瘃，中寒腫覈。从疒，豖聲。"（152下）《可洪音義》卷一八《子毗尼母經》第八卷："躰漆，上他禮反，下知玉反。寒瘡也；皺散皮起兒也。正作瘃也。又他亂反，非也。"（60，p85a11）此即其證也。"漆"字，《廣韻》音"通貫切"，當即望形生音；其訓"水名"，當即望形生訓，《廣韻》"漆"字音義皆不可信。《集韻》於去聲換韻收入"漆"字，承襲《廣韻》音義，疑亦非是。又《集韻》去聲覺韻直角切："涿，地名；一曰澤名。或作漆。"（662）此"漆"當即"涿"字俗訛。

836. 溚：《新修玉篇》卷十九《水部》引《餘文》："溚，都合切。濕也。《韻》又竹洽切。濕也。"（168下左）

按：《篇海》卷十二《水部》引《餘文》："溚，都合切。濕也。"（768上）《集韻》入聲合韻德合切："溚，濕也。"（771）又《集韻》入聲洽韻竹洽切："㴻，濕也。"（788）"溚"當即"㴻"字之俗。《玉篇・水部》"㴻，竹洽切。淫也。"（92上左）五代本《切韻》入聲洽韻竹洽反："㴻，濕㴻㴻。"（771）"溚""㴻"音義並同，"荅""答"亦同，故"溚"當即"㴻"之異體字。"㴻"字，《玉篇》《切韻》皆音"竹洽切（反）"，而"溚"字《集韻》又入德韻而音"德合切"，當為見其從"荅"而改。

837. 渭：《新修玉篇》卷十九《水部》引《餘文》："渭，莫報切。水漲也。"（168下左）

按：《篇海》同。此字《說文》《玉篇》皆未收，《廣韻》亦不錄，《集韻》收之，當即丁度等據俗書所增。《集韻》去聲號韻莫報切："渭，漲水。"（587）《字彙・水部》："渭，莫報切，音冒。水漲也。"（252下）《正字通・水部》："渭，莫報切，音冒。水漲。"（601下）"渭"當即"冒"字之俗。"冒"為"帽"字初文，本義指"帽子"，引申義可指"水漲而漫溢"。《漢書・王商傳》："自古無道之國，水猶不冒城郭。"《水經注・河水》："河斷之日，水奮勢激，波凌冒隄。"以上例中之"冒"皆為"水漲而漫溢"之義。"冒"，《廣韻》音"莫報切"。"渭"與"冒"音義並同，"渭"當即"冒"之增旁俗字。

838. 埄：《新修玉篇》卷十九《水部》引《餘文》："埄，子鄰切。潤澤也。"（168下左）

按：此字《説文》《玉篇》皆未收，《廣韻》亦不錄，《集韻》收之，當即丁度等據俗書所增。《集韻》平聲真韻資辛切："埄，潤澤也。"(118)"埄"當即"津（津）"字之俗。《説文·水部》："津，渡口也。从水，聿聲。"(232下)"津（津）"本義指"渡口"，引申義可指"潤澤"。《周禮·地官·大司徒》："二曰川澤……其民黑而津。"鄭玄注："津，潤也。"《管子·侈靡》："若苟虛期於月津，若出於一明，則可以虛矣。"尹知章注："津，明潤貌。""津"，《廣韻》音"將鄰切"。"津"字，《説文》篆文作"𣲎"。"埄"與"津（津）"音義並同，"埄"當即"津（津）"字《説文》篆文"𣲎"字楷定之俗。

839. 㴆：《新修玉篇》卷十九《水部》引《省韻》："㴆，桑故切。逆而上。《廣雅》曰：'泝（溯）斗，舟杼（抒）水斗也。'"(168下左)

按：《説文·水部》："㴑，逆流而上曰㴑洄。㴑，向也，水欲下，違之而上也。从水，屰聲。"(232下)《玉篇·水部》："泝，蘇故切。逆流而上也。"(88下左)"㴆"與"㴑（泝）"音義並同，"㴆"當即"㴑（泝）"字之俗。

840. 浍：《新修玉篇》卷十九《水部》引《龍龕》："浍，力羕切。"(169下右)

按：《篇海》同。《龍龕》卷二《水部》："浍，音亮。"(234)此"浍"疑即"悢"字之俗。《可洪音義》卷二："慷，力向反。悲也。正作悢。"(59，p606b9)《可洪音義》卷三十又曰："浍，力向反。正作悢。"(60，p600a10)此是其證也。故"浍"與"慷""悢"音義並同，當為異體字。《字彙補》補訓為"大水也"，疑非是。

841. 洿：《新修玉篇》卷十九《水部》引《龍龕》："洿，烏故切。正作污。"(169下左)

按：《篇海》同。《龍龕》卷二《水部》："洿洿，二俗。烏故反。正作污。"(234) 故"洿"即"污（污）"字之俗。

842. 滻：《新修玉篇》卷十九《水部》引《川篇》："滻，音產。流皃。"(169下左)

按：《篇海》同。《玉篇·水部》："滻，所簡切。出涕皃。"(89上右)"滻"與"滻"音義並同，"滻"當即"滻"字之俗。

843. 溹：《新修玉篇》卷十九《水部》引《川篇》："溹，音鼠。水也。"(169下左)

按：《篇海》同。《玉篇·水部》："溗，尸羮切。水。"（92上右）"溗"與"溗"音義並同，"溗"當即"溗"字俗省。

844. 溰：《新修玉篇》卷十九《水部》引《川篇》："溰，音笫。水涯也。"（169下左）

按：《篇海》同。《玉篇·水部》："溰，視裔切。水邊地也；涯也。"（88下左）"溰"與"溰"音義並同，"溰"當即"溰"字之俗。

845. 漇：《新修玉篇》卷十九《水部》引《川篇》："漇，音斯。水涯皃（也）。"（169下左）

按：《篇海》同。《廣韻》平聲支韻息移切："漇，涯也。"（19）"漇"與"漇"音義並同，"漇"當即"漇"字之俗。

846. 溓：《新修玉篇》卷十九《水部》引《川篇》："溓，音捷。水也（皃）。（170下右）

按：《篇海》同。《廣韻》入聲葉韻即葉切："溓，溓渱，纔有水皃。"（435）"溓"與"溓"音義並同，"溓"當即"溓"字之俗。

847. 漍：《新修玉篇》卷十九《水部》引《餘文》："漍，古獲切。水也。"（170上左）

按：《篇海》同。此字《說文》《玉篇》未收，《切韻》亦不錄，《龍龕》《廣韻》收之，當即唐宋人據俗書所增。《龍龕》卷二《水部》："漍，古麥反。～水也。"（237）《廣韻》入聲麥韻古獲切："漍，水。"（415）《集韻》入聲麥韻古獲切："漍，水也。"（741）《可洪音義》卷二三："漍中，上戶困反。正作溷也。又古麦反，非也。"（60，p302c8）《卍續藏》本《淨度三昧經》："愚夫樂生死，如豬居溷中。恣情放心意，自種生死根。"注："'豬'，底本作'睹'，據北甲、乙本改。'溷'，底本作'漍'，據北甲、乙本改。"故"漍"當即"溷"字俗訛。"漍"字，《龍龕》音"古麥反"、《廣韻》音"古獲切"，皆當為望形生音；《龍龕》訓"漍水也"、《廣韻》訓"水"，當皆為望形生訓。《集韻》等後世字書承襲《廣韻》"漍"字音義之誤，疑亦非是。

848. 㝵：《新修玉篇》卷十九《水部》引《餘文》："㝵，丁力切。㝵滴，水少也。或省彳。"（170上左）

按：《篇海》卷十二《水部》引《餘文》："㝵，丁力切。～滴，水少也。"（769下）《廣韻》入聲職韻丁力切："㝵，㝵滴，水少。"（427）余迺永校注："按德韻多則切淂字注：'水皃，又丁力切。'淂字云：'㝵滴，水少。'《五代刊本》德韻注同，其職韻字仍作浔，疑二字或體。"（972）余氏所言當是，《新修玉篇》是其證也。《龍龕》卷二《水部》："浔，音得。水皃。又丁力反。"（237）"水皃""水少"訓異義同，故"㝶"與"浔"音義並同，"㝶"當即"浔"之異體字。

849. 潁：《新修玉篇》卷十九《水部》引《玉篇》："潁，居詠切。清也。"（171上右）

按：《篇海》同。此字《説文》《玉篇》皆未收，《廣韻》《集韻》亦不錄，《玉篇》收於《水部》之末，當即宋人據俗書所增。《玉篇·水部》："潁，居詠切。清也。"（92上右）《字彙·水部》："潁，居詠切，肩去聲。清也。"（258下）《正字通·水部》："潁，潁字之譌。《説文》：'潁水出潁川陽城乾山，東入淮。从水，頃聲。豫州浸。'余頃切。篆作潁。舊本：潁，居詠切，肩去聲。清也。音義並非。十一畫闕'潁'。"（612下）《正字通》所言疑是。《説文·水部》："潁，水出潁川陽城乾山，東入淮。从水，頃聲。豫州浸。"（226下）"潁"，《廣韻》音"餘頃切"。"潁"當即"潁"之偏旁易位俗字。"潁"與"潁"形近，正如韓小荊《〈可洪音義〉研究》（643）"頃"俗作"項""頂"等形，"潁"字所從之"須"疑為"頃"字之俗，"潁"疑即"潁"之俗訛字。"潁"從"須"而音"居詠切"，形音不諧，疑為後人妄補；其訓"清也"，疑亦非是。

850. 潵：《新修玉篇》卷十九《水部》引《餘文》："潵，蘇旰切。水潵也。"（171上右）

按：《篇海》卷十二《水部》引《餘文》："潵，蘇旰切。水散也。"（770下）此字《説文》《玉篇》皆未收，《廣韻》亦不錄，《集韻》收之，當即丁度等據俗書所增。《集韻》去聲翰韻先旰切："潵，水散也。"（557）《字彙·水部》："潵，先諫切，音散。水潵。"（258上）《正字通·水部》："潵，譌字。"（611下）《正字通》謂"潵"為譌字，非是。今案："潵"當即"散"字之俗。《廣韻》去聲翰韻蘇旰切："散，分離也；布也。《説文》作㪔，分離也。散，雜肉也。今通作散。"（307）佛經有"潵"字用例，提供如下：《卍新纂續藏》本明大韶著《千松筆記》："日昳未，漁人欸乃江邊去。擎著獰龍定活烹，隨手拈來無不是。潑天風，毋驚畏。潵開羅網包天地，等閑會得者便宜，免使浮塵逐閑氣。"從文意來看，此"潵開"當同"散開"，故"潵"與"散"音義並同，"澈"當即"散"字之俗。《集韻》訓"水散也"，當為望形生訓，不足據。

851. 㵃：《新修玉篇》卷十九《水部》引《川篇》："㵃，苦候切。水名。"（171上左）

按：《篇海》同。正如韓小荊《〈可洪音義〉》（538）"寇"字俗作"宼"，"㵃"當即"滱"字之俗。《廣韻》去聲候韻苦候切："滱，水名，在代郡。"（352）"㵃"與"滱"音義相同，"㵃"當即"滱"字之俗。

852. 瀤：《新修玉篇》卷十九《水部》引《川篇》："瀤，戶乖切，又烏淮切。水也。"（171上左）

按：《篇海》同。《說文·水部》："瀤，北方水也。从水，褱聲。"（227下）"瀤"，《廣韻》音"戶乖切"，《集韻》音"烏乖切"。"瀤"與"瀤"音義並同，"瀤"即"瀤"字之俗。

853. 澍：《新修玉篇》卷十九《水部》引《奚韻》："澍，芳送切。泥澍。"（171上左）

按：《篇海》同。"澍"當即"澍"字之俗。《集韻》去聲用韻芳用切："澍，深沉（泥）。"（464）"澍"字，《新修玉篇》《篇海》訓"泥澍"，亦當指"深泥"，《大字典》《字海》轉訓為"用泥封住"，疑非是。"澍"與"澍"音義並同，"澍"當即"澍"之增旁俗字。

854. 濭：《新修玉篇》卷十九《水部》引《餘文》："濭，苦盍切。《博雅》：'依也。'《省韻》又丘蓋切。"（171下左）

按：《集韻》去聲泰韻丘蓋切："濭，船箸沙。"（521）"濭"當即"濭"之異體字。《廣韻》去聲泰韻苦蓋切："濭，船著沙也。"（283）"濭"與"濭"音義並同，"濭"當即"濭"之異體字。

855. 潎：《新修玉篇》卷十九《水部》引《龍龕》："潎，疋（匹）昭切。浮也。"（171下左）

按：《篇海》同。"潎"當即"漂"字之俗。《龍龕》卷二《水部》："潎，俗；潎，正；漂，今。疋（匹）昭反。浮也。三。"（226）"潎"即"漂"字之俗，非其正體。此即其證也。

856. 淦：《新修玉篇》卷十九《水部》引《奚韻》："淦，胡感切。淦泥。"（171下左）

按：《篇海》同。"淦"疑即"浛"字之俗。《玉篇·水部》："浛，戶紺切。水和泥。"（92上右）"淦"訓"淦泥"，疑即"和泥"之義。

"滄"與"浛"音義皆近，"滄"疑即"浛"字之俗。"浛"變作"滄"，當經過"濸"字這一中間環節。《集韻》平聲覃韻胡南切："浛，《方言》：'沉也。'或作濸。"（283）正如"嬧"俗作"孀"（見《龍龕》281），"滄"當即"濸"字俗訛，亦即"浛"字之俗。

857. 虢：《新修玉篇》卷十九《水部》引《川篇》："虢，古獲切。水也。"（172上左）

按：《篇海》卷十二《水部》引《川篇》："虢，古獲切。水名。"（771下）"虢""虢"當即同字異寫，疑皆為"瀱"字俗訛。《說文·水部》："瀱，水裂去也。从水，虢聲。"（98下）《玉篇·水部》："瀱，古伯切。水裂也。"（90上右）"瀱（瀱）"字，《龍龕》音"古麥反"。"虢""虢"與"瀱"音同形近，正如《龍龕》（237）"瀱"俗作"瀱"、韓小荊《〈可洪音義〉研究》（467）"虢"俗作"虢""虢""虢""虢"等形，"虢""虢"二字右旁所從疑即"虢"字俗訛，"虢""虢"疑即"瀱"之俗訛字。《新修玉篇》"虢"訓"水也"、《篇海》"虢"訓"水名"，疑皆為"水裂去也"之誤。

858. 溙：《新修玉篇》卷十九《水部》引《類篇》："溙，音漆。"（172上左）

按：《篇海》同。"溙"音"漆"，"溙"疑即"漆"字之俗。正如韓小荊《〈可洪音義〉研究》（629）"漆"俗作"溙"，"溙"字右旁所從疑即"桼"字俗訛，"溙"疑即"漆"之俗訛字。此直音用字"漆"字，當為一身而兼二職，不僅用來注音，而且還用來指明字際關係。

859. 瀌：《新修玉篇》卷十九《水部》引《餘文》："瀌，作郎切。沒也。"（172下右）

按：《篇海》同。此字《說文》《玉篇》皆未收，《廣韻》亦不錄，《集韻》收之，當即丁度等據俗書所增。《集韻》平聲唐韻慈朗切："瀌，沒也。"（222）"瀌"當即"藏"字之俗。《說文新附·艸部》："藏，匿也。"（21）《廣韻》平聲唐韻昨郎切："藏，隱也；匿也。"（120）"瀌"與"藏"音義並同，"瀌"當因"藏""沒"常連用（例不贅舉），"藏"受下文"沒"字類化影響而改換義符"艸"旁為"水"旁所形成的異體字。

860. 潭：《新修玉篇》卷十九《水部》引《餘文》："潭，以荏切。潭瀯，水搖動皃。又徒南切。水衣。"（172下右）

按：《廣韻》上聲寑韻以荏切："潭，潭瀲，水動搖皃。"（225）《集韻》上聲寑韻以荏切："潭，潭藻，水動也。或作潭、湛。"（443）"潭藻""潭瀲""潭藻""湛藻"並同，"潭"與"潭""湛"音義並同，即為異體字。又《廣韻》平聲覃韻徒南切："潭，水衣。"（147）《字彙·水部》："潭，徒含切，音曇。石衣。"（262上）此"潭"當即"蕈"字之俗。《爾雅·釋草》："蕈，石衣。"箋注本《切韻》（斯2071）平聲覃韻徒含反："蕈，水衣。"（85）故宮本《王韻》、故宮本《裴韻》同。《集韻》平聲覃韻徒南切亦曰："蕈，苔也。《爾雅》：'蕈，石衣。'"（281）"苔""石衣""水衣"諸訓訓異義同，故"潭"訓"水衣"，與"蕈"音義並同，此"潭"當即"蕈"之偏旁易位俗字。《正字通·水部》："潭，同蕈。舊注：音曇。石衣。重出。當作蕈，歸《艸部》，宜存彼刪此。"（620上）《正字通》所言是也。《大字典》《字海》"潭"字此義皆未收，可據補。

861. 溼：《新修玉篇》卷十九《水部》引《川篇》："溼，他合切。水也。"（172下右）

按：《篇海》同。《說文·水部》："濕，水。出東郡東武陽，入海。从水，㬎聲。"（226下）"濕"，《廣韻》音"他合切"。"溼"與"濕"音義並同，"溼"當即"濕"字俗訛。

862. 澌：《新修玉篇》卷十九《水部》引《餘文》："澌，斯義切。泄水門。一說：停水曰澌。《南史》有石澌。"（172下左）

按：《篇海》同。《集韻》去聲寘韻斯義切："澌，泄水門。一說：停水曰澌。《南史》有石澌。"（467）《直音篇》卷五《水部》："澌，音四。泄水門。[一]曰障水。"（202上）《字彙·水部》："澌，息恣切，音四。泄水門也。又曰障水。"（261上）《正字通·水部》："澌，息漬切，音四。泄水門也。一曰障水。"（619上）"澌"，《集韻》"一曰"之義為"停水"，《直音篇》改為"障水"，"停水"當即指"止水""水盡"之義，今方言中仍有謂"停水"為"水盡""水乾涸"之義；"障水"當即指"阻塞水流""阻隔水流"之義，故"停水""障水"義別，《直音篇》改"停水"為"障水"，非是。"澌"字，後世字書訓"障水"，當為承襲《直音篇》之誤。此"澌"當為"澌"之異體字。《說文·水部》："澌，水索也。从水，斯聲。"（234上）"水索"即"水盡"之義，故"停水""水索"義同。玄應《音義》卷一二《別譯阿含經》第十卷：

"渐，又作漡，同。相離反。《字林》：'水索也。'亦盡也。"（56，p991c15）《龍龕》卷二《水部》："漡，音賜。同渐。盡也。"（235）以上二書皆其證也。故"漡"訓"停水"，當即"渐"之異體字。

863. 㵦：《新修玉篇》卷十九《水部》引《餘文》："㵦，芳萬切。水名，在睢陽。"（173 上左）

按：《篇海》同。此字《說文》《玉篇》皆未收，《廣韻》亦不錄，《集韻》收之，當即丁度等據俗書所增。《集韻》去聲願韻孚萬切："㵦，水名，在睢陽。"（549）《字彙·水部》："㵦，方諫切，音販。水名，在睢陽。"（263 上）《正字通·水部》："㵦，潫字之譌。"（622 下）《說文·水部》："潫，飲歠也。一曰吮也。从水，算聲。"（236 上）"潫"，《集韻》音"先活切"。"㵦"與"潫"音義俱別，二字不可混同，《正字通》之說非是。今案："㵦"當即"汳"字之俗。《說文·水部》："汳，水。受陳留浚儀陰溝，至蒙為雝水，東入于泗。"（226 下）敦煌本《王韻》去聲願韻芳萬反："汳，水名，在睢陽。"（411）故宮本《王韻》、《廣韻》同。"㪚"，《廣韻》音"芳萬切"。"㵦"與"汳"音義並同，故"㵦"當即"汳"通過改換成與字音相同的聲符而形成的異體字。

864. 㵻：《新修玉篇》卷十九《水部》引《廣集韻》："㵻，烏酷切。纑未涑也。"（173 上右）

按：《集韻》入聲沃韻烏酷切："澳，纑未涑。"（649）"㵻"與"澳"音義並同，"㵻"當即"澳"字之俗。

865. 濔：《新修玉篇》卷十九《水部》引《玉篇》："濔，武悲切。《釋名》曰：'湄，眉也，臨水如眉也。'《爾雅》曰：'水草交為湄。'同作湄。"（173 上右）

按：《玉篇·水部》："湄，莫悲切。《爾雅》曰：'水草交曰湄。'濔，同上。"（88 下右）"濔"與"湄"音義並同，"濔"即"湄"字俗訛。

866. 瀙：《新修玉篇》卷十九《水部》引《餘文》："瀙，平祕切。水皃。"（173 下右）

按：《篇海》同。此字《玉篇》《廣韻》皆未收，《集韻》收之，當即丁度等據俗書所增。《集韻》去聲至韻平祕切："瀙，水皃。"（482）《字彙·水部》："瀙，毗意切，音避。水貌。"（264 上）《正字通·水部》："瀙，毗意切，音避。水怒激貌。"（625 上）"瀙"當即"潷"字異體。《玉篇·水部》："澩,薄賣切。水[皃]。"(91下左)《廣韻》去聲怪韻蒲拜切："澩,水波。"(287)《集韻》去聲怪韻步拜切："澩,水涌。"(527)《文選·郭璞〈江賦〉》："滮澩瀺㵼,瀆濩浤㶏。"李善注："皆水勢相激洶湧之貌。" "灤"與"澩"音近義同,正如"虤"同"虩","灤"當即"澩"之異體字。

867. 鑇:《新修玉篇》卷十九《水部》引《餘文》："鑇,他合切。物濕附著。"(173下右)

按:《篇海》未收。此字《說文》《玉篇》皆未收,《廣韻》亦不錄,《集韻》收之,當即丁度等據俗書所增。《集韻》入聲合韻託合切："鑇,物濕附著也。"(772)"鑇"疑即"濕"字之俗。《說文·水部》："濕,水。出東郡東武陽,入海。从水,㬎聲。"(226下)"濕"本義指"水名",引申義可指"潮濕""沾濕",同"溼"。《玉篇·水部》："溼,尸及切。水流就溼也。濕,同上。《說文》他合切。"(90上右)"鑇"與"濕"音義並同,"鑇"當即"濕"之異體字。

868. 瀼:《新修玉篇》卷十九《水部》引《龍龕》："瀼,於縛切。渡水。"(173下右)

按:《篇海》卷十二《水部》引《龍龕》："瀼,於縛切,波水也。"(773上)"瀼"字,《新修玉篇》《篇海》皆謂引《龍龕》,然通行本《龍龕》未見收錄此字,疑誤。《新修玉篇》與《篇海》義訓不同,《新修玉篇》所言疑是。《集韻》入聲藥韻鬱縛切:"蒦䕟䕟,度也。或从尋、从矢。"(723)從字形來看,"瀼"音"於縛切",當楷定作"瀼"。"蒦"訓"度也","度""渡"相通,故"瀼"當以訓"渡水"為是。《篇海》訓"波水也","波水也"當為"渡水也"之誤。

869. 邕:《新修玉篇》卷二十《巛部》引《龍龕》："邕,於容切。四方有水自邕城池者是也。䍐,籀文。邕,《省韻》。"(174上右)

按:"邕"當即"邕"字之俗。

870. 谻:《新修玉篇》卷二十《谷部》引《餘文》："谻,口陷切。虎怒皃。"(174下右)

按:《篇海》同。此字《說文》《玉篇》皆未收,《廣韻》亦不錄,《集韻》收之,當即丁度等據俗書所增。《集韻》去聲陷韻口陷切:"谻,虎怒皃。"(629)《字彙·谷部》:"谻,口陷切,音欠。虎怒貌。从谷,音嚔。"(459下)"谻"疑即"㰦"字俗訛。《說文·虎部》:"㰦,虦屬。

从虎，去聲。"（103下）"虤"本義指"鬾屬"，即"白虎的一種"，引申義可指"虎怒皃"。《玉篇·虎部》："虤，虛暫切。鬾（鬾）屬也；又虎怒皃。"（112下右）"谽"與"虤"音近義同，又"虤"字《說文》篆文作"🈸"，其左旁聲符"去"字篆文作"🈸"，古文又作"🈸""🈸"等，皆與"谷"形近，故"谽"當即"虤"之俗訛字。《正字通·谷部》："谽，舊注：口陷切，音欠。虎怒貌。从谷，音嚛。按：《說文·虎部》'虤'，孫愐呼濫切，舊本'虤'載《虎部》七畫，譌作谽，溷入《谷部》，誤。宜存彼刪此。"（1086上）趙振鐸《集韻校本》："陳校：'谽'同'虤'。"（821）以上諸說皆是也。

871. 谺：《新修玉篇》卷二十《谷部》引《廣集韻》："谺，音勞。《切韻》注：'餬谺，深也。'"（174下右）

按：《集韻》平聲豪韻郎刀切："谺，餬谺，深也。"（195）"谺"與"谺"音義並同，"谺"即"谺"字俗省。

872. 凁：《新修玉篇》卷二十《冫部》引《餘文》："凁，初兩切。冷兒。"（174下左）

按：《篇海》同。《集韻》上聲養韻楚兩切："凁，冷兒。"（414）"凁""凁"當即同字異寫，皆應楷定作"凁"。"凁"當即"凁"字之俗。《方言》卷十三："凁，淨也。"郭璞注："皆冷貌也。初兩、禁耕二反。"（85）《玉篇·水部》："凁（凁），初兩切。淨也；冷也。"（91上左）"凁"與"凁"音義並同，"凁"當即"凁"字之俗。

873. 冲：《新修玉篇》卷二十《冫部》引《川篇》："冲，音蟲。飛也。"（175上右）

按：《玉篇·冫部》："冲，直中切。俗沖字。"（93上左）"冲"，《篇海類編》訓"飛也"。故"冲"與"冲"音義並同，"冲"當即"冲"字之俗，亦即"冲"字異體。

874. 霒：《新修玉篇》卷二十《雨部》引《餘文》："霒，胡畎切。露皃。"（175下右）

按：《篇海》同。此字《說文》《玉篇》皆未收，《廣韻》亦不錄，《集韻》收之，當即丁度等據俗書所增。《集韻》上聲銑韻胡犬切："霒，露皃。"（382）《字彙·雨部》："霒，胡尖（犬）切，鉉上聲。露貌。"（527上）《正字通·雨部》："霒，火犬切，鉉上聲。露貌。本作泫。"（1261下）《正字通》所言是也。《廣韻》上聲銑韻胡畎切："泫，露光。"

(196)《文選·謝靈運〈泛湖歸出樓中翫月〉》："菲菲氣幕岫，泫泫露盈條。"李周翰注："泫泫，露光盈滿也。"故"霑"與"泫"音義並同，"霑"當即"泫"之增旁俗字。

875. 霧：《新修玉篇》卷二十《雨部》引《餘文》："霧，摸朗切。霧霧，雲色。"（175下左）

按：《篇海》同。此字《說文》《玉篇》皆未收，《廣韻》亦不錄，《集韻》收之，當即丁度等據俗書所增。《集韻》母朗切："霧，霧霧，雲色。"（418）《字彙·雨部》："霧，母黨切，音莽。霧霧，雲色也。"（528上）《正字通·雨部》："霧，俗字。舊注：音莽。霧霧，雲色。泥。"（1264上）《正字通》謂"霧"為俗字，是也。今案："霧"當即"莽"字之俗。《漢書·禮樂志》："沛施右，汾之阿，揚金光，橫泰河，莽若雲，增陽波。"顏師古注："莽，云貌。言光明之盛，莽莽然如雲也。""莽"，《廣韻》音"模朗切"。故"霧"與"莽"音義並同，"霧"當即"莽"之增旁俗字。

876. 霖：《新修玉篇》卷二十《雨部》引《餘文》："霖，士莊切。霖霖，急雨。或作溠。"（175下左）

按：《篇海》同。《集韻》平聲江韻鉏江切："溠，雨急謂之溠。"（23）又下文平聲陽韻仕莊切："霖，霖（霖）霖，急雨。或作溠。"（216）"霖"與"溠"音義並同，"霖"當即"溠"之異體字。《正字通·雨部》："霖，霂字之譌。舊注：音牀。急雨。誤。"（1261下）《說文·雨部》："霂，霡霂也。从雨，沐聲。"（241下）"霡霂"即指"小雨"。"霂"，《廣韻》音"莫卜切"。"霖"與"霂"儘管形近，然音義俱別，二字不可混同，故《正字通》之說非是。

877. 霍：《新修玉篇》卷二十《雨部》引《餘文》："霍，烏瓜切。蹄涔也。"（175下左）

按：《篇海》同。《集韻》平聲麻韻烏瓜切："霍，蹄涔也。"（210）"霍"當即"漥"字之俗。《玉篇·雨部》："漥，烏華切。牛蹄跡水也。"（88下右）"霍"與"漥"音義並同，"霍"當即"漥"字之俗。

878. 霚：《新修玉篇》卷二十《雨部》引《餘文》："霚，蒲沒切。雲皃。"（176上右）

按：《篇海》同。《集韻》入聲沒韻薄沒切："霚，雲皃。"（682）《字彙·雨部》："霚，蒲沒切，音孛。雲貌。"（528上）《正字通·雨部》:"霘,朋沒切,音浡。雲貌。通作浡。"(1263下)《玉篇·水部》:"浡,蒲忽切。渾也;又海別名。"(91上左)"浡",《廣韻》音"蒲沒切"。"霘"與"浡"音同義別,二字不可混同,故《正字通》之説非是。今案:"霘"當即"歡"之異體字。《廣韻》入聲末韻蒲撥切"歡,雲氣。"(396)《集韻》入聲末韻蒲撥切:"歡,雲兒。"(693)"霘"與"歡"音義並同,"霘"當即"歡"之異體字。

879. 霧:《新修玉篇》卷二十《雨部》引《玉篇》:"霧,武賦切。地氣發天不應也。《韻》無。《韻》又莫綜切。地氣上天不應……又莫候切。恂愁。同作愁、霧、俶、愀、憫。"(176上左)

按:《廣韻》去聲候韻莫候切:"愁,恂愁。"(352)《集韻》去聲候韻莫候切:"霧,散霧,鄙文也。或作愁、俶、愀、憫(憫)。"(618)"散霧"同"恂愁","霧"與"愁"音義並同,即為異體字。

880. 靄:《新修玉篇》卷二十《雨部》引《龍龕》:"靄,於蓋切。雲狀也。"(176上左)

按:《篇海》同。《龍龕》卷二《雨部》:"靄,或作;靄,正。於蓋反。雲狀也。二。"(308)"靄"與"靄"音義並同,"靄"當即"靄"字之俗。

881. 颮:《新修玉篇》卷二十《風部》引《龍龕》:"颮,楚持切。飆風也。"(177上右)

按:《篇海》同,《新修玉篇》《篇海》皆謂引《龍龕》,然通行本《龍龕》未見收錄此字形。《玉篇·風部》:"颮,楚持切。飆風也。"(94下右)"颮"與"颮"音義並同,"颮"當即"颮"字之俗。

882. 颴:《新修玉篇》卷二十《風部》引《川篇》:"颴,音泉。"(177上右)

按:《篇海》卷八《風部》引《川篇》:"颴,音游。"(703上)"颴"字,《新修玉篇》與《篇海》讀音不同,《新修玉篇》所言疑是。"颴"疑即"颵"字之俗。《玉篇·風部》:"颵,似緣切。風轉。"(94上左)《集韻》平聲仙韻句宣切:"颵,風回也。"(170)"颴"與"颵"音近,正如韓小荊《〈可洪音義〉研究》(758)"淀"俗作"泙""泠"等形,"颴"疑即"颵"字俗訛。

883. 䬒:《新修玉篇》卷二十《風部》引《類篇》:"䬒,音龍。"(177上左)

按：《篇海》卷八《風部》引《餘文》："龘，音龍。"（703）"龘"字，《新修玉篇》與《篇海》引書不同，《集韻》未見收錄此字，故以《新修玉篇》所言為是。今案："龘"疑本作"龍"。《大正藏》本西晉竺法護譯《佛說如來興顯經》卷第二："其巨雲陰之所覆蓋如是色像，時節大悅，自然龍風普有所吹。"又《大正藏》本姚秦鳩摩羅什等譯《禪祕要法經》卷上："作是觀時，見諸骨上，一切火光，見白光水，見諸龍風，悉在一處。"故在傳世文獻中，存在"龍風"一詞，"龘"疑即"龍"字因涉義並受下文"風"字類化影響而增加義符"風"旁所形成的一個類化俗字。

884. 䰠：《新修玉篇》卷二十《鬼部》引《餘文》："䰠，其兩切。鬼名。"（178上右）

按：《篇海》同。《集韻》上聲養韻巨兩切："䰠，鬼名。"（413）"䰠"疑本當作"強"。佛經中有"強鬼"一詞，提供如下：《大正藏》本吳康僧會譯《六度集經》卷第一："王寤曰：'屬夢長生欲斬吾首，將何以也？'對曰：'山有強鬼喜為灼熱，臣自侍衛，將何懼矣？'王復還臥，如斯三者也，遂投劍曰：'吾為仁父，原赦爾命。'王寤曰：'夢見長生原吾命矣。'"又《大正藏》本唐道宣撰《續高僧傳》卷第二十七："夜有強鬼形極可畏，四眼六牙，手持曲棒，身毛垂下，徑至其前，圓怒目觀之，都無怖懾，不久便退，其例非一。"故"䰠"疑即"強"字因受"鬼"字類化影響而增加義符"鬼"旁所形成的一個類化俗字。

885. 魁：《新修玉篇》卷二十《鬼部》引《餘文》："魁，烏賄切。魁䰢，塉埆也。又胡罪切。魁䰢，塉埆也。"（178上右）

按：《篇海》卷二《鬼部》引《餘文》："魁，烏賄切。～䰢，塉埆。又胡罪切。同上義。"（585下）《集韻》上聲賄韻戶賄切："魁，魁䰢，塉埆也。"（347）又同韻下文鄔賄切："魁，魁䰢，塉埆也。"（347）又同韻下文魯猥切："䰢，魁䰢，塉埆。"（349）"䰢""䰢"音義並同，當即一字之變。《廣韻》上聲賄韻烏賄切："瑰，瑰磈（䃢），不平。"（182）又同韻下文胡罪切："瑰，瑰磈（䃢），不平。"（183）又同韻下文落猥切："䃢，瑰磈，不平。"（183）《玉篇·土部》："埆，口角切。塉埆，不平。"（8下右）"魁䰢"與"瑰磈（䃢）"音義並同，又《廣韻》收錄"瑰磈（䃢）"而未收"魁䰢"，《集韻》收錄"魁䰢"而未收"瑰磈（䃢）"，故"魁䰢"當即"瑰磈（䃢）"之俗。從形音關係來看，"魁"

當即"鄖"字之訛，而"邦""郏"當即"邦"字之訛。"鄖邦"當為疊韻連綿詞，本身亦有諸多不同寫法。《說文·金部》："鎄，鎄鑼，不平也。从金，畏聲。"（299下）《玉篇·歹部》："殨，胡罪切。殨瘓，不平也。"（58上左）箋注本《切韻》（斯2071）上聲賄韻烏賄反："鎄，鎄鑼，不平。"同韻下文落猥反："邦，殨邦，不平兒。殨字，胡罪反。"又同韻下文胡罪反："殨，殨邦。"（93）敦煌本《切韻》上聲賄韻［落猥反］："郏（邦），殨郏（邦），不平兒。殨字，胡罪反。"同韻下文［胡罪反］："殨，殨瘓。"（389）故宫本《王韻》上聲賄韻烏賄反："鎄，鎄鑼，不平。"同一小韻下文："磈，磈鑼。亦作鎄。"同韻下文落猥反："鑼，鎄鑼。"同一小韻下文："郏（邦），磈郏（邦），不平兒。磈字，胡罪反。"（477）故宫本《裴韻》上聲賄韻烏賄反："鎄，鎄鑼，不平。"同韻下文落猥反："郏（邦），殨郏（邦），不平兒。殨字，胡罪反。"（577）故"鄖邦"與"鎄鑼""鎄鑼""殨邦""殨瘓""磈鑼""磈邦""殨邦"諸詞音義並同，即為同詞異寫。

886. 魆：《新修玉篇》卷二十《鬼部》引《餘文》："魆，呼到切。虛厲也。"（178上右）

按：《篇海》同。《龍龕》卷二《鬼部》："魆，俗。音耗。虛魆也。"（323）《集韻》去聲號韻虛到切："魆妋，虛厲。或从女。"（585）"魆"疑即"耗"字之俗。《玉篇·禾部》："秏，呼到切。減也。"（74上右）下文《耒部》："耗，虎告切。正作秏。"（75上右）佛經中常見有"虛耗鬼"一詞，如：劉宋沮渠京聲譯《治禪病秘要法》卷下《初學坐者鬼魅所著種種不安不能得定治之法》："或復化作八部鬼神、虛耗鬼、八角鬼、白鼠鬼、蓮華色鬼、狐魅鬼、鬼魅鬼、百蟲精魅鬼、四惡毘舍遮鬼、鳩槃茶鬼，如是等醜惡鬼神，六十三種，是鬼神名。"又東晉帛尸梨蜜多羅譯《佛說灌頂摩尼羅亶大神呪經》卷第八："困病鬼　虛耗鬼　嫉妒鬼　離間鬼"佚名《陀羅尼雜集》卷第八："瘖瘂鬼呻吟鬼涕哭鬼、癲病鬼虛耗鬼、嫉妒鬼魍魎鬼。"又東晉曇無蘭譯《佛說摩尼羅亶經》："瘖瘂鬼呻吟鬼、啼哭鬼閑病鬼、虛耗鬼嫉妒鬼、魍魎鬼熒惑鬼。""虛魆"當同"虛耗"，"魆"當即"耗"因受下文"鬼"字類化影響而改換義符所形成的異體字。《集韻》訓"魆"為"虛厲"，"虛厲"當為"虛鬼"之義。《左傳·成公十年》："晉侯夢大厲，被髮及地。"杜預注："厲，鬼也。""虛厲"與"虛魆""虛耗鬼"並同，此"魆"亦當即"耗"字之俗。

887. 塊塊：《新修玉篇》卷二十《鬼部》引《類篇》："塊塊，二音地。"（178上左）

按：《篇海》卷二《鬼部》引《類篇》："塊嵬，二音也字。"（586上）"塊""嵬"即同字異寫。《新修玉篇》與《篇海》直音用字不同，當以《新修玉篇》所言為是。《篇海》音"也"，"也"當即"地"字之訛。"塊""塊（嵬）"疑即"地"字俗訛。"也"字古文作"㔾""乚""乁"等形，篆文作"㔾"；"鬼"字古文作"甶""甶""甶"等形，篆文作"鬼"，故"也""鬼"古文形近。"塊"字右旁所從當即"鬼"字之俗，疑即因"也""鬼"古文形近，故後人誤將"地"字所從之"也"寫與"鬼"之古文形近，後人不識，遂回改為從"鬼"，故"塊"當即"地"字俗訛。"塊（嵬）"又當即"塊"字之變，亦當即"地"字俗訛。《直音篇》卷三《鬼部》："塊塊，音野。"（118下）"塊"當即"嵬"之異寫字，亦當即"地"字俗訛。《直音篇》"塊""塊"二字音"野"，此為承襲《篇海》之誤也。《字海》據《直音篇》收錄"塊""塊"二字，"塊"當即"塊"之楷定字，而"塊"當即"塊"之楷定字，"塊"字下謂"同塊"，而"塊"字下音 yě，並謂"義未詳"，殊不知音 yě 當為音 dì 之誤，"塊""塊"又並當為"地"字俗訛，失考證。

888. 𦣻𦣻：《新修玉篇》卷二十《白部》引《類篇》："𦣻，音支。白也。"（178下左）

按：《篇海》卷七《白部》引《類篇》："𦣻，音支。白也。"（672下）同部下文引《搜真玉鏡》："𦣻，普木切。"（672下）"𦣻""𦣻"音同形近，當即同字異寫，故"𦣻"亦當訓"白也"。"𦣻（𦣻）"疑即"曝"之異體字。《集韻》入聲屋韻普木切："曝，物氣烝白。"（635）"𦣻（𦣻）"與"曝"音同義近，正如"僕"俗作"仆"、"撲"俗作"扑"、"璞"俗作"玉卜"、"樸"俗作"朴"等，"𦣻（𦣻）"當即"曝"字之俗。《大字典》《字海》皆據《字彙補》收入"叶"字，音 zhī，訓"白"；又於下文收入"𦣻"字，皆據《字彙補》之說而謂同"叶"。《字彙補·白部》："叶，照基切，音支。白也。《篇韻》或作𦣻。"（139上）"叶"當即"𦣻（𦣻）"字俗訛，《字彙補》音"支"，當為望形生音也。《大字典》《字海》"𦣻""叶"二字皆承襲《字彙補》音義之誤，俱失考證。《字海》又據《篇海》收入"𦣻"，音 pǔ，並云"義未詳"，未溝通其與"𦣻""曝"諸字的字際關係，亦失考證。

889. 晀：《新修玉篇》卷二十《日部》引《川篇》："晀，他了切。明也。"（179下右）

按：《篇海》同。此字《説文》《玉篇》皆未收，《廣韻》《集韻》亦不錄，《新修玉篇》《篇海》收之，當即金人據俗書所增。"晀"疑即"眺"字俗訛。《説文·目部》："眺，目不正也。从目，兆聲。"（67下）《玉篇·目部》："眺，丑弔切。眺望也。"（22上右）《廣韻》去聲嘯韻他弔切："眺，視也。"（320）"眺"，《集韻》又音"土了切"。"晀"與"眺"音同，又"日"旁、"目"旁形近，俗書常可訛混，故"晀"疑即"眺"字俗訛。《新修玉篇》《篇海》訓"明也"，疑為望形生訓。

890. 晱：《新修玉篇》卷二十《日部》引《餘文》："晱，之夜切。日赫。"（180上右）

按：《篇海》同。此字《説文》《玉篇》皆未收，《廣韻》亦不錄，《集韻》收之，當即丁度等據俗書所增。《集韻》去聲禡韻之夜切："晱，日赫。"（593）《字彙·日部》："晱，之夜切，音柘。日赫也。"（200下）《正字通·日部》："晱，俗字。舊注：音柘。日赫。泥。"（468下）《正字通》謂"晱"為俗字，是也。今案："晱"當即"炙"字之俗。《説文·炙部》："炙，炮肉也。从肉在火上。"（212上）"炙"本義指"燒烤"，引申義可指"曝曬"。例如：三國魏嵇康《與山巨源絕交書》："野人有快炙背而美芹子者，欲獻之至尊。"唐白居易《卯時酒》："煦若春貫腸，暄如日炙背。"以上"炙"字皆為"曝曬"之義。"晱"訓"日赫"，"日赫"即"日赤"，"日赤"當指"日光強烈""曝曬"之義。"炙"，《廣韻》音"之石切"，又音"之夜切"。故"晱"與"炙"音義並同，"晱"當即"炙"之增旁俗字。

891. 晍：《新修玉篇》卷二十《日部》引《川篇》："晍，古鈍切。日光也。"（180上右）

按：《篇海》同。此字《説文》《玉篇》皆未收，《廣韻》《集韻》亦不錄，《新修玉篇》《篇海》收之，亦當即金人據俗書所增。"晍"疑即"睔"字俗訛。《説文·目部》："睔，目大也。从目、侖。《春秋傳》有鄭伯睔。"（65下）徐鍇繫傳作："从木，侖聲。""睔"，《廣韻》音"古困切"。"晍"與"睔"音同，又"日"旁、"目"旁形近，俗書常可訛混，故"晍"疑即"睔"字俗訛。《新修玉篇》《篇海》訓"日光也"，疑為望形生訓。

892. 㬠：《新修玉篇》卷二十《日部》引《川篇》："㬠，音臺。日出。"（180上左）

按：《篇海》同。《字彙·日部》："㬠，堂來切，音臺。日出也。"（201上）《正字通·日部》："㬠，俗字。"（470上）《正字通》謂"㬠"為俗字，當是。今案："㬠"疑即"昋"字之俗。《玉篇·日部》："昋，徒來切。日光。"（95下左）"㬠"與"昋"音同，"㬠"疑即"昋"通過改換成與字音相同的聲符而形成的異體字，因為"쓰"字《廣韻》音"徒哀切"，正與"昋"音同。"㬠"字，《新修玉篇》《篇海》訓"日出"，疑為"日光"之誤。

893. 晿晿晿晿：《新修玉篇》卷二十《日部》引《類篇》："晿，音地。"（180上左）

按：《篇海》卷十五《日部》引《搜真玉鏡》："晿，音地。"（842上）《直音篇》卷五《日部》："晿，音地。"（219下）"晿"字，《字海》轉錄作"晿"。"晿""晿""晿""晿"當即同字異寫，疑並即"地"字之俗。"地"字古文作"圶""圵"諸形，"晿""晿""晿""晿"疑即"地"字古文楷定之訛。

894. 瞢：《新修玉篇》卷二十《日部》引《廣集韻》："瞢，武登切。瞢瞪，日無光。"（180上左）

按：《集韻》平聲登韻彌登切："瞢，瞢瞪，日無光。"（254）"瞢"當即"瞢"字之俗（詳見下文"瞪"字注）。

895. 瞪：《新修玉篇》卷二十《日部》引《餘文》："瞪，昨棱切。瞢瞪，日不明。又先公切。瞪白皃。出《聲譜》，从白正也。"（180下右）

按：《集韻》平聲登韻彌登切："瞢，瞢瞪，日無光。"（254）下文徂棱切又曰："瞪，瞢瞪，日不明。"（254）箋注本《切韻》（斯2071）平聲登韻武登反："瞢，目不明。"（128）敦煌本《王韻》、故宮本《王韻》、《廣韻》亦同。又《廣韻》平聲登韻昨棱切："瞪，瞢瞪，目小作態也。"（133）《集韻》平聲登韻徂棱切："瞪，瞢瞪，目不明。"（254）故"瞢瞪""瞢瞪"與"瞢瞪"音同形近，"瞢瞪""瞢瞪"當為"瞢瞪"之訛。"瞢瞪"本訓"目不明""目小作態也"，訛變作"瞢瞪""瞢瞪"之後，"瞢瞪"訓"日無光"、"瞢瞪"訓"日不明"，皆為望形生訓，不足為據。《龍龕》卷四《日部》："瞪，俗，音層。正作瞪。目小作態也。"（426）《正字通·日部》："瞪，瞪字之譌。舊注：音鬆，瞪白貌；又音曆，日不明。並非。"（471下）以上二書皆其證也。故"暜瞺"當即"暜瞺"之訛，"暜"當即"暜"之俗訛字，而"瞺"當即"瞺"之俗訛字。

又《篇海》卷十五《日部》引《餘文》："瞺，先公切。瞺白皃。出《聲譜》。"（842下）《篇海》所引《餘文》之字，大都來源於《廣韻》《集韻》、《廣韻》平聲東韻蘇公切："瞺，瞺白貌。出《聲譜》。"（8）"瞺"字，《切韻》系韻書皆未收錄，《廣韻》收於平聲東韻小韻韻尾，當即陳彭年等據俗書所增，然其訓"瞺白貌"，形義不諧，故其來歷可疑。《康熙字典·日部》："瞺，《五音集韻》：蘇公切，音鬆。白貌。按：即䬃字之訛。"（473上）《康熙字典》之說當是。"䬃"字，《集韻》作"䬃"。《集韻》平聲東韻蘇叢切："䬃，素白也。"（8）此是其證也。《新修玉篇》卷二十《日部》引《餘文》："瞺，又先公切。瞺白皃。出《聲譜》，从白正也。"（180下左）此亦其證也。故"瞺"音 sōng，訓"白貌"，當即"䬃"字之訛。

896. 暸：《新修玉篇》卷二十《日部》引《餘文》："暸，力幺切。明也。"（180下右）

按：《篇海》同。《龍龕》卷四《日部》："暸，音聊。明也。"（425）《集韻》平聲蕭韻憐蕭切："暸，明也。"（175）"暸"疑即"瞭"字之俗。《玉篇·目部》："瞭，力條切。目明也。"（22上右）《廣韻》平聲蕭韻落蕭切："瞭，目明也。"（91）"瞭"本義指"眼睛明亮"，引申義可指"明白"。《論衡·自紀》："言瞭於耳，則事昧於心。"宋文天祥《何晞程名説》："今讀程之遺書，考程之行事，作聖徒轍，瞭然可尋。"以上"瞭"字皆為"明白"之義。故"暸"與"瞭"音義並同，又"日"旁、"目"旁形近，俗書常可訛混，"暸"當即"瞭"字之俗。《四庫》本《周禮集説》卷五："《國語》曰：'瞽矇脩聲是已，眡之明者謂之暸，瞽矇無所見焉。'"又《四庫》本唐陸德明《經典釋文》卷十《儀禮音義》："視暸，音了。"從文意來看，以上"暸"字皆為"瞭"字之俗。此是其證也。故"暸"當即"瞭"字之俗。

897. 焭：《新修玉篇》卷二十《日部》引《奚韻》："焭，丘弓切。謹敬。"（180下左）

按：《篇海》同。"焭"當即"匑"之異體字。《廣雅·釋訓》："匑匑，謹敬也。"《玉篇·勹部》："匑，巨弓切。匑匑。"（129下右）"匑匑"同"匑匑",故"羇"與"匑"音義並同,"羇"當即"匑"之異體字。

898. 暺:《新修玉篇》卷二十《日部》引《類篇》:"暺,音丹。日光也。"(180下左)

按:《篇海》同。"暺"當即"曋"之偏旁易位俗字。《新修玉篇》卷二十《日部》"暺"字上文引《龍龕》:"曋,音單,又去聲。"(180下右)《篇海》同。《龍龕》卷四《日部》:"曋,音單,又去聲。"(425)"曋"當即"曋"之異寫字。朝鮮本《龍龕》卷七《日部》:"暈,音單。明也。又去聲,徒案切。曋,俗;眮,同。"(43)"曋(曋)"即"暈"字之俗,"暺"同"曋(曋)",故"暺"亦當即"暈"字之俗。"暺"訓"日光也",疑為後人不識其為"暈"字之俗而妄補,不足據。

899. 肝:《新修玉篇》卷二十《月部》引《廣集韻》:"肝,匈于切。肝眙,縣名。通作盱。"(181下右)

按:《集韻》平聲虞韻匈于切:"盱,肝眙,縣名。通作盱。"(74)上文平聲之韻盈之切又曰:"眙,盱眙,地名。通作台。"(55)《玉篇·肉部》:"肝,許于切。鄉名。"(37上左)《玉篇校釋》"肝"字下注:"《集韻》:'盱,肝眙,縣名。通作盱。'似'肝'即'盱'之譌。"(1566)胡氏所言當是。"肝"當即"盱"字俗訛,因"月"旁、"日"旁形近,俗書常可訛混而誤。

900. 脀:《新修玉篇》卷二十《月部》引《廣集韻》:"脀,莫候切。昏也。古文。"(181下右)

按:《集韻》去聲候韻莫候切:"督。《說文》:'低目謹視也。'一曰目不明也。"(618)"昏也"與"目不明也"義同,故"脀"與"督"音義並同,"脀"當即"督"字俗訛。

901. 舊:《新修玉篇》卷二十《囗部》引《省韻》:"舊,古玩切。"(181下左)

按:《集韻》平聲桓韻沽丸切:"觀,視也。古作簋。"(147)"舊"與"簋"音同形近,又"艹"旁、"竹"旁俗書常可訛混,故"舊"當即"簋"字之俗,亦即"觀"字。

902. 巚:《新修玉篇》卷二十二《广部》引《餘文》:"巚,許羈切。厥巚,山險。或作巘。"(182下右)

按:《篇海》同。《廣韻》平聲支韻許羈切:"巘,巘嶮。"(17)《集韻》平聲支韻虛宜切："巘，嶬巘，山險。或作巘、巘。"（37）《字彙·广部》："巘，與巘同。嶬巘，山相對而危嶮。"（144下）《正字通·广部》："巘，同巘。《集韻》：'巘，或作巘。'嶬巘，山相對而危嶮貌。"（334下）故"巘"與"巘""巘"音義並同，即為異體字。

904. 厛：《新修玉篇》卷二十二《厂部》引《龍龕》："厛，音典。"（182下左）

按：《篇海》同。《龍龕》卷二《厂部》："厛，古文。音典。"（302）"厛"疑即"典"字之俗。《說文·丌部》："典，五帝之書也。从冊在丌上，尊閣之也。莊都説：'典，大冊也。'箕，古文典从竹。"（94下）正如"瓦"俗作"厊"、"段"俗作"叚"、"奠"俗作"厪"、"顛"俗作"顲"等，"厛"音"典"，疑即"典"之增旁俗字。

904. 砣：《新修玉篇》卷二十二《石部》引《餘文》："砣，古忽切。磨也。"（183下右）

按：《篇海》同。此字《名義》《玉篇》皆未收，《廣韻》亦不錄，《集韻》收之，當即丁度等據俗書所增。《集韻》入聲沒韻吉忽切："砣，磨也。"（685）"砣"當即"扢"之異體字。《玉篇·手部》："扢，柯礙、何代二切。摩也。"（31上右）《廣韻》入聲沒韻古忽切："扢，摩也。"（390）《集韻》入聲沒韻古忽切："扢，摩也。"（685）"磨""摩"義同。《說文·手部》："摩，研也。从手，麻聲。"（256上）故"砣"與"扢"音義並同，"砣"當即"扢"通過改換義符而形成的異體字。

905. 硅：《新修玉篇》卷二十二《石部》引《餘文》："硅，虎伯切。硅破。"（183下左）

按：《篇海》同。《龍龕》卷四《石部》："硞，《川韻》虎伯反。同硅。"下字注曰："硅，虎伯反。硅破。"（446）《廣韻》入聲陌韻虎伯切："硅，硅破。"（414）《字彙·石部》："硅，霍虢切，音剨。硅破也。"（323上）《正字通·石部》："硅，砉字之譌。舊注：音剨。破也。義近砉，分二字，非。"（749上）《正字通》所言當是。原本《玉篇·石部》："砉（砉），呼獲反。《莊子》：'砉然嚮然也。'"（529）《名義·石部》："砉，呼獲反。"（224下）《玉篇·石部》："砉，呼覓切。砉然，見《莊子》。"（105下左）《唐韻》入聲陌韻虎伯反："砉，又呼昊反。出《莊子》。"（715）《廣韻》入聲陌韻虎伯切："砉，又呼昊切。出《莊子》。"（414）余迺永《校注》"砉"字下注："《周校·補遺》以'砉'

字於《原本玉篇》、《萬象名義》石部作'砉'。又引朱駿聲《説文通訓定聲・解部》'劃'字下云：'字亦作砉。《莊子・養生主》：砉然嚮然。司馬注：皮骨相離聲。按字宜從石、圭聲，字又作騞。《列子・湯問》：騞然而過。《釋文》：破聲。《文選・西征賦》：繣瓦解而冰泮。注：繣，破聲也。字作繣。'遂謂：'古音支（余案：即本文之佳部）錫兩部音近，砉與繣音近義通，是砉字當從圭聲無疑。'余按'圭'在上古佳部，'畫'在上古錫部，佳、錫乃陰、入相對之韻，謂砉從圭聲，從而與諧畫聲諸字通用，其説是也。然《周校》不審中古陌韻乃上古魚部與鐸部字所居，圭聲字與畫聲字相通，則凡圭聲字並宜改入麥韻。本紐訓'硅破'之'硅'不特為'砉'之或體，《廣韻》麥韻呼麥切訓'破聲'之'划'，亦'砉'字之另一體也。《切韻》系書凡砉聲字，並當正作'砉'。"（961～962）"划"當即"劃"字之誤，余氏所言是其證也。《集韻》入聲陌韻霍虢切："砉，皮骨相離聲。或書作硅。"（735）"硅"當即"硅"字誤刻，此即以上諸説之切證也。故"硅"當即"砉"之異體字。"硅"字，《龍龕》《廣韻》訓"硅破"，"硅破"之"硅"當為字頭誤重，而"破"字之後又誤脱"聲"字，故"硅破"當為"破聲"之誤。另據原本《玉篇》、《名義》及以上諸家所言，"砉"字當以校作"砉"為是。鄭賢章《〈龍龕手鏡〉研究》"硅""硈"二字下注"'硅'與'硈'音'虎伯反'，疑即'砉'字。"（326）此説是也。然其於下文又曰："'硅'字從字形上看乃'砉'的訛形'砉'的移位字形，'硈'則是'砉'增義符後的訛體。"（326）其實，"砉"當即"砉"之訛形，而非"砉"為"砉"之訛形，此説疑不確。

906. 硎：《新修玉篇》卷二十二《石部》引《龍龕》："硎，口庚切。石聲。"（184上右）

按：《篇海》卷十二《石部》引《川篇》："硎，口庚切。石聲也。"（778下）"硎"字，《新修玉篇》與《篇海》引書不同，當以《篇海》為是，因為通行本《龍龕》未見收録此字。"硎"當即"硎"之異體字。《龍龕》卷四《石部》："硎，客庚反。《切韻》：坑同。塹坎壑陷也。《玉篇》又石聲也。"（441）"硎"與"硎"音義並同，"硎"當即"硎"之異體字。

907. 硣：《新修玉篇》卷二十二《石部》引《餘文》："硣，許交切。硣磟，山勢。"（184上右）

按:《篇海》同。《集韻》平聲爻韻虛交切:"硣,硣磽,山勢。"(186)《字彙·石部》:"硣,虛交切,音哮。硣磽,山勢。"(321下)《正字通·石部》:"硣,窙字之譌。舊注:音哮。硣磽,山勢。非。本作窙寥。"(750下)《正字通》溝通"硣"與"窙"二字之間的字際關係,是也;然其謂"硣"為"窙"字之譌,不確。晉潘岳《登虎牢山賦》:"幽谷豁以窙寥。""窙寥"即指"山谷開闊貌",與"硣磽"訓"山勢"當訓異義同。"窙",《廣韻》音"許交切"。故"硣磽"當同"窙寥","硣"當即"窙"因涉義改換義符而形成的異體字。

908. 碃:《新修玉篇》卷二十二《石部》引《餘文》:"碃,千定切。石也。"(184上左)

按:《篇海》未收此字。此字《說文》《玉篇》皆未收,《廣韻》亦不錄,《集韻》收之,當即丁度等據俗書所增。《集韻》去聲徑韻千定切:"碃,石也。"(607)"碃"疑即"磧"字俗訛。《說文·石部》:"磧,水陼有石者。从石,責聲。"(192下)"磧",《廣韻》音"七迹切"。"青"旁、"責"旁俗書常可訛混,正如韓小荊《〈可洪音義〉研究》"蜻"俗作"蟦"、"倩"俗作"債"、"凊"俗作"清"、"蒨"俗作"菁"等,"碃"當即"磧"字俗訛。慧琳《音義》卷五八《僧祇律》第四卷:"磯,居依反。水中碃石也。《廣雅》:'磯,磧也。'"(58,p603a10)此"碃"當即"磧"字俗訛。原本《玉篇·石部》:"磯,居依反。《廣雅》:'磯,磧也。'《埤蒼》:'磯,水中磧也。'"(523)玄應《音義》卷一五《僧祇律》第四卷即作:"磯,居依反。水中磧石也。《廣雅》:'磯,磧也。'"(56,p1046a6)以上二書皆其證也。故"碃"疑即"磧"字俗訛。《集韻》"碃"字音義疑皆為後人妄補,不足為據。

909. 硧:《新修玉篇》卷二十二《石部》引《龍龕》:"硧,虎冬切。"(184上左)

按:《篇海》同。《龍龕》卷四《石部》:"硧,虎冬反。"(440)"硧"疑即"碠"之異體字。《玉篇·石部》:"碠,口(戶)冬反。礚碠也。"(526)《玉篇·石部》:"碠,丘中切。礚碠。又戶冬切。"(105下右)"硧"與"碠"音同,正如"窮"異體作"窮","硧"疑即"碠"字之俗。

910. 䂶:《新修玉篇》卷二十二《石部》引《川篇》:"䂶,音矴。"(184上左)

按：《篇海》同。"䈎"音"矴"，疑即"矴"字之俗。《玉篇·石部》："矴，丁定切。矴石。"（106上右）《集韻》去聲徑韻丁定切："矴碇磸，錘舟石也。或从定、从奠。"（607）"矴"即指"船停泊時鎮船用的石墩"。"舍"有"停止""居止"之義，"䈎"疑即"矴"之俗體會意字，從舍、從石來會"矴"之"船停泊時鎮船用的石墩"之義。

911. 磕：《新修玉篇》卷二十二《石部》引《龍龕》："磕，音隘。"（184下左）

按：《篇海》同。《龍龕》卷四《石部》："磕，烏戒反。"（444）《廣雅·釋詁一》："隘，陋也。""隘"，《廣韻》"烏懈切"。"磕"與"隘"音同，正如《龍龕·石部》"磕"字上文所收"碱"字，《直音篇》等後世字書皆謂同"險"，"磕"疑即"隘"字俗訛。

912. 硾：《新修玉篇》卷二十二《石部》引《廣集韻》："硾，力質切。山嶙。同碑。从月不正，孫義説。"（184下左）

按：《集韻》入聲質韻力質切："嶙䏆，山名。或從月。"（667）據《新修玉篇》之説，"硾"當即"䏆"之正體，同"嶙"。

913. 磳：《新修玉篇》卷二十二《石部》引《川篇》："磳，子林切。石也。"（185上左）

按：《篇海》同。《玉篇·石部》："磹，子林切。石。"（106上右）"磳"與"磹"音義並同，"磳"當即"磹"字之俗。

914. 磴：《新修玉篇》卷二十二《石部》引《類篇》："磴，音譜。底也。"（185下右）

按：《篇海》卷十二《石部》引《類篇》："磴，音譜。磴底也。"（780上）據《新修玉篇》可知，《篇海》"磴"字訓"磴底也"，釋義之中的"磴"字當為字頭誤重，應刪。《大字典》"磴"字轉引《篇海》卻未作校正，有失妥當。《字彙·石部》："磴，丁浪切，音擋。底也。"（325下）此是其證也。《正字通·石部》："磴，舊注：丁浪切，音擋。底也。按：凡物之有底者，木石雖別，皆曰當，加石旁，贅。"（757上）《正字通》所言是也。《玉篇·田部》："當，都浪切。底也。"（9下右）故"磴"與"當"音義並同，"磴"當即"當"字之俗。

915. 阢：《新修玉篇》卷二十二《阜部》引《玉篇》："阢，午回切。崔阢也。亦作嵬。"（185下左）

按：《篇海》卷八《阜部》引《玉篇》："阢，牛回切。崔也。亦作峗。"（705 上）《廣雅·釋詁四》："阢，高也。"《玉篇·阜部》："阢，午回切，崔也。亦作峞。"（106 下右）又《玉篇·山部》："峞，牛罪切，又牛回切。高皃。亦作嶵、峞。"（102 下左）"阢"與"峞""嶵""峞"音義並同，即為異體字。

916. 陃：《新修玉篇》卷二十二《阜部》引《餘文》："陃，丘（兵）永切。闕，人名，宋有鮑陃。"（186 上右）

按：《篇海》卷八《阜部》引《餘文》："陃，兵永切。闕，人名。宋有鮑陃。"（705 下）此字《說文》《玉篇》皆未收，《廣韻》亦不錄，《集韻》收之，當即丁度等據俗書所增。《集韻》上聲梗韻補永切："陃，人名。宋有鮑陃。"（421）《字彙·阜部》："陃，兵永切，音丙。人名。宋有鮑陃。"（517 下）《正字通·阜部》："陃，舊注沿《篇海》音丙。人名。宋有鮑陃。按：'陃'六書不載。"（1235 下）《正字通》所言是也。"鮑陃"，傳世文獻未見載錄，然"鮑陋"見載於《宋書》《南史》及《資治通鑒》，皆指劉宋時期的一名官員，故"鮑陃"當為"鮑陋"之訛，"陃"當即"陋"之俗訛字。"陋"訛作"陃"，後人遂改其讀為"補永切"，此當即望形生音。

917. 阹：《新修玉篇》卷二十二《阜部》引《龍龕》："阹，烏甲切。"（186 上右）

按：《篇海》同。《龍龕》卷二《阜部》："阹，俗。烏甲反。"（298）"阹"疑即"陳"字之俗。《說文·𨸏部》："陳，宛丘，舜後媯滿之所封，从𨸏，从木，申聲。阵，古文陳。"（307 下）"阹"與"阵"形近，"阹"當即"阵"字俗訛。原本《玉篇·阜部》："阵，《說文》古文陳字。"（552）《名義·阜部》："陳，除珍反。列也；故也；處也。阵，同上。"（226 上）以上二書之"阵"皆即"阵"字俗訛，《說文》《玉篇》作"阵"是也。此是其證也。故"阹"當即"阵"字俗訛。"阵"字，《廣韻》音"直珍切"，而"阹"字《龍龕》卻音"烏甲反"，當為不識其為"阵（陳）"字俗訛，又見其從"甲"而妄改，此當即望形生音。

918. 㟃：《新修玉篇》卷二十二《阜部》引《廣集韻》："㟃，來宕切。博㟃，地名。在陽武。从犭不正。"（186 上左）

按：《集韻》去聲宕韻郎宕切："狼，博狼，地名。在陽武。"（601）據《新修玉篇》，"㟃"當即"狼"之正字。

919. 䎵：《新修玉篇》卷二十二《阜部》引《川篇》："䎵，音習。

濕也。"（187上右）

按：《篇海》卷八《阜部》引《龍龕》："䙷，音習。濕也。"（706下）"䙷"字，《新修玉篇》與《篇海》引書不同，當以《新修玉篇》為是，通行本《龍龕》未見收錄此字形。《集韻》入聲緝韻席入切："隰，《說文》：'阪下溼也。古作䧞。'"（765）故"䙷"與"䧞"音義並同，"䙷"當即"䧞"字之俗，亦即"隰"字。

920. 隁：《新修玉篇》卷二十二《阜部》引《川篇》："隁，息果切。地名。"（187上右）

按：《篇海》卷八《阜部》引《龍龕》："隁，音鏁。地名。"（706下）此字《說文》《玉篇》皆未收，《廣韻》《集韻》亦不錄，《新修玉篇》始收之，當即金人據俗書所增。"隁"字，《新修玉篇》與《篇海》引書不同，當以《新修玉篇》為是，因為通行本《龍龕》未見收錄此字。《直音篇·阜部》："隁隁，音鏁。地名。"（243下）"隁""隁"即同字異寫。《字彙·阜部》："隁，蘇果切，音瑣。地名。"（520下）《正字通·阜部》："隁，隙字之譌。舊注汎云地名，非。"（1243下）《正字通》所言疑是。《說文·𨸏部》："隙，壁際孔也。从𨸏，从𡭴，𡭴亦聲。"（308上）《玉篇·阜部》："隙，丘戟切。閑也；穿穴也；壁際也；裂也。"（106下左）"隁""隁"與"隙"形近，"隁""隁"當即"隙"字俗譌。韓小荊《〈可洪音義〉研究》（736）"隙"俗作"隁"，《可洪音義》卷七《最無比經》："間隁，丘逆反。正作隙、隟。"（59，p775a10）此是其證也。故"隁""隁"當即"隙"字俗譌。"隁"字，《新修玉篇》音"息果切"，當為望形生音；訓"地名"，當為望形生訓，其音義疑皆不可據。

921. 隊：《新修玉篇》卷二十二《阜部》引《餘文》："隊，莫公切。𨸏也。"（187上左）

按：《篇海》同。此字《說文》《玉篇》皆未收，《廣韻》亦不錄，《集韻》收之，當即丁度等據俗書所增。《集韻》平聲東韻謨蓬切："隊，𨸏名。"（8）"隊"疑同"嵏"，二字本當作"蒙"。《玉篇·山部》："嵏，莫紅切。山。"（103下右）《玉篇校釋》"嵏"字下注："案：古止作蒙，从山後出。《書·禹貢》：'蔡蒙旅平。'孔傳：'蔡、蒙二山名。'又云：'蒙羽其藝。'鄭注：'蒙、羽二山名。'《詩·閟宮》：'奄有龜蒙。'毛傳：'蒙，山也。'《漢書·地理志》：'蒙山在蜀郡青衣縣。'"（4207）胡氏所言是也。《正字通·山部》："嵏，俗字。凡山名、地名古皆借蒙。"

(303下）此説亦是也。"隊"與"嶘"音義並同，又從"阜"、從"山"義通，俗書或可換用，故"隊"當即"嶘"之異體字，二字本作"蒙"。

922. 階：《新修玉篇》卷二十二《阜部》引《川篇》："階，士禁切。隰也。"（187 上左）

按：《篇海》同。《玉篇·阜部》："階，士禁切。隰階也。"（107 上左）"階"與"階"音義並同，"階"當即"階"字之俗。

923. 駍：《新修玉篇》卷二十三《馬部》引《餘文》："駍，撫文切。馬行疾皃。"（188 下右）

按：《篇海》卷七《馬部》引《餘文》："駍，撫文切。馬行疾也。"（678 下）《集韻》平聲文韻敷文切："駍，馬行疾皃。"（129）"駍"疑即"騫"之異體字。《玉篇·馬部》："騫，甫貴切。馬走也。"（108 下左）"駍"與"騫"音義並同，"駍"疑即"騫"通過改換聲符而形成的異體字。

924. 駂：《新修玉篇》卷二十三《馬部》引《龍龕》："駂，莫伯切。駂駂，驢父牛母也。"（188 下左）

按：《篇海》同。"駂"當即"駃"字之俗。《龍龕》卷二《馬部》："駂，俗；駃，正。莫百反。駃~，驢父牛母也。二。"（294）此是其證也。

925. 駴：《新修玉篇》卷二十三《馬部》引《川篇》："駴，音聶，又音捻也。馬行皃。"（189 上左）

按：《篇海》同。"駴"當即"駬"字之俗。《説文·馬部》："駬，馬步疾也。从馬，耴聲。"（200 上）"駬"，《廣韻》音"尼輒切"。"駴"與"駬"音義並同，"駴"當即"駬"字之俗。

926. 駓：《新修玉篇》卷二十三《馬部》引《類篇》："駓，音驅。"（189 下右）

按：《篇海》卷七《馬部》引《奚韻》："駓，音驅。"（679 下）"駓"字，《新修玉篇》與《篇海》引書不同，當以《新修玉篇》為是。"駓"音"驅"，當即"驅"字之俗。《龍龕》卷二《馬部》："駈駓，二通；驅，正。豈俱反。馳也；奔也。"（290）"駓"與"駈"音同形近，"駈"即"驅"字之俗，"駓"亦當即"驅"字之俗。

927. 騣：《新修玉篇》卷二十三《馬部》引《類篇》："騣，子公切。馬騣。"（189 下右）

按：《篇海》卷七《馬部》引《奚韻》："䮗，子貢切。馬䮗。"（679下）"䮗"字，《新修玉篇》與《篇海》引書不同，當以《新修玉篇》為是；又《新修玉篇》與《篇海》讀音不同，亦當以《新修玉篇》為是。"䮗"疑即"駿"字之俗。《説文·馬部》："駿，馬鬣也。从馬，夋聲。"（201上）《玉篇·馬部》："駿，子公切。馬鬣也。"（108下右）"馬鬣"即"馬鬃"，義指"馬項上的毛"。"馬䮗"當同"馬鬃"，"䮗"與"駿"音義並同，"䮗"當即"駿"字之俗。

928. 驒：《新修玉篇》卷二十三《馬部》引《龍龕》："驒，音章。馬名。"（189下左）

按：《篇海》同。《龍龕》卷二《馬部》："驒，音章。馬名。"（292）《字彙·馬部》："驒，陟良切，音章。馬名。"（553下）《正字通·馬部》："驒，俗字。舊注汎云'馬名'，泥。"（1319上）《正字通》所言當是。今案："驒"疑即"騲"字之訛。《玉篇·馬部》："騲，千老切。牝馬也。"（108下右）《廣韻》上聲晧韻采早切："騲，牝馬。"（401）《顏氏家訓·書證》："良馬，天子以駕玉輅，諸侯以充朝聘郊祀，必無騲也。""驒"與"騲"形義皆近，"驒"當即"騲"字俗訛。《卍新纂續藏》本宋智圓述《涅槃經疏三德指歸》卷第十六《師子吼品》之二："騲馬者，音草。牡（牝）馬也。"此"騲"當即"騲"字俗訛，此即其證也。故"驒"當即"騲"字俗訛。"驒"字，《龍龕》音"章"，當即望形生音。

929. 騤：《新修玉篇》卷二十三《馬部》引《龍龕》："騤，渠追切。強盛也；又馬行也。"（189下左）

按：《篇海》同。"騤"即"騤"字之俗。《龍龕》卷二《馬部》："騤，俗；騤，或作；騤，今。渠追反。強也；盛也；又馬行皃。三。"（291）此是其證也。

930. 駘：《新修玉篇》卷二十三《馬部》引《龍龕》："駘，俗。音駘。"（190上右）

按：《篇海》同。《龍龕》卷二《馬部》："駘，俗，音駘。"（292）《説文·馬部》："駘，馬銜脱也。从馬，台聲。"（200下）因為"臺"同"台"，"臺"與"台"作為構字部件俗書常可換用，正用"擡"俗作"抬"，"駘"當即"駘"之異寫字，亦即"駘"字之俗。

931. 牸：《新修玉篇》卷二十三《牛部》引《餘文》："牸，俄寒切。

止牛也。"（190 上左）

按：《篇海》同。此字《説文》《玉篇》皆未收，《廣韻》亦不録，《集韻》收之，當即丁度等據俗書所增。《集韻》平聲寒韻俄干切："牸，止牛也。"（144）《字彙·牛部》："牸，俄寒切，音安。止牛也。"（275下）《正字通·牛部》："牸，舊注：音安。止牛也。按：止牛當用扞，不必別立牸字，舊注音安，非。"（650 上）《正字通》所言當是。《説文·手部》："扞，忮也。从手，干聲。"（257 下）"扞"本義指"捍衛""護衛"，引申義可指"阻止"。《左傳·桓公十二年》："楚伐絞，軍其南門。莫敖屈瑕曰：'絞小而輕，輕則寡謀請無扞采樵者以誘之。'"此"扞"即"阻止"之義。正如《可洪音義》"捍"俗作"㨂"、《龍龕》"挎"俗作"挎"、《字彙補》"振"俗作"揚"等，"牸"疑即"扞"字俗訛。"牸"字，《集韻》音"俄干切"，當為後人妄改；其訓"止牛也"，亦當為後人見其從"牛"而妄改，其音義疑皆不可據。

932. 牷：《新修玉篇》卷二十三《牛部》引《川篇》："牷，音純。牛遲也。"（190 上左）

按：《篇海》卷三《牛部》引《川篇》："牷，音純。又（牛）遲也。"（616 上）《詳校篇海》卷一《牛部》："牷，音純。又（牛）遲也。疑當作牭。"（66 下）"牭"當即"牷"之楷定字，"牷（牭）"疑即"㸬"之異體字。《玉篇·牛部》："㸬，似訓切。牛行遲。"（109 上左）《廣韻》平聲諄韻食倫切："㸬，牛行遲也。又音巡。"（63）"牷（牭）"與"㸬"音義並同，"牷（牭）"當即"㸬"通過改換聲符而形成的異體字。

933. 牥：《新修玉篇》卷二十三《牛部》引《龍龕》："牥，音你。"（190 下右）

按：《篇海》同。《龍龕》卷一《牛部》："牥，音你。"（116）"牥"疑即"柅"字俗訛。《説文·木部》："柅，木也。从木，尼聲。"（112 上）"柅"，《廣韻》音"女履切"。"牥"與"柅"音近，又"木"旁、"牛"旁形近，俗書或可訛混，故"牥"疑即"柅"字俗訛。

934. 牶：《新修玉篇》卷二十三《牛部》引《龍龕》："牶，胡甲切。"（190 下右）

按：《篇海》同。《龍龕》卷一《牛部》："牶，俗。胡甲反。"（117）"牶"疑即"柙"字俗訛。《説文·木部》："柙，檻也，以藏虎兕。从木，甲聲。"（121上）"柙"，《廣韻》音"胡甲切"。"栖"與"柙"音同，又"木"旁、"牛"旁形近，俗書或可訛混，故"栖"疑即"柙"字俗訛。

935. 牂：《新修玉篇》卷二十三《牛部》引《龍龕》："牂，則郎切。羝羊也。"（190下右）

按：《篇海》同。《龍龕》卷一《牛部》："牂，俗。則郎反。羝羊也。"（114）《說文·羊部》："牂，牡羊也。从羊，爿聲。"（72下）段注改作："牂，牝羊也。"並注："各本作'牡羊'，誤。""牂"，《廣韻》音"則郎切"。"羝羊"即"牝羊"，故"牂"與"牂"音義並同，"牂"當即"牂"字俗訛。

936. 牽：《新修玉篇》卷二十三《牛部》引《龍龕》："牽，苦堅切。引也；連也；挽也。"（190下右）

按：《篇海》同。"牽"當即"牽"之異體字。《龍龕》卷一《牛部》："牽牽，啟堅反。引也；連也；挽也。二。"（114）此即其證也。

937. 牊：《新修玉篇》卷二十三《牛部》引《龍龕》："牊，音眉。"（190下左）

按：《篇海》同。《龍龕》卷一《牛部》："牊，音眉。"（115）"牊"楷定即作"牊"，"牊"疑即"楣"字俗訛。《說文·木部》："楣，秦名屋櫋聯也。齊謂之檐，楚謂之梠。从木，眉聲。"（116上）"楣"，《廣韻》音"目悲切"。"牊"與"楣"音同，又"木"旁、"牛"旁形近，俗書或可訛混，故"牊"疑即"楣"字俗訛。

938. 犍：《新修玉篇》卷二十三《牛部》引《川篇》："犍，居隱切。牛也。"（190下左）

按：《篇海》同。《玉篇·牛部》："犍，几隱切。善也；柔也。"（109上左）"犍"與"犍"音同形近，"犍"當即"犍"字俗訛。《新修玉篇》《篇海》訓"牛也"，皆為望形生訓。

939. 牂：《新修玉篇》卷二十三《牛部》引《川篇》："牂，昨郎切。善也。"（191上右）

按：《爾雅·釋詁上》："臧，善也。""臧"，《廣韻》音"則郎切"。"牂"與"臧"音義並同，"牂"當即"臧"字俗訛。

940. 犛：《新修玉篇》卷二十三《牛部》引《川篇》："犛，力之切。耕也；又理也。"（191上左）

按：《篇海》同。《玉篇·里部》："釐，力之切。《書》傳云：'釐，理也。'"（9上左）"釐"與"釐"音義並同，"釐"當即"釐"字之俗。

941. 犦：《新修玉篇》卷二十三《牛部》引《川篇》："犦，音豹，又步角切。文（犖）牛。"（191上左）

按：《玉篇·牛部》："犦，步角切。犖牛也。"（109上左）"犦"與"犦"音義並同，"犦"當即"犦"字之俗。

942. 毷：《新修玉篇》卷二十三《羊部》引《餘文》："毷，莫袍切。公車也。通作旄，同軞。"（191下右）

按：《集韻》平聲豪韻謨袍切："軞，公車也。通作旄。"（191）"毷"與"軞"音義並同，"毷"當即"軞"字俗訛。

943. 羯：《新修玉篇》卷二十三《羊部》引《龍龕》："羯，居謁、巨羯二切。殺犢羊也。"（191下右）

按：《篇海》同。《龍龕》卷一《羊部》："羯，俗；羯，正。居謁反。雄羊也。二。"（160）"羯"當即"羯"字異寫，亦當即"羯"字之俗。

944. 羛：《新修玉篇》卷二十三《羊部》引《川篇》："羛，音希。地名。又音蟻也。"（191下右）

按：《篇海》同。《玉篇·羊部》："羛，音希。地名。又音蟻也。"（109下左）"羛"與"羛"音義並同，"羛"當即"羛"字之俗。

945. 䍹：《新修玉篇》卷二十三《羊部》引《廣集韻》："縠，古候切。取羊乳也。䍹，上同。"（191下左）

按：《集韻》去聲候韻居候切："縠，取羊乳也。"（617）"䍹"當即"縠"通過偏旁易位而形成的異體字。

946. 羬：《新修玉篇》卷二十三《羊部》引《川篇》："羬，音市，又音蠶。羊［胞］也。"（191下左）

按：《篇海》同。《玉篇·羊部》："羬，子含切。羊胞也。"（109下左）"羬"，《廣韻》又音"子荅切"。"羬"與"羬"音義並同，"羬"即"羬"字之俗。

947. 芇：《新修玉篇》卷二十三《艹部》引《玉篇》："芇，古懷切。戾也；睽也；邪也；背也；差也；離也。今作乖。"（192上左）

按：《集韻》平聲佳韻苦媧切："芇，不正也。或作華、佤、蠇。"（102）"芇"訓"不正"，與"華""佤""蠇"諸字音義並同，即為異體字。

948. 犴：《新修玉篇》卷二十三《犬部》引《玉篇》："犴，胡安、俄寒二切。胡地野狗，似狐而小。又古寒切。野犴，獸名。又五漢切。獄也。又古莧切。逐虎犬也。《韻》又侯旰切。野狗。又五旰切。獄也。去聲。又五晏切。逐獸犬。"（192上左）

按：《説文·犬部》："犴，獢犬也。从犬，开聲。一曰逐虎犬也。"（204下）《廣韻》去聲諫韻五晏切："犴，逐獸犬。"（311）又下文去聲襇韻古莧切："犴，逐虎犬。"（312）《集韻》去聲襇韻居莧切："犴犴，逐虎犬。或從开。"（561）"逐虎犬"與"逐獸犬"訓異義同，故"犴"與"犴"音義並同，即為異體字。

949. 㹛：《新修玉篇》卷二十三《犬部》引《龍龕》："㹛，苦浪切。獒，不順也。"（192下右）

按：《篇海》同。"㹛"當即"㹛"字之俗。《龍龕》卷二《犬部》："㹛，俗；㹛，正。苦浪反。獒㹛，不順也。二。"（319）此即其證也。

950. 狘：《新修玉篇》卷二十三《犬部》引《餘文》："狘，丑律切。獸名。"（192下左）

按：《篇海》同。敦煌本《切韻》入聲質韻[丑律反]："狘，獸名。"（425）故宮本《王韻》入聲質韻丑律反："跋，獸名。"（513）《廣韻》入聲術韻丑律切："跋，獸跡。"同一小韻下文又曰："狘，獸名。"（385）"狘""跋"當即異體字。《山海經·大荒南經》："南海之外，赤水之西，流沙之東，有獸，左右有首，名跋踢。"郭璞注："（跋踢）出狹名國。黜、惕兩音。"《名義·足部》："跋，褚律反。獸。有左右首，名[跋踢]也。"（62上）可見原本《玉篇》"跋"字亦引《山海經》為訓。《玉篇·足部》："跋，褚律切。獸跡也。《山海經》云：'赤水之西，流沙之東，有獸，左右有首，名跋踢。'"（34上右）據《山海經》《名義》《切韻》，可見《玉篇》《廣韻》"跋"字訓"獸跡"，"獸跡"當為"獸名"之誤。"狘"與"跋"音義並同，即為異體字。《集韻》入聲術韻敕律切："跋狘，《山海經》：'流沙之東，有獸，左右有首，名曰跋踢。'或從犬。"此亦其證也。《大字典》《字海》"跋"字第二義項分別據《玉篇》《廣韻》訓"獸跡"，俱失考證，此項義訓當刪。又"狘"字，《大字典》《字海》皆分為兩個義項：第一義項據《廣韻》訓"獸名"；第二義項據《集韻》之説謂"狘踢"同"跋踢"。其實，"狘"訓"獸名"，當省略了被訓詞"狱踢"；而"趺"訓"獸名"，當省略了被訓詞"趺踢"，並非"狱"訓"獸名"與"狱踢"訓"獸名"義訓不同，《大字典》《字海》第一義項皆應併入第二義項之內，直謂"狱"同"趺"即可。

951. 猇：《新修玉篇》卷二十三《犬部》引《餘文》："猇，胡到切。犬聲。"（192 下左）

按：《篇海》卷二《犬部》引《餘文》："猇，胡到切。犬也。"（602 下）此字《玉篇》《廣韻》皆未收，《集韻》始收之，當即丁度等據俗書所增。《集韻》去聲号韻後到切："猇，犬聲。"（585）"猇"字，《集韻》《新修玉篇》皆訓"犬聲"，《篇海》卻訓"犬也"，非是。《字彙·犬部》："猇，胡到切，音号。犬也；又犬聲。"（279 上）《字彙》訓"猇"為"犬也"，此亦為沿襲《篇海》之謬。《大字典》《字海》"猇"字下皆沿謬而妄增"犬名"這一義項，並非。今案："猇"當即"獆（嘷）"字之俗。《說文·口部》："嘷，咆也。从口，皋聲。獆，譚長說，嘷从犬。"（28 下）《玉篇·犬部》："獆，胡刀切。犬呼也；鳴也；咆也。或作嘷。"（110 下左）"猇"與"獆"音近義同，"猇"即"獆"通過改換聲符而形成的異體字。《正字通·犬部》："猇，呼到切，音号。大聲。本作嘷，亦作獆，俗作猇。"（658 上）《正字通》所言是也。

952. 狦：《新修玉篇》卷二十三《犬部》引《餘文》："狦，胡涓切。性猵急也。"（192 下左）

按：《篇海》同。此字《說文》《玉篇》皆未收，《廣韻》亦不錄，《集韻》收之，當即丁度等據俗書所增。《集韻》平聲先韻胡涓切："狦，性猵急也。"（163）《字彙·犬部》："狦，胡涓切，音玄。性猵急。又去聲，音眩。義同。"（279 上）《正字通·犬部》："狦，俗猵字。"（658 上）《正字通》所言疑是。《說文·犬部》："猵，褊急也。从犬，肙聲。"（205 上）"猵"，《廣韻》音"古掾切"，《集韻》又音"圭玄切"。"狦"與"猵"音近義同，正如韓小荊《〈可洪音義〉研究》（759）"鞘"俗作"鞙"，"狦"疑即"猵"字之俗。

953. 狗：《新修玉篇》卷二十三《犬部》引《龍龕》："狗，古口切。犬也。"（193 上左）

按：《篇海》同。"狗"當即"狗"字之俗。《龍龕》卷二《犬部》："狗狗，古口反。犬也。二同。"（318）"狗"之異體字作"狗"，"狗"

當即"猗"之異寫字，亦同"狗"。

954. 猱：《新修玉篇》卷二十三《犬部》引《川篇》："猱，音彩。"（193上左）

按：《篇海》同。"猱"疑即"採"字俗訛。《玉篇·手部》："採，七宰切。採摘也。"（32上右）"猱"與"採"音同，正如鄭賢章《〈新集藏經音義隨函錄〉研究》（194）"挏"俗作"狪"，"猱"疑即"採"字俗訛。

955. 猴：《新修玉篇》卷二十三《犬部》引《餘文》："猴，奴鉤切。犬怒。"（193下右）

按：《篇海》同。此字《說文》《玉篇》皆未收，《廣韻》亦不錄，《集韻》收之，當即丁度等據俗書所增。《說文·犬部》："獳，怒犬皃。从犬，需聲。"（203下）《集韻》平聲侯韻奴侯切："猴，怒犬皃。或作獳。"（272）"猴"與"獳"音義並同，"猴"當即"獳"字之俗。

956. 犨：《新修玉篇》卷二十三《犬部》引《餘文》："犨，音朱。鄉名。"（194上左）

按：《篇海》同。《集韻》平聲虞韻鍾輸切："犨，鄉名。"（80）"犨""獩"即同字異寫，當並即"獬"字之俗。《玉篇·犬部》："獬，之喻切。鄉名。"（110下左）《廣韻》去聲遇韻之戍切："獬，鄉名，在河南。"（261）"犨""獩"與"獬"音近義同，"犨""獩"當即"獬"字之俗。

957. 獞：《新修玉篇》卷二十三《犬部》引《餘文》："獞，音同。犬名。"（194上左）

按：《篇海》同。《集韻》平聲東韻徒東切："獞，犬名。"（5）"獞"疑同"狪"。《集韻》平聲東韻他東切："狪狪狪，獸名。《山海經》：'泰山有獸，狀如豚而有珠，其鳴自呼。或从犬、从豸。'"（4）同韻下文徒東切："狪狪狪，野彘。或从犬、从豸。"（5）《山海經·東山經》："（泰山）有獸焉，其狀如豚而有珠，名曰狪狪，其鳴自訆。"郝懿行義疏："狪，古本作狪。""獞"與"狪"音同，正如"瞳"同"晍"、"艟"同"艑"、"鱇"同"鮦"、"犝"同"犐"、"鞺"同"鞘"等，"獞"當即"狪"之異體字。"獞"，《集韻》訓"犬名"，疑為"獸名"之誤。

958. 獬：《新修玉篇》卷二十三《犬部》引《餘文》："獬，丑知切。鷙獸。或从豸。"（194上左）

按：《篇海》同。《龍龕》卷二《犬部》："獢，俗。丑知反。"（317）《集韻》平聲支韻抽知切："獢獢，鷙獸。或从豸。"（30）《類篇·犬部》："獢，抽知切。鷙獸。"（357下）"獢"與"貙"音義並同，"獢"當即"貙"之異體字。《正字通·犬部》："貙，离字之譌。"（666下）《正字通》所言當是。《說文·内部》："离，山神獸也。从禽頭，从厹，从屮。歐陽喬說：'离，猛獸也。'"（309下）《玉篇·内部》："离，丑支切。山神也；猛獸也。"（112上右）"獢""貙""貙"與"离"音義並同，"獢""貙""貙"當皆爲"离"字之俗。《周禮·地官·大司徒》："臝物。"鄭玄注："臝物，虎豹貔貙之屬。"清阮元校勘記："貙，監、毛本作'貙'……其字正作'离'，俗作'貙'，誤作'貙'。"此說是其證也。

959. 猘：《新修玉篇》卷二十三《犬部》引《類篇》："猘，音啼。"（194上左）

按：《篇海》卷二《犬部》引《類篇》："猘，音啼。"（604下）"猘""獮"二字，《新修玉篇》《篇海》皆收於十二畫之内，"猘"字除去部首"犬"旁爲九畫，"獮"字除去部首"犬"旁爲十二畫，故當以作"獮"爲是。"猘""獮"音"啼"，疑並即"啼"字之俗。

960. 獘：《新修玉篇》卷二十三《犬部》引《廣集韻》："獘，蒲沒切。獘獘，臭敗氣。"（194上左）

按：《集韻》入聲沒韻薄沒切："獘，獘獘，臭敗氣。"（682）"獘"當同"浡""浡"。《集韻》入聲末韻蒲撥切："浡浡，腐氣。或从臭。"（693）"腐氣""臭敗氣"訓異義同，故"獘"與"浡""浡"音義並同，當爲異體字。

961. 獿：《新修玉篇》卷二十三《豕部》引《餘文》："獿，所甲切。獸名。"（195上左）

按：《篇海》同。此字《說文》《玉篇》皆未收，《集韻》收之，當即宋人據俗書所增。《廣韻》入聲洽韻山洽切："獿，獸名。"（439）《集韻》入聲狎韻色甲切："獿獿，獸名。或从豕。"（789）今案："獿""獿"疑即"豏"字之俗。《廣雅·釋獸》："豏，豕牝也。"《玉篇·豕部》："豏，山甲切。老母豕。"（111上左）《廣韻》入聲狎韻所甲切："豏，豕母。"（440）《玉篇·犬部》又曰："猚，所甲切。豕母也。"（111上右）"猚"與"豏"音義並同，"猚"當即"豏"之異體字。

"豩"與"豵""㹩"音同,又"豕""豸"形近義通,俗書常可換用,如:"獱"俗作"貛"、"狠"俗作"狠"等;"隶""妾"俗書亦常可换用,如《說文》"箽"或作"箞"、《集韻》"睫"俗作"睫"等,"豩"當即"豵""㹩"二字交互影響而產生的異體字。《正字通·豕部》:"豩,同㹩。舊注別訓獸名,無據。"(1092上)"㹩"即"豵"之異體字。《康熙字典·豕部》:"㹩,《玉篇》同豵。"(1250下)《正字通》謂"豩"同"㹩",此說是也。故"豩"當即"豵"之異體字;而"豩"即"豩"通過改換義符而形成的異體字,亦當即"豵"之異體字。《廣韻》訓"豩"為"獸名",當因從"豸"為說,疑不可據。《集韻》訓"豩""豩"為"獸名",此當因承襲《廣韻》而誤。

962. 豵:《新修玉篇》卷二十三《豕部》引《餘文》:"豵,旬為切。豕牝謂之豵。"(195上右)

按:《篇海》同。此字《說文》《玉篇》皆未收,《廣韻》亦不錄,《集韻》收之,當即丁度等據俗書所增。《集韻》平聲支韻旬為切:"豵,豕牝謂之豵。"(29)《字彙·豕部》:"豵,旬威切,音隨。豕牝謂之豵。"(462下)《正字通·豕部》:"豵,俗獪字。舊音隨,豕牝,誤分獪、豵為二。"(1093上)《正字通》所言疑是。《說文·豕部》:"獪,豵也。从豕,隋聲。"(195上)"獪",《廣韻》音"悅吹切",又音"羊捶切"。"豵"與"獪"音近,又"遀""隋"音同,"豵"疑即"獪"通過改換聲符而形成的異體字。"豵"字,《集韻》訓"豕牝謂之豵",疑為"豕獪謂之豵"之誤。

963. 猗:《新修玉篇》卷二十三《豕部》引《龍龕》:"猗獪,二羊捶、羊一、徒臥三切。豬別名。"(195上左)

按:《龍龕》卷二《豕部》:"獪獪,二俗;獪,正。羊捶、羊委二反。獪也。又徒臥反。豕別名也。三。"(320)"猗"即"獪"字俗省,亦即"獪"字之俗。

964. 甦:《新修玉篇》卷二十三《豕部》引《川篇》:"甦,音藥。豕生。"(195上左)

按:《篇海》同。《說文·生部》:"甦,草木實甦甦也。从生,豨省聲。讀若綏。"(123下)"甦",《廣韻》音"儒佳切",又音"如累切"。"甦"當即"甦"之異寫字。《新修玉篇》《篇海》訓"豕生",當為望形生訓,不足據。

965. 豝：《新修玉篇》卷二十三《豕部》引《川篇》："豝，音卓。龍卓（車）也。"（195 上左）

按：《篇海》同。《玉篇·豕部》："豟，音卓。龍車（尾）。"（111 下右）"豝"與"豟"音義並同，"豝"當即"豟"字之俗。

966. 豱：《新修玉篇》卷二十三《豕部》引《川篇》："豱，音雹。小豕。"（195 上左）

按：《集韻》入聲覺韻弼角切："豰，《説文》：'小豚也。'或作豱。"（659）"豱"與"豱"音義並同，"豱"當即"豱"字之俗。

967. 麀：《新修玉篇》卷二十三《鹿部》引《龍龕》："麀，音似。鹿一歲曰麛，三（二）歲曰麀。"（196 上右）

按：《龍龕》卷四《鹿部》："麀，音似。鹿一歲曰麛，三（二）歲曰～。"（521）《廣韻》上聲止韻詳里切："麀，鹿一歲曰麛，二歲曰麀。"（169）"麀"與"麀"音義並同，"麀"當即"麀"字之俗。

968. 麉：《新修玉篇》卷二十三《鹿部》引《川篇》："麉，室、牽二音（當為'古牽切'之誤）。鹿有力。又苦定切。"（196 上右）

按：《玉篇·鹿部》："麉，古田切。鹿絕有力也。又音罄。麉，同上。"（111 下左）"麉"與"麉"音義並同，"麉"即"麉"字之俗。

969. 麢：《新修玉篇》卷二十三《鹿部》引《奚韻》："麢，音令。麢羊。"（196 上右）

按：《集韻》平聲青韻郎丁切："麢麢，《説文》：'大羊而細角。'或从零。"（245）"麢"與"麢"音義並同，"麢"即"麢"字之俗。

970. 豲：《新修玉篇》卷二十三《象部》引《餘文》："豲，必益切。豲邪，獸名，鳥喙。"（196 上左）

按：《篇海》卷十《象部》引《餘文》："豲，必益、北激二切。豲邪，獸名，鳥喙也。"（736 下）《廣韻》入聲錫韻北激切："豲，豲邪獸，獸身鳥喙。"（423）《集韻》入聲錫韻必歷切："豲，豲邪，獸名。一曰鳥喙。"（749）"豲邪"當同"辟邪"，"辟邪"即指中國古代民間傳説中的一種神獸，形似獅，頭有角，身有翅，具有袪邪祈福功能。《急就篇》卷三："射魃辟邪除羣凶。"顏師古注："射魃、辟邪，皆神獸名也。魃，小兒鬼也。射魃言能射去魃鬼，辟邪言能辟禦妖邪也。"故"豲邪"當同"辟邪"，"豲"當為"辟"之增旁俗字。《廣韻》訓"豲"為"豲邪獸"，當是；然於其下又曰"獸身鳥喙"，此訓疑不足據。

971. 瞖：《新修玉篇》卷二十三《能部》引《廣集韻》："瞖，奴代切。視不明。"（196下右）

按：此字《說文》《玉篇》皆未收，《廣韻》亦不錄，《集韻》收之，當即丁度等據俗書所增。《集韻》去聲代韻乃代切："瞖，視不明。"（535）《字彙·目部》："瞖，乃帶切，音奈。視不明。"（315下）《正字通·目部》："瞖，俗字。'瞖'訓視不明，《說文》'晻'訓日無光，皆義之難通者，闕可也。"（739上）《正字通》謂"瞖"為俗字，所言當是。今案："瞖"當即"晻"字之俗。《說文·日部》："晻，埃晻，日無光也。从日，能聲。"（135上）"晻"，《廣韻》音"奴代切"。"瞖"與"晻"音同，又"目"旁、"日"旁形近，俗書常可訛混，故"瞖"當即"晻"字之俗。《集韻》訓"瞖"為"視不明"，疑為丁度等不識其為"晻"字俗訛，又見其從"目"所妄改。

972. 䴲：《新修玉篇》卷二十三《能部》引《龍龕》："䴲，音那。"（196下右）

按：通行本《龍龕》未見收錄此字形。《玉篇·能部》："䵅，乃何切。獸似鼠，食之明目。"（112上左）故"䴲"與"䵅"音同形近，"䴲"當即"䵅"字之俗。

973. 覤：《新修玉篇》卷二十三《虎部》引《廣集韻》："覤，綺戟切。覤覤，驚懼皃。又山責切。虎驚皃。又許極切。覤覤，驚懼皃。"（196下左）

按：《集韻》入聲陌韻乞逆切："覤，覤覤，驚懼皃。"（736）又下文入聲麥韻色責切："㦣，驚懼謂之㦣。或作虩、覤。"（738）"覤"當即"虩"之異體字。《說文·虎部》："虩，《易》'履虎尾虩虩'，恐懼。从虎，狊聲。"（98下）《廣韻》入聲陌韻許郤切："虩，懼也。"（414）又下文入聲麥韻山責切："虩，虎驚皃。又許逆切。"（417）《集韻》入聲陌韻迄逆切："虩，恐懼也。《說文》引《易》'履虎尾虩虩'。"（736）"覤"與"虩"音義並同，"覤"當即"虩"之異體字。

974. 鸁：《新修玉篇》卷二十三《虎部》引《奚韻》："鸁，音兔。虎也。"（197上右）

按：《玉篇·虎部》："虩，大乎切。烏虩，即虎也。"（112下右）"鸁"與"虩"音義並同，"鸁"當即"虩"字之俗。

975. 䖯：《新修玉篇》卷二十三《虎部》引《奚韻》："䖯，徒登切。

黑獸。”（197 上右）

按：《玉篇·虎部》：“䲢，徒登切。黑虎。”（112 下右）“黑獸”“黑虎”義同，故“䲢”與“䲢”音義並同，“䲢”當即“䲢”字俗省。

976. 貐：《新修玉篇》卷二十三《豸部》引《餘文》：“貐，音信。獸名。”（197 下右）

按：《篇海》同。《集韻》去聲震韻思晉切：“貐，獸名。”（540）《字彙·豸部》：“貐，思晉切，音信。獸名。”（463 下）《正字通·豸部》：“貐，貔字譌省。舊注音信，汎訓獸名，誤。一曰貊之譌。”（1095 上）《正字通》謂“貐”為“貔”字譌省或“一曰貊之譌”，於文獻無征，疑不可據。今案：“貐”疑即“狥”之異體字。《廣韻》去聲震韻息晉切：“狥，小獸。有臭，居澤，色黃，食鼠。”（294）《集韻》去聲震韻思晉切：“狥，小獸。”（540）“貐”與“狥”音義並同，又“豸”旁、“犭”旁形近義通，俗書常可換用，如“豻”同“犴”、“貑”同“狐”、“豿”同“狗”等，“囟”“卂”二字音同，俗書或可換用，如“訊”或作“訩”，故“貐”當即“狥”之異體字。

977. 貋：《新修玉篇》卷二十三《豸部》引《餘文》：“貋，所甲、山洽二切。獸名。”（197 下右）

按：《篇海》卷五《豸部》引《餘文》：“貋，所甲切。獸名。”（652 下）《廣韻》入聲洽韻山洽切：“貋，獸名。”（439）《集韻》入聲狎韻色甲切：“貋貋，獸名。或从豕。”（789）“貋”當即“貋”字之俗（詳見上文“貋”字注）。

978. 尢：《新修玉篇》卷二十四《乙部》引《川篇》：“尢，音尤。”（198 上左）

按：《篇海》同。“尢”字，《字海》轉錄作“尢”。“尢（尢）”音“尤”，當即“尤”字之俗。《可洪音義》一二《大乘五蘊論》一卷：“尢蛆，于求反。正作尤。過也；甚也。”（59，p977b8）《字彙補·尤部》：“无，與尤同。見漢隸《楊君頌》。”（54 上）“尢”與“尢”“无”音同形近，其上部所從之“乙”當即“尢”“无”二字上部所從之“一”俗寫，“尢”“无”即“尤”字之俗，故“尢（尢）”亦當即“尤”字之俗。

979. 鵏：《新修玉篇》卷二十四《鳥部》引《玉篇》：“鵏，側八切。鳥雜毛色。”（198 下右）

按：“鵏”字，《玉篇》作“鵏”，作“鵏”是也。《集韻》入聲薛韻之列切："䳒，鳥擊也。或作鷙。"（709）故"䳒"訓"擊也"，與"鷙"音義並同，亦為異體字。《大字典》"䳒"字下第二義項訓"鳥擊"，應應溝通其與"鷙"字的異體關係。

980. 鴲駏：《新修玉篇》卷二十四《鳥部》引《餘文》："鴲駏，其呂切。鳥名。"（198下左）

按：《篇海》同。《集韻》上聲語韻臼許切："鴲，鳥名。"（329）《字彙·鳥部》："鴲，臼許切，音巨。鳥名。"（571下）《正字通·鳥部》："鴲，俗字。"（1361下）《正字通》謂"鴲"為俗字，所言當是。今案："鴲""駏"疑即"駏"字俗訛。《玉篇·馬部》："駏，音巨。駏驉，獸似騾。"（108下右）《廣韻》上聲語韻其呂切："駏，駏驉。"（174）《集韻》上聲語韻臼許切："駏，駏驉，獸名。"（329）"駏"與"駏"音同，又"鳥"旁、"馬"旁形近，俗書或可訛混，正如上文所言，"駕"俗作"鴽"，"駏"當即"駏"字俗訛，而"鴲"又當即"駏"之偏旁易位字。韓小荊《〈可洪音義〉研究》（526）"駏"俗作"駏"，此即其證也。"鴲"字，《集韻》訓"鳥名"，當因丁度等不識其為"駏"字俗訛而又見其從"鳥"所妄改，亦不可據。《新修玉篇》《篇海》等後世字書承襲《集韻》"鴲"字義訓之誤而訓"鴲""駏"為"鳥名"，疑並非是。

981. 䳈：《新修玉篇》卷二十四《鳥部》引《龍龕》："䳈䳈，二音保。大鳥也。"（199上右）

按：《龍龕》卷二《鳥部》："䳈鴇鵅䳈，四俗；鴇䳈，三今。音保。大鳥也。七。"（288）《說文·鳥部》："鴇，鳥也，肉出尺胾。從鳥，孚聲。"（75下）"䳈"，《廣韻》音"博抱切"。"䳈"當即"鴇"字之俗。

982. 鶆：《新修玉篇》卷二十四《鳥部》引《餘文》："鶆，力蓋切。鳥名。"（199下右）

按：《篇海》同。《廣韻》去聲泰韻落蓋切："鶆，鳥名。"（283）"鶆"當即"鷞"之異體字。《玉篇·鳥部》："鷞，音賴。"（115上右）《字彙補·鳥部》："鷞，力賣切，音賴。鳥名。"（266下）《玉篇校釋》"鷞"字下注："《廣韻》去聲十四泰韻落蓋切字作'鶆'，鳥名，從賴省聲。《集韻》無，本書元刊本云'鳥也'。"（4797）胡氏所言當是。"鶆"與"鷞"音義並同，"鶆"當即"鷞"字俗省。

983. 䳓：《新修玉篇》卷二十四《鳥部》引《類篇》："䳓，音綿。

鶊語也。"（199下左）

按：《篇海》卷四《鳥部》引《類篇》："鶊，音綿。鶊語也。"（631上）《字彙·鳥部》："鶊，莫堅切，音眠。鶊語。"（574上）《正字通·鳥部》："鶊，舊注：音眠。鶊語。按：'鶊'本作'緜'。《詩·小雅·緜蠻》：'綿蠻黃鳥。'注：'鳥聲。'《韓詩》注：'緜蠻，文貌。'舊本改作'鶊'，非。"（1369上）《正字通》所言當是。《詩經·小雅·緜蠻》："綿蠻黃鳥，止于丘阿。"毛傳："緜蠻，小鳥兒。"朱熹集傳："緜蠻，鳥聲。"故"鶊"當訓"鶊蠻"，"鶊蠻"同"緜蠻"，"鶊"當本作"緜"，"鶊"當即"緜"因涉義改換義符而形成的俗字。

984. 鴙：《新修玉篇》卷二十四《鳥部》引《龍龕》："鴙，音詩。鴙鴙，鳥名。"（200上左）

按："鴙"當即"鳲"字之俗。《龍龕》卷二《鳥部》："鴙，或作；鳲，正。音詩。~~，鳥名。二。"（287）此即其證也。

985. 鶐：《新修玉篇》卷二十四《鳥部》引《龍龕》："鶐，音宿。"（200上左）

按：《篇海》卷四《鳥部》引《龍龕》："鷫，音宿。"（631下）"鶐""鷫"當即同字異體。《龍龕》卷二《鳥部》："鶐，俗。音宿。"（290）《說文·鳥部》："鷫，鷫鷞也。五方神鳥也。東方發明，南方焦明，西方鷫鷞，北方幽昌，中央鳳皇。从鳥，肅聲。"（74上）"鷫"，《廣韻》音"息逐切"。"鶐"與"鷫"音同形近，"肅"俗寫或可作"肅"，故"鶐"當即"鷫"字之俗。

986. 鶨：《新修玉篇》卷二十四《鳥部》引《餘文》："鶨，所八切。鳥飛迅疾。"（200上左）

按：《篇海》同。此字《說文》《玉篇》皆未收，《廣韻》亦不錄，《集韻》收之，當即丁度等據俗書所增。《集韻》入聲點韻山戛切："鶨，鳥飛迅疾。"（696）《字彙·鳥部》："鶨，山戛切，音殺。鳥飛迅疾。"（576上）《正字通·鳥部》："鶨，俗字。舊注：音殺。鳥飛迅疾。非。"（1374下）《正字通》謂"鶨"為俗字，所言當是。今案："鶨"當即"殺"字之俗。《玉篇·殺部》："殺，所札切。斷命也。又所界切。疾也。"（81下左）《廣韻》去聲怪韻所拜切："殺，殺害；又疾也；猛也。"（287）"鶨"與"殺"義近音同，"鶨"當即"殺"因涉義增加義符"鳥"旁而形成的後起分化字。

987. 鶹:《新修玉篇》卷二十四《鳥部》引《餘文》:"鶹,力求切。水名。"(200下右)

按:《篇海》同。此字《說文》《玉篇》皆未收,《廣韻》亦不錄,《集韻》收之,當即丁度等據俗書所增。《集韻》平聲尤韻力求切:"鶹,水鳥。"(261)《字彙·鳥部》:"鶹,力求切,音流。水名。一曰水鳥。"(575上)"鶹"字,《集韻》訓"水鳥",《新修玉篇》《篇海》卻訓"水名","水名"當為"水鳥"之誤。《字彙》等後世字書承襲《篇海》之誤而訓"鶹"為"水名",亦誤。《正字通·鳥部》:"鶹,舊注:音流。水名。一曰水鳥。按:水無名'鶹'者,水鳥之類非一,何獨此鳥名'鶹',皆臆造也。"(1372上)《正字通》所言當是。今案:"鶹"疑即"鶹"字之俗。《爾雅·釋鳥》:"鳥少美,長醜,為鶹鷅。"郭璞注:"鶹鷅猶留離,《詩》所謂'留離之子'。"按:今《詩·邶風·旄丘》作"流離之子"。三國陸機《毛詩草木鳥獸蟲魚疏》:"流離,梟也。自關而西,謂梟為流離。其子適長大,還食其母。故張奐云:'鶹鷅食母。'許慎云:'梟,不孝鳥。'是也。"《玉篇·鳥部》:"鶹,力牛切。鶹鷅,又名鶹鷅。"(113下左)故"鶹鷅"同"鶹鷅",也作"留離""流離"。"鶹"當因"鶹"字"鶹鷅"之訓又作"流離",遂在"流"字的基礎上增加義符"鳥"旁而形成的俗字。《集韻》訓"鶹"為"水鳥",疑為望形生訓,不足為據。

988. 蕩:《新修玉篇》卷二四《鳥部》引《川篇》:"蕩,亡亘切。蕩鳩,鳥也。"(200下右)

按:《篇海》卷四《鳥部》引《川篇》:"蕩,亡亘切。蕩鳩,鳥也。"(632上)"鳩"當即"鴎"字之俗,《新修玉篇》與《篇海》義訓不同,《新修玉篇》所言當是。《篇海》"蕩鳩,鳥也"當為"蕩鴎,鳥也"之誤,後世字書皆沿《篇海》而誤。今案:"蕩"當即"鶺"字俗省。《玉篇·鳥部》:"鶺,亡亘切。鴎鶺也。"(115上右)"蕩"與"鶺"音義並同,"蕩"當即"鶺"字之俗,亦本作"瘮"。"蕩"訓"蕩鳩,鳥也",此亦當為《玉篇》所誤。(詳見《〈五篇〉疑難字研究》"鶺"字注)

989. 鶹:《新修玉篇》卷二十四《鳥部》引《龍龕》:"鶹,音留。鶺鶹也;又鶹離,鳥名。"(200下左)

按:《篇海》同。《龍龕》卷二《鳥部》:"鶹,音留。鶺鶹也;又鶹離,鳥名也。"(285)《玉篇·鳥部》:"鶹,力牛切。鶹鷅鳥,又名鶹鶌。"（113 下左）"鷸"與"鶌"音義並同，"鷸"當即"鶌"字之俗。

990. 鸏：《新修玉篇》卷二十四《鳥部》引《餘文》："鸏，莫鳳切。鳥名。"（201 上左）

按：此字《説文》《玉篇》皆未收，《廣韻》亦不錄，《集韻》收之，當即丁度等據俗書所增。《集韻》去聲送韻莫鳳切："鸏，鳥名。"（463）《字彙·鳥部》："鸏，莫弄切，音夢。鳥名。"（578 下）《正字通·鳥部》："鸏，俗字。《爾雅》：'狂，㝱鳥。'舊本：鸏音夢，汎云鳥名，非。"（1381 下）《正字通》所言當是。《爾雅·釋鳥》："狂，㝱鳥。"郭璞注："狂鳥五色，有冠。見《山海經》。"（149）《山海經·大荒西經》："有五采之鳥，有冠，名曰狂鳥。"郭璞云："《爾雅（釋鳥）》云：'狂，夢（今本作㝱——珂）鳥。'即此也。"袁珂案："郭注《爾雅·釋鳥》，亦引此經文。狂，《玉篇》作鵟，疑即鳳凰之屬，已見《海外西經》'滅蒙鳥'注。"（331）故"鸏"當連字頭爲訓，以訓"鸏鳥"爲是。"鸏鳥"同"㝱鳥"，義指"鳳凰之屬"，"鸏"本當作"㝱"。

991. 鶄：《新修玉篇》卷二十四《鳥部》引《餘文》："鶄，子盈切。鶄鴜，鳥名，鶌鶋也。"（201 上左）

按：《篇海》同。《集韻》平聲清韻咨盈切："鶄，鶄鴜，鳥名，鶌鶋也。"（238）《字彙·鳥部》："鶄，子盈切，音精。鶄鴜，鳥名，即鶌鶋也。"（578 上）《正字通·鳥部》："鶄，俗字。《廣雅》本作精列，即雎渠。舊本作鶄，非。"（1381 下）《廣雅·釋鳥》："鴡鳥、精列、鵙鶋，雅也。"（989）《説文·隹部》："雅，石鳥。一名雝鶄。一曰精列。从隹，牙聲。《春秋傳》：'秦有士雅。'"（71 上）"鶄鴜"與"精列"音義並同，故"鶄鴜"本當作"精列"。

992. 鷊：《新修玉篇》卷二十四《鳥部》引《川篇》："鷊，音薜，又音憂。"（201 上左）

按：《廣韻》入聲錫韻扶歷切："鷿，鷿鷈，鳥名。似鳬而小，足近尾。或作䴇。"（423）"鷊"音"薜"，與"鷿"形音皆近，當即"鷿"字之俗。《廣韻》入聲鐸韻古鐸切："鷁，鵝鷁，鳥名，似鳬。"（398）"鷊"音"憂"，與"鷁"音同形近，當即"鷁"字之俗。

993. 鬲鳥：《新修玉篇》卷二十四《鳥部》引《餘文》："鬲鳥，下革切。鴲鬲鳥，鳥名。"（201 下左）

按：《篇海》卷四《鳥部》引《餘文》："鬲鳥，下革切。鳥名。"（633

上）此字《説文》《玉篇》皆未收，《廣韻》亦不錄，《集韻》收之，當即丁度等據俗書所增。《集韻》入聲麥韻下革切："鷝，鴋鷝，鳥名。"（740）又《集韻》入聲陌韻薄陌切："鴋，《字林》：'鴋郁，鳥名，似鵲，出懸雍山。'"（733）方成珪考正："《山海經三·北山經》：'縣雍之山，其鳥多白翟、白𩿨。'與《字林》異。"按："白𩿨"，今本《山海經·北山經》作"白鴋"。"白鴋"即指"一種類似野雞的鳥"，故"鷝"訓"鴋鷝"，亦當指"類似野雞的一種鳥"。"鷝"疑即"翮"之增旁俗字。《爾雅·釋器》："羽本謂之翮。"郭璞注："翮，鳥羽根也。"《説文·羽部》："翮，羽莖也。从羽，鬲聲。"（69下）"翮"，本義指"鳥羽莖下端中空的部分"，引申義可指"鳥類"。例如：唐韓愈《送無本師歸范陽》："芝英擢荒蓁，孤翮起蓮莢。"宋胡寅《水調歌頭》："肯似林間翮，飛倦始知還。""翮"，《廣韻》音"下革切"。"鷝"與"翮"音義並同，"鷝"疑即"翮"之增旁俗字。

994. 鶁：《新修玉篇》卷二十四《鳥部》引《龍龕》："鶁，古鎋切。鵝鶁也。"（201下右）

按：通行本《龍龕》未見收錄此字形。《廣韻》入聲鎋韻古鎋切："鶷，鵝鶷，鳥名，似鳧。"（398）"鶁"與"鶷"音義並同，"鶁"當即"鶷"字之俗。

995. 鵰：《新修玉篇》卷二十四《鳥部》引《川篇》："鵰，音剝。"（201下右）

按：《廣韻》入聲沃韻博沃切："䳀，鴇、烏䳀，水鳥名。"（375）"鵰"，《廣韻》又音"北角切"。"鵰"與"䳀"音同形近，"鵰"當即"䳀"字之俗。

996. 鸔：《新修玉篇》卷二十四《鳥部》引《省韻》："鸔，專（博）木切。烏鸔，水鳥。"（201下右）

按：《龍龕》卷二《鳥部》："鸔，音卜。烏～，水鳥，似水鴞也。"（290）"鸔"與"鸔"音義並同，"鸔"當即"鸔"字之俗。

997. 鷷：《新修玉篇》卷二十四《鳥部》引《川篇》："鷷，音钁。鷷有三頭也。"（201下左）

按：《廣韻》入聲藥韻居縛切："钁，三首三足鳥。"（408）"鷷"與"钁"音義並同，"鷷"當即"钁"字之俗。

998. 䲸：《新修玉篇》卷二十四《隹部》引《廣集韻》："䲸，與專

切。鷗類也。鳶，同。从隹正，《韻》从金非。"（202 上右）

按：《集韻》未見收錄此字形。"鵨"當即"鳶"字之俗。《集韻》平聲仙韻余專切："鳶，《説文》：'鷙鳥也。'"（171～172）"鵨"與"鳶"音義並同，"鵨"當即"鳶"字之俗。

999. 雦：《新修玉篇》卷二十四《隹部》引《川篇》："雦，自合切。"（202 上右）

按：《説文·衣部》："襍，五彩相會。从衣，集聲。"（169 下）"襍"，《廣韻》音"徂合切"。"雦"與"襍"音同形近，"雦"即"襍"字俗訛。

1000. 雛：《新修玉篇》卷二十四《隹部》引《玉篇》："雛，仕于切。鵮雛，謂鳥子，生自食。"（202 下右）

按：《類篇·隹部》："雛，渠竹切。鳥名。"（124 上）此"雛"當即"雛"字之俗。《集韻》入聲屋韻渠竹切："鵴鵴雛，鳥名，鳲鳩也。或省，亦從隹。"（648）"雛"與"雛"音義並同，故此"雛"當即"雛"字俗訛。

1001. 雒：《新修玉篇》卷二十四《隹部》引《龍龕》："雒，音維。"（202 下右）

按：《篇海》同。《龍龕》卷一《隹部》："雒，音維。"（149）"雒"音"維"，疑即"維"字俗訛，"雒"字左旁所從之"鸟"當即"維"字左旁所從之"糸"譌變所致。

1002. 犮：《新修玉篇》卷二十四《魚部》引《餘文》："犮，符廢切。魚名。"（203 上右）

按：《篇海》同。此字《説文》《玉篇》皆未收，《廣韻》收之，當即宋人據俗書所增。《廣韻》去聲廢韻符廢切："犮，魚名。"（294）《字彙·魚部》："犮，符廢切，音吠。魚名。"（564 上）《正字通·魚部》："犮，魵字之譌。《韻譜》篆譌从犬作犮。舊注：音吠。魚名。誤。"（1341 下）《正字通》所言當是。《説文·魚部》："魵，鱣鮪魵魵。从魚，犮聲。"（245 上）"魵"，本義指"魚掉尾而游貌"，引申義指"一種形狀似鯉而赤色的魚"。《集韻》入聲末韻蒲撥切："魵，魚名，似鯉而赤。"（693）"犮"與"魵"形義皆近，又"犮"旁、"犬"旁形近，俗書常可訛混，如韓小荊《〈可洪音義〉研究》"拔"俗作"扶"、"跋"俗作"跂"、"軷"俗作"軟"、"颰"俗作"颭"、"吠"俗作"咙"等，故

"猷"當即"鮍"字俗訛。"猷"字,《廣韻》音"符廢切",當為望形生音。《集韻》去聲廢韻房廢切:"鮍,魚名。"(537)《集韻》即作"鮍",此即其證也;然其讀音承襲《廣韻》之誤,亦非。

1003. 魾:《新修玉篇》卷二十四《魚部》引《餘文》:"魾,芳杯切。魚名。"(203上右)

按:《篇海》同。此字《説文》《玉篇》未收,《廣韻》收之,當即宋人據俗書所增。《廣韻》平聲灰韻芳杯切:"魾,魚名。"(56)《字彙·魚部》:"魾,鋪杯切,音丕。魚名。"(564上)《正字通·魚部》:"魾,同魾。《説文》有'魾'無'魾',舊注分切訓,誤。"(1341下)《正字通》所言當是。《爾雅·釋魚》:"魾,大鱯。"(140)《説文·魚部》:"魾,大鱯也。其小者名鮡。从魚,丕聲。"(243下)《玉篇·魚部》:"魾,步悲切。大鱯也。又敷悲切。"(116上右)"魾"訓"魚名",與"魾"音義並同,又"不"旁、"丕"旁俗寫形近不分,常可譌混,正如《〈可洪音義〉研究》(619)"伾"俗作"怀"、"邳"俗作"杯"、"秠"俗作"秄"等,"魾"亦當為"魾"字之俗。《名義·魚部》:"𩵺,備飢反。同上。"(249下)此"同上"即指與上字"鱯"字義同。此"𩵺"即"魾"字之俗,此即"魾"為"魾"字俗訛之又一切證。又《集韻》平聲灰韻鋪枚切:"魾,魚名。一曰魚孼未成鱃。"(110)《集韻》"魾"字"一曰魚孼未成鱃",於文獻無徵,當為後人妄補,疑不足據。

1004. 鮓:《新修玉篇》卷二十四《魚部》引《龍龕》:"鮓,子聿切。鯨鮪別名。"(203上右)

按:"鮓"當即"鮩"字之俗。《龍龕》卷一《魚部》:"鮓,通;鮩,正。子聿反。鯨鮪別名也。二。"(172)此即其證也。

1005. 鮎:《新修玉篇》卷二十四《魚部》引《龍龕》:"鮎,音孤。"(203上左)

按:《篇海》卷三《魚部》引《龍龕》:"鮎,音沽。"(613下)《龍龕》卷一《魚部》:"鮎,俗。音孤。"(167)"鮎"字,《可洪音義》亦收之。《可洪音義》卷四《大乘金剛髻珠菩薩修行分》一卷:"鮎,奴兼反。正作鮎。"(59,p669a5)據《可洪音義》,"鮎"當即"鮎"字俗訛。《龍龕》之"鮎"疑亦為"鮎"字之訛,《龍龕》音"孤",疑為望形生音。

1006. 鮟：《新修玉篇》卷二十四《魚部》引《餘文》："鮟，烏暉切。魚名。"（203下右）

按：《篇海》同。此字《說文》《玉篇》未收，《廣韻》亦不錄，《集韻》收之，當即丁度等據俗書所增。《集韻》去聲翰韻於旰切："鮟，魚名。"（554）《字彙·魚部》："鮟，烏旰切，音按。魚名。"（556上）《正字通·魚部》："鮟，俗字。鰋，一作鰄，鮟即鰋之譌。舊注：音按。魚名。誤。"（1344上）《正字通》所言當是。《說文·魚部》："鰋，鮀也。从魚，匽聲。鰋，鰋或从偃。"（244上）《玉篇·魚部》："鰋，於幰切。魚名。鰋，同上。"（115下左）正如"胺"同"腰""膻"、"鵪"同"鶊""鶏"等，"鮟"當即"鰋""鰋"之異體字。《集韻》音"烏暉切"，當為丁度等妄改，疑不可據。

1007. 鱼予：《新修玉篇》卷二十四《魚部》引《玉篇》："鱼予鮮，二覆浮切。鱄鮮也。"（203下左）

按："鱼予"字，《篇海》《玉篇》皆未收。據《新修玉篇》，"鱼予"當即"鮮"之偏旁易位俗字。

1008. 鮡：《新修玉篇》卷二十四《魚部》引《龍龕》："鮡，治小切。魚名，似鮎而大。"（203下左）

按："鮡"當即"鮡"字之俗。《龍龕》卷一《魚部》："鮡，或作；鮡，正。治小反。魚名，似鮎而大也。二。"（169）此即其證也。

1009. 鰤：《新修玉篇》卷二十四《魚部》引《餘文》："鰤，方結切。魚行皃。"（204上右）

按：《篇海》同。此字《玉篇》《廣韻》皆未收，《集韻》收之，當即丁度等據俗書所增。《集韻》入聲屑韻必結切："鰤，魚行皃。"（706）《字彙·魚部》："鰤，必列切，音別。魚行。"（566下）《正字通·魚部》："鰤，俗字。魚行不必別作鰤。"（1348上）《正字通》所言當是。今案："鰤"疑即"鱉"字之俗。《玉篇·魚部》："鱉，並滅切。俗鼈字。"（117上右）《集韻》入聲薛韻必列切："鼈鱉，《說文》：'甲介蟲也。'或从魚。"（714）"鰤"與"鱉"音同形近，正如《龍龕》（298）"鱉"俗作"鯯"、《集韻》（706）"暼"俗作"弼"、"炦"同"爕"等，"鰤"疑即"鱉"字俗省。《集韻》訓"鰤"為"魚行皃"，疑不可據。

1010. 鯑：《新修玉篇》卷二十四《魚部》引《餘文》："鯑，息果切。魚名。"（204下右）

按：《篇海》同。《廣韻》上聲果韻蘇果切："鯑，魚名。"（207）《集韻》上聲果韻損果切："鯑，魚名。或作鱢。"（406～407）"鯑"下當誤脫了被訓詞"鯑鮚"，遂致拆駢為單。《説文·魚部》："鮚，蚌也。从魚，吉聲。《漢律》會稽郡獻鮚醬。"（280上）段玉裁注："鮚，《地理志》會稽鄞縣有鮚埼亭。師古曰：'鮚，蚌也。長一寸，廣二分，有一小蟹在其腹中。埼，曲岸也，其中多鮚，故以名亭。'"述古堂影宋鈔本《集韻》入聲屑韻詰結切："蛣，瑣蛣，蟲名。長寸餘，腹中有蟹，子如榆莢，合體為蛣。一曰蚌之小者。"（703）"瑣蛣"，揚州使院重刻本、宋刻本《集韻》皆作"鯑蛣"。《本草綱目·介部·海鏡》："時珍曰：一名鏡魚，一名璅蛣，一名膏藥盤。生南海，兩片相合成形，殼圓如鏡，中甚瑩滑，映日，光如雲母。內有少肉，如胖（蚌）胎。腹有寄居蟲，大如豆，狀如蟹，海鏡饑則出食，入則鏡亦飽矣。"《文選·郭璞〈江賦〉》："璅蛣腹蟹。"李善注："《南越志》曰：璅蛣長寸餘，大者長二三寸，腹中有蟹子，如榆莢，合體共生，俱為蛣取食。"《抱樸子·對俗》："川蟹不歸而蛣敗，桑樹見斷而蠹殄。"故"鯑鮚""鱢鮚"與"璅蛣""瑣蛣""蝋蛣"音義並同，即為同詞異寫。《正字通·魚部》："鯑，同蝋。"（1351上）《正字通》所言是也。

1011. 鮈：《新修玉篇》卷二十四《魚部》引《川篇》："鮈，音掬。"（204下右）

按：《篇海》同。《玉篇·魚部》："鮈，居六切。魚。"（116下左）"鮈"與"鮈"音同形近，正如韓小荊《〈可洪音義〉研究》（525）"局"俗作"宭"，"鮈"當即"鮈"字之俗。

1012. 鱢：《新修玉篇》卷二十四《魚部》引《玉篇》："鱢，祖道切。魚名。《韻》注：魚名，似鯉，雞足。《韻》又鉏交切。魚子。又蘇果切。魚名。鯑，同。"（204下左）

按：《集韻》上聲果韻損果切："鯑，魚名。或作鱢。"（406～407）正如上文所言，"鯑"下當誤脫被訓詞"鯑鮚"，遂致拆駢為單。"鯑鮚""鱢鮚"與"璅蛣""瑣蛣""蝋蛣"音義並同，即為同詞異寫（説詳上文"鯑"字條）。

1013. 鯛鯛：《新修玉篇》卷二十四《魚部》引《奚韻》："鯛，古莧

切。魚名。"（205 上右）

按：《篇海》卷三《魚部》引《奚韻》："鯛，古莧切。魚名。"（615下）"鯛""鯛"即同字異寫。《字彙·魚部》："鯛，居晏切，音澗。魚名。"（569 上）《正字通·魚部》："鯛，俗字。舊注音澗，汎云魚名，誤。"（1354 上）《正字通》所言當是。今案："鯛""鯛"疑即"觲"字俗訛。《說文·竹部》："篝，收絲者也。从竹，䕫聲。觲，篝，或从角、从閒。"（91 上）《集韻》去聲襇韻居莧切："觲，角雙者為觲。一曰篝也。"（562）"篝"同"篝"。"鯛""鯛"與"觲"音同形近，又"角"旁、"魚"旁形近，俗書或可訛混，如："斛"俗作"魿"（見《叢考》1164）、"鉅"俗作"鉅"（見《叢考》1163）、"魟"俗作"魷"（見《叢考》1168）、"鰓"俗作"鰓"（見《續考》466～467）、"鱳得"俗作"鱳得"（見《續考》473）、"鯀"俗作"舩"（見《集韻》364）、"鯹"俗作"鯹"（見漢《曹全碑》）、"鯹"俗作"鯹"（見《龍龕》511）、"歠"俗作"歠"（見《集韻》138）等，"鯛""鯛"疑即"觲"字俗訛。"鯛""鯛"，《新修玉篇》《篇海》訓"魚名"，疑皆為望形生訓也。

1014. 鼃：《新修玉篇》卷二十四《魚部》引《玉篇》："鼃，弋證切。小魚也。《韻》又食陵切。小魚。又莫杏切。蛙屬。"（205 上左）

按：《廣韻》上聲梗韻莫杏切："鼃，蛙屬也。"（215）"鼃"當即"黽"字之俗。《爾雅·釋魚》："鼁鼀，蟾蜍。在水者黽。"郭璞注："耿黽也，似青蛙，大腹，一名土鴨。"（142）《說文·黽部》："黽，鼃黽也。"（285 上）《玉篇·黽部》："黽，眉耿切，蝦蟆屬，似青蛙而大腹。又名土䶃。"（120 上右）故"鼃"與"黽"音義並同，"鼃"當即"黽"之增旁俗字。

1015. 鱹：《新修玉篇》卷二十四《魚部》引《廣集韻》："鱹，古玩切。闕。人名，宋有鱗鱹。通作瓘。"（205 上左）

按：此字《說文》《玉篇》皆未收，《廣韻》亦不錄，《集韻》收之，當即丁度等據俗書所增。《集韻》去聲換韻古玩切："鱹，闕。人名，宋有鱗鱹。"（555）《說文·目部》："瓘，目多精也。从目，雚聲。益州謂瞋目曰瓘。"（65 下）"瓘"，《廣韻》亦音"古玩切"。據《新修玉篇》，"鱹"當即"瓘"字之俗。《左傳·文公十六年》："公孫友為左師，華耦為司馬，鱗鱹為司徒，蕩意諸為司城，公子朝為司寇。"杜預注："鱹，古亂反。"（清嘉慶刊本《十三經註疏》）然查《四庫》本《春秋左傳註疏》卷十八正文及注文皆作"矖"，《四庫》本《讀禮通考》卷五、《四庫》本《五禮通考》卷二百十六、《四庫》本《春秋釋例》卷八、《四庫》本《春秋分記》卷十六、四十三、六十二等亦皆作"矖"，故"鱹"當即"矖"字之俗，"鱹"當因受上文"鱗"字類化影響而改換義符所形成的異體俗字。

1016. 鼦：《新修玉篇》卷二十五《鼠部》引《餘文》："鼦，音方。地鼠。"（205下左）

按：《篇海》同。此字《說文》《玉篇》皆未收，《廣韻》亦不錄，《集韻》收之，當即丁度等據俗書所增。《集韻》平聲陽韻分房切："鼦，地鼠。"（211）《字彙·鼠部》："鼦，敷房切，音方。地鼠也。"（588上）《正字通·鼠部》："鼦，鼢字之譌。舊注'地鼠'，與《說文》'鼢'訓同，改音方，非。"（1405下）《正字通》所言當是。《爾雅·釋獸》："鼢鼠。"郭璞注："地中行者。"郝懿行義疏："《類聚》引《廣志》云：'鼢鼠深目而短尾。'按：此鼠今呼地老鼠。產自田間，體肥而區，尾僅寸許。潛行地中，起土如耕。《方言》謂之'犁鼠'。郭注：'犁鼠，鼢鼠也。'"《說文·鼠部》："鼢，地行鼠。一曰偃鼠。从鼠，分聲。"（205下）"鼢"，《廣韻》音"符分切"。"鼦"與"鼢"義同，又"分"旁、"方"旁俗寫形近，或可訛混，如：黃征《敦煌俗字典》"分"俗作"𠆢""𠔺"、韓小荊《〈可洪音義〉研究》"芬"俗作"芅"、《叢考》"紛"俗作"𥿭"、梁春勝《楷書異體俗體部件例字表》"芳"俗作"芛"等，"鼦"疑即"鼢"字之俗。"鼦"字，《集韻》音"分房切"，疑為望形生音。

1017. 𪕭：《新修玉篇》卷二十五《鼠部》引《川篇》："𪕭，公木、古容二切。"（205下左）

按：《玉篇·鼠部》："𪕭，公祿切。鼬鼠也。"（117上左）"𪕭"與"𪕭"音同形近，"𪕭"當即"𪕭"之異體字。

1018. 鼺：《新修玉篇》卷二十五《鼠部》引《川篇》："鼺，力牛切。食竹根鼠。"（205下左）

按：《集韻》平聲尤韻力求切："鼺，《說文》：'竹鼠也，如犬。'"（261）"鼺"與"鼺"音義並同，"鼺"當即"鼺"字之俗。

1019. 鼿：《新修玉篇》卷二五《鼠部》引《奚韻》："鼿，古黃切。"

（205下左）

按：《篇海》卷十二《鼠部》引《川篇》："鼣，古黄切。鼠也。"（763下）"鼣"字，《新修玉篇》與《篇海》引書不同，《新修玉篇》所言疑是。《正字通·鼠部》："鼣，俗字。鼠不必別名鼣。"（1406下）《正字通》謂"鼣"為俗字，所言當是。今案："鼣"疑即"鼩"字之俗。《爾雅·釋獸》："鼩鼠。"郭璞注："小鼱鼩也。亦名蹤鼩。"（158）《說文·鼠部》："鼩，精鼩鼠也。"（206下）《玉篇·鼠部》："鼩，巨于切。鼱鼩鼠也。"（117上左）《新撰字鏡·鼠部》："鼩，渠句反。小鼠。鼣，上字。䶕，亦上字。"（479）此即其證也。"鼣"即為"鼩"字俗訛。《新修玉篇》音"古黄切"，此當為望形生音。"䶕"亦為"鼩"字之俗，此字《大字典》《字海》皆未收，可據補。又《字彙補·鼠部》："爴，同鼣。"（271上）"爴"當即"鼣"之偏旁易位俗字，"鼣"即"鼩"字之俗，則"爴"亦當為"鼩"字之俗。

1020. 鼪：《新修玉篇》卷二十五《鼠部》引《川篇》："鼪，火崗切。"（205下左）

按：《篇海》卷十二《鼠部》引《川篇》："鼪，火有切。"（763下）"鼪""鼪"當即一字之變，然《新修玉篇》與《篇海》讀音不同，當以《新修玉篇》為是，《篇海》音"火有切"，當為"火崗切"之誤。又《新修玉篇》卷二十五《鼠部》下文引《奚韻》："鼣，火崗切。"（205下右）《篇海》卷十二《鼠部》下文引《川篇》："鼣，火崗切。"（763下）"鼣"字，《新修玉篇》與《篇海》引書不同，當以《新修玉篇》為是。"鼪""鼪"與"鼣"音同形近，亦當為一字之變。《疑難字》"鼣"字下注："以形求之，此字當是'鼣'字俗訛。"（627）《疑難字》所言當是。據此，則"鼪""鼪"亦當即"鼣"字俗訛。

1021. 虺：《新修玉篇》卷二十五《虫部》引《玉篇》："虺，魚袁切。蝚虺也。《韻》又五丸切。毒蛇。"（206上右）

按：《廣韻》平聲桓韻五丸切："虺，毒蛇。"（75）《集韻》平聲桓韻吾官切："虺，毒蛇。"（148）此"虺"當即"虺"字之俗。《爾雅·釋魚》："蝮、虺、博三寸，首大如擘。"邢昺疏："案，舍人曰：'蝮，一名虺。江、淮以南曰蝮，江、淮以北曰虺。'孫炎曰：'江、淮以南謂虺為蝮，廣三寸，頭如拇指，有牙最毒。'"《詩經·小雅·斯干》："維熊維羆，維虺維蛇。""虺"，《廣韻》音"許偉切"。"虺"即指一種毒蛇。

"虺"與"虺"義同,且構字部件相近,"虺"當即"虺"字之俗。韓小荊《〈可洪音義〉研究》(488)"虺"俗作"虺"。《可洪音義》卷一《放光般若經》第九卷:"虵虺,五官反。或作虺。許鬼反。"(59,p572a3)此"虺"即"虺"字之俗。此即其證也。又《大字典》"虺"字此義之下又以《新書·耳痺》及《憎蚊》作為例證:《新書·耳痺》:"燕雀剖而虺蛇生。"宋歐陽修《憎蚊》:"蠅蚉蚤虱蟻,蜂蝎虺蛇蝮。"從文意來看,以上兩例之中的"虺蛇"當同"虺蛇","虺"當皆為"虺"字之俗。此亦其證也。故"虺"訓"毒蛇",當即"虺"字之俗。《可洪音義》音"五官反",此當即望形生音。《廣韻》音"五丸切",此亦當為望形生音。《集韻》承襲其誤,亦非。

1022. 蚨:《新修玉篇》卷二十五《虫部》引《玉篇》:"蚨,符万切。蟲名。"(206下右)

按:《篇海》卷十三《虫部》引《餘文》:"蚨,符万切。蟲名。"(783上)"蚨"字,《新修玉篇》與《篇海》引書不同,《篇海》所言當是,因為《玉篇》未見收錄此字。《廣韻》去聲願韻符万切:"蚨,蟲名。"(302)《集韻》去聲願韻扶萬切:"蚨,蟲名。"(549)《字彙·虫部》:"蚨,符諫切,音飯。蟲名。"(423上)《正字通·虫部》:"蚨,蚌字之譌。"(987上)《正字通》所言當是。《説文·虫部》:"蚌,蟥蟥,以翼鳴者。从虫,并聲。"(281上)《玉篇·虫部》:"蚌,步丁切。甲蟲也。"(117下左)《廣韻》平聲青韻薄經切:"蚌,以翼鳴蟲。"(130)"蚨"與"蚌"形近義同,正如韓小荊《〈可洪音義〉研究》(365)"餅"俗作"餅","蚨"疑即"蚌"字之俗。"蚨"字,《廣韻》音"符万切",疑為望形生音;《集韻》音"符諫切",此當為承襲《廣韻》之誤。

1023. 蚚:《新修玉篇》卷二十五《虫部》引《餘文》:"蚚,丁呂切。蟲名。"(206下右)

按:《篇海》同。《集韻》上聲語韻展呂切:"蚚,蟲名。"(331)"蚚"疑即"蛀"之異體字。《廣韻》去聲遇韻之戍切:"蛀,蛀蟲。"(261)《集韻》去聲遇韻朱戍切:"蛀,蠹也。"(497)"蚚"與"蛀"音近義同,正如"註"同"竚"、"眝"同"貯"等,"蚚"疑即"蛀"之異體字。

1024. 蚰:《新修玉篇》卷二十五《虫部》引《玉篇》:"蚰蜒,乎恢

切。人腹中長蟲也。上《韻》又呼罪切。蚘，毒蟲。"（206下左）

按：《廣韻》上聲賄韻呼罪切："蚘，土蚘，毒蟲。"（183）《集韻》上聲賄韻虎猥切："蚘，土蟲名。"（346）此"蚘"當即"虺"之異體字。《爾雅·釋魚》："蝮、虺，博三寸，首大如擘。"邢昺疏："案，舍人曰：'蝮，一名虺。江、淮以南曰蝮，江、淮以北曰虺。'孫炎曰：'江、淮以南謂虺為蝮，廣三寸，頭如拇指，有牙最毒。'"郝懿行義疏："《爾雅》所釋乃是土虺，今山中人多有見者，福山、棲霞謂之土腳蛇，江、淮間謂之土骨蛇，長一尺許，頭尾相等，狀類土色，人誤踐之，躍起中人。""虺"，《廣韻》音"許偉切"。"土蚘"當同"土虺"，"蚘"與"虺"音近義同，"蚘"當即"虺"之異體字。

1025. 蚈：《新修玉篇》卷二十五《虫部》引《龍龕》："蚈，音演。"（207上右）

按：《篇海》卷十三《虫部》引《川篇》："蚈，音演。"（783下）下文又曰："蚈，音行。"（783下）"蚈""蚈"當即一字之變，然《新修玉篇》與《篇海》引書不同，當以《篇海》為是，因為《新修玉篇》誤脫了《川篇》的引書符號，遂致此誤。又"蚈"字，《篇海》音"行"，當為望形生音，不足據。"蚈""蚈"當即"蜒（蝘）"字之俗。《方言》卷十一："蚰蜒，自關而東謂之螾蜒，或謂之人耳，或謂之蛝䗁。"（71）《廣韻》上聲獮韻以淺切："蝘，螾蝘，蟲。"（196）《集韻》平聲僊韻夷然切："蜒，蚰，蟲名。亦書作蝘。"（167）故"蚈""蚈"與"蜒（蝘）"音同形近，"蚈""蚈"當並即"蜒（蝘）"字之俗。

1026. 蚴：《新修玉篇》卷二十五《虫部》引《龍龕》："蚴，音蜣。"（207上右）

按：《篇海》卷十三《虫部》引《龍龕》："蚴，音蜣。"（783下）"蚴""蚴"即同字異寫，通行本《龍龕》未見收錄。《玉篇·虫部》："蜣，丘良切。蜣蜋。啖糞蟲也。蚴，同上。又其虐切。"（117下左）"蚴""蚴"與"蜣"音同形近，當並即"蜣"字之俗。

1027. 蜠：《新修玉篇》卷二十五《虫部》引《餘文》："蜠，苦悶切。蟲名。"（207上左）

按：《篇海》同。此字《玉篇》《廣韻》皆未收，《集韻》始收之，當即丁度等據俗書所增。《集韻》去聲恩韻苦悶切："蜠，蟲名。"（550）"蜠"疑即"蜠"字之俗。《爾雅·釋魚》："蜠，大而險。"郭璞注："險者謂污薄。"(143)邢昺疏:"此辨貝居陸、居水、大小文彩不同之名也……大而污薄者名蜠。"《玉篇·虫部》:"蜠,巨隕、去筠二切。貝也。《爾雅》曰:'蜠,大而險。'"(118下右)"蜠"與"蜠"形近,"困""困"形近俗寫極易訛混,如《〈可洪音義〉研究》(532)"菌"俗作"茵"、《〈可洪音義〉研究》(544)"悃"俗作"悃"等,"蜠"當即"蜠"字俗寫之訛。《正字通·虫部》:"蜠,與蜠同,俗省。舊注汎云'蟲名',分二音,誤。"(993下)《正字通》所言是也。"蜠"字俗作"蜠",《集韻》音"苦悶切",此當即望形生音;又訓"蟲名",此當為望形生訓。

1028. 蛇:《新修玉篇》卷二十五《虫部》引《玉篇》:"蛇,視遮切。姓也。見《姓苑》。出南昌郡。"(207上左)

按:今本《玉篇》未見收錄此字,《新修玉篇》謂引《玉篇》,當誤。故宮本《裴韻》平聲麻韻視奢反:"佘,姓。"(558)《廣韻》平聲麻韻視遮切:"佘,姓也。見《姓苑》。出南昌郡。"(109)《集韻》平聲麻韻時遮切:"蛇,姓也。或作佘。"(204)故"蛇"當即"佘"之增旁俗字,而"佘"又當即"余"字俗寫之誤。《康熙字典·人部》:"佘,《集韻》時遮切,音闍。姓也。按:古有'余'而無'佘','余'之轉韻為禪遮切,音蛇。姓也。楊慎曰:'今人姓有此而妄寫作佘,此不通曉《說文》而自作聰明者。余字從舍省,舍與蛇近,則禪遮之切為正音矣。五代宋初,人自稱曰沙家,即余家之近聲,可證而、賖字從余亦可知也。"(27下)此即其證也。

1029. 蚪:《新修玉篇》卷二十五《虫部》引《龍龕》:"蚪,音斗。科蚪蟲也。"(207上左)

按:《龍龕》卷二《虫部》:"蚪,俗;蚪,正。音斗。蝌蚪蟲也。二。"(222)"蚪"當即"蚪"字異寫,亦即"蚪"字之俗。

1030. 蜦:《新修玉篇》卷二十五《虫部》引《餘文》:"蜦,丑升切。蛤屬。"(207下右)

按:《篇海》同。《集韻》平聲蒸韻丑升切:"蜦,蛤屬。"(250)"蜦"當即"蟶"字之俗。《名義·虫部》:"虰,丑經反。蠱。蟶,同上。"(253下)《玉篇·虫部》:"虰,丑經切。蠱虰也。蟶,同上。"[1]

---

[1] 按:"蠱蟶也",當如胡吉宣《玉篇校釋》(4946)所言校作"虰蟶也"為是。

（117下左）"螏"即"蚚"之異體字，指"一種赤色斑駁的大蟻"。《大字典》《字海》"螏"字下此義皆未載，可據補。"螏"又指"一種蚌屬的軟體動物"。《廣韻》平聲清韻丑貞切："螏，蚌屬。"（125）"蚌屬""蛤屬"義同，故"蜯"與"螏"音義並同，"蜯"當即"螏"通過改換聲符而形成的異體字。《正字通・虫部》："蜯，俗螏字。舊注音訓與'螏'同，誤分為二。"（995下）《正字通》所言是也。

1031. 蝂：《新修玉篇》卷二十五《虫部》引《龍龕》："蝂，音受。蟲也。"（207下左）

按：《篇海》同。《龍龕》卷二《虫部》："蝯，音愛。"（223）《龍龕》只收"蝯"字，別無"蝂"字，"蝂""蝯"當即一字之變。《字彙・虫部》："蝂，是酉切，音受。蟲也。"（425下）《正字通・虫部》："蝂，俗字。舊注音受，汎云蟲也。一曰：蝯字之譌。"（994下）《正字通》"一曰"之說當是。《說文・虫部》："蝯，善援，禺屬。从虫，爰聲。"（283下）"蝯"，《廣韻》音"雨元切"。"蝯""蝂"與"蝯"形近，又"爰"旁、"愛"旁、"受"旁形近，俗書或可訛混，如韓小荊《〈可洪音義〉研究》"曖"俗作"暖"（344）、"爰"俗作"受"（800）、"授"俗作"挼"（678）等，"蝯""蝂"當並即"蝯"字俗訛。"蝯"音"愛"、"蝂"音"受"，疑皆為望形生音；《新修玉篇》《篇海》訓"蝂"為"蟲也"，當為望形生訓。

1032. 蠆：《新修玉篇》卷二十五《虫部》引《龍龕》："蠆，丑介切。毒蟲也。"（207下左）

按：《龍龕》卷二《虫部》："蠆，丑介反。毒蟲也。"（223）"蠆"與"蠆"音義並同，"蠆"當即"蠆"字之俗。

1033. 蜤：《新修玉篇》卷二十五《虫部》引《類篇》："蜤，音斯。"（207下左）

按：《篇海》同。《廣韻》平聲支韻息移切："蟴，《爾雅》曰：'蟴螽，蛓蝪。'郭璞云：'蛓蟓也。'"（20）"蜤"與"蟴"音同形近，"蜤"當即"蟴"字俗訛。

1034. 蝙：《新修玉篇》卷二十五《虫部》引《玉篇》："蝙，布田切。蝙蝠，亦名蟙䘃，又名仙鼠，又名服翼。《韻》又部田切。魚名。"（208上右）

按：《集韻》平聲先韻蒲眠切："蝙，魚名。"（159）此"蝙"當即

"鯿"字異體。《玉篇·虫部》："鰱，卑連切，魴魚也。鯿，同上。"（115下左）《廣韻》平聲仙韻卑連切："鰱，魚名。鯿，同上。"（88）《集韻》平聲先韻卑眠切："鯿，魚名。"（159）"蝙"與"鯿"音近義同，故此"蝙"當即"鯿"字之俗。

1035. 蛥：《新修玉篇》卷二十五《虫部》引《餘文》："蛥，所景、息正二切。蟲名。"（208上左）

按：《類篇·虫部》："蛥，乃定切。蟲名，似蟬。"（498上）此"蛥"當即"蠳"之異體字。《集韻》去聲徑韻乃定切："蠳，蟲名，似蟬。"（608）"蛥"與"蠳"音義並同，故此"蛥"當即"蠳"之異體字。

1036. 蝴：《新修玉篇》卷二十五《虫部》引《餘文》："蝴，戶吾切。蜂屬。"（208上左）

按：《篇海》同。《集韻》平聲模韻洪孤切："蝴，蜂屬。"（89）"蝴"本當作"胡"。《爾雅翼》卷二十六："又土蠭，黑色，似木蠭而大，地中作房。蠭之最大者螫人至死，能食蜘蛛。《楚辭》云：'赤蟻若象，蠭若壺壺。'形圓大，故蠭似之。《方言》：'蠭大而蜜謂之壺蠭。'今人亦呼為胡蠭。"《本草綱目·虫部》第三十九卷"大黃蜂"條注曰："黑色者名胡蜂（《廣雅》）、壺蜂（《方言》）、佩瓠蜂（音鈎婁）、玄瓠蜂。"故"蝴"當本作"胡"。

1037. 蜑：《新修玉篇》卷二十五《虫部》引《川篇》："蜑，音喪。蟲也。"（208上左）

按：《篇海》同。《字彙·虫部》："蜑，蘇郎切，音喪。蟲也。"（427下）《正字通·虫部》："蜑，蠶字之譌。舊注音喪，汎訓蟲，誤。"（1000上）《方言》卷十一："蟓蠶謂之蟥。自關而東謂之蝓蝓，或謂之蠶蠋。"（70~71）"蠶"，《廣韻》音"居倦切"。"蜑"與"蠶"音義俱別，且二者字形相去甚遠，"蠶"無緣變作"蜑"，故《正字通》之說疑不可據。今案："蜑"音"喪"，疑即"喪"字俗訛。"喪"字俗作"桒""桒""桒""桒""桒"等形（見韓小荊《〈可洪音義〉研究》661頁"喪"字條），"蜑"與"喪"字以上諸俗字形體相近，"蜑"疑即"喪"字俗訛。《新修玉篇》《篇海》訓"蜑"為"蟲也"，疑為望形生訓。

1038. 蠷：《新修玉篇》卷二十五《虫部》引《川篇》："蠷，巨略

切。"（208 上左）

按：《篇海》同。《廣韻》入聲藥韻其虐切："蠷，天神蟲。"（408）"蠷"與"蠷"音同形近，"蠷"當即"蠷"字之俗。

1039. 雖：《新修玉篇》卷二十五《虫部》引《奚韻》："雖，音雖。"（208 上左）

按：《篇海》同。"雖"音"雖"，當即"雖"字之俗。

1040. 蟹：《新修玉篇》卷二十五《虫部》引《玉篇》："蟹，布姦切。蟹蟹，毒蟲。"（208 上左）

按：《類篇·虫部》："蟹，呼玩切。蟲名，大鼇也。"（493 下）此"蟹"當即"蠸"之異體字。《集韻》去聲換韻呼玩切："蠸，蟲名，大鼇也。"（555）"蟹"與"蠸"音義並同，故此"蟹"當即"蠸"之異體字。

1041. 螅：《新修玉篇》卷二十五《虫部》引《龍龕》："螅，去例切。螅（當為字頭誤重）息也。"（208 下右）

按：《篇海》同。《龍龕》卷二《虫部》："螅，俗。去例反。正作憩。息也。"（224）故此"螅"當即"憩"字俗訛。《大字典》收錄"螅"字，第一義項讀音據《篇海》引《龍龕》音 xī，卻訓為"螅蟀"，並謂也作"蟋蟀"，"蟲名"，下文又以《逸周書·時訓》"小暑之日，溫風至。又五日，螅蟀居辟（壁）"作為例證。《大字典》這樣處理有兩個問題：一、據《篇海》所引《龍龕》反切當讀 qì，而非讀 xī；二、《龍龕》之"螅"與《逸周書·時訓》之"螅"並非一字。正確的處理方式應該是：《大字典》"螅"字第一義項應該分為兩個義項：第一義項以《龍龕》作為書證，讀 qì，並謂同"憩"；第二義項應以《逸周書·時訓》作為例證，讀 xī，並謂同"蟋蟀"。

1042. 蠚：《新修玉篇》卷二十五《虫部》引《餘文》："蠚，祖外切。蟲也。又子芮切。"（208 下右）

按：《篇海》同。《廣韻》去聲泰韻祖外切："蠚，蟲也。又山（此）芮切。"（282）"蠚"當即"蠿"字之俗。《說文·虫部》："蠿，蟲也。从虫，叕聲。"（279 上）《廣韻》去聲祭韻此芮切："蠿，蟲名。"（274）"蠚"與"蠿"音義並同，"蠚"當即"蠿"字之俗。《集韻》去聲泰韻祖外切："蠿，蟲名。"（520）《集韻》即作"蠿"，此是其證也。

1043. 蛬：《新修玉篇》卷二十五《虫部》引《餘文》："蛬，五介

切。蟲名，呞食草木葉。"（209 上右）

按：《篇海》同。此字《説文》《玉篇》皆未收，《切韻》亦不録，《廣韻》收之，當即陳彭年等據俗書所增。《廣韻》去聲怪韻五介切："蟍，蟲名，呞食草木葉也。"（286）《集韻》去聲怪韻牛戒切："蟍，蟲名，食木葉。"（527）《字彙·虫部》："蟍，牛懈切，音啀。蟲名，呞食草木葉。"（429 上）《正字通·虫部》："蟍，蠡字之譌。"（1002 下）《正字通》所言疑是。《説文·虫部》："蠡，復陶也。劉歆説：蠡，蚍蜉子；董仲舒曰：蝗子也。从虫，彖聲。"（280 下）"蠡"，《廣韻》音"與專切"。"蟍"與"蠡"形近，"蟍"疑即"蠡"字俗訛。"蟍"字，《廣韻》音"五介切"，當為望形生音；訓"呞食草木葉也"，疑因"蝗子"之"蝗"而妄改。

1044. 蝑：《新修玉篇》卷二十五《虫部》引《川篇》："蝑，相居切。"（209 上右）

按：《篇海》同。《説文·虫部》："蝑，蛒蝑也。从虫，胥聲。"（281 下）"蝑"，《廣韻》音"相居切"。"蝑"與"蝑"音同形近，"蝑"當即"蝑"字之俗。

1045. 螓：《新修玉篇》卷二十五《虫部》引《餘文》："螓，巨金切。蟲名。"（209 上左）

按：《篇海》同。《集韻》平聲侵韻渠金切："螓，蟲名。"（280）從我們所見材料來看，螓"字有三個來源：一、"螓"當即"螭"字之俗。《可洪音義》卷一四《佛本行集經》第廿六卷："螓，丑知反。獸名。正作螭。"（59，p1082a8）《龍龕》卷二《虫部》："螓，俗；螭，正。丑知反。無角龍也。"（220）以上二書皆其證也。二、"螓"當即"禽"字之俗。《可洪音義》卷一五《摩訶僧祇律》第六卷："飛螓，巨今反。正作禽、螓二形。又丑知反，非。"（59，p1104c4）此即其證也。三、"螓"當即"魑"字之俗。《可洪音義》卷二九《弘明集》第八卷："螓魅，上丑知反。"（60，p535b3）"螓魅"同"魑魅"，此"螓"當即"魑"字之俗。《集韻》汎訓"螓"為"蟲名"，非是。

1046. 蠮：《新修玉篇》卷二十五《虫部》引《餘文》："蠮，於計切。蟲名。"（209 上左）

按：《篇海》同。《集韻》去聲霽韻壹計切："蠮，蟲名。"（508）《字彙·虫部》："蠮，於戲切，音翳。蟲名。"（429 上）《正字通·虫部》：" 蝨，俗蠞字。"（1003上）《正字通》所言當是。《方言》卷十一：
"蠡，其小者謂之蠞蟓。"郭璞注："小細腰蠡也。"（70）《廣韻》入聲屑
韻烏結切："蠞，蠞蟓。"（402）"蝨"與"蠞"形近義同，"蝨"當即
"蠞"字俗省。《集韻》音"壹計切"，當為丁度等不識其為"蠞"字之
俗而妄改。

1047. 蠘：《新修玉篇》卷二十五《虫部》引《川篇》："蠘，音棄，
又音契。"（209上左）

按：《篇海》同。《廣韻》去聲至韻詰利切："蟸，蟸蠡，蟲名。"
（247）"蟸"，《廣韻》又音"苦計切"。"蠘"與"蟸"音同形近，"蟸"
字異體作"蠤"，"蠘"當即"蠤"字之俗，亦同"蟸"。

1048. 蟺：《新修玉篇》卷二十五《虫部》引《玉篇》："蟺，市演
切。蚯蚓也。《韻》又徒干切。水蟲名，似蜥蜴……又徒何切。《說文》
曰：'水蟲也，似蜥蜴而長大。'同作鼉。"（209下右）

按：《集韻》平聲戈韻唐何切："鼉，《說文》：'水蟲，似蜥蜴，長
大。'或作蟺、鱓。"（201）故此"蟺"與"鼉""鱓"音義並同，即為
異體字。

1049. 蝹：《新修玉篇》卷二十五《虫部》引《龍龕》："蝹，音愛。"
（209下右）

按：《篇海》同。《龍龕》卷二《虫部》："蝹，音愛。"（223）"蝹"
疑即"蝹"字俗訛。（詳見上文"蝹"字注）

1050. 蚭：《新修玉篇》卷二十五《虫部》引《餘文》："蚭，房脂
切。蟲名。"（209下右）

按：《篇海》同。《廣韻》平聲脂韻房脂切："蚭，蟲名。"（23）《集
韻》平聲脂韻頻脂切："蚭，蟲名。"（49）"蚭"疑即"蚍"字之俗。
《爾雅·釋蟲》："蚍蜉，大螘。"《說文·虫部》："蟲，蚍蜉，大螘也。從
蟲，毗聲。蚍，蟲或從虫，比聲。"（285下）《廣韻》平聲脂韻房脂切：
"蚍，蚍蜉，大螘。"（23）《集韻》平聲脂韻頻脂切："蚭，蟲名。《說
文》：'蚍蜉，大螘也。'或作蚍、蜰。"（49）"蚭"與"蚍"音義並同，
"蚭"疑即"蚍"字之俗。《龍龕》卷二《虫部》："蚭，音毗。蟲名。
蟲，古；蟁，或作；蚍，今。音毗。[蚍]蜉也。四。"（220）據《龍龕》
體例，此"四"當謂"蚭"與"蟲""蟁""蚍"四字並為異體字。此是
其證也。故"蚭"當即"蚍"之異體字。

1051. 蝑：《新修玉篇》卷二十五《虫部》引《川篇》："蝑，音脆。蟲也。"（209下右）

按：《說文·虫部》："蠢，蟲也。从虫，叙聲。"（279上）《廣韻》去聲祭韻此芮切："蠢，蟲名。"（274）"蝑"與"蠢"音義並同，"蝑"當即"蠢"字之俗。

1052. 蠦：《新修玉篇》卷二十五《虫部》引《餘文》："蠦，力居切。諸蠦，蟲名。《韻》又良倨切。義同。"（209下左）

按：《篇海》卷十三《虫部》引《餘文》："蠦，力居切。諸蠦，蟲名。"（787上）《集韻》去聲御韻良據切："蠦，諸蠦，蟲名。通作慮。"（492）《爾雅·釋蟲》："諸慮，奚相。"郭璞注："未詳。"陸德明釋文："相，舍人本作桑。"陸德明音義又曰："諸慮，本或作蠦。施音臚，一音力據反。奚相，施音葙，謝息亮反。舍人本作桑。"盧文弨音義考證："諸慮，本或作蠦。《說文》無蠦字。"陸佃新義："即山欒也，非重出。為蜉蝣，出之蜉蝣大略。諸慮，擾擾，萬緒起矣。謂之奚相，君子不顧也。"郝懿行義疏："《釋文》：'慮，本或作蠦。相，舍人本作桑。'是此蟲名奚桑，與蠲桑相次，疑是其類。翟氏補郭云：'諸慮與山欒同名。'"尹桐陽義證："《釋艸》有：'諸慮，藤屬也。'此蟲名'諸慮'，謂善緣而若藤欒之附麗者，今蜈蚣也，蠨蛸別名。諸慮、蜈蚣一聲之轉。蠨蛸前有二足，後有四足，善緣而捷，因名諸慮。奚相，蠨蛸之聲轉，不取義也。"劉師培蟲名今釋："案：諸慮與山欒同名。相，當作桑，又與涅蠲桑相次，則此亦桑蟲之類。今桑木之蟲有色黑、身長，以身繞樹作盤屈之形，殆即此文之奚相也。因其形纏屈，故假山欒之名以為名。"以上諸說皆其證也。故"諸蠦"同"諸慮"，"蠦"本作"慮"。《正字通·虫部》："蠦，舊注：音盧。諸蠦，蟲名。又音慮。義同。按：《爾雅·釋木》：'諸慮，山欒。'注：'藤，似葛而粗大。'《釋蟲》：'諸慮，奚相。'郭注：'未詳。'無蟲名'諸蠦'者，蠦即蠦之譌。舊本鈔《篇海》誤。"（1011下）《爾雅·釋蟲》："蜚，蠦蜰。"《說文·蟲部》："蠱，臭蟲，負蠜也。从蟲，非聲。蜚，蠱或从虫。"（286上）"諸蠦"與"蠦蜰"義別，《正字通》謂"蠦"即"蠦"字之譌，非是。

1053. 蛘：《新修玉篇》卷二十五《虫部》引《類篇》："蛘，音羌。"（209下左）

按：《廣韻》平聲陽韻去羊切："蜣，蜣蜋。"（112）"蛘"與"蜣"

音同形近,"蛖"當即"蛖"字之俗。

1054. 蠚:《新修玉篇》卷二十五《虫部》引《餘文》:"蠚,魚貴切。再蠶也。"(210 上右)

按:《篇海》同。《集韻》去聲未韻虞貴切:"蠚,再蠶也。"(490)《字彙·虫部》:"蠚,魚胃切,音魏。再蠶也。"(433 下)《正字通·虫部》:"蠚,舊注:音魏。再蠶也。按:第二番蠶,方言秦晉謂之魏蠶。郭注:'魏,細也。'今轉為二蠶,本作魏。舊本改作蠚,非。"(1014 下)《正字通》所言當是。宋陸佃《埤雅》卷十一:"蠶,陽物也,惡水食而不飲。《淮南子》曰:'蠶食而不飲,蟬飲而不食,蜉蝣不食不飲。'再蠶謂之原蠶,一名魏蠶。今以晚葉養之,先王之法禁焉。《淮南子》曰:'原蠶再登,非不利也,然王者之法禁之,為其殘桑也。'"又宋羅願《爾雅翼》卷二十四:"蠶,再蠶也。原即再之義。或曰:'蠶不交而生者,徃。'徃為原蠶,原蠶一名魏蠶,莫知其說。"以上二書皆其證也。故"蠚"本當作"魏","蠚"當即"魏"因涉義而增加義符"虫"旁所形成的繁化俗字。

1055. 雦:《新修玉篇》卷二十五《虫部》引《廣集韻》:"雦,市流切。《説文》曰:'雙鳥也。'又《爾雅》曰:'雠由,樗繭。'郭璞注云:'食樗葉。'俗。"(210 上右)

按:《説文·雔部》:"雔,雙鳥也。从二隹。讀若醻。"(73 下)《集韻》平聲尤韻時流切:"雔,《説文》:'雙鳥也。'"(264)"雦"與"雔"音義並同,"雦"當即"雔"字之俗。

1056. 蠻:《新修玉篇》卷二十五《虫部》引《廣集韻》:"蠻,昨結切。蠻蠢。《韻》注。"(210 上右)

按:《集韻》未見收錄此字形。《説文·蚰部》:"蠿,蠿蟊,作罔蛛蟊也。从虫,叕聲。"(285 上)"蠿",《廣韻》音"朱劣切"。"蠻"與"蠿"音義並同,"蠻"當即"蠿"字之俗。

1057. 蠢:《新修玉篇》卷二十五《䖵部》引《廣集韻》:"蠢,章俱切。《韻》在桑谷切。注:'橄蠢也。'"(210 下右)

按:《集韻》入聲屋韻蘇谷切:"㯱,山名。《山海經》:'東山之首曰㯱蠢。'"(637)《山海經·東山經》:"東山經之首曰樕䗊之山。"郭璞注:"速、株二音。"郝懿行箋疏:"《廣韻》云:'樕株,山名。'疑即'樕䗊'之異文。"(255)郝氏之説當是。《名義·木部》:"樕,渠月反。

［檕］株，山名也。"（124下）《玉篇·木部》："橜，渠月切。橜株，山名。亦作槷。"（62下左）"檕"與"橜"音義並同，且位置相同，當即同字異體。箋注本《切韻》（斯2071）入聲月韻其月反："橜，株橜（當為'橜株'之誤倒）。"（143）敦煌本《王韻》、故宮本《王韻》、《唐韻》同。故宮本《王韻》入聲月韻其月反下文又曰："檕，檕株，山別（名）。"（514）《廣韻》入聲月韻其月切："橜，橜株，山名。"（389）《集韻》入聲月韻其月切："檕，檕株，山名。"（679）故"檕株"當同"橜株"。《名義》是以原本《玉篇》為基礎編纂而成的，《名義》作"［檕］株"，可見顧野王原本《玉篇》"檕"字下當以《山海經》為訓，其所見《山海經》亦作"檕株"。《切韻》系韻書亦作"橜株""檕株"，此亦其證也。今本《山海經》作"檕蠡"，"檕"當為"檕"之形誤；《集韻》作"㹛蠡"，"㹛"又當為"檕"字俗訛。故"㹛蠡"當即"檕蠡"之誤，而"檕蠡"與"橜株""檕株"並同。由"橜株"到"㹛蠡"的字形演變軌跡當是：橜株→檕株→檕蠡→檕蠡→㹛蠡。"檕蠡"，郭璞曰"速、株二音"，"速"疑為後人據"檕"之誤字"檕"而妄改，此疑非郭氏原注也。

1058. 蠚：《新修玉篇》卷二十五《虫部》引《龍龕》："蠚，戶瞎切。螻蛄別名。"（210下右）

按：通行本《龍龕》未見收錄此字形。《説文·虫部》："蠚，螻蛄也。从虫，辖聲。"（285上）"蠚"，《廣韻》音"胡瞎切"。"蠚"與"蠚"音義並同，"蠚"當即"蠚"字之俗。

1059. 龗：《新修玉篇》卷二十五《龜部》引《廣集韻》："龗，郎丁切。黃龗，（龜）名。"（210下左）

按：《集韻》平聲青韻郎丁切："龗，黃龗，龜名。"（247）《字彙·龜部》："龗，郎丁切，音零。黃龗，龜名。"（593上）《正字通·龜部》："龗，俗字。本作靈。舊注：音零。黃龗，龜名。誤。"（1415下）《正字通》謂"龗"本作"靈"，所言當是。舊題唐玄宗撰、李林甫等注《唐六典》卷第十四："太卜令掌卜筮之法，以占邦家動用之事，丞為之貳。一曰龜，二曰兆，三曰易，四曰式。凡龜占辨龜之九類、五色，依四時而用之。"注："一曰石龜，二曰泉龜，三曰蔡龜，四曰江龜，五曰洛龜，六曰海龜，七曰河龜，八曰淮龜，九曰旱龜。春用青靈，夏用赤靈，秋用白靈，冬用黑靈，四季之月用黃靈。""黃龗"當同"黃靈"，"龗"當本作

"龜"。

1060. 蠵：《新修玉篇》卷二十五《龜部》引《川篇》："蠵，戶圭切。龜也。"（210下左）

按：《篇海》卷二《龜部》引《川篇》："蠵，戶圭切。龜也。"（584上）"蠵"當即"蠵"字之俗。《爾雅·釋魚》："二曰靈龜。"郭璞注："涪陵郡出大龜，甲可以卜，緣中文似瑇瑁，俗呼為靈龜，即今觜蠵龜。一名靈蠵。能鳴。"（144）《說文·虫部》："蠵，大龜也。"（282上）《玉篇·虫部》："蠵，弋規切。觜蠵，似瑇瑁而薄，有文。"（118上左）"蠵"，《廣韻》音"戶圭切"。"蠵"與"蠵"音義並同，又從虫、從龜義通，故"蠵"當即"蠵"通過改換義符並經俗省而形成的異體字。《正字通·部》："蠵，蠵字之譌。舊注大龜，與蠵訓同，改音回，誤分為二。"（1415下）此說是也。

1061. 䚂：《新修玉篇》卷二十五《卵部》引《廣集韻》："䚂，苦角切。出《釋典》。"（211上右）

按：《集韻》入聲覺韻克角切："㲉，卵孚也。一曰物之孚甲。"（656）"䚂"與"㲉"音同形近，"䚂"當即"㲉"之偏旁易位俗字。

1062. 貵：《新修玉篇》卷二十五《貝部》引《川篇》："貵，匹遠切。財長也。"（211下右）

按：《篇海》同。《字彙·貝部》："貵，披免切，篇上聲。財長也。"（465上）《正字通·貝部》："貵，俗字。舊注：披免切，篇上聲。財長。泥。"（1101上）《正字通》謂"貵"為俗字，是也。今案："貵"當即"駢"字之俗。《廣雅·釋詁一》："駢，益也。"《名義·貝部》："駢，蒲堅反。益。"（262上）《龍龕》卷四《貝部》："駢，部田反。益也。"（350）《廣韻》平聲先韻部田切："駢，益也。"（84）王念孫疏證："駢者，增多之意，故為益也。""貵"與"駢"音義相近，"貵"當即"駢"之偏旁易位俗字，"貵"字上部所從之"矣"當即"駢"字右旁聲符"并"字俗寫。

1063. 賉：《新修玉篇》卷二十五《貝部》引《川篇》："賉，音恤。財長。"（211下右）

按：《篇海》同。從字形演變規律來看，"賉"當楷定作"賉"。"賉"疑即"賉"字之俗。《龍龕》卷三《貝部》："賉，辛律反。賑也。"（353）此"賑"義為"賑濟，以財物救濟"，即指以財物賑濟受助者，從而使其衣食等豐足；"賊"訓"財長"，當指"使其衣食等財物增長"，故"賊"與"䀹"音同義通，"賊"疑即"䀹"通過改換聲符而形成的異體字。

1064. 賜：《新修玉篇》卷二十五《貝部》引《龍龕》："賜，與之切。遺也；況也。"（211下右）

按："賜"當即"貽"字之俗。《龍龕》卷三《貝部》："賜賜賜，三俗；貽，正。與之反。遺也；況也。四。"（349）此即其證也。

1065. 賝：《新修玉篇》卷二十五《貝部》引《省韻》："賝，乎遘切。《玉篇》同。"（211下左）

按：《玉篇·貝部》："賝，乎豆切。龍目，出南海。"（120下左）"賝"與"賝"音同形近，"賝"當即"賝"之異寫字。

1066. 䍲：《新修玉篇》卷二十五《貝部》引《龍龕》："䍲，郎个切。"（212上左）

按：《篇海》同。《龍龕》卷三《貝部》："䍲，俗。郎箇反。"（352）"䍲"本當作"羅"。《梁書》卷五十四："婆利國在廣州東南海中洲上，去廣州二月日行，國界東西五十日行，南北二十日行，有一百三十六聚。土氣暑熱，如中國之盛夏。穀一歲再熟，草木嘗榮。海出文螺紫貝，有石名蚶貝羅，初採之柔軟，及刻削為物乾之，遂大堅彊。""䍲"疑即因"羅"字受上文"貝"字類化影響而增加義符"貝"旁所形成的類化俗字。

1067. 賢：《新修玉篇》卷二十五《貝部》引《川篇》："賢，羊醉切。掩也。"（212上左）

按：《篇海》卷六《貝部》引《川篇》："賢，羊醉切。掩也。"（665下）"賢""賢"當即一字之變。《廣韻》去聲寘韻以睡切："賢，掩也。"（242）"賢""賢"與"賢"音義並同，並當即"賢"字之俗。

1068. 翓：《新修玉篇》卷二十六《羽部》引《玉篇》："翓，胡結切。飛上也。或作頡。"（212下左）

按：《篇海》同。《名義·羽部》："翓，胡結反。頡字。飛上。"（263下）《玉篇·羽部》："翓，乎結切。飛上也。或作頡。"（121上左）《詩·邶風·燕燕》："燕燕於飛，頡之頏之。"毛傳："飛而上曰頡，飛而下曰頏。""翓"與"頡"音義並同，當即異體字。

1069. 翃：《新修玉篇》卷二十六《羽部》引《餘文》："翃，況逼

切。羽聲。"（213上右）

按：《篇海》同。此字《名義》《玉篇》皆未收，《廣韻》《集韻》收之，當即宋人據俗書所增。《廣韻》入聲職韻況逼切："翃，羽聲。"（427）《集韻》入聲職韻忽域切："翃，鳥飛聲。"（760）《字彙·羽部》："翃，呼臭切，音洫。羽聲也。又翃翃，飛疾也。按：上二字其畫同，第以偏左偏右而異，音異義殊，無所考。"（371上）"翃"當即"翄"之異體字。《名義·羽部》："翄，呼麥反。翃〔翄〕。"（263下）《玉篇·羽部》："翄，呼麥切。翁翄，飛皃。"（121上左）箋注本《切韻》（斯2071）入聲麥韻呼麥反："翄，飛聲。"（146）敦煌本《王韻》、故宮本《王韻》、故宮本《裴韻》、故宮本《唐韻》、《廣韻》皆同。故"翃"與"翄"義同，且構字部件相同，"翃"當即"翄"之偏旁易位俗字。"翃"字，《廣韻》改音"況逼切"，非是。《正字通·羽部》："翃，同翄。有或、洫二音，兼羽聲、迅飛二義。雖偏旁左右小別，實一字也。舊注分為二，非。"（855上）《正字通》所言是也。

1070. 翏：《新修玉篇》卷二十六《羽部》引《餘文》："翏，以周切。翏翏，鳥飛皃。"（213上左）

按：《篇海》卷十四《羽部》引《餘文》："翏，以周切。翏翏，鳥飛皃。"（819下）《集韻》平聲尤韻夷周切："翏，翏翏，鳥飛皃。"（259）《新修玉篇》卷二十六《羽部》上文引《奚韻》："翏，以周切。翏翏，鳥飛皃。"（212下右）"翏""翏""翏"音義並同，當即一字之變。《正字通·羽部》："翏，翛字之譌。"（854下）《玉篇·羽部》："翛，尸梳反。悠字。疾。"（263下）《玉篇·羽部》："翛，尸祝切。或作倏。又音蕭。"（121上左）《廣韻》屋韻式竹切："翛，飛疾之皃。又音蕭。"（372）《集韻》平聲尤韻夷周切："翛，疾皃。《莊子》：'翛而往。'李邈讀。"（258）《古文苑·衛覬〈西嶽華山亭碑〉》："神樂其靜，翛翬無形。"宋章樵注："翛翬，飛騰迅疾也。"故"翏""翏""翏"與"翛"音義並同，"翏""翏""翏"當皆為"翛"字之俗。《大字典》《字海》"翏"字據《正字通》之說溝通了其與"翛"字的字際關係，是也；然"翏""翏"二字卻皆未溝通其與"翛"字的字際關係，俱失考證。

1071. 翭：《新修玉篇》卷二十六《羽部》引《類篇》："翭，音肆。"（213上左）

按：《篇海》同。"翭"音"肆"，當即"肆"字之俗。《字彙補·彐部》："綠，《字略》：'古肆字。'"（67上）"綠"與"綠"音同形近，"綠"亦當即"肆"字之俗。

  1072. 載：《新修玉篇》卷二十六《至部》引《廣集韻》："載，他計切。國名，在三苗東。又直一切。國名。《山海經》：'載國名（名字當為衍文）在三苗之東。'"（214上右）

  按：《集韻》去聲霽韻他計切："載，國名，在三苗東。"（504）又下文入聲質韻直質切："載，國名。《山海經》：'載國在三苗之東。'"（667）《山海經·海外南經》："載國在其東，其為人黃，能操弓射蛇。一曰載國在三毛東。"郭璞注："音秩，亦音替。"郝懿行箋疏："'載'疑當為'戬'，見《說文》。《玉篇》作'或'，云：'或，國名也，在三苗東。'本此。"（416）袁珂校注於"一曰載國在三毛東"之"載"下注曰："珂案：此'載'字當別是一字。經文中凡有'一曰'云者，均校書人就別本所見異文而附著之者，苟國名不異，則僅須書'在××東'或'在××西'而已，無緣復著此同名之國之理。《太平御覽》卷七九〇引此經作'一曰盛國'，作'盛國'是也。蓋載國之'載'本作'戬'，《集韻》：'戬，盛也。'故載國亦曰'盛國'，亦以其所居之地沃衍豐盛而名國耳。"（181~182）以上諸說是也。《說文·大部》："戬，大也。從大，戔聲。讀若《詩》：'戬戬大猷。'"（213上）"戬"，《廣韻》音"直一切"。"戬"即"盛""大"之義。正如袁氏所言，"載國"當因其所居之地沃衍豐盛而名國，"載國"義同"盛國"，故"載"與"戬"音義並同，"載"當即"戬"字之俗。《山海經·海外南經》"一曰載國在三毛東"之"載"亦當如袁氏所言為"盛"字之誤。又《玉篇·戈部》："或，徒結切。國名也，在三苗東。"（81下右）此"或"與"載""戬"形近義同，當即"載""戬"二字之誤。

  1073. 毦：《新修玉篇》卷二十六《毛部》引《餘文》："毦，而勇切。氀毦，猥雜皃。一曰不肖。"（214下右）

  按：《篇海》卷七《毛部》引《餘文》："毦，而隴切。氀毦，猥雜皃。一曰不肖。"（677上）《集韻》上聲腫韻而隴切："氄，不肖也。一曰傿氄，劣也。通作茸。"同一反切下文："毦，氀毦，猥雜皃。一曰不肖。"（303）箋注本《切韻》（斯2071）上聲腫韻而隴反："氄，不肖。一曰：傿氄，劣。或作擑茸。"（129）故宮本《王韻》、故宮本《裴韻》同。《廣韻》上聲腫韻而隴切："氄，不肖也。一曰：傿氄，劣也。或作擔茸，又作氊毶。"（160）《玉篇·谷部》："䜴，而隴切。鬩䜴，不肖也。"（27下右）從形音關係來看，"䜴""𦅸""䜴"當以作"㐁"為正，故"㑥䜴""㑥𦅸"皆當校正為"㑥㐁"，而"鬩䜴"當校正為"鬩㐁"。"劣也"與"猥雜皃"訓異義同，故"氊毶"與"㑥㐁""擔茸""䭿毶""鬩㐁"音義並同，即為同一連綿詞的不同書寫形式。

1074. 毚：《新修玉篇》卷二十六《毛部》引《餘文》："毚，息廉切。毛也。"（214下左）

按：《篇海》同。《集韻》平聲鹽韻思廉切："毚，毛也。"（288）《字彙·毛部》："毚，思廉切，音先。毛也。"（238下）《正字通·毛部》："毚，蘇焉切，音先。毛細。"（569上）"毚"字，《正字通》訓"毛細"，是也，因為從"韱"之字多有"細""小"之義。"毚"本當作"纖"。《方言》卷二："纖，小也。"《說文·糸部》："纖，細也。从糸，韱聲。"（273上）《玉篇·糸部》："纖，思廉切。細小也。"（124下右）故"毚"與"纖"音同義近，"毚"當本作"纖"。

1075. 毳：《新修玉篇》卷二十六《毳部》引《玉篇》："毳，充芮切。䙝衣；又毛之細縟。"（214下左）

按：宋刻《集韻》入聲點韻呼八切："毳，臥覺也。"（199）揚州使院重刻本《集韻》同，然述古堂本《集韻》作"㱯"，作"㱯"是也。《廣雅·釋詁四》："㱯，覺也。""毳"與"㱯"義同，故此"毳"當即"㱯"字俗訛。

1076. 毿：《新修玉篇》卷二十六《毛部》引《川篇》："毿，音搜，又所胡、素侯二切。"（214下左）

按：《玉篇·毛部》："氀，音搜。氀毼，織毛。又素侯切。"（122上右）"毿"與"氀"音同形近，"毿"當即"氀"字之俗。

1077. 耑：《新修玉篇》卷二十六《而部》引《類篇》："耑，音屑。䃺也。"（215上右）

按：《篇海》卷十五《而部》引《類篇》："耑，音屑。"（833下）"耑"字，《篇海》義闕，據《新修玉篇》可補其所闕之義。"䃺"當即"碎"字之俗，而"耑"疑即"屑"字之俗。《玉篇·尸部》："屑，先結切。碎也。"（55下左）《文選·木華〈海賦〉》："或屑沒於黿鼉之穴。"李善注："屑，猶碎也。""耑"與"屑"音義並同，"耑"疑即"屑"字之俗。

1078. 㐤：《新修玉篇》卷二十六《而部》引《類篇》："㐤，音焉。"（215 上右）

按：《篇海》卷十五《而部》引《類篇》："㐤，音焉。"（833 下）"㐤""而"當即一字之變。朝鮮本《龍龕》卷八《一部》："而，音琶。"（54）"而"字，《新修玉篇》《篇海》與朝鮮本《龍龕》讀音不同，當以《新修玉篇》《篇海》所言為是。"㐤""而"音"焉"，疑即"焉"字俗省。《字海》收錄"而"字，據朝鮮本《龍龕》而音 pá，疑非是。

1079. 觪：《新修玉篇》卷二十六《角部》引《川篇》："觪，音陁。"（215 上左）

按：《篇海》卷二《角部》引《川篇》："觪，音包。"（589 下）"觪"字，《新修玉篇》與《篇海》直音用字不同，當以《新修玉篇》為是，《篇海》音"包"之"包"當為"陁"字殘誤。"觪"疑即"舵"字之俗。《玉篇·角部》："觪，徒和切。牛無角。亦作牳。"（122 下右）下文又曰："舵，音陀。"（122 下左）又《玉篇·牛部》："牳，徒和切。或作舵。"（109 上左）《新修玉篇》卷二十六《角部》引《玉篇》："舵，音陀。牛無角也。"（215 上右）故"舵"同"觪""牳"，義指"牛無角也"。"觪"與"舵"音同，正如"拖"同"扡"、"馳"同"駝"、"狏"同"狔"、"鞈"同"鞜"、"鮀"同"鮈"、"疤"同"疙"、"迤"同"迱"、"酡"同"酢"等，"觪"當即"舵"之異體字。《大字典》《字海》收錄"觪"字，皆據《篇海》讀音之誤而音 yí，疑並非是。

1080. 觹：《新修玉篇》卷二十六《角部》引《川篇》："觹，音喜。好角。"（215 下右）

按：《篇海》卷二《角部》引《川篇》："觹，音禧。好角。"（590 上）"觹"疑即"觹"之異體字。《玉篇·角部》："觹，許記切。好角也。"（122 下左）"觹"與"觹"音近義同，"觹"疑即"觹"之俗體會意字，從希、角會"觹"之"好角"之義。

1081. 䚩：《新修玉篇》卷二十六《角部》引《類篇》："䚩，音姦。細角。"（215 下右）

按：《篇海》卷二《角部》引《類篇》："䚩，茲、姦二音。"（590 上）"䚩"字，《篇海》義闕，據《新修玉篇》可補"䚩"字所闕之義；然"䚩"字正字仍不明，俟考。

1082. 觿：《新修玉篇》卷二十六《角部》引《龍龕》："觿，音端。

角觿，獸名，狀如豕。"（215下左）

按："觿"當即"觿"字之俗。《龍龕》卷四《角部》："觿，正；觿，今。音端。角~，獸名，狀如豕，角善為弓。二。"（511）《龍龕》謂"觿"為正而"觿"為俗，正俗顛倒；然溝通二字字際關係，是也。此即其證也。

1083. 觿：《新修玉篇》卷二十六《角部》引《奚韻》："觿，許規切。角錐，童子佩之。《說文》曰：'觿，［佩］角銳耑可以解結也。'"（216上右）

按：《說文·角部》："觿，佩角銳耑可以解結。从角，巂聲。《詩》曰：'童子佩觿。'"（88下）"觿"，《廣韻》音"戶圭切"，又音"許規切"。"觿"與"觿"音義並同，"觿"當即"觿"字之俗。

1084. 皱：《新修玉篇》卷二十五《皮部》引《餘文》："皱，相倫切。足坼（坼）曰皱。"（216上右）

按：《篇海》同。此字《說文》《玉篇》皆未收，《廣韻》亦不錄，《集韻》收之，當即丁度等據俗書所增。《集韻》平聲諄韻須倫切："皱，足坼曰皱。"（122）《字彙·皮部》："皱，須倫切，音荀。足拆（坼）也。"（308上）《正字通·皮部》："皱，俗皲字。舊注音義同皲，分為二非。"（722下）《正字通》謂"皱"為"皲"字之俗，所言當是。《說文新附·皮部》："皲，足坼也。从皮，軍聲。"（61下）《廣韻》平聲文韻舉云切："皲，足坼。"（66）"皱"與"皲"音近義同，"皱"當即"皲"通過改換聲符而形成的異體字。

1085. 皾：《新修玉篇》卷二十六《皮部》引《餘文》："皾，古晃切。《說文》：'張大皃。'"（216上左）

按：《篇海》同。此字《說文》《玉篇》皆未收，《廣韻》亦不錄，《集韻》收之，當即丁度等據俗書所增。《集韻》上聲蕩韻古晃切："皾，張大皃。"（420）《字彙·皮部》："皾，古晃切，音廣。張大貌。"（309上）《正字通·皮部》："皾，舊注：音廣。張大貌。按：音義當即作'廣'，俗加'皮'作'皾'非。"（723下）《正字通》所言當是。《說文·广部》："廣，殿之大屋也。从广，黃聲。"（190下）《廣韻》上聲蕩韻古晃切："廣，大也；闊也。"（213）"廣"本義指"四周無壁的大屋"，引申義可指"擴大""張大"。如：《易·繫辭上》："夫易，聖人所以崇德而廣業也。"又可引申為"寬廣""廣大"。《詩·周南·漢廣》："漢之廣矣，不可泳思。"故"廐"與"廣"音義皆合，"廐"本當作"廣"。

1086. 舖：《新修玉篇》卷二十六《皮部》引《龍龕》："舖，音甫。"（216上左）

按：《篇海》同。《龍龕》卷一《皮部》："舖，俗。音甫。"（123）"舖"疑即"脯"字之俗。《說文·肉部》："脯，乾肉也。从肉，甫聲。"（83下）"脯"，《廣韻》音"方矩切"。"舖"與"脯"音同，又"皮""肉"相通，俗書或可換用，如梁春勝《楷書異體俗體部件例字表》"肉"字俗作"皮"，故"舖"疑即"脯"字之俗。

1087. 䙃：《新修玉篇》卷二十六《皮部》引《龍龕》："䙃，胡對切。"（216上左）

按：《篇海》同。《龍龕》卷一《皮部》："䙃，胡對反。"（123）"䙃"疑即"膭"之異體字，並同"殨""潰"。《說文·歹部》："殨，爛也。从歹，貴聲。"（80上）段玉裁注："今殨爛字作潰，而殨廢矣。"《廣韻》去聲隊韻胡對切："殨，肉爛。"（290）《可洪音義》卷一四《五百弟子自說本起經》一卷："膭，戶內反。正作殨、潰。"（59，p1094c5）"膭"指"皮肉潰爛"，同"殨""潰"。"䙃"當即"膭"因涉"皮肉潰爛"之義而改換義符所形成的異體字，並同"殨""潰"。

1088. 袯：《新修玉篇》卷二十六《皮部》引《類篇》："袯，亡伐切。"（216上左）

按：《篇海》卷七《皮部》引《搜真玉鏡》："袯袚韢，三音癹。"（671下）"袯"字，《新修玉篇》與《篇海》引書不同，疑當以《新修玉篇》為是；又《新修玉篇》與《篇海》讀音亦不同，疑亦當以《新修玉篇》為是。《篇海》音"癹"，疑當為"亡發切"之脫誤，《篇海》誤脫反切上字"亡"字，反切下字又誤作"癹"，遂致此誤，"亡發切"與"亡伐切"切音相同。"韢"疑即"袜"字俗訛。《龍龕》卷一《皮部》："袜，亡發反。正作韤、韈、襪。"（123）《集韻》入聲月韻勿發切："韤韈襪韢靺袜袜帓，《說文》：'足衣也。'或从革、从衣、从皮，亦作靺、袜、袜、帓。"（681）"韢"與"袜"音同形近，"韢"當即"袜"字之俗，亦當即"韤"之異體字。又"袯""袚"同"韢"，"袯""袚"亦當即"袜"字之俗，亦當與"韤""韈""襪"諸字同。

1089. 皱：《新修玉篇》卷二十六《皮部》引《類篇》："皱，音皱。"（216上左）

按：《篇海》卷七《皮部》引《類篇》："皷，音披。"（671下）"皷""皷"當即一字之變，《新修玉篇》與《篇海》直音用字不同，當以《新修玉篇》為是。《方言》卷四："幏，陳魏之間謂之皷。"《說文·巾部》："皷，弘農謂幏皷也。从巾，皮聲。"（155下）"皷"，《廣韻》音"披義切"，又音"敷羈切"。從字形演變來看，"皷""皷"當即"皷"字之俗。故《新修玉篇》直音用字"皷"字，既用於注音，又兼於用來指明正字。《字海》收錄"皷"字，卻據《直音篇》音 gǔ，此音非是。《直音篇》卷七《皮部》："皷，音披。"（286上）故《字海》轉錄失真。

1090. 皷：《新修玉篇》卷二十六《皮部》引《類篇》："皷，子六切。"（216上左）

按：《篇海》卷七《皮部》引《類篇》："皷，音蹙。"（671下）此字《說文》《玉篇》皆未收，《廣韻》《集韻》亦不錄，當即金人據俗書所增。"皷"疑即"欪"字之俗。《說文·欠部》："欪，愁然也。从欠，未聲。《孟子》曰：'曾西欪然。'"（177上）"欪"，《廣韻》音"子六切"。"皷"與"欪"音同形近，故"皷"當即"欪"字俗訛。

1091. 毳：《新修玉篇》卷二十六《毳部》引《玉篇》："毳，而兗切。柔皮也；韋也。亦作毻、毶。《韻》又子峻切。獵之韋袴。《說文》曰：'柔韋也。'"（216下右）

按：《廣韻》去聲稕韻子峻切："毳，獵之韋袴。《說文》曰：'柔韋也。'又音毻。毲，上同。又而隴切。"（298）《說文·毳部》："毲，羽獵韋袴。从毳，夲聲。"（62上）《名義·毳部》："毲，子循反。羽獵韋袴。"（267上）《玉篇·毳部》："毲，子循切。羽獵韋袴。"（123上右）故"毳"訓"獵之韋袴"，與"毲"音義並同，當即"毲"之異體字。

1092. 毲：《新修玉篇》卷二十六《毳部》引《玉篇》："毲，子循切。羽獵韋袴。"（216下右）

按：《篇海》同。《說文·毳部》："毲，羽獵韋袴。从毳，夲聲。"（62上）《名義·毳部》："毲，子循反。羽獵韋袴。"（267上）《玉篇·毳部》："毲，子循切。羽獵韋袴。"（123上右）"毲"與"毲"音義並同，且《玉篇》只收"毲"字，而未見收錄"毲"字，故"毲"當即"毲"字之俗。

1093. 鞋：《新修玉篇》卷二十六《革部》引《川篇》："鞋，直追

切。”（217 上左）

按：《篇海》同。“鞑”疑即“槌”字之俗。《廣韻》平聲脂韻直追切：“椎，棒槌也。槌，上同。”（27）“槌”同“鎚”，即指一種錘擊的器具，其構造材料或有木質、鐵質、皮質等不同。故“鞑”疑即“槌”字因構造材料不同而改換義符所形成的異體字。

1094. 鞴：《新修玉篇》卷二十六《革部》引《餘文》：“鞴，方六切。革帶也。”（217 下右）

按：《篇海》同。此字《説文》《玉篇》皆未收，《廣韻》亦不錄，《集韻》收之，當即丁度等據俗書所增。《集韻》入聲屋韻方六切：“鞴，革帶。或作鞕。”（640）“鞕”“鞴”當即“輹”字之俗。《説文·車部》：“輹，車軸縛也。从車，复聲。”（303 上）“輹”本義指“捆綁車伏兔與車軸的繩索”。“輹”字文獻典籍或與“輻”通。《易·小畜》：“輿説輻。”陸德明釋文：“輻，本亦作輹。馬云：‘車下縛也。’”朱駿聲《説文通訓定聲·頤部》亦云：“輻，假借為輹。”“輹”“輻”二字，《廣韻》皆音“方六切”。故“鞕”“鞴”與“輹”音義並同，“鞕”當即“輹”通過改換義符而形成的異體字，而“鞴”當即因“輹”與“輻”通，遂在“輻”字的基礎上改換義符而形成的異體字，亦當即“輹”之異體字。

1095. 鞴：《新修玉篇》卷二十六《革部》引《玉篇》：“鞴，房六切。韋囊；步靫。《韻》又平祕切。《説文》曰：‘車絥也。’又薄故切。鞴靫，盛箭室也。”（217 下右）

按：箋注本《切韻》（斯 2071）入聲屋韻房六反：“鞴，韋囊；步靫。”（140）故宮本《王韻》、故宮本《裴韻》、《唐韻》、《廣韻》皆同。“步靫”當同“鞴靫”，與“韋囊”訓異義同，皆指“盛箭器具”。“鞴”與“箙”“鞴”“鞕”“箙”諸字當為異體字。《説文·竹部》：“箙，弩矢箙也。从竹，服聲。《周禮》：‘仲秋獻矢箙。’”（93 下）《集韻》入聲屋韻房六切：“箙，《説文》：‘弩矢箙也。《周禮》：仲秋獻矢箙。’或作鞴、鞕、箙。”（640）“鞴”與“箙”“鞴”“鞕”“箙”諸字音義並同，即為異體字。

1096. 鞼：《新修玉篇》卷二六《革部》引《川篇》：“鞼，音責。微也。”（217 下左）

按：《篇海》卷二《革部》引《川篇》：“鞼，音責。微也。”（592 上）此即《大字典》所本。“鞼”疑即“賾”字之俗。《玉篇·臣部》：

"賾，仕革切。《易》曰：'聖人有以見天下之賾。'賾者，謂幽深難見也。"（21上右）《易·繫辭上》："聖人有以見天下之賾，而擬諸其形容、象其物宜。"孔穎達疏："賾，謂幽深難見也。"《漢書·律歷志上》："探賾索隱。"顏師古注："賾，亦深也。""韇"與"賾"音同，"微也""幽深難見也"義可相通，又《〈可洪音義〉研究》（810～811）"賾"俗作"賾""賾""賾""賾""顀"等，"韇"與"賾"字上述諸俗體形近，故"韇"當為"賾"字之俗。《正字通·革部》："韇，賾字之譌。韇無深義，舊注音責，微也，誤。"（1275上）此說是也。故"韇"當即"賾"字俗訛。

1097. 韢：《新修玉篇》卷二十六《革部》引《廣集韻》："韢，徐醉切。囊（橐）組（紐）名。"（217下左）

按：《集韻》去聲至韻徐醉切："韢，橐（橐）紐也。一曰盛虎（虜）頭囊。"（475）"韢"與"韢"音義並同，"韢"當即"韢"通過改換義符而形成的異體字。

1098. 鞦：《篇海》卷二《革部》引《搜真玉鏡》："鞦，而用切。"（218下左）

按：此字《篇海》謂引《搜真玉鏡》，《大字典》轉錄《篇海》謂引《餘文》，非是。《字彙補·革部》："鞦，而用切，音鞋。見《篇海》。"（246下）《新修玉篇》卷二十六《革部》引《奚韻》："鞦，而用切。毛（毳）飾。"（217下右）《篇海》卷二《革部》引《搜真玉鏡》："鞦，而鍾、而用二切。"下字曰："鞦，而用切。"（592上）"鞦""鞦""鞦"三字音同形近，當為一字之變；然"鞦""鞦"二字《新修玉篇》與《篇海》引書不同，當以《新修玉篇》為是。《叢考》"鞦"字下注："此字疑為'鞋'的訛俗字。《廣韻》平聲鍾韻而容切：'鞋，毳飾。'（12）又去聲用韻而用切：'鞋，毳飾。''鞦''鞋'讀音正合。"（1098～1099）《叢考》所言當是，《新修玉篇》訓"鞦"為"毛（毳）飾"，此即其證。"鞦"與"鞦""鞦""鞦"諸字音同形近，亦當為一字之變。"鞦""鞦""鞦"諸字並為"鞋"字之俗，故"鞦"亦當為"鞋"字之俗。

1099. 紟：《新修玉篇》卷二十七《糸部》引《餘文》："紟，古南切。絲皃。"（219上左）

按：《篇海》同。《集韻》平聲覃韻姑南切："紟，絲皃。"（283）《字彙·糸部》："紟，沽三切，音甘。絲貌。又即移切，音咨。績所緝也。"（353下）《正字通·糸部》："欼，舊注：音甘。絲貌。又音咨。續所緝也。按：《説文》本作'㚻'，七四切。舊注載《説文》'㚻'訓，改甘、咨二音，非。'㚻'俗省作'欼'，六畫'㚻'即'欼'本字，分為二尤非。"（819下）《正字通》所言當是。《説文·糸部》："㚻，續所緝也。从糸，次聲。"（278上）"㚻"，《廣韻》音"七四切"。"欼"與"㚻"形近，正如"赵"俗作"赵"，"欼"蓋即"㚻"字俗省。"欼"字，《集韻》音"姑南切"，疑為望形生音；又訓"絲皃"，疑為望形生訓，《集韻》音義疑皆不足據。

1100. 綎：《新修玉篇》卷二十七《糸部》引《餘文》："綎，余針切。久緩皃。又息林切。"（220下左）

按：《篇海》同。《廣韻》平聲侵韻息林切："綎，久緩皃。"（145）《集韻》平聲侵韻夷針切："綎，久緩皃。"（278）《字彙·糸部》："綎，夷斟切，音淫。久緩貌。又思林切，音心。義同。"（358上）"綎"疑即"綎"字之譌。《説文·糸部》："繨，緩也。綎，繨或从呈。"（272上）《玉篇·糸部》："繨，他丁切。緩也。綎，同上。"（124上右）"綎"與"綎"形義並近，正如《〈可洪音義〉研究》"婬"俗作"婬""𡛟""𡛼"等，"綎"當為"綎"字之俗。"綎"俗作"綎"，後人不識，遂改其讀為"息林切"，此當為望形生音。《正字通·糸部》："綎，俗繨字。因《説文》繨重文作綎，訛作綎。舊注義同繨，改淫、心二音，誤。"（828下）《正字通》所言是也。

1101. 綗：《新修玉篇》卷二十七《糸部》引《餘文》："綗，奴店切。《字林》云：'挽舩䈰也。'"（220下左）

按：《篇海》同。故宫本《王韻》去聲㮇韻奴店反："綗，挽舩[䈰]。"（602）《廣韻》去聲㮇韻奴店切："綗，《字林》云：'挽舩䈰也。'"（360）《集韻》去聲㮇韻奴店切："綗，引舟繩也。"（628）"綗"當楷定作"綗"，"綗"與"䈰"當為異體字。《集韻》去聲㮇韻奴店切："䈰䈷，竹索。或从綗。"（628）唐白居易《初入峽有感》："荎蒻竹䈰䈷，欹危機師趾。"清張尚瑗《上灘》："膠淺䈰難施，肩昇雜呼喚。""䈰"訓"竹索"，即指拉船的竹索。故"綗"與"䈰"音義並同，"綗""䈰"二字即為異體字。

1102. 綾：《新修玉篇》卷二十七《糸部》引《餘文》："綾，即葉切。續綾也。"（220下左）

按：《篇海》卷七《糸部》引《餘文》："綖，即葉切。續縷也。"（687上）《玉篇·糸部》："綖，子葉切。綖續也。"（126上左）《集韻》入聲葉韻即涉切："綖，續縷也。"（777）"綖"字，《玉篇》及《新修玉篇》注文之中的"綖"字皆為字頭誤重。《集韻》改訓為"續縷也"，非是。"綖"當為"接"字之俗。《廣雅·釋詁三》："接，續也。""接"，《廣韻》音"即葉切"。故"綖"與"接"音義並同，"綖"當即"接"字之俗。《正字通·糸部》："綖，即涉切，音接。綖，續縷也。通作接。"（828上）《正字通》所言是也。

1103. 緫：《新修玉篇》卷二十七《糸部》引《龍龕》："緫，作孔切。聚束。又倉紅切。色青黃也；又紬絹也。"（220下左）

按：《篇海》同。《龍龕》卷四《糸部》："緫，作孔反。聚束。又倉紅也。色青黃也；又紬絹也。"（401）《字彙補》同。"緫"字，音"作孔反"，訓"聚束"，即"總"字之俗。對此，《大字典》《字海》已對二字的字際關係作了認同；然於音"倉紅反"，訓"色青黃""紬絹"二義下卻無說。今案：此"緫"當即"繱"字之俗。《說文·糸部》："繱，帛青色。从糸，悤聲。"（275上）《廣雅·釋器》："繱，絹也。"王念孫疏證："《廣韻》：'繱，細絹也。'"《廣韻》平聲東韻倉紅切："繱，色青黃。又細絹。"（8）"繱"當即"繱"字之俗。"緫"字，《龍龕》訓"紬絹"，當為"細絹"之誤。"緫"與"繱"音義並同，"緫"當即"繱"字之俗。

1104. 絮：《新修玉篇》卷二十七《糸部》引《川篇》："絮，音朔。封也。"（220下左）

按：《玉篇·糸部》："縤，音朔。封也。"（126上左）"絮"與"縤"音義並同，"絮"當即"縤"字之俗。

1105. 綮：《新修玉篇》卷二十七《糸部》引《川篇》："綮，音啟。戟衣也。"（220下左）

按：《玉篇·糸部》："綮，苦禮切。戟衣也。"（124下左）"綮"與"綮"音義並同，"綮"當即"綮"字之俗。

1106. 緛：《新修玉篇》卷二十七《糸部》引《奚韻》："緛，而遠切。衣縫也。"（221下左）

按：《篇海》同。《廣韻》上聲獮韻而兖切："緛，衣縫也。"（199）"緛"與"緛"音義並同，"緛"當即"緛"字之俗。

1107. 縻：《新修玉篇》卷二十七《糸部》引《奚韻》："縻，音百。今作縻。翻車也。"（221下左）

按：《爾雅·釋器》："縻謂之罩。"郭璞注："今之翻車也。有兩轅，中施罥以捕鳥。""縻"當即"縻"字之俗。

1108. 縧：《新修玉篇》卷二十七《糸部》引《川篇》："縧，他刀切。編絲繩也。"（222上右）

按：《廣韻》平聲豪韻土刀切："絛，編絲繩也。"（99）"縧"與"絛"音義並同，"縧"當即"絛"字之俗。

1109. 繃：《新修玉篇》卷二十七《糸部》引《餘文》："繃，甫盲切。結也。"（222上左）

按：《篇海》同。述古堂影宋鈔本《集韻》平聲庚韻晡橫切："繃，□也。"（229）宋刻《集韻》作"結也"。"繃"當即"繃"字之俗。《說文·糸部》："繃，束也。从糸，崩聲。《墨子》曰：'禹葬會稽，桐棺三寸，葛以繃之。'"（272下）原本《玉篇·糸部》："繃，彼萌反。《墨子》：'禹葬會稽，桐棺三寸，葛以繃之。'《說文》：'繃，束也。'"（597）《玉篇·糸部》："繃，彼萌切。束也。"（124下右）"結""束"義同。《釋名·釋姿容》："結，束也。"《史記·扁鵲倉公列傳》："乃割皮解肌，決脉結筋。"《釋名·釋姿容》："結，束也。"以上皆其證也。故"繃"與"繃"音義並同，"繃"當即"繃"通過改換義符而形成的異體字。《正字通·糸部》："繃，俗繃字。"（838下）此說是也。

1110. 纞：《新修玉篇》卷二十七《糸部》引《餘文》："纞，力盍切。繒纞。"（222上左）

按：《篇海》同。"纞"字，《新修玉篇》《篇海》訓"繒纞"，注文之中"纞"字當為字頭誤重。"纞"當為"縞"之異體字。《玉篇·糸部》："縞，音臘。繒也。"（126上左）《廣韻》入聲盍韻盧盍切："縞，繒縞。"（434）"縞"字，《廣韻》訓"繒縞"，注文之中"縞"字亦當為字頭誤重。"纞"與"縞"音義並同，"纞"當即"縞"之異體字。又《集韻》入聲盍韻力盍切："纞，纞颯，紛雜皃。或作縞。"（775）"纞颯"同"縞颯"，此"纞"亦當即"縞"之異體字。

1111. 綸：《新修玉篇》卷二十七《糸部》引《類篇》："綸，音璽。"（222上左）

按：《廣韻》上聲銑韻古典切："繭，蠶衣也。璽，俗。"（195）"綸"

與"繭"音同形近,"䌶"當即"繭"字之俗。

1112. 繿:《新修玉篇》卷二十七《糸部》引《餘文》:"繿,都甘切。緩也。"(222下右)

按:《篇海》同。《集韻》平聲談韻都甘切:"繿,緩也。"(285)"繿"當即"繹"字之俗。《說文·糸部》:"繹,帶緩也。"(274下)原本《玉篇·糸部》:"繹,充善反。《毛詩》:'檀車繹繹。'傳曰:'繹繹,弊皃也。'《禮記》:'其樂心感者其聲繹以緩。'鄭玄曰:'繹,寬綽之皃也。'《說文》:'繹,帶緩也。'《聲類》:'亦為幝字,在《巾部》。'"(613)《玉篇·糸部》:"繹,充善切。繹帶也;寬緩(緩)也。"(125上右)《廣雅·釋詁二》:"繹,緩也。"(134下)《廣韻》上聲獮韻昌善切:"繹,寬緩。"(197)"繹",《廣韻》又音"徒干切"。"繿"與"繹"音近義同,"繿"當即"繹"通過改換聲符而形成的異體字。《正字通·糸部》:"繿,俗繹字。"(839下)《正字通》所言是也。

1113. 纈:《新修玉篇》卷二十七《糸部》引《奚韻》:"纈,力大切。誨絲也。"(222下右)

按:《篇海》同。"誨"本義指"教導""教誨",故"纈"訓"誨絲"當指"理絲"。"纈"疑即"績"字俗訛。《說文·糸部》:"績,緝也。从糸,責聲。"(278上)"績"即指"把麻或其他纖維搓捻成繩或線"。"績"字,古文作"󰀀",篆文作"󰀁","纈"與"績"形近義通,"纈"當即"績"古文楷定之俗。"績"字《廣韻》音"則歷切",而"纈"字《新修玉篇》《篇海》皆音"力大切"者,當因後人不識"纈"為"績"字俗訛,又誤認為"績"字右旁所從當為"賚"字之俗所產生的誤讀,因為"賚"字《廣韻》音"落代切","力大切"與"落代切"讀音正好相合。

1114. 纃:《新修玉篇》卷二十七《糸部》引《餘文》:"纃,居制切。魚网也。"(222下左)

按:《篇海》同。"纃"當即"罽"字之俗。《說文·网部》:"罽,魚網也。从网,剡聲。"(154下)《玉篇·网部》:"罽,居厲切。魚罔也。"(76下左)"纃"與"罽"音義並同,故"纃"當即"罽"之異體字。《正字通·糸部》:"纃,舊注:音計。魚網。按:《說文》魚罔本作罽,纃即罽之譌。"(840下)"纃"當即"罽"字之俗,而非"罽"字之譌;然《正字通》溝通二者之間的字際關係,是也。

1115. 繣：《新修玉篇》卷二十七《糸部》引《龍龕》："繣，胡圭（卦）切。絃中絕也。"（222下左）

按：《篇海》卷七《糸部》引《龍龕》："繣，胡卦切。絃中絕也。"（689下）《龍龕》卷四《糸部》："繣，胡卦反。絃中絕也。"（402）"繣"當即"繣"字之俗。《廣韻》去聲卦韻胡卦切："繣，弦中絕也。"（284）"繣"與"繣"音義並同，"繣"當即"繣"字之俗。

1116. 纗：《新修玉篇》卷二十七《糸部》引《餘文》："纗，居筠切。束也。"（223上右）

按：《篇海》卷七《糸部》引《玉篇》："纗，居筠切。束也。"（689下）"纗"字，《新修玉篇》與《篇海》引書不同，當以《新修玉篇》為是，《玉篇》未見收錄此字，《篇海》當因誤脫《餘文》引書符號而致此誤。《廣雅·釋詁三》："圂，束也。"曹憲音"苦本反"。（224上）《玉篇·囗部》："圂，口本切。束也。"（131下右）《集韻》平聲諄韻俱倫切："纗，束也。或作圂。"（127）又下文上聲混韻苦本切："裍裩圂圚，《說文》：'紼束也。'或从衣，亦作圂、圚。"（364）故"纗"與"圂""裍""裩""圚"諸字音義並同，即為異體字。

1117. 綔：《新修玉篇》卷二十七《糸部》引《餘文》："綔，胡誤切。佩印系。《續漢志》：'諸侯以下綔也。'"（223上右）

按：《篇海》同。《集韻》去聲暮韻胡故切："綔，佩印系。《續漢志》：'諸侯以下綔。'"（500）《後漢書·輿服志下》："諸侯王以下以綔赤絲蕤，縢綔各如其印質。""綔"本當作"綍"。唐杜佑撰《通典》卷六十三："諸侯王以下綍赤絲蕤，縢綍各如其印質。"南宋徐天麟撰《東漢會要》卷十"佩印"條下亦曰："諸侯王以下以綍赤絲蕤，縢綍各如其印質。"以上二書皆其異文，足證"綔"當本作"綍"。明方以智撰《通雅》卷三十七："綔即綍字變體。"此說亦其證也。故"綔"當即"綍"字之俗。

1118. 緐：《新修玉篇》卷二十七《素部》引《川篇》："緐，音俱。素也。"（223上左）

按：《説文·素部》："繄，素屬。从素，奴聲。"（279上）"繄"，《廣韻》音"居玉切"。"緐"與"繄"形近義同，"緐"當即"繄"字之俗。

1119. 緐：《新修玉篇》卷二十七《素部》引《類篇》："緐，音拘。

理絲也。"（223 上左）

按：《說文·素部》："緅，素屬。从素，奴聲。"（279 上）徐灝注箋："緅从廾，蓋執素而約之也。""緅"，《廣韻》音"居玉切"。"鑬"與"緅"形音皆近，"鑬"當即"緅"字之俗。

1120. 帉：《新修玉篇》卷二十八《巾部》引《川篇》："帉，音宮。"（223 下右）

按：《篇海》卷二《巾部》引《餘文》（當為"《奚韻》"之誤）："帉，音宮。"（582 下）"帉"字，《新修玉篇》與《篇海》引書不同，當以《篇海》為是。"帉"疑即"袀"字之俗。《廣雅·釋器》："袀，褗也。"王念孫疏證："袀謂衣中也。字通作身。《喪服記》：'衣二尺有二寸。'鄭注云：'此為袂中也。言衣者，明與身參齊。'疏云：'衣即身也。'袀通作躬。《續漢書·五行志》云：'獻帝建安中，男子之衣好為長躬而下甚短。'""袀"，《集韻》音"居雄切"。"帉"與"袀"音同，又從衣、從巾義通，俗書或可換用，故"帉"疑即"袀"字之俗。

1121. 帄：《新修玉篇》卷二十八《巾部》引《餘文》："帄，音征。射的。"（223 下左）

按：《篇海》同。《集韻》平聲清韻諸盈切："帄，射的。通作正。"（139）《說文·正部》："正，是也。"（39 上）《玉篇·正部》："正，之盛切。長也；定也；是也。又音征。"（51 上左）"正"本義指"正中"，引申為"射的"。《小爾雅·廣器》："射有張布謂之侯，侯中者謂之鵠。鵠中者謂之正。正方二尺。"《詩·齊風·猗嗟》："終日射侯，不出正兮。"朱熹注："正，設的於侯中而射之者也。""正"，《廣韻》亦音"諸盈切"。"帄"與"正"音義並同，"帄"當即"正"之增旁俗字。《字彙·巾部》："帄，諸城切，音征。射的。亦作正。"（135 下）《正字通·巾部》："帄，俗字。'射的'本作'正'。"（312 上）以上二書所說皆是也。

1122. 惇：《新修玉篇》卷二十八《巾部》引《廣集韻》："惇，之尹切。布帛幅廣也。《韻》从氵不正。"（224 上左）

按：《集韻》上聲準韻主尹切："淳，布帛幅廣也。或作敦、綧，通作純。"（353）據《新修玉篇》，"惇"當即"淳"訓"布帛幅廣也"這一義訓之正字。

1123. 幟：《新修玉篇》卷二十八《巾部》引《玉篇》："幟，子廉切。拭也。《韻》又七廉切。幖幟記。出《字林》。"（224 下左）

按：《廣韻》平聲鹽韻七廉切："懺，嫖懺記。出《字林》。"（151）《玉篇校釋》"懺"字下注："《廣韻》引《字林》云'嫖懺記'，則與'籤'同。"（5492～5493）胡氏所言是也。《說文·竹部》："籤，驗也。"（98上）玄應《音義》卷十四引《通俗文》："記識曰籤。""籤"，《廣韻》音"七廉切"。"懺""籤"音義並同，二字即為異體字。《詳校篇海》卷七《巾部》："懺，音僉。懺頭，記書文卷也。通作籤。"（24上）《字彙·巾部》："懺，千廉切，音僉。嫖懺也。又懺頭，記書卷也。俗通作籤。"（321下）以上二書皆其證也。故"懺"即"籤"之異體字。

1124. 帔：《新修玉篇》卷二十八《巾部》引《餘文》："帔，彼義切。帬也。"（224下左）

按：《篇海》同。《集韻》去聲寘韻被義切："帔，帬也。"（472）"帔"當與"帔""襬""被"並為異體字。《方言》卷四："帬，陳魏之間謂之帔，自關而東謂之襬。"（26）《說文·巾部》："帔，弘農謂帬帔也。从巾，皮聲。"（158下）《玉篇·巾部》："帔，披偽切。在肩背也。又普皮切。披也。"（126下左）《新撰字鏡·巾部》："帔帔，正。匹議反，去。又芳皮反，平。所以被背也，今云褐被謂帬曰帔。又帔，披也，肩背不及下也。"（235）《集韻》去聲寘韻披義切："帔，《說文》：'弘農謂帬帔。'或作被、襬。"（472）故"帔"與"帔""襬""被"諸字音義並同，即為異體字。

1125. 帴：《新修玉篇》卷二十八《巾部》引《川篇》："帴，徐廉切。巾也。"（225上右）

按：《篇海》同。《玉篇·巾部》："帴，似廉切。覆也；巾也。"（127上左）"帴"與"帴"音義並同，"帴"當即"帴"字之俗。

1126. 袗：《新修玉篇》卷二十八《衣部》引《玉篇》："袗，尺尒切。長衣皃。《韻》又康禮切。裼衣也。通作裧。"（225下左）

按：《集韻》上聲薺韻遣禮切："裧，開衣也。或作袗。"（343）"裼衣""開衣"義同，故此"袗"當即"裧"之異體字。又《篇海》卷十三《衣部》引《玉篇》："裛袗，二尺尒切。長衣皃。二又奴可切。衺～，衣好皃。"（804上）"衺袗"同"衺裛"，故此"袗"當即"裛"之異體字。

1127. 衪：《新修玉篇》卷二十八《衣部》引《玉篇》："衪，以力切。衫也。"（225上右）

按：《篇海》同。《玉篇·衣部》："衱，以力切。衫。"（129上右）《字彙·衣部》："衱，夷益切，音亦。衣衱。一曰衫也。"（436上）《正字通·衣部》："衱，俗字。"（1021上）《正字通》謂"衱"為俗字，是也。《玉篇校釋》"衱"字下注："《廣韻》入聲職韻廿四與職切云：'衣衱。'當云：'弋衣也。'《類篇》：'衱，黑衣也。'弋者黑也。《漢書·文帝紀》：'身衣弋綈。'如淳曰：'弋，皂也。'《賈誼傳》：'身衣皂綈。'師古曰：'弋，黑色也。'本書：'黓，黑也。''衱'即俗因弋綈而變从衣。"（5613）胡氏所言當是。《漢書·文帝紀》："身衣弋綈。"顏師古注："弋，黑色也。"故"衱"當即"弋"之增旁俗字。《玉篇》訓"衫"，疑不確。

1128. 裼：《新修玉篇》卷二十八《衣部》引《玉篇》："裼，先的切。袒也；脫衣見體也。《韻》又他計切。《説文》：'褓也。'引《詩》：'載衣之褅。'或作裼、褅。"（226上左）

按：《説文·衣部》："褅，褓也。从衣，帝聲。《詩》曰：'載衣之褅。'"（169上）今本《詩經·小雅·斯干》作："乃生女子，載寢之地，載衣之裼。"毛傳："裼，褓也。"陸德明釋文："裼，他計反。《韓詩》作褅，音同。褓，音保。齊人名小兒被為褅。""褓""褓"字同，故此"裼"與"褅""褅"音義並同，"裼"與"褅""褅"當為異體字。《集韻》去聲霽韻他計切："褅，《説文》：'褓也。'引《詩》：'載衣之褅。'或作裼、褅。"（504）此是其證也。

1129. 褵：《新修玉篇》卷二十八《衣部》引《餘文》："褵，胡計切。帶也。"（226上右）

按：《篇海》同。《集韻》去聲霽韻胡計切："褵，帶也。或作褵、繫。"（506）"褵""褵""繫"諸字當本作"系"。《説文·糸部》："系，繫也。从糸，丿聲。"（271上）"系"本義指"連接""連屬"，引申義可指"系東西的帶子"。如：《太平寰宇記》二十五引齊太公《金匱》："武王伐紂，至鳳凰陂，轙系解。"《樂府詩集·橫吹曲辭五·捉搦歌》："黃桑柘屐蒲子履，中央有系兩頭繫。""系"，《廣韻》音"胡計切"。"褵"與"系"音義並同，"褵"當即"系"之增旁俗字，而"褵""繫"又當即"褵"字之俗。《詳校篇海》卷五《衣部》："褵，胡計切，音係。帶也。亦作系、繫。"（340下）《字彙·衣部》："褵，胡計切，音係。本作系。"（438上）《正字通·衣部》："褵，俗系字。"（1028上）以上諸書所言皆是也。

1130. 襉：《新修玉篇》卷二十八《衣部》引《餘文》："襉，側救切。衣不伸也。"（226下左）

按：《篇海》同。宋刻《集韻》去聲宥韻側救切："襉，衣不伸也。或作揪。"（176下）"襉"當即"縐"字之俗。《説文·糸部》："縐，絺之細也。《詩》曰：'蒙彼縐絺。'一曰蹴也。从糸，芻聲。"段玉裁改"一曰蹴也"爲"一曰戚也"。（277上）原本《玉篇·糸部》："縐，側救反。《毛詩》：'蒙彼縐絺。'傳曰：'絺之靡者爲絺縐。'箋云：'絺之蹙者也。'《説文》：'絺之細也。一曰纖也。'"（638～639）《玉篇·糸部》："縐，仄又切。縐布也；纖也。"（125下右）"縐"本義指細葛布，引申爲皺縮。《史記·司馬相如列傳》："襞積褰縐，紆徐委曲。"司馬貞索隱引蘇林曰："褰縐，縮蹙之。""襉"與"縐"音義並同，又從衣、從糸義通，俗書常可換用，故"襉"當即"縐"通過改换義符而形成的異體字。

1131. 褓：《新修玉篇》卷二十八《衣部》引《餘文》："褓，蒲報切。衣前襟。又云：今朝服垂衣。又薄高切。"（227下右）

按：《説文·衣部》："裦，裹也。从衣，包聲。"（168下）《廣韻》去聲号韻薄報切："裦，衣前襟。又云：今朝服垂衣。又薄高切。"（328）《集韻》去聲号韻薄報切："袍褓襃，衣前襟也。一曰裹也。或從哀、從麃，亦書作裦。"（586）"褓""襃"與"裦"音義並同，"褓""襃"當即"裦"之異體字。

1132. 襴襽：《新修玉篇》卷二十八《衣部》引《龍龕》："襴襽，二并妙切。袖端襴也。"（227下右）

按："襴""襽"並即"褾"字之俗。《龍龕》卷一《衣部》："襴，俗；襽，或作；褾，正。并眇反。袖端～也。"（104）此即其證也。

1133. 襃：《新修玉篇》卷二十八《衣部》引《龍龕》："襃，蒲（薄）報切。衣前襟也。"（227下左）

按："襃"當即"裦"字之俗。《龍龕》卷一《衣部》："襃，或作；裦，正。薄報反。衣前襟也。二。"（106）此即其證也。

1134. 襥囊：《新修玉篇》卷二十八《衣部》引《龍龕》："襥囊，奴郎切。袋也；囊也。有底曰囊，無底曰橐。"（227下左）

按：通行本《龍龕》未見收錄此二字形。《説文·橐部》："囊，橐也。从橐省，石聲。"（124下）"禟"當即"橐"之增旁俗字，而"橐"當即"囊"字之俗。

1135. 其：《新修玉篇》卷二十八《卩部》引《餘文》："其，居之切。疾恚也。"（228上左）

按：《集韻》平聲之韻居之切："諅，疾恚也。"（56）"其""諅"音義並同，"其"當即"其"字之俗，而"其"又當即"諅"字之俗。《説文·言部》："諅，忌也。从言，其聲。《周書》曰：'上不諅于凶德。'"（50上）"諅"，《廣韻》音"渠記切"，《集韻》又音"居之切"。"其"與"諅"音義並同，"其"當即"諅"字之俗。

1136. 抑：《新修玉篇》卷二十八《卩部》引《川篇》："抑，父乙切。"（228上左）

按：《玉篇·卩部》："𢍰，皮筆切。輔信也。今作弼。"（129上左）"抑"與"𢍰"形音皆近，"抑"當即"𢍰"字之俗。

1137. 卻：《新修玉篇》卷二十八《卩部》引《川篇》："卻，去脚切。正也。卻，上同。却同。"（228上左）

按："卻"同"卻"，並即"卻"字之俗。

1138. 匋匋：《新修玉篇》卷二十八《勹部》引《餘文》："匋，苦怪切。茅類。又姓，出襄陽，漢有匋通。"（228下左）

按：《篇海》卷六《勹部》引《餘文》："匋，口恠切。茅類。又姓。漢有匋通。"（664上）《篇海類編》作"匋"，亦本《篇海》。"匋""匋"當即一字之變。《集韻》去聲怪韻苦怪切："蒯，《説文》：'艸也。'或作蒯、匋、蒯，亦姓。"（525）"匋"與"蒯""蒯"儘管音同，然字形區別甚明，故"匋"與"蒯""蒯"不可能為異體關係。《集韻》同條之下所溝通的數字之間關係非常複雜，並非僅是異體關係，還有通假關係、同義關係等。《玉篇·勹部》："匄，口怪切。太息也。或作欯、唭。"（129下右）《名義·勹部》："匄，口恠反。息也。"（285下）《新撰字鏡·勹部》："匄，口恠反。欯字。息也；太息也。"（286）"匋""匄"並即"匄"字之俗。"匋"與"匄""匄"音同形近，"匋"亦當為"匄"字之俗，而"匄"與"蒯""蒯"當為同音通用關係。"匋"即"匋"字異寫，"匋"當即"匄"字之俗，故"匋"亦當即"匄"字之俗。《大字典》《字海》卻誤解《集韻》編纂體例而謂"匋"同"蒯（蒯）"，俱失考證。

1139. 饌：《新修玉篇》卷二十九《共部》引《川篇》："饌，音僎。專也。"（230下右）

按：《篇海》同。"饌"疑即"饌"字之俗。《說文·食部》："籑，具食也。从食，算聲。饌，籑或从巽。"（102上）"饌""僎"，《廣韻》皆音"士戀切"。"饌"與"饌"音同，又"食"旁俗書或可寫作"舍"，如"館"俗作"舘"，故"饌"疑即"饌"字俗訛。"饌"字，《新修玉篇》《篇海》皆訓"專也"，疑並非是。

1140. 尋：《新修玉篇》卷二十九《支部》引《餘文》："尋，徐林切。長也。馬融曰：'踔尋枝。'"（230下右）

按：《篇海》同。《集韻》平聲侵韻徐心切："尋，長也。"（275）《後漢書·馬融傳》："陵喬松，履脩櫳，踔尋枝，秒標端。"李賢注："尋，謂長枝也。""尋"當即"尋"字之俗。《方言》卷一："尋，長也。海、岱、大野之間曰尋。自關而西，秦、晉、梁益之間，凡物長謂之尋。"（6）《廣雅·釋詁二》："尋，長也。"《廣韻》平聲侵韻徐林切："尋，長也。"（144）"尋"與"尋"音義並同，"尋"當即"尋"受下文"枝"字類化影響而增加構字部件"支"旁所形成的增旁俗字。

1141. 鼓敊：《新修玉篇》卷二十九《支部》引《廣集韻》："鼓敊，渠云切。《說文》：'朋侵也。'或省支（羊）單用。"（230下右）

按：《集韻》平聲文韻衢云切："鼓敊，《說文》：'朋侵也。'或省。"（131）"鼓"當即"鼓"字俗訛，而"敊"當即"敊"字俗訛。

1142. 㲋：《新修玉篇》卷二十九《支部》引《廣集韻》："㲋，而蜀切。矛戟枝也。"（230下右）

按：《集韻》入聲燭韻儒欲切："㲋，《博雅》：'戟其子謂之㲋。'或作㲋。"（652）"㲋"當即"㲋"字俗訛。

1143. 肇：《新修玉篇》卷二十九《聿部》引《龍龕》："肇肇，二直小切。使也；初也；正也；敏也；長也。"（230下左）

按：《龍龕》卷四《聿部》："肇，通；肇，正。直小反。使也；初也；正也；敏也；長也。二。"（542）《玉篇·戈部》："肇，池矯切。長也；治也。"（81上左）"肇""肇"並即"肇（肇）"字之俗。

1144. 崛：《新修玉篇》卷二十九《出部》引《龍龕》："崛，居月切。"（231上左）

按：《篇海》同。《龍龕》卷四《出部》："崛，居月反。"（537）

"崛"當即"崛"字之俗。韓小荊《〈可洪音義〉研究》(530)"崛"俗作"崐"。《可洪音義》卷一五《摩訶僧祇律》第卅二卷:"崐,其勿、魚勿二反。高皃也。悮。"(59,p1113a9)"崛"與"崐"形音皆近,"崛"亦當即"崛"字之俗。

1145. 𥄚:《新修玉篇》卷二十九《出部》引《類篇》:"𥄚,音看。"(231上左)

按:《篇海》同。"看"字,《説文》篆文作"𥄚"。"𥄚"當即"看"字《説文》篆文"𥄚"字楷定之誤。

1146. 㸚:《新修玉篇》卷二十九《生部》引《廣集韻》:"㸚,力中切。多㸚,禮天。"(231上左)

按:鉅宋本《廣韻》平聲東韻力中切:"㸚,多㸚,禮大。"(5)"禮大",宋本《廣韻》作"禮天",疑以作"禮大"為是,因為"㸚"訓"多㸚,禮天"不辭,而訓"多㸚,禮大",當指"盛多""豐厚""尊崇"之義。今案:"㸚"疑即"隆"字之俗。《説文·生部》:"隆(隆),豐大也。从生,降聲。"(123下)"隆"本義指"豐大",引申義可指"多"。慧琳《音義》卷二八引《爾雅》:"隆,多也。"如:《國語·晉語六》:"無德而福隆,猶無基而厚墉也。"又引申為"豐厚"。如:《荀子·禮論》:"禮者……以隆殺為要。"楊倞注:"隆,豐厚。"《後漢書·郭皇后紀》:"去就以禮,使後世不見隆薄進退之隙。"又引申為"尊崇"。如:《荀子·勸學》:"學之經莫速乎好其人,隆禮次之。"《史記·禮書》:"故禮,上事天,下事地,尊先祖而隆君師。""隆",《廣韻》音"力中切"。"㸚"與"隆"音義並同,"㸚"疑即"隆"字俗省。

1147. 𤯇:《新修玉篇》卷二十九《生部》引《龍龕》:"𤯇,音臭。"(231下右)

按:《篇海》同。《龍龕》卷一《生部》:"𤯇,俗。音臭。"(187)"𤯇"疑即"臭"字之俗。《玉篇·自部》:"臭,赤又切。惡氣息。殠,同上,俗。"(21上左)"𤯇"當即"臭""殠"二字交互影響而產生的俗訛字。"臭"字《説文》篆文作"𤯇","𤯇"上部所從之"生"疑即"臭"字所從"自"字篆文楷定之訛,下部所從之"死"當即"臭"字俗體"殠"字下部所從之"死",故"𤯇"疑即"臭"字俗訛。

1148. 𣏻:《新修玉篇》卷二十九《束部》引《龍龕》:"𣏻,亦振切。"(231下左)

按：《龍龕》卷四《束部》："軙，亦振反。"（542）《説文·申部》："軙，擊小鼓引樂聲也。从申，束聲。"（313上）"軙"，《廣韻》音"羊晉切"。"軙"與"軙"音同形近，"軙"當即"軙"字俗訛。

1149. 稴：《新修玉篇》卷二十九《束部》引《類篇》："稴，音輔。"（231下左）

按：《篇海》同。《玉篇·禾部》："輔，扶甫切。禾積也。"（74上左）"稴"音"輔"，當即"輔"字之俗。

1150. 圌：《新修玉篇》卷二十九《口部》引《餘文》："圌，烏關切。圌㴷，水勢回旋皃。"（232上右）

按：《篇海》同。《集韻》平聲刪韻烏關切："圌，圌㴷，水勢回旋皃。"（151）《文選·郭璞〈江賦〉》："泓汯洞潰，涒鄰圌㴷。"李善注："皆水勢回旋之貌。""圌"當即"淵"字之俗。《説文·水部》："淵，回水也。从水，象形，左右岸也，中象水皃。開，淵或省水。囦，古文从口、水。"（230下）"淵"，《廣韻》音"烏玄切"。"圌"與"淵"義同，"圌"當即"淵"受"淵"字古文"囦"字類化影響而增加"口"旁所形成的俗字。《集韻》改音"烏關切"，非是。《正字通·口部》："圌，舊注：音彎。圌㴷，水勢回旋貌。按：《管子》：'水出不流曰淵。'《增韻》：'水盤旋處為淵。'《説文》：'淵，回水也。'或作開，古文作囦。囦、開、圌之與淵聲義同。郭璞《江賦》'圓淵尤迴'，又'靈湖之淵'，又'瀇洸囦泫'、'涒鄰圌㴷'，雖分見層出，非有異義，復重與漩、澴、濴、潛、泓、汯連押同。《説文》淵，昍象左右岸形，中象水貌，俗復从淵加口，改音彎，未見其與囦、開、淵別也，故《正韻·淵部》囦、圌二文皆削不載，《集韻》作剚，尤非。"（182下）此説是也。

1151. 囧：《新修玉篇》卷二十九《口部》引《龍龕》："囧囟囧囧，四居永切。光也。"（232上左）

按：《龍龕》卷一《口部》："囧，俗；囟囧囧，三今。居永反。光也。四。"（175）《廣雅·釋詁四》："冏，明也。"《博雅音》："古丙（反）。""囧""囟""囧""囧"諸字並即"冏"字之俗。"囧"當即"囧"之異寫字，亦當即"冏"字之俗。

1152. 囷：《新修玉篇》卷二十九《口部》引《龍龕》："囷，因、剛二音。"（232上左）

按：《篇海》同。《龍龕》卷一《口部》："囷，因、剛二音。"（175）

"囙"字直音用字"因"，《大字典》轉錄作"困"，非是。"囙"音"因"，當即"因"字俗訛。"因"，《説文》篆文作"囚"。"囙"音"因"，疑即"因"字《説文》篆文"囚"楷定之訛。"囗"音"剛"，當即"岡"字之俗。韓小荊《〈可洪音義〉研究》"剛"俗作"剛"，"囗"與"剛"字左旁所從之"岡"俗體形近，"囗"當即"岡"字俗訛。《字海》收錄"囗"字，徑謂同"岡"，未為完備。

1153. 圄：《新修玉篇》卷二十九《口部》引《龍龕》："圄，音語。囹圄，周時獄也。"（232上左）

按：《龍龕》卷一《口部》："圄，俗；圉，正。音語。囹~，周時獄名。"（175）"圄""圉"即異體字，"圄"當即"圉"字之俗。

1154. 囙：《新修玉篇》卷二十九《口部》引《川篇》："囙，音吉。訖也。"（232上左）

按：《篇海》卷十四《口部》引《川篇》："囙，音古。訖也。"（814上）"囙"字，《新修玉篇》與《篇海》直音用字不同，從形音關係來看，當以《新修玉篇》為是，《篇海》"音古"當為"音吉"之誤。《字海》據朝鮮本《龍龕》收錄"囙"字，然義闕，可據補。"囙"當為俗字，正字俟考。

1155. 圐：《新修玉篇》卷二十九《口部》引《川篇》："圐，烏還切。水曲兒。"（232上左）

按：《篇海》同。"圐"當即"圞"之異體字。《集韻》平聲刪韻烏關切："圞，圞潫，水勢回旋兒。"（151）《文選·郭璞〈江賦〉》："泓汯浻瀴，涒鄰圞潫。"李善注："皆水勢回旋之貌。""圐"與"圞"音義並同，正如韓小荊《〈可洪音義〉研究》（799）"淵"俗作"捌""捌"等形，"圐"字所從之"刺"當為"淵"字俗訛，"圐"當即"圞"之異體字。"圞"當即"淵"字之俗（詳見上文"圞"字注），故"圐"亦當即"淵"字之俗。

1156. 朧：《新修玉篇》卷二十九《开部》引《省韻》："朧，經天切。《省》注。"（232下左）

按：《説文·龍部》："龓，龍者脊上龓龓。从龍，开聲。"（245下）"龓"，《廣韻》音"古賢切"。"朧"與"龓"音同形近，"朧"當即"龓"之偏旁易位俗字。

1157. 刐：《新修玉篇》卷二十九《片部》引《餘文》："刐，音列。

剖也。"（233上右）

按：《篇海》同。《集韻》入聲薛韻力櫱切："㓠，剖也。通作剙。"（711）《説文·刀部》："列，分解也。从刀，歺聲。"（86上）《廣雅·釋詁二》："裂，分也。""列""裂"二字，《廣韻》皆音"良薛切"。"剙"當即"裂"之偏旁易位俗字。"㓠"與"列""裂""剙"諸字音義並同，即為異體字。

1158. 牔：《新修玉篇》卷二十九《片部》引《龍龕》："牔，音亭。"（233上右）

按：《篇海》同。《龍龕》卷三《片部》："牔，音亭。"（361）"牔"疑即"楟"字俗訛。《廣雅·釋木》："楟，梨也。""楟"，《廣韻》音"特丁切"。"牔"與"楟"音同，正如"析"俗作"斫"、"枯"俗作"胋"、"棟"俗作"楝"、"榜"俗作"牓"、"檮"俗作"牐"等，"牔"疑即"楟"字之俗。

1159. 牅：《新修玉篇》卷二十九《片部》引《龍龕》："牅，音當。"（233上右）

按：《篇海》同。《龍龕》卷三《片部》："牅，音當。"（361）"牅"疑即"檔"字俗訛。《玉篇·木部》："檔，都郎切。牀也；又木名。"（63上左）"牅"與"檔"音同，正如上文所言"析"俗作"斫"、"枯"俗作"胋"、"棟"俗作"楝"、"榜"俗作"牓"、"檮"俗作"牐"等，"牅"疑即"檔"字俗訛。

1160. 牂：《新修玉篇》卷二十九《片部》引《廣集韻》："牂牁，上則郎切，下古俄切。牂牁二字，沇注：'水名，在象郡鐔淫城西。'亦云：'在牂牁郡。'从爿正。"（233上右）

按："牂牁"當即"牂牁"之訛，"牂"即"牂"字俗訛。

1161. 炤：《新修玉篇》卷二十九《牀部》引《餘文》："炤，市招切。炤牀別名。"（233上右）

按：《篇海》同。《廣韻》平聲宵韻市昭切："炤，炤牀別名。"（94）"炤"字下義訓之中"炤"字皆為字頭誤重。"炤"當為"㫮"字之俗。《廣雅·釋器》："浴牀謂之㫮。"《博雅音》："㫮，音紹。""㫮"，《廣韻》又音"市昭切"。"炤"與"㫮"音義並同，"炤"當即"㫮"字之俗。《集韻》平聲宵韻時饒切："㫮，牀別名。通作㫮。"（181）此即其證也。

1162. 牋：《新修玉篇》卷二十九《爿部》引《餘文》："牋，仕限切。豢羊屋也。"（233 上左）

按：《篇海》同。《集韻》上聲產韻仕限切："牋羴，豢羊屋也。或從羊。"（374）"牋""羴"當並即"棧"字之俗。《說文·木部》："棧，棚也，竹木之車曰棧。从木，戔聲。"（118 下）"棧"本義即指"飼養牲畜的棚或柵欄"。如：《莊子·馬蹄》："連之以羈縶，編之以皁棧，馬之死者十二三矣。"陸德明釋文："編木作靈（櫺）似牀曰棧，以禦濕也。崔云：'木棚也。'""棧"，《廣韻》音"士限切"。"牋""羴"與"棧"音義並同，"牋""羴"當並即"棧"字之俗。《字彙·爿部》："牋，鉏限切，音近湛。豢羊屋也。亦作羴，通作棧。"（273 下）《正字通·爿部》："牋，同羴，通作棧。"（646 下）以上二書所言皆是也。

1163. 牒：《新修玉篇》卷二十九《爿部》引《餘文》："牒，徒叶切。牀版。"（233 上左）

按：《篇海》卷十一《爿部》引《餘文》："牒，徒協切。牀版也。"（746 上）《廣韻》入聲怗韻徒協切："牒，牀版。"（437）《集韻》入聲帖韻達協切："牒楪，牀簀也。或從木。"（781）"牒"當即"楪"字之俗。《方言》卷五："（牀）其上板，魏之北郊，趙魏之間謂之牒，或曰牑。"（37～38）《廣雅·釋器》："牒，版也。"王念孫疏證："牀板謂之牑，亦謂之牒，簡謂之牒亦謂之編，其義一也。""牒"，《廣韻》亦音"徒協切"。故"牒"與"牒""楪"二字音義並同，即為異體字。

1164. 牂：《新修玉篇》卷二十九《爿部》引《廣集韻》："牂，子冉切。《說文》：'羹也。'或作臢同。"（233 上左）

按：《集韻》上聲琰韻子冉切："臢，羹也。"（451）"牂"與"臢"音義並同，"牂"當即"臢"字俗訛。

1165. 弐：《新修玉篇》卷二十九《弋部》引《川篇》："弐，音哉。"（233 下左）

按："弐"字，《篇海》作"弎"，"弐""弎"音"哉"，當即"哉"字俗訛。

1166. 戓：《新修玉篇》卷二十九《弋部》引《類篇》："戓，音鹹。"（233 下右）

按：《篇海》同。"戓"音"鹹"，當即"鹹"字俗訛。韓小荊《〈可洪音義〉研究》（467）"鹹"俗作"𪉰""𪉱"，此是其佐證也。

1167. 貮：《新修玉篇》卷二十九《弋部》引《類篇》："貮，音二。"（233下左）

按："貮"當即"貳"字之俗。《説文・貝部》："貳，副益也。从貝，弍聲。弍，古文二。"（126下）"貮"與"貳""弍"音同，"貮"當即"貳""弍"交互影響而産生的合體俗字。

1168. 匢：《新修玉篇》卷二十九《匸部》引《奚韻》："匢，呼骨切。日出未甚明。"（234下右）

按：《篇海》同。"匢"字，《大字典》《字海》轉錄作"匼"。"匢""匼"疑即"昒"字俗訛。《説文・日部》："昒，尚冥也。从日，勿聲。"（134上）《玉篇・日部》："昒，亡屈切。旦明也。"（95上左）"昒"，《廣韻》音"呼骨切"。"日出未甚明""旦明"訓異義同，故"匢""匼"與"昒"音義並同，"匢""匼"疑即"昒"字俗訛。

1169. 匼：《新修玉篇》卷二十九《匸部》引《奚韻》："匼，章也切。"（234下右）

按：《篇海》卷十三《匸部》引《奚韻》："匼，音也。"（798下）"匼"字，《新修玉篇》與《篇海》讀音不同，當以《新修玉篇》所言爲是。《直音篇》卷七《匸部》："匼，章也切，又音省。"（313）此亦其證也。故《篇海》"音也"當即"章也切"之脫誤。"匼"疑即"這"字之變。《增韻》上聲馬韻止也切："這，凡稱此箇爲者箇，俗多改用這。""匼""這"音同，又"辶"旁、"匸"旁草寫形近，俗書或相混，如"匹"作"𨒗"、"遏"作"𨽹"、"遷"作"𨽻"等，故"這"亦可寫作"匼"。又《篇海》卷三《言部》引《搜真玉鏡》："匼，音省。"（608）其字何以音"省"令人費解，音"省"的"匼"仍當待考。《古俗字略・梗韻補》："匼，古省。"（149）《篇海》謂"匼"字音"省"，而非謂"匼"即"省"之古文，且未見"省"之諸古文、俗體有作"匼"者，陳士元唯據直音用字即謂"匼"爲古"省"，所言非是。《大字典》收錄"匼"字，第一義項據《古俗字略》之説謂"匼"同"省"，第二義項引《篇海》音"也"，失考證。《字海》亦收"匼"字，承襲《篇海》讀音之誤而音 yě，亦失考證。

1170. 㝉：《新修玉篇》卷二十九《亡部》引《餘文》："㝉，息浪切。亡也。"（234上左）

按：《集韻》去聲宕韻四浪切："喪，亡也。古作㝉。"（601）"喪"

字,《說文》篆文作"▨"。"罗"當即"喪"字《說文》篆文"▨"字楷定之俗。

1171. 甂:《新修玉篇》卷三十《亞部》引《川篇》:"甂,音叨。器也。"(235下左)

按:《篇海》卷十一《爪部》引《搜真玉鏡》:"甂,音掌。"(740下)"甂"字,《新修玉篇》與《篇海》引書不同,疑當以《新修玉篇》為是;又《新修玉篇》與《篇海》讀音亦不同,亦當以《新修玉篇》為是。"甂"當即"䚻"字俗訛。《説文·曲部》:"䚻,古器也。从曲,舀聲。"(269上)"䚻""叨"二字,《廣韻》皆音"土刀切"。"甂"與"䚻"音義並同,"甂"當即"䚻"字俗訛。

1172. ▨:《新修玉篇》卷三十《亞部》引《川篇》:"▨,音狂。"(235下左)

按:《篇海》卷十三《亞部》引《搜真玉鏡》:"▨,音犯。"(808下)"▨"字,《新修玉篇》與《篇海》引書不同,疑當以《新修玉篇》為是;《新修玉篇》與《篇海》讀音亦不同,疑亦當以《新修玉篇》為是。《篇海》音"犯",當為音"狂"之誤。"▨"音"狂",疑即"亞"字之俗。《説文·臣部》:"亞,乖也。从二臣相違。讀若誑。"(60下)"亞",《廣韻》音"居況切"。"▨"與"亞"形音皆近,"▨"疑即"亞"字俗訛。

1173. 罒:《新修玉篇》卷三十《四部》引《類篇》:"罒,音四。"(235下左)

按:《篇海》卷十《四部》引《類篇》:"罒,音四。"(736上)《字海》收錄"罒"字,音wǎng,非是。"罒"疑即"四"字俗訛。《説文·四部》:"四,陰數也。象四分之形,凡四之屬皆从四。三,籀文四。"(308下)"罒"疑即"四"與"四"字籀文"三"交互影響並省略"三"字一橫而形成的俗訛字。

1174. 拌:《新修玉篇》卷三十《半部》引《廣集韻》:"拌,在《省韻》。旋芮切。注:彗从右持拌。"(236上左)

按:《説文·又部》:"彗,掃竹也。从又持甡。"(59上)"甡",《説文》篆文作"▨"。"拌"當即"甡"之《説文》篆文"▨"字楷定之俗。"甡"字《廣韻》音"所臻切",而"彗"字《廣韻》音"徐醉切",故"拌"字下"旋芮切"一音當為"彗"之讀音,而非"拌"之讀音。

1175. 觤：《新修玉篇》卷三十《九部》引《餘文》："觤，許委切。謗也；譖也。又音委。"（236 上左）

按：《篇海》同。《集韻》上聲紙韻虎委切："觤，鳥食吐毛如丸。"（315）"觤"，《廣韻》又音"於詭切"。"觤"與"觤"音同形近，"觤"當即"觤"字之俗。"觤"字，《新修玉篇》《篇海》訓"謗也；譖也"，當為誤植上文"訣""譭"之義於"觤"字之上所致的訓釋失誤。《集韻》上聲紙韻虎委切："訣，謗也。或作譭，通作毀。"（314）

1176. 觩：《新修玉篇》卷三十《九部》引《龍龕》："觩，音求。"（236 上左）

按：《篇海》同。《龍龕》卷二《九部》："觩，音求。"（332）"觩"當即"莑"字之俗。《爾雅·釋草》："中莑，菌。"郭璞注："地蕈也，似蓋，今江東名為土菌，亦曰莑廚，可啖之。""莑"，《廣韻》音"巨鳩切"。"觩"與"莑"音同形近，"觩"疑即"莑"字俗訛。

1177. 尬：《新修玉篇》卷三十《九部》引《類篇》："桓，音桓。"（236 下右）

按：《篇海》卷二《九部》引《類篇》："尬，音桓。"（586 下）"桓""尬"當即同字異寫。"桓"音"桓"，疑即"烜"字俗訛。《說文·丸部》："烜，丸之孰也。从丸，而聲。"（192 上）"烜"，《廣韻》音"如之切"，又音"奴禾切""胡官切"；"桓"，《廣韻》亦音"胡官切"。故"桓"與"烜"音同形近，"桓"疑即"烜"字俗訛；而"尬"即"桓"之異寫字，故"尬"亦當為"烜"字俗訛。

1178. 䙷：《新修玉篇》卷三十《寸部》引《廣集韻》："䙷，多則切。取也。"（237 上右）

按：《廣韻》入聲德韻多則切："䙷，取也。"（427）《集韻》入聲德韻的則切："䙷，取也。"（761）"䙷"當同"䙷""㝵""得"。《說文·見部》："㝵，取也。从見，从寸。寸度之，亦手也。"（175 上）又《說文·彳部》："得，行有所得也。从彳，㝵聲。䙷，古文省彳。"（37 下）《廣韻》入聲德韻多則切："㝵，《說文》：'取也。'今作䙷同。"（427）"䙷"與"䙷""㝵""得"諸字音義並同，當為異體字。從字形演變軌跡來看，"䙷"當即"㝵"因涉義而在"㝵"字的基礎上增加表義構字部件"取"所形成的繁化俗字。

1179. 聱：《新修玉篇》卷三十《甲部》引《龍龕》："聱，音授。"（237 上左）

按：《篇海》同。《龍龕》卷四《甲部》："聱，音授。"（541）"聱"音"授"，當即"授"字之俗。宋刻本《集韻》去聲宥韻承呪切："授，付也；又姓。亦作稤，唐武后改作稤。"（176 上）韓小荊《〈可洪音義〉研究》（678）"授"俗作"稤"。《可洪音義》卷二四《大周刊定衆經》第六卷："稤，神右反。正作稤。"（60，p339a10）"聱"與"授"之異體字"稤""稤"形近，"聱"當即"稤""稤"進一步訛變而產生的俗訛字，亦當即"授"字之俗。

1180. 牵：《新修玉篇》卷三十《甲部》引《龍龕》："牵，音牽。"（237 上左）

按：《篇海》同。《龍龕》卷四《甲部》："牵，俗。音牽。"（541）"牵"音"牽"，正如《龍龕》（114）"牽"俗作"牵"，"牵"與"牽"音同形近，"牵"亦當即"牽"字俗訛。

1181. 轚：《新修玉篇》卷三十《甲部》引《類篇》："轚，音擦。滑也。"（237 上左）

按：《篇海》卷二《甲部》引《類篇》："轚，音擦。"（589 下）"轚"字，《篇海》義闕，《新修玉篇》訓"滑也"，可補《篇海》所闕之義。"轚"字正字不明，俟考。

1182. 辦：《新修玉篇》卷三十《辛部》引《餘文》："辦，府巾切。駁也。"（237 下左）

按：《篇海》卷十《辛部》引《川篇》："辦，府巾切。駁也。"（735 上）《篇海》謂引《川篇》，當為《餘文》之誤。此字《玉篇》《廣韻》皆未收，《集韻》收於平聲真韻小韻韻尾，當即丁度等人據俗書所增。《集韻》平聲真韻悲巾切："辦，駁（駮）也。"（119）《正字通·辛部》："辦，譌字。舊注：音斌。駁也。誤。"（1145 上）《正字通》謂"辦"為譌字，當是。"辦"疑即"辯"字之譌。《説文·文部》："辯，駁文也。从文，辡聲。"（185 上）《玉篇·文部》："辯，補顔切。《説文》曰：'駁文也。'亦作斑。"（28 下右）"辦""辯"義同，又"辯"之篆文作"辮"，"辦"當即"辯"字篆文楷定之譌。"辯"譌作"辦"後，見其從"分"，遂改其讀為"悲巾切"，此當即望形生音。

1183. 㨁：《新修玉篇》卷三十《子部》引《玉篇》："㨁，音體。小

兒也。"（238上右）

按：《篇海》同。此字《說文》《名義》皆未收，《玉篇》收於《子部》之末，當即陳彭年等據俗書所增。《玉篇·子部》："㜩，音體。小兒也。"（134下右）《正字通·子部》："㜩，譌字。舊注：音體。小兒貌。非。"（261上）《正字通》直斥"㜩"為譌字，不確。《玉篇校釋》"㜩"字下注："《集韻》薺韻：'㜩，孩也。'按：'㜩'即'孩提之童'之'提'字。是、弟聲符相通，又㜩之言弟也，弟者幼小之名。《女部》：'娣，娣姒，幼婦曰娣。'幼婦謂之娣，猶小兒謂之㜩也。"（5822）胡氏所言當是。《孟子·盡心上》："孩提之童，無不知愛其親也。"趙岐注："孩提，二三歲之間，在襁褓，知孩笑，可提抱者也。"《漢書·王莽傳上》："百歲之母，孩提之子。"顏師古注："嬰兒始孩，人所提挈，故曰孩提也。""提"，《廣韻》音"杜奚切"。故"㜩"當本作"提"，"㜩"當即受"孩""提"交互影響而產生的俗字。

1184. 孛：《新修玉篇》卷三十《子部》引《龍龕》："孛，古文季字。"（238上左）

按：《龍龕》卷二《子部》："孛，古文。音季。"（336）"孛"當即"季"字俗訛，而非其古文。

1185. 䢉：《新修玉篇》卷三十《辰部》引《廣集韻》："䢉，而隴切。不肖也。一曰僻䢉，劣也。或作擒茸，又作毶毵。"（238下左）

按：《集韻》上聲腫韻乳勇切："𦯃，不肖也。一曰僻𦯃，劣也。通作茸。"（303）"䢉"與"𦯃"音義並同，"䢉"當即"𦯃"字俗訛。

1186. 酐：《新修玉篇》卷三十《酉部》引《川篇》："酐，呼朗切。苦酒。"（239上右）

按：《篇海》同。《玉篇·酉部》："䤂，火朗切。苦酒也。"（135下右）"酐"與"䤂"音義並同，"酐"當即"䤂"字之俗。

1187. 酸：《新修玉篇》卷三十《酉部》引《川篇》："酸，素丸切。醋味也。俗。"（239下右）

按：《廣韻》平聲桓韻素官切："酸，醋也。"（75）"酸"與"酸"音義並同，"酸"當即"酸"字之俗。

1188. 醯：《新修玉篇》卷三十《酉部》引《類篇》："醯，音鹽。"（240上右）

按：《篇海》卷十四《酉部》引《類篇》："醯，音鹽。"（818上）

"醖""醘"當即同字異寫。《字彙補·酉部》:"醘,音義與鹽同。"(228下)《字彙補》所言當是,"醘"當即"鹽"字俗訛,則"醖"亦當即"鹽"字俗訛。

1189. 醟:《新修玉篇》卷三十《酉部》引《省韻》:"醟,古襌切。酒味[淫]也。"(240上左)

按:《説文·酉部》:"醟,酒味淫也。"(313下)"醟",《廣韻》音"古襌切"。"醟"與"醟"音義並同,"醟"當即"醟"字之俗。

1190. 巨:《新修玉篇》卷三十《雜部》:"巨,強魚切。未央。通作朠。"(240下右)

按:《集韻》平聲魚韻求於切:"巨,未央也。通作朠。"(64)《廣雅·釋詁三》:"朠,央也。"王念孫疏證:"朠,字或作渠,又作巨,又作遽。卷一云:'央,盡也。'卷四云:'央,已也。'《小雅·庭燎》箋云:'夜未央,猶言夜未渠央也。'釋文引《説文》:'央,已也。'《古辭相逢行》云:'調絲未遽央。'左思《魏都賦》云:'其夜未遽,庭燎晣晣。'《集韻》:'巨,央也。通作朠。'諸書或言'未央',或言'未遽',或言'未遽央',其義一也。卷三云:'朠,久也。'《説文》:'央,久也。'久謂之朠,亦謂之央,猶已謂之央,亦謂之朠矣。"(402)故"巨"當訓"央也",《集韻》訓"未央也","未"字當為衍文。"巨"與"朠""渠""遽"諸字音義並同,即為異體字。

1191. 𩒓:《新修玉篇》引《龍龕餘部·其部》:"𩒓,音欺。方相也。"(241上左)

按:"𩒓"當即"顛"字之俗。《説文·頁部》:"顛,醜也。从頁,其聲。今逐疫有顛頭。"(181下)段玉裁注:"此舉漢事以為證也。《周禮·方相氏》:'冒熊皮者,以驚毆疫癘之鬼,如今魌頭也。'"王筠句讀:"顛頭即今假面具。"《淮南子·精神》:"視毛嬙、西施猶顛醜也。"高誘注:"顛,顛頭也。方相氏黃金四目衣頩,稀世之顛,貌非生人也,但像其耳目。顛頭言極醜也。""顛",《廣韻》音"去其切"。"𩒓"與"顛"音義並同,"𩒓"當即"顛"字俗訛。《龍龕》卷一《其部》:"𩒓,俗;顛,正。音欺。方相也。二。"(186)此即其證也。又《字彙·人部》:"倛,牽奚切,音溪。《荀子》:'面如蒙倛。'注:'方相也,其首蒙茸,故曰蒙倛。'韓昌黎曰:'四目方相,兩目為倛。'"(39上)《荀子·非相》:"仲尼之狀,面如蒙倛。"楊倞注:"倛,方相也。""倛"與"顛"

音義並同，"俱"當即"頯"通過改換義符而形成的異體字。《可洪音義》卷二九《辯惑篇》第二之九："蒙俱，丘其反。方相也。正作頯、頯二形。"（60，p559b11）此即其證也。

1192. 奠：《新修玉篇·龍龕餘部·天部》引《類篇》："奠，音尊。"（241上左）

按："奠"音"尊"，當即"尊"字俗訛。韓小荊《〈可洪音義〉研究》（847）"尊"俗作"奠"，此是其證也。

1193. 㝎：《新修玉篇》引《龍龕餘部·宀部》："㝎，直利切。"（241上左）

按：《龍龕》卷一《宀部》："㝎，俗。直利反。"（130）"㝎"當即"㝎"之異寫字。《說文·彑部》："彘，豕也。"（195下）"彘"，《廣韻》音"直例切"。"㝎""㝎"當並即"彘"字之俗。《字海》謂"㝎"同"彘"，是也。"㝎"即"㝎"之異寫字，亦即"彘"字之俗。

1194. 㐬：《新修玉篇·龍龕餘部·元部》："㐬㐬，呼迴切。㐬禮。"（241下右）

按："㐬"當即"虺"字之俗。《龍龕》卷一《元部》："㐬㐬，二俗；虺，或作。乎迴反。正作虺。～尵。下又許鬼反。三。"（191）此是其證也。

1195. 禮：《新修玉篇·龍龕餘部·元部》："禮，徒回切。虺禮。"（241下右）

按："禮"當即"尵"字之俗。《龍龕》卷一《元部》："禮，徒迴反。正作尵。虺～。"（191）此是其證也。

1196. 﨤：《新修玉篇·龍龕餘部·元部》："﨤，市勇切。"（241下右）

按：《龍龕》卷一《元部》："﨤，市勇反。"（191）《廣韻》上聲腫韻時冗切："尰，足腫病。"（160）"﨤"與"尰"音同形近，"﨤"當即"尰"字之俗。

1197. 虢：《新修玉篇·龍龕餘部·孚部》："虢，古麥切。"（241下右）

按：《龍龕》卷一《孚部》："虢，俗。古麥反。"（199）《廣韻》入聲陌韻古伯切："虢，國名。"（415）"虢"與"虢"音同形近，"虢"當即"虢"字之俗。

1198. 掗：《新修玉篇·龍龕餘部·圭部》："掗，烏街、烏瓜二切。

蝦蟆屬。"（241下右）

按："䖝"當即"黿"字之俗。《龍龕》卷一《圭部》："䖝，俗；蛙黿，二今。［烏］街［、烏瓜］二反。蝦蟆之屬也。"（202）《集韻》平聲佳韻烏媧切："黿，蟲名。亦書作䖝。"（102）故"䖝"當即"䖝"字之俗，亦同"黿"。

1199. 㚢：《新修玉篇·龍龕餘部·必部》引《川篇》："㚢，音使，又音史。香也。"（241下左）

按：《廣韻》上聲止韻疎士切："㚢，香之美者。"（169）"㚢"與"㚢"音義並同，"㚢"當即"㚢"字之俗。

1200. 罃：《新修玉篇·龍龕餘部·學部》引《川篇》："罃，音甓，又亡運切。器之損也。"（241下左）

按：《集韻》去聲稕韻許慎切："罌，器裂。"（543）"罃"與"罌"音義並同，"罃"當即"罌"字之俗。

1201. 鬱：《新修玉篇·龍龕餘部·學部》引《川篇》："鬱，音欝，古文。"（241下左）

按：《廣韻》入聲物韻紆物切："鬱，香草。又氣也；長也；幽也；滯也；腐臭也；悠思。欝，俗。"（386）"鬱"與"鬱"音同形近，"鬱"當即"鬱"字之俗。

1202. 斡：《新修玉篇·龍龕餘部·卓部》引《川篇》："斡，烏活切。"（242上右）

按：《廣韻》入聲末韻烏括切："斡，轉也。"（395）"斡"與"斡"音同形近，"斡"即"斡"字之俗。

1203. 睝：《新修玉篇·龍龕餘部·卷部》："睝，音睦。"（242上右）

按：《說文·目部》："睦，目順也。从目，坴聲。一曰：敬和也。𦫵，古文睦。"（66下）"睝"與"𦫵"音同形近，"睝"當即"𦫵"字之俗。

1204. 𦣻：《新修玉篇·龍龕餘部·开部》："𦣻，音鼻。首也。"（242上右）

按：《篇海》卷九《自部》引《餘文》："𦣹，音鼻。首也。"（726下）"𦣻""𦣹"音義並同，當即一字之變。《集韻》去聲至韻毗至切："𦣹頿，犬初生子。一曰首子。亦从頁。"（481）"𦣻"與"頿"音同形近，"𦣻"當即"頿"字之俗。《新修玉篇》《篇海》訓"首也"，當皆為

"首子也"之脫誤。

1205. 毚：《新修玉篇·龍龕餘部·开部》："毚，士咸切。狡兔。"（242上右）

按：《説文·急部》："毚，狡兔也，兔之駿者。从怠、兔。"（202上）"毚"，《廣韻》音"士咸切"。"毚"與"毚"音義並同，"毚"當即"毚"字俗訛。

1206. 㪍：《新修玉篇·龍龕餘部·丶部》："㪍，音俻。近也。"（242上右）

按：《廣韻》去聲至韻平祕切："㪍，怒也。又一曰：迫也。"（245）"近也""迫也"義同，故"㪍"與"㪍"音義並同，"㪍"即"㪍"字之俗。

1207. 㶍：《新修玉篇》引《龍龕雜部》："㶍，古文。音戈。三足釜也。又音螺。今作鍋鑼。"（242上右）

按：《龍龕》同。《廣雅·釋器》："㶍，釜也。"王念孫疏證："㶍，即今鍋字也。""㶍"，《廣韻》音"古禾切"。"㶍"與"㶍"音義並同，"㶍"當即"㶍"字之俗。

1208. 壼：《新修玉篇》引《龍龕雜部》："壼，俗。音胡。飲器也。"（242上右）

按："壼"當即"壺"字之俗。《龍龕》卷四《雜部》："壼，俗；壷，今；壺，正。音胡。飤（飲）器也。象形字。三。"（544）此是其證也。

1209. 䨝：《新修玉篇·龍龕餘部·开部》："䨝，音赫。盛也。"（242上左）

按：《廣韻》入聲陌韻呼格切："赫，盛皃。"（414）"䨝"與"赫"音義並同，"䨝"當即"赫"之異體字。

1210. 秤：《新修玉篇·龍龕餘部·开部》："秤，音亭。平也。"（242上右）

按："秤"當即"汀（汀）"字之俗。《説文·水部》："汀，平也。从水，丁聲。汀，汀或从平。"（234下）"汀"，《廣韻》音"他丁切"。"亭"，《廣韻》音"特丁切"。"秤"與"汀（汀）"音近義同，"秤"當即"汀（汀）"字之俗。

1211. 灬：《新修玉篇》引《龍龕雜部》："灬，古文。必堯切。今作焱（焱）。飛火也。"（242上左）

按：《龍龕》卷四《雜部》："灬，古文。必堯反。今作焱。飛火也。"(546)《集韻》平聲宵韻卑遙切："灬，烈火。"(179)"灬"與"焱"即為古今字。

1212. 礐：《新修玉篇》引《龍龕雜部》："礐，溪、奚二音。"(242上左)

按：《龍龕》卷四《雜部》："礐，溪、奚二音。"(548)《篇海》卷二《谷部》引《類篇》："礐，音奚。"(593上)"礐"與"礐"音同形近，當即一字之變，疑並即"谿"字之俗。《廣雅·釋山》："谿，谷也。"王念孫疏證："谿與磎同。""磎"，《廣韻》音"苦奚切"。"礐"與"谿"音同形近，"礐"當即"谿"字俗訛；而"礐"疑即"礐""谿"二字交互影響而產生的俗訛字。

1213. 屑：《新修玉篇·龍龕雜部》引《類篇》："屑，音肩。"(242下右)

按：《海篇直音》亦收"屑"字，卻音"眉"。"屑"字，《新修玉篇》與《海篇直音》讀音不同，當以《新修玉篇》為是，《海篇直音》"音眉"當為"音肩"之誤。今案："屑"當即"肩"字之俗。《說文·肉部》："肩，髆也。从肉，象形。肩，俗肩从戶。"(82上)"肩"字，《說文》篆文作"𦘒"；而"肩"字，《說文》篆文作"𦘒"，"屑"當即"𦘒"或"𦘒"誤為楷定而形成的俗訛字。

1214. 寰：《新修玉篇·龍龕雜部》引《川篇》："寰，音還。邑名。"(242下右)

按：《篇海類編·人物類·士部》："寰，胡關切，音還。邑名。"(655下)"寰"與"寰"音義並同，當即同字異寫。《正字通·士部》："寰，舊注音還，引《篇海》邑名。按：寰州為河東化外地，六書無寰，訛作寰，非。"(211下)《正字通》謂"寰"即"寰"字之訛，所言是也。"寰"即"寰"之異寫字，則"寰"亦當即"寰"字之訛。

1215. 圤：《新修玉篇·龍龕雜部》引《川篇》："圤，音封。古文。"(242下右)

按：《說文·土部》："封，爵諸侯之土也。从之，从土。从寸，守其制度也。𡉚，籀文从半。"(289上)"圤"字，《說文》篆文作"𡉚"。"圤"疑即"封"字《說文》篆文"𡉚"字楷定之俗。

1216. 劸：《新修玉篇》引《龍龕雜部》："劸，武粉切。今作刎。"

（242下右）

按：《龍龕》卷四《雜部》："刎，武粉反。今作刎。"（550）"刎"當即"刎"之異體字。

1217. 㲋：《新修玉篇》引《龍龕雜部》："㲋，之忍切。顔［色］㲋類（顙）慎之事也。"（242下右）

按：《龍龕》卷四《雜部》："㲋，之忍反。顔［色］~類（顙）慎之事也。"（550）"㲋""㲋"當即同字異寫。《説文·頁部》："㐱，顔色㐱顙慎事也。从頁，㐱聲。"（180下）"㐱"，《廣韻》音"章忍切"。"㲋""㲋"當即"㐱"字俗訛。

1218. 尯：《新修玉篇·龍龕雜部》引《川篇》："尯，丘少、丘召二切。"（242下右）

按：《玉篇·尢部》："尯，丘召切。尯尯，不安也。"（21上右）"尯"與"尯"音同形近，"尯"當即"尯"字之俗。

1219. 䂁：《新修玉篇·龍龕雜部》引《類篇》："䂁，音偶。"（242下右）

按：《字彙補·矢部》："䂁，五口切，音偶。義無考。"（144下）"䂁""䂁"音同形近，當即一字之變。"䂁""䂁"疑即"耦"字俗訛。"偶""耦"二字，《廣韻》皆音"五口切"。"䂁""䂁"與"耦"音同形近，疑並即"耦"字俗訛。

1220. 黼：《新修玉篇·龍龕雜部》引《川篇》："黼，音雨（甫）。"（242下左）

按：《説文·黹部》："黼，白與黑相次文。从黹，甫聲。"（158上）"黼"，《廣韻》音"方矩切"。"黼"與"黼"音同形近，"黼"當即"黼"字之俗。

1221. 𥃉：《新修玉篇·龍龕雜部》引《類篇》："𥃉，先代切。塞也。"（242下左）

按：《篇海》卷十二《盾部》引《龍龕》："𥃉，先代切。"（775下）"𥃉"字，《新修玉篇》與《篇海》引書不同，疑以《新修玉篇》為是，通行本《龍龕》未見收錄此字。"𥃉"疑即"塞"字之俗。《説文·土部》："塞，隔也。"（289下）《廣韻》去聲代韻先代切："塞，邊塞也。"（292）"塞"本義即指國境線上屏隔內外的建築、邊塞。"𥃉"與"塞"音義並同，"𥃉"疑即"塞"之繁化俗字，由於"盾"本義即指古代的盾牌，具有防護功能，故而在"塞"字的基礎上增加"盾"字即形成"廯"字。

1222. 豊：《新修玉篇·龍龕餘部》引《類篇》："豊，音諫。"（242下左）

按："豊"音"諫"，疑即"諫"字之俗。《說文·言部》："諫，證也。從言，柬聲。"（47上）《廣韻》去聲諫韻古晏切："諫，諫諍，直言以悟人也。"（310）"諫"本義即指"直言別人改正缺點或過錯"。"豊"當即"諫"之俗體會意字，從直、從曲會"諫"之"直言別人改正缺點或過錯"，因為"曲"有"邪曲不正""過錯"之義。

1223. 周：《新修玉篇》引《龍龕雜部》："周，音害。"（242下左）

按：《龍龕》卷四《雜部》："周，音害。"（551）"周"音"害"，當即"害"字之俗。

1224. 囟：《新修玉篇》引《龍龕雜部》："囟，古文。信、四二音。"（242下左）

按：《龍龕》卷四《雜部》："囟，古文。信、四二音。"（551）"囟"音"信"，當即"囟"字之俗；而"囟"音"四"，當即"四"字之俗。

1225. 犇：《新修玉篇》引《龍龕雜部》："犇，蒲慢切。"（242下左）

按：《龍龕》卷四《雜部》："犇，蒲慢反。"（551）"犇"當即"辦"字之俗。韓小荊《〈可洪音義〉研究》（350）"辦"俗作"辡""弁"等。"辦"，《廣韻》音"蒲莧切"。"犇"與"辦"音同，又與"辦"之俗體"辡""弁"等形近，故"犇"疑即"辦"字之俗。

1226. 薤：《新修玉篇》引《龍龕雜部》："薤，古文。行界切。"（242下左）

按：《龍龕》卷四《雜部》："薤，古文。行界反。"（551）"薤""薤"當即異寫字。《玉篇·艸部》："薤，胡戒切。菜似韭。亦作䪥。"（69上左）"薤""薤"與"䪥"音同形近，當即"䪥"字之俗。

1227. 𧆣：《新修玉篇》引《龍龕雜部》："𧆣，俗。音睿。"（242下左）

按：《龍龕》卷四《雜部》："𧆣，俗。音睿。"（551）"睿""睿"當即"睿"字之俗。"𧆣"音"睿"，當即"睿"字之俗。《說文·叡部》："叡，深明也；通也。從奴，從目，從谷省。睿，古文叡。䜭，籀文叡，从土。"(79下)"糛"與"馨"音同形近,"糛"當即"馨"字之俗。

1228. 申:《新修玉篇》引《龍龕雜部》:"申,羊制切。與曳同。"(242下左)

按:《龍龕》卷四《雜部》:"申曳,羊制反。二同。"(552)"申""曳"並即"曳"字之俗。

1229. 䛨:《新修玉篇》引《龍龕雜部》:"䛨,音義同誼。"(242下左)

按:《龍龕》卷四《雜部》:"䛨,音義同誼。"(552)"誼"同"誼","䛨""䛨"即同字異寫,並即"誼"字之俗。

1230. 䮺:《新修玉篇》引《龍龕雜部》:"䮺,音到(至)。"(242下左)

按:《龍龕》卷四《雜部》:"䮺,音至。"(553)《廣韻》入聲緝韻陟立切:"縶,繫馬。"(430)"䮺"與"縶"形音皆近,"䮺"當即"縶"字之俗。

1231. 䂊:《新修玉篇》引《龍龕雜部》:"䂊,音六。"(243上右)

按:《龍龕》卷四《雜部》:"䂊,音六。"(555)《篇海》卷首《辛卯重編增改雜部》:"䂊,音從。"(572下)"䂊"字,《龍龕》與《篇海》讀音不同,當以《龍龕》為是。"䂊"疑即"戮"字之俗。《集韻》入聲屋韻力竹切:"戮,《說文》:'殺也。'古作僇、翏。"(645)"䂊"與"翏"音同形近,"䂊"疑即"翏(戮)"字之俗。

1232. 戉:《新修玉篇》引《龍龕雜部》:"戉,音越。"(243上右)

按:《龍龕》卷四《雜部》:"戉,音越。"(556)"戉"音"越",疑"越"字之俗。《直音篇》卷五《戈部》:"戉,與越同。"(194上)"戉"即"越"字之俗,而"戉"與"戉"音同形近,故"戉"亦當即"越"字之俗。

1233. 齃:《新修玉篇》引《龍龕雜部》:"齃,苦沒切。突~。又胡瞎切。"(243上右)

按:《龍龕》卷四《雜部》:"齃,苦沒反。突~。又胡瞎反。"(555)《說文·土部》:"埑,囚突出也。從土,叡聲。"(291上)"埑",《廣韻》音"苦骨切",又音"胡瞎切"。"齃"與"埑"音義並同,"齃"當即"埑"字之俗。

1234. 蘳:《新修玉篇》引《龍龕雜部》:"蘳,或作;蘳,正。一塘

（虩）切。視邊也。又胡麥切。度也。"（243 上右）

按：《龍龕》卷四《雜部》："𧡴，或作；𧡵，正。一虩反。視邊也。又胡麥反。度也。二。"（555）故"𧡴"當即"𧡵"字俗訛。

1235. 觳：《新修玉篇》引《龍龕雜部》："觳，俗。音佛。"（243 上右）

按：《龍龕》卷四《雜部》："觳，俗。音佛。"（556）《龍龕》卷四《角部》又曰："鱍，音佛。～理。"（512）朝鮮本《龍龕》卷八《角部》："鱍，音佛。角（理）也。觳，同上。"（43）"觳"與"鱍""觳"音同形近，當即異體字。

1236. 䅳：《新修玉篇》引《龍龕雜部》："䅳，俗。音畧。"（243 上右）

按：《龍龕》同。《爾雅·釋詁下》："䅳，利也。""䅳"，《廣韻》音"離灼切"。"䅳"與"䅳"音同形近，"䅳"當即"䅳"字俗訛。

1237. 亳：《新修玉篇》引《龍龕雜部》："亳，音薄。"（243 上右）

按：《龍龕》卷四《雜部》："亳，音薄。"（556）"薄""亳"二字，《廣韻》皆音"傍各切"。"亳"與"亳"音同形近，"亳"當即"亳"字俗訛。

1238. 夊：《新修玉篇·龍龕雜部》引《川篇》："夊，蒲木切。行皃。"（243 上右）

按：《說文·夊部》："夊，行夊夊也。从夊，闕。讀若僕。"（107下）《集韻》入聲屋韻步木切："夊，夊夊，行皃。"（636）"夊"與"夊"音義並同，"夊"當即"夊"字之俗。

1239. 㲋：《新修玉篇·龍龕雜部》引《川篇》："㲋，丑畧切。"（243 上右）

按：《說文·㲋部》："㲋，獸也。似兔，青色而大。象形。頭與兔同，足與鹿同。"（202 上）"㲋"，《廣韻》音"丑略切"。"㲋"與"㲋"音同形近，"㲋"當即"㲋"字之俗。

結　　語

　　漢字從產生至今，數量一直在遞增，其中一個重要原因即是俗字、譌體的不斷產生。唐代之後，字書漸開俗字入典之風，這就是自《玉篇》之後歷代字書收字不斷增多的重要原因。邢準的《新修玉篇》與韓道昭的《篇海》都是在王太《類玉篇海》基礎上各自成書的，它們收錄了《類玉篇海》所收的大量字形。相較而言，《新修玉篇》編纂與刊印都比較謹慎，加之流傳至今的又是與編者同時代的金刻本，後人無能篡改，因而錯訛較少。也正基於這種原因，《新修玉篇》保存了大量有用的字形、字音、字義以及字際關係認同等方面的材料，這些材料可以為疑難字的考釋提供重要的線索。因此，對《新修玉篇》所收疑難字進行系統的考釋與研究，具有其重要的學術價值和應用價值。

　　本書即以《新修玉篇》所收疑難字為研究對象，從文字學、漢字構形學、音韻學、訓詁學、文獻學、辭典學等角度，以形、音、義、用為線索，結合漢字俗寫變易規律及具體用例，通過對《新修玉篇》所收疑難字進行全面的測查與研究，對《新修玉篇》中的1239個疑難字進行了系統的考釋與研究。這些被考釋的疑難字，大部分是現代大型字書如《大字典》和《字海》都已收錄的，通過這些研究，可以為《大字典》和《字海》以後的修訂與完善提供參考；當然，也有很多是《大字典》和《字海》還未予收錄的，通過這些研究，可以增補《大字典》和《字海》未予收錄的疑難字形。

　　因此，本書認為，通過對《新修玉篇》所收疑難字進行全面系統的考釋與研究，無論是對於《新修玉篇》及相關字書韻書的文本校理，還是對於大型字辭書的修訂與完善，都有其不可忽視的學術價值和應用價值。從這個意義上說，本書研究不僅可以豐富《新修玉篇》疑難字研究的成果，在漢字學、辭典學、文獻學方面也有一定的積極意義。

最後需要說明的是，由於時間關係，再加上作者水準有限、字形資料搜集不夠充分、字書形音義有誤、缺乏文獻例證等主客觀方面的原因，本書成稿還很倉促，有些疑難字恐不能作出確切考釋，而且《新修玉篇》中仍貯存大量的疑難字未予考釋。對此，本課題將更加全面地搜集相關的文獻資料，對以上存在的問題和不足進行更加深入的研究，努力做好後續的研究工作。

參考文獻

[1]（漢）許慎：《說文解字（簡稱〈說文〉）》，中華書局1963年版。
[2]（南唐）徐鍇：《說文解字繫傳》，中華書局1986年版。
[3]（清）段玉裁：《說文解字注》，上海古籍出版社1988年版。
[4]（清）桂馥：《說文解字義證》，中華書局1987年版。
[5]（清）朱駿聲：《說文通訓定聲》，中華書局1984年版。
[6]（清）王筠：《說文解字句讀》，中華書局1988年版。
[7]（清）王筠：《說文釋例》，中華書局1987年版。
[8]（清）沈濤：《說文古本考》，《續修四庫全書》第223冊影印清光緒十三年潘氏滂喜齋刻本年版。
[9]（清）鈕樹玉：《說文解字校錄》，《續修四庫全書》第212冊影印清光緒十一年江蘇書局刻本年版。
[10]（清）錢坫：《說文解字斠詮》，《續修四庫全書》第211冊影印清嘉慶十二年錢氏吉金樂石齋刻本年版。
[11] 丁福保：《說文解字詁林》，中華書局1988年版。
[12] 張舜徽：《說文解字約注（簡稱〈約注〉）》，華中師範大學出版社2009年版。
[13] 湯可敬：《說文解字今釋》，岳麓書社1997年版。
[14] 季旭昇：《說文新證》，藝文印書館2004年版。
[15] 周祖謨：《爾雅校箋》，雲南人民出版社2004年版。
[16] 朱祖延等：《爾雅詁林》，湖北教育出版社1996年版。
[17] 朱祖延等：《爾雅詁林敘錄》，湖北教育出版社1996年版。
[18] 唐·陸德明：《經典釋文》，上海古籍出版社1985年版。
[19] 黃焯：《經典釋文彙校》，中華書局2006年版。
[20]（清）郝懿行：《爾雅義疏》，《爾雅詁林》影印咸豐六年刊本年版。

[21]（清）郝懿行：《山海經箋疏》，中國書店 1991 年版。
[22]［日］釋空海：《篆隸萬象名義（簡稱〈名義〉）》，中華書局縮印日本崇文叢書本 1995 年版。
[23]（梁）顧野王：《大廣益會玉篇（簡稱〈玉篇〉）》，中華書局 1987 年版。
[24]（梁）顧野王：《玉篇（殘卷）》，《續修四庫全書》第 228 冊影印日本昭和八年京都東方文化學院編東方文化叢書本年版。
[25]（梁）顧野王：《大廣益會玉篇（簡稱元刊本）》，《四部叢刊本》影印建德周氏藏元刊本年版。
[26] 胡吉宣：《玉篇校釋》，上海古籍出版社 1989 年版。
[27]（唐）釋玄應：《一切經音義（簡稱：玄應〈音義〉》，《中華大藏經》本第五十六、五十七冊，中華書局 1993 年版。
[28] 唐·釋慧琳：《一切經音義（簡稱：慧琳〈音義〉）》，《中華大藏經》本第五十七、五十八、五十九冊，中華書局 1993 年版。
[29]（宋）希麟：《續一切經音義（簡稱：希麟〈音義〉）》，《中華大藏經》本第五十九冊，中華書局，1993 年版。
[30]（五代）可洪：《新集藏經音義隨函錄（簡稱〈可洪音義〉）》，《中華大藏經》本第五十九、六十冊，中華書局 1993 年版。
[31]［日］釋昌住：《新撰字鏡（〈佛藏輯要〉第三十三冊）》，巴蜀書社 1993 年版。
[32] 周祖謨：《唐五代韻書集存》，中華書局 1983 年版。
[33]（宋）陳彭年：《鉅宋廣韻》，上海古籍出版社 1983 年版。
[34]（宋）陳彭年：《宋本廣韻》，江蘇教育出版社 2005 年版（參照本）
[35] 周祖謨：《廣韻校本》，中華書局 2004 年版。
[36] 葛信益：《廣韻叢考》，北京師範大學出版社 1993 年版。
[37] 余迺永：《新校互注宋本廣韻（定稿本）》，上海人民出版社 2008 年版。
[38]（宋）丁度：《集韻》，上海古籍出版社影印述古堂影宋鈔本 1985 年版。
[39]（宋）丁度：《集韻》，中國書店揚州使院重刻本，1983 年（參照本）
[40]（宋）丁度：《宋刻集韻》，中華書局 1989 年版（參照本）

[41]（宋）司馬光：《類篇》，中華書局 1984 年版。

[42]（宋）戴侗：《六書故》，上海社會科學院出版社 2006 年版。

[43]（宋）洪适：《隸釋　隸續》，中華書局 1985 年版。

[44]（遼）釋行均：《龍龕手鏡（簡稱〈龍龕〉）》，中華書局影印高麗本 1985 年版。

[45]《龍龕手鑒（簡稱朝鮮本〈龍龕〉）》，日本影印朝鮮咸化八年增訂本。

[46]（金）邢准：《新修絫音引證群籍玉篇（簡稱〈新修玉篇〉）》，《續修四庫全書》第 229 冊影印金刻本。

[47]（金）韓道昭：《改併五音類聚四聲篇海（簡稱〈篇海〉）》，《四庫存目叢書》影印明成化七年摹刻本。

[48]（元）黃公紹、熊忠：《古今韻會舉要》，中華書局 2000 年版。

[49]（明）佚名：《新校經史海篇直音（簡稱〈篇海〉）》，《續修四庫全書》影印明嘉靖二十三年金邑勉勤堂刻本。

[50]（明）李登：《詳校篇海》，《續修四庫全書》影印明萬曆三十六年趙新盤刻本。

[51] 舊題（明）宋濂：《篇海類編》，《四庫存目叢書》影印北京圖書館藏明刻本。

[52]（明）章黼：《直音篇》，《續修四庫全書》影印明萬曆三十四年明德書院刻本。

[53]（明）梅膺祚：《字彙》，《續修四庫全書》影印明萬歷四十三年刻本年版。

[54]（清）吳任臣：《字彙補》，《續修四庫全書》影印清康熙五年彙賢齋刻本年版。

[55]（明）張自烈、（清）廖文英：《正字通》，中國工人出版社影印清康熙九年序弘文書院本，1996 年版。

[56]（清）張玉書等：《康熙字典》，中華書局 1958 年版。

[57]（清）顧藹吉：《隸辨》，中華書局 1986 年版。

[58] 郭忠恕、夏竦：《汗簡・古文四聲韻（全一冊）》，中華書局 1983 年版。

[59]《草書大字典》，中國書店據上海掃葉山房石印本影印 1983 年版。

[60]（清）王念孫：《廣雅疏證》，江蘇古籍出版社 2000 年版。

[61]（清）方成珪：《集韻考正》，《續修四庫》第 253 冊影印清光緒五年孫氏詒善祠塾刻本。

[62]（清）王先謙：《釋名疏證補》，上海古籍出版社 2008 年版。

[63] 陸費逵、歐陽溥存等編：《中華大字典》，中華書局 1978 年版。

[64] 徐復等：《廣雅詁林》，江蘇古籍出版社 1992 年版。

[65] 周祖謨：《方言校箋》，中華書局 1993 年版。

[66] 甯忌浮：《校訂五音集韻》，中華書局，1992 年版。

[67] 漢語大字典編輯委員會：《第二版〈漢語大字典〉（簡稱〈大字典〉）》，四川辭書出版社、崇文書局 2010 年版。

[68] 冷玉龍等：《中華字海（簡稱〈字海〉）》，中華書局、中國友誼出版公司 1994 年版。

[69] 羅竹風等：《漢語大詞典》，漢語大詞典出版社 1990—1993 年版。

[70] 周祖謨：《問學集》，中華書局 1966 年版。

[71] 袁珂：《山海經校注》，巴蜀書社 1993 年版。

[72] 梁·蕭統編、唐·李善注：《文選》，中華書局 1977 年版。

[73]（宋）李昉等：《太平御覽》，中華書局 1960 年版。

[74]（宋）李昉等：《太平廣記》，中華書局 1961 年版。

[75] 楊筠如（著）、黃懷信（標校）：《尚書覈詁》，陝西人民出版社 2005 年版。

[76] 宗福邦等：《故訓匯纂》，商務印書館 2003 年版。

[77]（清）阮元校刻：《十三經注疏》，中華書局 2009 年版。

[78]（漢）司馬遷：《史記》，中華書局 1959 年版。

[79]（漢）班固：《漢書》，中華書局 1962 年版。

[80]（晉）陳壽（撰）、（宋）裴松之（注）：《三國志》，中華書局 1982 年版。

[81]（唐）姚思廉：《梁書》，中華書局 1973 年版。

[82]（宋）范曄撰、（唐）李賢等注：《後漢書》，中華書局 1965 年版。

[83]（元）脫脫等撰：《宋史》，中華書局 1985 年版。

[84]（漢）戴德：《大戴禮記》，《四部叢刊本》據無錫孫氏小綠天藏明袁氏嘉趣堂刊本影印。

[85]（晉）郭璞：《穆天子傳》，《四庫全書》據明刊本影印 1934 年版。

[86]（唐）段成式：《酉陽雜俎》，中華書局 1981 年版。

[87]（宋）鄭樵：《通志二十四略》，中華書局 1995 年版。

[88]（明）李時珍：《本草綱目》，線裝書局 2010 年版。

[89]（清）阮葵生：《茶餘客話》，中華書局 1959 年版。

[90]（清）王念孫：《讀書雜誌》，江蘇古籍出版社 2000 年版。

[91]（清）錢繹：《方言箋疏》，中華書局 2013 年版。

[92] 許維遹（撰）、梁運華（整理），《呂氏春秋集釋》，中華書局 2009 年版。

[93] 方以智：《物理小識》，商務印書館據萬有文庫本印 1937 年版。

[94] 趙爾巽等（撰）：《清史稿》，中華書局 1977 年版。

[95] 楊伯峻：《孟子譯注》，中華書局 2010 年版。

[96] 呂不韋（著）、陳奇猷（校釋）：《呂氏春秋新校釋》，上海古籍出版社 2002 年版。

[97] 王聘珍：《大戴禮記解詁》，中華書局 1983 年版。

[98]（清）李富孫：《易經異文釋》，《續修四庫全書》第 27 冊影印清光緒十四年清經解續編本。

[99] 國家文物局古文獻研究室：《馬王堆漢墓帛書》，文物出版社 1980 年版。

[100] 焦循：《孟子正義》，中華書局 1987 年版。

[101] 楊伯峻：《春秋左傳注》，中華書局 1990 年版。

[102] 許維遹：《呂氏春秋集釋》，中華書局 2009 年版。

[103] 楊伯峻：《論語譯注》，中華書局 1980 年版。

[104] 程俊英、蔣見元：《詩經注析》，中華書局 1991 年版。

[105] 郭慶藩：《莊子集釋》，中華書局 2004 年版。

[106] 何寧：《淮南子集釋》，中華書局 1998 年版。

[107] 黃暉：《論衡校釋》，中華書局 1990 年版。

[108] 王先謙：《荀子集解》，中華書局 1988 年版。

[100] 洪興祖：《楚辭補注》，中華書局 1983 年版。

[110] 楊伯峻：《列子集釋》，中華書局 1979 年版。

[111] 王利器：《顏氏家訓集解》，中華書局 2000 年版。

[112] 顧頡剛、劉起釪：《尚書校釋譯論》，中華書局 2005 年版。

[113]（東漢）劉珍等撰、吳樹平校注：《東觀漢記校注》，中華書局 2008 年版。

[114]（北魏）賈思勰著、石聲漢校釋：《齊民要術今釋》，中華書局 2009 年版。
[115] 李圃等：《古文字詁林》，上海教育出版社 1999 年版。
[116] 陳垣：《校勘學釋例》，中華書局 1959 年版。
[117] 秦公：《碑別字新編》，文物出版社 1985 年版。
[118] 秦公、劉大新：《廣碑別字》，國際文化出版公司 1995 年版。
[119] 高明、涂白奎：《古文字類編（增訂本）》，上海古籍出版社 2008 年版。
[120] 胡樸安：《中國文字學史》，上海書店 1984 年版。
[121] 唐蘭：《中國文字學》，上海古籍出版社 1979 年版。
[122] 唐蘭：《古文字學導論》，齊魯書社 1981 年版。
[123] 黃錫全：《汗簡註釋》，武漢大學出版社 1987 年版。
[124] 王鳳陽：《漢字學》，吉林文史出版社 1989 年版。
[125] 蔣善國：《漢字學》，上海教育出版社 1987 年版。
[126] 劉葉秋：《中國字典史略》，中華書局 1992 年版。
[127] 錢劍夫：《中國古代字典詞典概論》，商務印書館 1986 年版。
[128] 高明：《帛書老子校注》，中華書局 1996 年版。
[129] 裘錫圭：《文字學概要》，商務印書館 1990 年版。
[130] 王寧：《漢字學概要》，北京師範大學出版社 2001 年版。
[131] 王寧：《漢字構形學講座》，上海教育出版社 2002 年版。
[132] 王寧：《訓詁學原理》，中國國際廣播出版社 1996 年版。
[133] 蔣冀騁：《近代漢語詞彙研究》，湖南教育出版社 1991 年版。
[134] 趙克勤：《古代漢語詞彙學》，商務印書館 1994 年版。
[135] 蔣紹愚：《古代漢語詞彙綱要》，商務印書館 2005 年版。
[136] 蔣禮鴻：《類篇考索》，山東教育出版社 1996 年版。
[137] 張守中：《包山楚簡文字編》，文物出版社 1996 年版。
[138] 劉釗：《古文字構形學》，福建人民出版社 2011 年版。
[139] 趙平安：《隸變研究》，河北大學出版社 2009 年版。
[140] 徐在國：《傳抄古文字編》，線裝書局 2006 年版。
[141] 何琳儀：《戰國古文字典》，中華書局 1998 年版。
[142] 周志鋒：《大字典論稿》，浙江教育出版社 1998 年版。
[143] 黃征：《敦煌俗字典》，上海教育出版社 2005 年版。

[144] 張涌泉：《舊學新知》，浙江大學出版社1999年版。
[145] 張涌泉：《漢語俗字研究》，岳麓書社1995年版。
[146] 張涌泉：《敦煌俗字研究》，上海教育出版社1996年版。
[147] 張涌泉：《漢語俗字叢考（簡稱〈叢考〉）》，中華書局2000年版。
[148] 楊寶忠：《疑難字考釋與研究（簡稱〈疑難字〉）》，中華書局2005年版。
[149] 楊寶忠：《疑難字續考（簡稱〈續考〉）》，中華書局2011年版。
[150] 李國英：《小篆形聲字研究》，北京師範大學出版社1996年版。
[151] 李運富：《漢字漢語論稿》，學苑出版社2008年版。
[152] 鄭賢章：《龍龕手鏡研究》，湖南師範大學出版社2004年版。
[153] 鄭賢章：《新集藏經音義隨函錄研究》，湖南師範大學出版社2007年版。
[154] 鄭賢章：《漢文佛典疑難俗字彙釋與研究》，巴蜀書社2016年版。
[155] 鄧福祿、韓小荊：《字典考正（簡稱〈考正〉）》，湖北人民出版社2007年版。
[156] 韓小荊：《〈可洪音義〉研究》，巴蜀書社2009年版。
[157] 楊正業、馮舒冉等編：《古佚三書》，四川辭書出版社2013年版。
[158] 張書岩、王鐵琨、李青梅、安寧：《簡化字溯源》，語文出版社1997年版。
[159] 楊清臣：《〈新修玉篇〉與〈四聲篇海〉釋義對比研究》，碩士學位論文，河北大學，2008年。
[160] 楊清臣：《利用〈新修玉篇〉考辨疑難俗字》，河北大學學報（哲學社會科學版）2011年第3期。
[161] 紀麗宏：《〈新修玉篇〉與〈四聲篇海〉字頭比較研究》，碩士學位論文，河北大學，2008年。
[162] 孫磊：《〈新修玉篇〉異體字研究》，碩士學位論文，河北大學，2011年。
[163] 張亞蘭：《〈新修玉篇〉注音材料研究》，碩士學位論文，河北大學，2011年。
[164] 熊加全：《〈新修玉篇〉釋義失誤辨正》，《中南大學學報》（社會科學版），2016年第6期。
[165] 熊加全：《〈新修玉篇〉俗字考》，《中國文字研究》第二十四輯，

上海書店出版社 2016 年版。

［166］ 熊加全:《〈新修玉篇〉疑難字例釋》,《漢語史研究集刊》第二十二輯,四川大學出版社 2017 年版。

［167］ 熊加全:《〈新修玉篇〉疑難字考》,《古籍研究》總第 65 卷,鳳凰出版社 2017 年版。

［168］ 熊加全:《利用〈新修玉篇〉考辨疑難字》,《中國語文》2018 年第 1 期。

附　　錄

部首表

（為便於查檢，本表依《大字典》《字海》部首排序，而非依《新修玉篇》部首排序，部首右邊的數碼指部首在檢字表中的頁碼。）

一畫	土……334	瓦……336	白……337	羽……338	九畫
一……334	工……335	止……336	疒……337	糸……339	革……340
丨……334	大……335	支……336	立……337	七畫	頁……340
丶……334	弋……335	日……336	穴……338	走……339	面……340
乙……334	口……335	水……336	疋……338	車……339	骨……340
二畫	囗……335	手……336	皮……338	豆……339	鬼……340
十……334	山……335	牛……336	癶……338	酉……339	食……340
厂……334	巾……335	毛……336	矛……338	辰……339	風……340
匸……334	彳……335	片……336	六畫	豕……339	音……340
卜……334	彡……335	爪……336	老……338	貝……339	十畫
冂……334	夕……335	月……336	耳……338	見……339	髟……340
八……334	夂……335	欠……336	西……338	里……339	馬……340
人……334	广……335	殳……337	而……338	足……339	鬲……340
勹……334	宀……335	文……337	至……338	邑……339	十一畫
儿……334	彐……335	方……337	虍……338	身……339	黃……340
匕……334	尸……335	火……337	虫……338	辵……339	鳥……340
几……334	弓……335	戶……337	网……338	谷……339	魚……340
亠……334	己……335	心……337	肉……338	豸……339	麻……340
冫……334	子……335	爿……337	缶……338	角……339	十二畫以上
冖……334	女……335	五畫	舌……338	言……339	鹿……340
凵……334	四畫	示……337	竹……338	辛……339	鼓……340
卩……334	王……335	石……337	自……338	八畫	鼠……340
刀……334	木……335	目……337	舟……338	雨……339	齒……340
力……334	支……336	田……337	衣……338	門……339	龠……340
厶……334	犬……336	皿……337	羊……338	隹……339	龜……340
又……334	歹……336	生……337	米……338	阜……339	
三畫	戈……336	矢……337	聿……338	金……339	
干……334	比……336	禾……337	艸……338	隶……339	

檢字表[1]

（字右邊的數碼指正文中的頁碼）

一部	骹……319	俞……26	餶……188	冖部	勣……105
瓦……1	匚部	街……27	鷁……295	宂……187	勯……106
歪……131	巨……273	俄……27	僄……34	冢……187	勷……106
哥……1	匹……193	侼……26	偪……33	宕……187	厶部
緰……184	医……194	倍……27	儚……35	瑾……187	奏……189
糦……184	匣……309	侌……4	偏……33	甌……187	弆……189
國……1	匿……309	俚……29	儞……34	山部	粨……183
嘔……2	卜部	伣……29	儎……35	岫……304	襄……301
疊……132	貞……212	侱……28	勹部	崛……303	難……257
酾……319	奥……212	倞……29	匃……302	崟……157	又部
丨部	冂部	佡……29	匋……302	卩部	叟……95
邒……310	周……320	偣……28	匕部	抑……302	叠……159
丶部	八部	偵……29	匠……311	卻……302	豰……311
料……310	顛……314	傃……30	儿部	刀部	干部
乙部	人部	僅……31	侁……315	卼……199	䦎……317
刃……258	伍……24	儒……31	禔……315	列……200	䕳……306
尦……311	佁……23	修……30	禮……315	刕……199	土部
乲……82	㐮……24	僇……32	觙……317	剌……201	圳……10
尳……311	侐……24	保……32	几部	刱……200	坏……10
豫……42	貪……25	儀……30	坚……193	匈……202	坍……11
十部	伹……24	倅……31	兔……193	剖……201	坰……11
卒……132	夸……25	惚……32	宀部	剽……202	坯……11
斡……316	狄……25	侖……32	宜……95	剖……202	坽……10
犖……253	侔……25	倄……33	宄……315	剭……203	坉……11
厂部	侁……26	偒……32	宧……239	䴡……203	垪……11
厎……240	傻……26	雇……33	廫……103	劃……203	球……12
厝……318	誕……27	僧……33	冫部	勊……203	䦓……318
厴……2	㐴……26	徹……33	冲……230	霩……203	垻……12
靨……193	俊……25	修……32	澳……230	力部	培……12

---

[1] 本表收字在《〈新修玉篇〉研究》這一文章範圍內有所選擇：一是現代大型字書如《大字典》和《字海》未予考釋或考釋有誤的疑難俗字；二是現代大型字書如《大字典》和《字海》所錄字形中未予收錄義項的字形。

续表

堌……12	味……64	嚓……72	夆……304	子部	堊……4
塀……13	光……63	嚟……73	广部	季……313	壁……4
津……221	咄……64	口部	廐……179	孫……312	僉……4
𡒊……315	呐……65	囟……320	宀部	女部	瑧……322
塡……13	呼……64	囷……305	宓……147	妠……36	堅……3
㙤……190	毫……322	囿……306	完……147	妢……36	理……5
毄……23	哈……65	囷……305	窀……148	姿……36	壓……4
堊……14	啊……65	圂……306	宕……148	妮……36	瑢……5
塯……13	嗚……67	圍……306	宿……148	姁……37	瑰……5
塊……235	咳……65	圖……305	寞……149	婺……37	木部
塭……235	唧……67	嗇……316	竇……148	媒……37	析……160
墦……16	喇……66	山部	窒……149	娥……38	枭……161
塆……14	㗅……322	逵……30	窶……149	嬬……38	栐……160
墜……16	啥……67	巾部	窯……317	娟……38	梁……160
塌……14	嚼……67	帆……289	窺……150	婄……39	栖……162
襄……318	唁……67	帉……289	竊……150	嫁……37	棗……162
墜……16	啐……67	悖……289	龐……319	婧……38	桜……162
增……16	嘟……68	𢂷……298	彐部	婺……39	椎……161
齨……321	邑……229	幗……299	彔……284	娰……40	栢……162
顚……189	罢……309	幬……299	尸部	婬……40	桄……161
墊……317	嘎……69	幟……289	居……146	媩……40	梶……161
工部	甞……68	彳部	屍……147	嬔……40	棻……159
亞……132	嘱……135	徉……135	㢘……146	婴……41	椎……162
大部	嚚……317	倚……135	屈……147	嫛……41	奞……162
奼……135	噐……69	徢……136	屋……146	娷……40	神……304
夠……318	嗷……70	徛……136	属……147	敚……40	柀……162
奠……315	噎……71	衔……137	弓部	嬆……41	椴……163
弋部	嗷……70	得……223	甹……194	嫘……41	稃……199
戦……308	嚥……70	衛……136	弗……195	婷……42	槳……164
貳……309	巣……71	徰……136	弭……194	嬠……41	橄……163
口部	嘈……68	彡部	弼……196	媛……42	樉……164
吆……62	噚……70	鬱……316	豫……195	王部	榜……164
咒……63	㶒……319	夕部	弢……195	玍……3	橝……165
咆……62	喻……71	𡖃……36	甀……153	玡……3	橋……164
咜……62	嘈……71	夊部	彊……196	砉……3	㮕……165
否……63	㲯……133	夌……322	己部	玡……3	櫋……164
咭……308	嗰……72	夋……137	巷……302	珃……4	榊……165

续表

檴……165	瓦部	㗊……237	㴹……223	挊……83	氉……250	
櫖……165	瓼……191	𣊁……237	溗……222	拴……83	毛部	
樽……164	瓵……191	㝢……237	㴺……222	拍……85	毳……286	
欜……164	甖……290	暜……237	渼……133	挸……84	毼……285	
欔……166	止部	豊……320	灛……223	刧……84	毿……286	
支部	武……321	嬰……23	漣……223	捒……84	氀……286	
歃……303	歝……142	㗊……237	溏……225	捴……87	片部	
敦……303	歭……142	暸……238	澈……224	措……88	牂……307	
敜……303	歲……145	暘……321	漻……224	揰……85	刐……306	
鞍……303	糪……320	晼……61	濠……225	捼……87	牸……307	
犬部	齓……320	曾……237	滚……225	捊……88	牆……307	
犴……251	㸚……143	曧……178	溢……225	揭……88	爪部	
犹……251	支部	鼎……317	漢……225	挦……79	孰……94	
狱……251	阞……207	水部	滴……225	捉……88	巤……310	
狎……252	朒……208	㳁……215	滅……226	捼……89	月部	
狴……252	牧……208	沈……217	澿……226	揎……90	肝……239	
猗……252	斐……86	泛……215	濞……226	攀……90	肢……101	
猝……253	敕……210	沉……215	潭……226	抌……91	肥……101	
獂……253	㪔……209	涔……218	澞……227	搁……90	胆……101	
猝……254	散……209	汘……216	濕……227	搴……91	胙……101	
獮……253	敌……209	减……216	濚……228	攇……92	胜……102	
獐……253	敲……210	沖……217	濼……228	攉……91	胰……102	
歹部	敲……210	浬……218	瀔……228	擔……93	胙……102	
歼……152	敕……211	泳……217	灘……229	攦……92	腒……103	
殀……157	敇……210	洸……217	齷……229	攘……93	脒……103	
殇……152	敷……153	湇……219	灡……228	攊……94	臍……239	
殛……152	整……146	涔……219	手部	牛部	胫……103	
殭……152	敚……210	涅……219	扙……79	牸……247	臍……104	
殯……152	肈……210	湝……221	扪……79	牸……247	臁……103	
殬……153	敪……211	溮……222	扡……80	㹊……248	腥……104	
殓……153	日部	漆……220	扤……80	牠……248	膢……104	
戈部	晁……236	渭……221	扞……79	犄……249	膲……105	
戡……197	晜……188	漉……222	扡……80	奉……249	䐋……105	
戳……198	崘……236	溧……220	抹……82	犍……249	膓……105	
戮……197	睒……236	潊……220	挏……81	犡……249	欠部	
比部	憝……145	湔……223	抑……81	犣……249	次……133	
毟……322	㗊……237	㴻……222	捽……84	犨……249	欿……133	

续表

歅……134	忧……111	傍……119	禅……7	眭……53	矢部	
歓……134	怖……113	惟……118	褑……7	睁……53	矫……196	
欷……212	悙……114	悁……119	禜……9	睧……53	矬……196	
歘……134	怤……112	慇……110	襞……9	睦……54	䠧……319	
歔……134	伴……112	憣……120	褙……8	購……54	禾部	
歗……134	忙……115	懂……121	禮……8	皆……257	秡……184	
殳部	恪……113	懨……122	襠……9	喹……55	秆……185	
殀……198	怄……114	懸……110	襦……9	瞑……55	秞……184	
彀……199	恍……112	繄……110	褧……8	滕……54	秤……186	
散……198	恓……113	憯……121	禮……9	臀……56	秏……186	
穀……198	㤉……114	憫……121	石部	眽……56	秬……185	
殻……198	念……107	憣……120	砭……240	瞵……55	稞……186	
罄……239	悰……114	憶……119	硅……240	曼……56	稞……186	
文部	恎……316	憖……121	硼……241	瞰……57	稌……186	
焕……77	侬……113	慄……122	硚……241	矘……46	穆……305	
燚……78	匿……108	憫……121	碃……242	瞳……57	穠……186	
斃……78	恝……107	慽……123	磉……242	矒……57	穳……186	
方部	恓……116	憀……123	碨……242	田部	白部	
㫃……204	悄……114	慝……124	硬……243	申……321	皁……235	
斾……205	恶……108	懼……124	磁……243	旳……22	皀……235	
旎……205	意……110	憶……111	磶……243	昒……22	广部	
旆……204	愀……116	懵……123	磁……243	畋……22	疠……154	
旌……203	怍……116	懺……124	目部	鮑……22	疬……154	
旋……204	愓……116	懷……124	昂……49	畢……312	痞……155	
旛……194	慌……115	廾部	眈……47	眩……22	瘦……154	
火部	惜……117	昭……307	眒……48	毘……22	瘀……154	
灬……317	悖……117	烖……308	眝……48	奮……312	瘫……155	
韦……320	悢……118	煠……308	叟……50	甝……35	瘸……156	
户部	焕……116	饢……308	貼……51	甝……35	瘝……155	
庑……151	嫂……118	示部	冒……49	畁……312	疸……155	
扁……151	愠……118	袄……5	昨……49	昜……35	癡……156	
屏……151	恕……109	袆……6	睐……51	皿部	瘦……156	
心部	憾……118	袺……6	映……51	孟……189	瘘……156	
忹……111	悸……117	神……6	盻……51	盞……189	立部	
忖……112	愍……109	祝……7	昳……50	生部	河……143	
态……107	愁……109	祸……7	晟……52	至……2	娃……144	
忿……107	愁……110	褕……8	晦……52	毳……304	埔……144	

续表

鸐……143	䃽……197	蜙……273	**舌部**	襨……301	蒀……170
𪃈……144	積……197	蚓……276	敁……73	襐……301	蕲……171
𩿣……144	糧……197	蛬……274	舐……73	襋……301	蕡……173
𨾚……143	**老部**	蛩……275	饌……303	襖……301	蕲……172
鸂……144	耋……153	蛅……275	**竹部**	襗……301	䔄……172
鞹……131	耇……153	蛣……275	芳……179	襱……301	藻……172
奠……145	**耳部**	蝙……274	笙……180	**羊部**	蒥……172
奠……145	耴……57	螯……276	筹……180	羝……250	蒜……172
奠……145	聊……57	螟……276	筦……180	羭……250	薰……173
𡙈……145	聣……58	嵯……280	筆……91	羚……250	葍……175
𡙈……145	聸……58	蟹……276	筮……180	羍……250	蘆……173
𩾨……144	餌……58	螫……277	筭……133	羻……250	蒜……176
穴部	聹……58	蠍……278	箏……180	**米部**	䕠……173
突……157	**西部**	蜻……277	籍……181	糁……187	蘓……176
窂……157	覒……188	蠓……276	筐……182	麟……290	椰……176
忞……147	**而部**	蜛……278	籤……181	**聿部**	蘵……174
究……157	而……287	蠱……280	篅……182	肇……303	𧃐……174
窅……158	耎……286	蟾……277	嶺……181	**艸部**	蘁……174
窋……158	**至部**	鱶……279	簾……182	芙……166	鼓……175
窟……158	臷……285	蝯……274	篦……182	甫……166	薆……175
𥧏……158	**虍部**	蟺……278	瀁……182	茚……167	薑……178
窬……158	虩……229	蠦……279	薜……182	茬……250	蔆……176
寘……159	虪……315	臺……281	灑……183	㫩……167	酸……176
窐……149	虦……257	蠡……280	簫……183	茛……168	藤……178
疋部	艫……258	聲……280	**自部**	拤……167	藕……177
疀……100	**虫部**	蠹……280	臱……59	艾……167	葵……177
皮部	蚘……270	**网部**	䑛……59	苹……169	蘆……178
皷……289	虰……271	罒……310	䑞……316	草……169	蘧……178
皴……290	蚒……271	䍙……321	獴……254	茵……169	蘪……178
皱……288	蚰……272	罧……188	**舟部**	葳……169	薏……179
皻……289	虸……272	**肉部**	朕……214	菽……172	蘡……179
皻……87	蝛……272	脼……102	舺……214	茵……169	藙……179
皺……289	蛩……274	**缶部**	**衣部**	茲……169	蘮……179
𤿳……43	蚑……270	鈌……192	衿……299	蓋……171	蕃……239
𩐻……289	蜍……273	罃……191	袗……299	莤……171	蘿……179
𩑛……288	蠆……274	甋……191	襛……300	蕃……170	**羽部**
矛部	蠤……273	罌……316	裼……300	莫……173	翃……283

续表

翃……283	趱……139	規……59	郁……18	譏……322	霹……231
繆……284	趲……139	覎……60	鄧……18	言部	霰……231
纂……149	車部	覘……60	郵……183	訡……125	露……232
糸部	軔……212	覬……257	魃……20	設……125	靈……232
紈……292	輕……69	覺……61	鄞……19	訌……125	門部
綠……297	輅……213	觀……60	鄭……19	訕……125	閎……150
絜……294	輵……213	覯……61	鄢……19	烆……205	閩……150
綜……293	輱……214	覷……62	鄲……20	訐……126	闇……151
綠……294	輻……214	覿……61	鄱……20	設……126	闃……151
經……293	轉……214	里部	身部	訛……126	隹部
綾……293	豆部	壄……16	躲……209	訓……126	飿……263
繁……294	豜……190	量……17	警……42	詚……127	雉……264
轡……321	登……191	董……16	走部	詁……127	雒……276
綖……294	酉部	足部	迁……140	詆……127	雛……264
纖……295	酢……313	趼……95	運……140	諗……128	雜……264
繁……298	酸……313	跑……96	迺……140	詎……128	靐……145
縈……295	醯……313	跖……95	迵……141	詒……128	阜部
繆……295	醫……314	踝……96	遊……141	諏……128	阢……243
縿……297	辰部	蹇……97	逋……141	謖……129	阿……244
績……296	辭……313	跻……97	逯……141	諫……129	陌……244
繪……296	豸部	蹐……97	遨……141	響……129	限……244
縵……296	狚……256	蹅……98	遲……142	誕……129	陷……244
繪……297	狌……255	踴……99	遮……142	諢……129	隕……245
繼……295	貅……255	踵……97	逾……142	謠……129	陟……246
繽……297	狻……254	踣……97	邈……142	讕……130	隊……245
走部	狗……255	蹬……96	谷部	譁……130	金部
赳……137	獟……256	踩……98	豃……230	誼……130	釜……1
赵……137	貝部	蹣……99	纂……318	讌……131	鈁……205
赾……137	貧……282	蹠……99	豕部	諼……130	鈕……206
趄……138	賊……282	躥……98	貊……258	辛部	鐉……205
趑……138	賕……283	蹲……99	貓……254	辡……131	鍊……206
趏……96	賖……283	躥……100	角部	辦……312	錚……206
趖……138	賢……283	邑部	觝……287	蒙……256	鏵……206
趣……138	曬……283	邡……17	觚……287	雨部	鐄……206
趨……140	見部	邘……17	觶……287	霂……230	鐐……207
趣……138	覝……60	邰……17	觴……287	霖……231	鏊……190
趨……140	覢……59	邠……18	觸……288	霍……231	鑒……207

续表

隶部	顲……47	騳……75	駏……259	鮡……266	鮖……74
隸……321	**面部**	騳……76	鴉……259	豫……266	**龜部**
革部	靤……43	驫……76	鵝……259	鮞……267	鼇……282
鞴……291	靨……42	騳……76	鶩……258	鯕……267	龘……281
鞾……290	**骨部**	騳……76	鵜……133	鱸……267	**龠部**
鞴……291	骱……100	驫……76	鵑……259	鯉……268	龡……133
鞼……291	骭……100	騳……77	䳭……260	鯛……267	
韉……292	骸……100	鬖……76	鵝……260	鯛……267	
鞭……292	骼……101	鬖……77	鶯……261	鱠……268	
頁部	**鬼部**	騳……77	鶩……260	**麻部**	
頞……44	魁……233	**馬部**	鴻……261	麿……136	
頭……44	魃……234	駢……246	鶺……261	**鹿部**	
頄……45	魍……233	駈……246	鶘……262	麀……256	
頯……44	**食部**	駆……246	鶥……262	麇……256	
槃……45	餍……135	驁……246	糒……262	麀……256	
頴……45	饈……135	駐……246	鶦……263	**鼓部**	
頪……75	**風部**	驛……247	鸂……263	鼕……190	
顎……46	飀……232	骜……247	鸂……263	**鼠部**	
顙……45	飂……232	驁……247	鸍……263	鼢……269	
顲……74	飃……232	**鬲部**	**魚部**	鼬……269	
頷……46	**音部**	鬻……192	魠……265	鼴……270	
顈……46	韽……132	鬻……262	鮮……265	鼷……269	
顚……47	辥……132	**黃部**	鮁……264	鼯……269	
頗……46	**髟部**	黇……23	鮎……265	**齒部**	
顚……47	髻……75	**鳥部**	鮫……266	齓……73	
顬……47	髟……75	鸥……259	鮨……266	鼓……73	

後　　記

　　本書是作者主持的 2014 年國家社科基金項目"《新修玉篇》整理與研究"的成果之一，本項目於 2016 年 11 月被批准結項。

　　歷代傳世字書貯存了大量的疑難字，是近代漢字研究的重要內容。傳統的文字學偏重於小篆以前的古文字的研究，而對隸書以下近代漢字的發展演變關注不夠，從而造成漢字研究嚴重的頭重腳輕的局面。通過對歷代傳世字書進行系統的整理與研究，可以為近代漢字的整理與研究提供一些重要的材料，從而有助於構建完整的漢語文字學體系。之所以選擇《新修玉篇》作為研究對象，是基於以下兩個方面的原因：一是因為《新修玉篇》是金代的一部重要字書，該書收錄了大量的疑難字，可以為近代漢字的研究提供重要的材料；二是因為《新修玉篇》在其成書不久後即湮沒無聞，在元明清的公私書目中亦鮮有著錄，學界對《新修玉篇》的研究成果不多，對其利用也很不充分。通過對《新修玉篇》進行系統的整理與研究，可以為《新修玉篇》文本的校理及近代漢字的研究提供有用的材料。

　　在此我要感謝我的兩位恩師楊寶忠先生和蔣冀騁先生。楊寶忠先生是我的碩士生和博士生導師，楊老師學識淵博，治學謹嚴，在這六年裏，楊老師不僅教我以知識，更教我以為人、為學的道理。直至畢業至今，楊老師仍時時給我以關懷與幫助。這些學生都銘記在心，永生難忘。蔣冀騁先生是我的博士後導師，蔣老師治學嚴謹，思路開闊，蔣老師在為人與為學上都給我很多指導，蔣老師強調為人與為學都要實，在學術上要勇於懷疑，要有"吾愛吾師吾更愛真理"的求真精神。這些學生牢記於心，也時刻激勵著我，成為我學術不斷前行的動力。

　　感謝張涌泉先生，張先生的《漢語俗字研究》《敦煌俗字研究》《漢語俗字叢考》是我從事傳世字書學習與研究後一直參閱的著作，從中受益很多。也感謝張先生多年來在我求學路上給予的諸多關懷與幫助。

感謝李國英先生和李運富先生。二位先生的論著是我從事近代漢字研究一直學習的資料，所獲很多。也感謝二位先生多年來給予的諸多關懷與幫助。

在河北大學求學期間，無論是在學習上，還是在生活上，張安生老師、陳雙新老師、郭伏良老師、于建鬆老師、張振謙老師都給予了諸多的關懷與幫助，在此深表感謝。

在湖南師範大學從事博士後研究工作期間，鄭賢章老師、唐賢清老師、蔡夢麒老師、徐朝紅老師也給予了很多的幫助與支持，在此亦深表感謝。

也感謝梁春勝兄和楊清臣兄多年來在學習上和生活上給予諸多的關心與幫助。

也感謝湖南科技學院各位領導與同仁，一直以來爲我的研究提供了各種便利與支持，在此深表謝意！

本書主要是對《新修玉篇》所收疑難字進行系統的考釋，這些疑難字大部分是已經被《大字典》和《字海》所收錄的，當然也有很多是《大字典》和《字海》未予收錄的。通過這項工作，不但可以為《大字典》和《字海》以後的修訂和完善提供參考，而且可以增補《大字典》和《字海》未予收錄的疑難字。然而，由作者水準有限、字形資料搜集不夠充分、字書形音義有誤、缺乏文獻例證等主客觀方面的原因，有些疑難字恐不能作出確切考釋，而且《新修玉篇》中仍貯存大量的疑難字未予考釋。對此，本課題將更加全面地搜集相關的文獻資料，對《新修玉篇》中未予考釋的疑難字繼續進行全面的考釋工作。

由於本人資質駑鈍，學識淺薄，書中疏漏，在所難免，懇請專家、學者不吝賜教。

熊加全

2018 年 3 月

附記：

書稿定稿後，楊寶忠師以其大作《疑難字三考》見贈，此書於《新修玉篇》所存疑難字多有考釋。其與本書考釋重復者有 41 字，雖然考釋過程不盡相同，但結論大多一致。由於書稿排版已經固定，不便再作刪改，故列出於下：

剖：見《疑難字三考》第 40 頁	盻：見《疑難字三考》第 321 頁
墜：見《疑難字三考》第 50 頁	勏：見《疑難字三考》第 377 頁
嘆：見《疑難字三考》第 74 頁	蛢：見《疑難字三考》第 389 頁
怔：見《疑難字三考》第 99 頁	蠁：見《疑難字三考》第 389 頁
幪：見《疑難字三考》第 102 頁	蠦：見《疑難字三考》第 396 頁
徉：見《疑難字三考》第 108 頁	蟄：見《疑難字三考》第 396 頁
姐：見《疑難字三考》第 132 頁	茝：見《疑難字三考》第 445 頁
敁：見《疑難字三考》第 179 頁	荐：見《疑難字三考》第 453 頁
羁：見《疑難字三考》第 185 頁	茜：見《疑難字三考》第 479 頁
稆：見《疑難字三考》第 185 頁	蕃：見《疑難字三考》第 474 頁
淪：見《疑難字三考》第 206 頁	蔵：見《疑難字三考》第 511 頁
潚：見《疑難字三考》第 211 頁	蒴：見《疑難字三考》第 533 頁
捆：見《疑難字三考》第 211 頁	薑：見《疑難字三考》第 542 頁
押：見《疑難字三考》第 222 頁	蕙：見《疑難字三考》第 551 頁
胕：見《疑難字三考》第 247 頁	貉：見《疑難字三考》第 571 頁
曜：見《疑難字三考》第 258 頁	觡：見《疑難字三考》第 603 頁
欤：見《疑難字三考》第 263 頁	雊：見《疑難字三考》第 630 頁
愿：見《疑難字三考》第 290 頁	陃：見《疑難字三考》第 632 頁
憨：見《疑難字三考》第 297 頁	隤：見《疑難字三考》第 634 頁
褉：見《疑難字三考》第 307 頁	
碻：見《疑難字三考》第 314 頁	

熊加全

2019 年 6 月